W. Rein, A. Pickel, E. Scheller

Theorie und Praxis des Volksschulunterrichts nach Herbartischen Grundsätzen

Das dritte Schuljahr

W. Rein, A. Pickel, E. Scheller

Theorie und Praxis des Volksschulunterrichts nach Herbartischen Grundsätzen
Das dritte Schuljahr

ISBN/EAN: 9783742890603

Hergestellt in Europa, USA, Kanada, Australien, Japan

Cover: Foto ©Paul-Georg Meister /pixelio.de

Manufactured and distributed by brebook publishing software (www.brebook.com)

W. Rein, A. Pickel, E. Scheller

Theorie und Praxis des Volksschulunterrichts nach Herbartischen Grundsätzen

Das dritte Schuljahr

Theorie und Praxis

des

Volksschulunterrichts

nach Herbartischen Grundsätzen

Bearbeitet

von

Dr. W. Rein
Professor an der Universität Jena

A. Pickel und E. Scheller
Seminarlehrer in Eisenach †   Seminarlehrer in Eisenach

III

Das dritte Schuljahr

---—◆———---

Leipzig
Verlag von H. Bredt
1901

Das dritte Schuljahr

Ein theoretisch-praktischer Lehrgang

für Lehrer und Lehrerinnen

sowie zum Gebrauch in Seminaren

Bearbeitet

von

Dr. W. Rein
Professor an der Universität Jena

A. Pickel   und   E. Scheller
Seminarlehrer in Eisenach †   Seminarlehrer in Eisenach

Vierte Auflage

Leipzig
Verlag von H. Bredt
1901

„Wer Sinn hat für das Grosse und Heilige in den Anlagen der Menschheit, ehrt die Theorie der Erziehungskunst selbst in dem was darin idealisch sein mag, und weiss überdem, dass nicht alles idealisch ist, was dem Beschränkten und Trägen als solches erscheint."

Niemeyer

Inhalt

	Seite
A Historische Fächer	
I Der Gesinnungsunterricht	1—81
Thüringer Sagen	1—81
II Kunstunterricht	81—113
1 Zeichnen	81—82
2 Singen	82—113
III Sprachunterricht (Siehe den Abschnitt am Schluss.)	
B Naturkundliche Fächer	
I Geographie	114—137
II Naturkunde	188—149
III Rechnen	149—170
A III Der deutsche Unterricht	171—285
(Im Anhang eine Lehrplan-Übersicht.)	

Vorwort

In neuerer Zeit mehren sich die kritischen Stimmen, die sich gegen die Aufstellung eines Lehrplanes, der auf der Idee der kulturhistorischen Stufen und der Konzentration beruht, richten. Solange Vorschläge von der Ausführung weit entfernt zu stehen und für die Einführung wenig Hoffnung zu erwecken scheinen, flössen sie auf keinerlei Weise Besorgnis ein. Deshalb ist auch kein Bedürfnis vorhanden, zu widersprechen. Anders dann, wenn die Ideen Boden fassen und immer mehr Anhänger und Verbreitung gewinnen. Da regt sich der Widerspruch, und er wird willkommen geheissen werden, wenn an ihm die Ideen selbst zu grösserer Klarheit und Festigkeit ausreifen können.

Diese selbst standen in den „Schuljahren" von vornherein fest; aber in ihrer Ausgestaltung und Hineinbildung in die Praxis haben die neueren Auflagen es sich angelegen sein lassen, Fortschritte zu machen. Übelwollende Kritiker lassen freilich nicht undeutlich durchblicken, dass sie solche Fortbildung für eine Art Charakterlosigkeit halten. Aber solchen Leuten ist überhaupt nichts recht zu machen. Druckten wir die Auflagen unverändert ab, so würden sie von starrem Dogmatismus reden; nun da wir bemüht sind, die Theorie in steter Verbindung mit der Praxis immer mehr auszugestalten, zu verbessern und fortzubilden, redet man leichthin von Änderung der Ansichten.

Einsichtige Leser werden bald finden, dass die Grundgedanken von Anfang an dieselben geblieben sind. Die Aufgabe, den Unterricht zu einem wirksamen Instrument der Erziehung zu machen, ist trotz allen Widerspruchs unverrückt dieselbe geblieben.

Auch die neue Auflage dieses Bandes stellt sich die gleiche Aufgabe, die Kraft, die aus der Persönlichkeit des Erziehers strömt, zu unterstützen durch einen gut eingerichteten Unterricht.

Dabei müssen wir uns bei aller Berücksichtigung der Zeitbedürfnisse und Forderungen immer des historischen Zusammenhangs bewusst bleiben und sorgfältig die geschichtlichen Fäden in jedem einzelnen Fache berücksichtigen. Die Verfasser haben hier und da auf dieselben aufmerksam gemacht, von der Überzeugung ausgehend, dass es sich hierbei nicht sowohl um äussere Kenntnis der einzelnen methodischen Vorschriften, als um die inneren Auffassungen, die Ideen, handelt, welche das didaktische Denken und Wollen der einzelnen Zeiträume beherrscht haben, da sich die grundlegenden Auffassungen sehr innig mit den Grundlagen und den Grundbedürfnissen der Gesamtkultur des betreffenden Zeitalters berühren.

Zum Schluss haben wir noch darauf hinzuweisen, dass an Stelle unseres verstorbenen Mitarbeiters A. Pickel Herr Seminaroberlehrer Fr. Lehmensick in Frankenberg i. S. an der neuen Auflage sich beteiligt hat, und zwar bei den Abschnitten: Thüringer Sagen und Deutsch.

Jena und Eisenach im Mai 1901

Die Verfasser

Grundlinien zu einem Lehrplan für ein

(Entworfen im Pädagogischen

A. Historisch-humanistische Lehrfächer (Menschenleben)

Zeit	I. Gesinnungsunterricht		II. Kunstunterricht			III. Sprachunterricht		
	Biblische Geschichte	Profan-Geschichte	Singen	Zeichnen	Modellieren	Lesen	Aufsatz u. Grammatik	Sch
I. Schuljahr Sm. 16 Std. Wt. 18 Std.	Feier des Weihnachtsfestes in der Schule	Eine Auswahl Grimmscher Märchen [1. Schuljahr 6. Aufl. Leipzig, Bredt]	Stichler, Das Lied als Gefühlsausdruck] [Löwe, Stellung des Gesangunter. und das 1. bis 3. Schuljahr	Lebensformen im Anschluss an den Gesinnungs- und heimatlichen Unterricht [Konrad Lange, Künstlerische Erziehung]	Malendes Zeichnen	Praktische Beschäftigung im Anschluss an die Sachgebiete und zur Fortführung der Kindergartenarbeit	[Lehmensick, Lauttafeln Dresden, Müller-Fröhlhaus] [Lehmensick, Prinzip des Selbstfindens, Dresden 1900]	Schreiben lernen	gleichzeitig mit dem Leselernen
	Heimatlicher Vorkursus	Wochenandacht und Erbauungsstunden							
II. Schuljahr 20 Std.			Robinson [2. Schuljahr 4. Aufl.]				Robinson-Lesebuch, Leipzig, Bredt [Lehmensick, "Lesen" in Reins Handbuch Langensalza]	Gramm. u. stilist. Vorübungen Abschreiben lernen	
III. Schuljahr 22 Std.			Heimatliche (Thüringer) Sagen [3. Schuljahr 4. Aufl.]				Thüringer Sagen-Lesebuch [Leipzig, Bredt]	Stilist. Anschauungsunterricht [Lüttge, Leipz. 1899] Nach- u. Aufschreib. lern.	
IV. Schuljahr 24 Std.	Kulturhistorischer Stufengang	Altes Testament: Patriarchen, Moses, Richter, Könige [Staude, Präpar.]	Nibelungen (Gudrun) [4. Schuljahr 3. Aufl.]	Löwe, Stellung des Gesangunter. im XXVI. Jahrbuch des Vereins für wissenschaftliche Pädagogik 1894 und die Schuljahre 4 bis 8] Stichler, Das Lied als Gefühlsausdruck.	Lebensformen a. d. Nibelungen [Lachner, Künstlerische Erziehung Langensalza 1901]	Formen im Anschluss an den Zeichen-Unterricht und die Naturkunde	Der Lesestoff wird ausser der Schülerbibliothek entnommen: 1. dem konzentrierenden Lesebuche, 2. dem biblischen Lesebuche für bibel oder d. altt. Leseb. u. d. N. T.) 3. den Quellenlesebuche (Schul-Geschichte, 4. d. Saumig.histor. Gedichte, Lese-Unterricht, Pädagogische Studien 1892]	Erzählung (Ausdruck verändert)	de M
V. Schuljahr 26 Std.		Propheten Neues Testament: Leben Jesu [Thrändorf und Meltzer, Präpar.]	Deutsche Geschichte Von Hermann bis Otto I. [5. Schuljahr 3. Aufl. Hermann u. Krell Präp.]		Romanische Kunstperiode (Heimatl. Anknüpfung) Anschg. Darstellung			Auch Erlebnisdarstellung (Sätze verändert)	Alphabetes
VI. Schuljahr 28 Std.		Leben Jesu [Heyn, Geschichte Jesu]	2. Von Otto I. bis Rudolf von Habsburg [6. Schuljahr 3. Aufl. (Fritzsches Bausteine)]		Gotische Zeit Anschg. Darstellung			Auch Vergleichung (Gliederung verändert)	
VII. Schuljahr 30 Std.		Apostelgeschichte Paulus [Thrändorf, Apostel-Geschichte]	3. Von Rudolf von Habsburg bis zum 30 jähr. Kriege [7. Schuljahr 2. Aufl.] [Staude u. Göpfert, Präp.]		Renaissance (Mittelalter) Anschg. Darstellung			Auch Beschreibung (Standpunkt verändert)	
VIII. Schuljahr 32 Std.		Reformatorische Gedanken Luthers Abschl. Schul-Katechismus [Just, Staude.]	4. Vom 30jähr. Krieg bis 1870/71, Wiederaufricht. des deutschen Reichs, Wilhelm I. [8. Schuljahr 2. Aufl.]		Renaissance (Neuere Zeit) Anschg. Darstellung Zeichnen n. d. Natur			Auch Schilderung (Themafassg. verändert)	

achtklassige Volksschule in Thüringen

niversitäts-Seminar zu Jena) 1901

B. Naturwissenschaftliche Fächer (Naturleben)

	I. Erdkunde			II. Naturkunde		III. Mathematik		
ben	Mathemat. Geographie	Phys. Geographie	Schulreisen	Technisch-wirtschaftliche Reihe	Beobachtungsreihe	Raumlehre	Rechnen	Handarbeit
Erlernen der Formen der Schreibschrift	Beobachtung von Stand und Bewegung der Gestirne. [Finger, Heimatkunde. Methodisches Lehrbuch. Populäre Himmelskunde]	Wanderungen und Beobachtungen in der näheren Umgebung [Sobotz, Heimatkunde, in Reins Encyklopädie. H. Harms, Vaterland. Erdkunde; Tischendorf, Präparat.; Prüll, Deutschland]	[Scholz, Schulreisen, Heft 5 des Päd. Seminars zu Jena]	[Missbach, der Schulgarten im Dienste der Volksschule, Päd. Bausteine, 4. Heft. Maennel in 3. Seminarheft Jena, Sigismund, die Familie als Schule der Natur; Leipzig, Keil 1857]	Heimatliche Beobachtungen (Schulgarten)	[Martin und Schmidt, Raumlehre nach Formengemeinschaften, Dessau 1898 Zeissig, Formenkunde, Pickel, Geom. Formenlehre, Dresden]	Zahlraum von 1 bis 10 (Addition, Subtraktion) [Tröltsch, Rechenbrett] Zahlraum von 1 bis 100 Die vier Grundrechnungsarten [Einmaleins: Rakow, Rechentafeln]	Fortführung der Arbeiten des Kindergartens
	Heimat, Saalthal, Unstrutthal		Saalthal, Unstrutthal				Zahlraum von 1 bis 1000	
en lben haes	Scheinbare Drehung der Himmelskugel [Capesius Math. Geogr. i. d. Hndb. v. Rein]	Thür. Wald, Thüringen, Rheingebiet, Donaugebiet, (Süddeutschland)	Thüringer Wald	Wald und Wiese Jäger u. Nomaden, Jagdtiere, Herdenwirtschaft) Kleidung	[Beyer, Die Naturwissenschaften in der Erziehungsschule. Leipz. 1885, Seyfert, Arbeitskunde. Leipz. 1898. 2. Aufl. Partheil n. Probst, Naturkunde I–III. Dessau, Conrad, Präparat. z. Physik-Unterricht, Dresden, Schmeil, Lehrbuch der Zoologie 1899]	Wohnhaus: (Würfel, rechteckige Säule, dreis. S.)	Unbegrenzter Zahlraum	Im Sommer: Arbeit im Schulgarten. Im Winter: Arbeit in der Schulwerkstatt. Anschluss an die Sachfächer, sowie an Geometrie. [Arbeit von Scholz, 3. Seminarheft, S. 7 ff. Beyer, Naturwissenschaften in der Erziehungsschule 1885. Handarbeit der Knaben, Reins Handb. d. Pädagogik, Langensalza 1899]
Erlernen der Schreibformen	Krümmung der Erdoberfläche, Jahreszeiten	Wesergebiet, Elbgebiet, Oder- und Weichselgeb. (Nord- und Mittel-Deutschland)	Harzgebirge	Feld (Ackerbau: Getreidebau, Obstbau, Weinbau) Nahrung		Kirche: (Quadr.-Säule, 6seit. S., 8s. S., 6-u.8seit.Pyr., Abgest. Pyr.)	Die vier Grundrechnungsarten mit gemischten und dezimalen Zahlen	
		Alpen, Europ. Mittelmeerländer, die Schweiz, Österreich-Ungarn	Rhöngebirge	Haus (Kleinbürger Hausbau, Bergbau, Handwerke) Wohnung		Acker und Wiese: (Kongruenzsätze, Kreisberechnung, Walze)	Bruchrechnung	
Üben beider Alphabete	Entfernung und Grösse der Gestirne	Aussereuropäische Erdteile	Lutherstätten: Eisleben, Mansfeld, Magdeburg, Wittenberg	Wasser (Grossbürger Verkehrsmittel, Gesundheitslehre) Verkehr		Wald: (Kegel, Kegelstutz, Pythagor. Lehrsatz)		Die sog. bürgerlichen Rechnungsmethoden und Arten [Hartmann, Der Rechen-Unterricht beimal. Wegweiser zur Bildung Teupser, Reehenaufgaben. Leipzig 1899]
	Abschluss der mathemat. Geographie	Preussen, Skandinavien, Frankreich, Russland, England, Niederlande, Deutsch. Reich, Kolonien	Leipzig u. Erzgebirge	Erde als Lebensgemeinschaft (Elektrizität, Magnetismus, Gesundheitslehre) Geistesbildg.		Kulturstätten: (Kugel, Kegelmantel, Ellipse, Verhältnissätze, goldener Schnitt)		

d Spiele.

A Historisch-humanistische Fächer

I Der Gesinnungs-Unterricht

Thüringische Sagen

Litteratur: Biedermann, Der Geschichtsunterricht in der Schule. Braunschweig 1860. Willmann, Der elementare Geschichtsunterricht. Leipzig 1872. Thrändorf, Lehrplan für den Geschichtsunterricht in der Volksschule. Deutsche Blätter für erz. Unterricht. IV. Jahrgang. S. 103 u. 119. Jahrbuch des Vereins für wissenschaftl. Pädagogik. VI. Jahrgang. S. 183 ff. Göpfert, Die Anordnung des Geschichtsstoffes für die Schule. Deutsche Blätter für erz. Unterricht. 1881, 27 bis 30. Zillig, Der Geschichtsunterricht in der elem. Erziehungsschule. Jahrbuch des Vereins für wissenschaftl. Pädagogik. 1882, 1886, 1887. Wiget, Bündner Seminarblätter. Chur 1882/83, No. 1—6. Göpfert, Die Verwertung der deutschen Sagen, spez. der thüringischen, im Unterricht XIX. Jahrbuch. Göpfert, Thüringer Sagen. XX. Jahrbuch. Ziller-Bergner, Materialien. Dresden 86, S. 161. Jetter, Schwäbische Sagen im Lehrplan der Erziehungsschule. XXIX. Jahrbuch. Jetter, Nachtrag. XXXI. Jahrbuch. Vergl. Bemerkungen über die Göpfertschen Präparationen. VI. Jenaer Seminarheft. Langensalza, Beyer u. S.

1 Auswahl des Stoffes

Nach den Bestimmungen unseres früheren Lehrplans spaltete sich vom dritten Schuljahr ab der Gang des Gesinnungsunterrichts in zwei Reihen: in eine biblische und in eine profane. Nach unserem jetzigen Lehrplan aber behalten wir für das dritte Schuljahr noch einen einheitlichen Gesinnungsstoff bei und schieben die Spaltung in zwei Reihen in das vierte Schuljahr hinein.

Zu dieser Neu-Ordnung haben uns folgende Gründe bewogen:

1. Der heimatliche Vorkursus, der die einheitliche Grundlage unseres Lehrganges bilden soll, darf sich nicht nur in Geographie und Naturkunde, sondern soll sich auch vor allem in dem Erzählungsstoffe während des dritten Schuljahres noch auf heimischem Boden bewegen. Dadurch wird der einheitliche Charakter des Lehrplans dieses Schuljahrs vollständig bewahrt, während durch Einführung der alttestamentlichen Erzählungen, wie wir es früher vorgeschlagen haben, die Fremde zu frühzeitig in den Gesichtskreis der Kinder tritt und so die Aufgabe erschwert. Der heimatliche Gedankenkreis ist noch nicht zu der Stärke und Klarheit gediehen, dass eine willige und fruchtbringende Aufnahme des Entlegenen gesichert ist.

2. Die neuen Bestrebungen auf dem Gebiet des Religionsunterrichts haben allgemein zu der Überzeugung geführt, dass die alt-testamentlichen Erzählungen, nach ihrem religiösen und sittlichen Wert geschätzt, nicht den breiten Raum und die Wichtigkeit verdienen, die bisher im Jugendunterricht ihnen beigelegt wurden. Nur über das Mass der Beschränkung

dieser Stoffe gehen die Ansichten noch auseinander.*) Vielfach sind Stücke bevorzugt worden, die keine Berücksichtigung verdienen, wie z. B. Erzählungen aus der Richterzeit, während die wertvollsten Partien vernachlässigt wurden, wie z. B. das alttestamentliche Prophetentum. So haben wir uns entschlossen, die biblischen Erzählungen des alten Testamentes erst im vierten Schuljahr zu beginnen; dem fünften weisen wir dann das Prophetentum und das Leben Jesu zu, das auch das sechste Schuljahr noch in Anspruch nimmt. Wenn ausgesprochen worden ist, dass in der christlichen Welt nichts so sehr zum Verfall des Christentums beitrage, als das herrschende Herkommen, Kindern höhere Religionsideen in einem Alter mitzuteilen, in dem nur ihr Gedächtnis die Fähigkeit hat, sie aufzunehmen, so liegt hierin viel Wahrheit. Wir haben von jeher gegen die Verfrühung der Einführung der alt- und neutestamentlichen Stoffe in den Lehrplan des Religions-Unterrichts gekämpft; heute haben wir die Genugthuung, dass die Zahl der Beistimmenden von Jahr zu Jahr wächst, und zwar nicht unter denen, die mit religiösen Vorstellungen überhaupt gebrochen haben, sondern vor allem bei denen, die es mit der Erziehung der Jugend sehr ernst nehmen.

Diese Erwägungen haben uns dazu geführt, den Lehrplan so zu gestalten, dass die drei ersten Schuljahre eine grosse, einheitliche Einführung bilden zu dem eigentlichen Thema unseres Lehrplans, das die geschichtlichen Kräfte in den Dienst der Jugendentwicklung stellen will.

Als einheitlicher Gesinnungsstoff bietet sich nun für die Thüringer Schule im dritten Schuljahr eine Auswahl Thüringer Sagen an.

Aus der Märchenwelt (1. Schulj.) traten wir in die vorhistorische Zeit ein, in der der Mensch anfing, die Natur zu beherrschen, um sich allmählich zur Kultur zu erheben. (2. Schulj.) Nun führen wir die Schüler in die sagenhafte Vorzeit unseres Stammes, in die Familiengeschichte der Landgrafen, ein. (3. Schulj.)

Von der Stammessage gehen wir dann weiter zur deutschen Volkssage, zu den Nibelungen und Gudrun.**)

Dann tritt der Zögling in die Geschichte des deutschen Volkes ein. Die Hauptwendepunkte in der Entwicklung unseres Volkes soll der Zögling kennen lernen, angeschlossen an die führenden Persönlichkeiten. Karl der Grosse stellt die Periode der äussern Christianisierung unseres Vaterlandes dar; Heinrich I. wird der Gründer des nationalen Königtums. Unter Heinrich IV. sehen wir dasselbe im Kampf mit dem Papsttum; mit Friedrich I. hören wir von der Blütezeit des deutschen Mittelalters und den Kreuzzügen. Hierauf folgt die Reformation, der gewaltige Kampf des deutschen Gemütes und der deutschen Glaubensfreiheit gegen die Missbräuche der römischen Kirche und den Zwang des römischen Priestertums. Der dreissigjährige Krieg bringt zwar die Gleichberechtigung der Protestanten mit den Katholiken, zieht aber einen tiefen nationalen Verfall nach sich. Mit Friedrich dem Grossen be-

---

*) Vergl. d. Art. von H. Grosse „Die Propheten des alten Testaments im christl. Relig.-Unt." „Mädchenschule", XIII, 7/8. 1900;
**) Die Sagen aus dem Altertum sind in der Volksschule ebenso, wie die Erzählungen aus der alten Geschichte, der Privatlektüre zu überlassen.

ginnt sodann der Aufschwung des Volkes, dessen Schicksale mit denen des preussischen Staates von nun ab innig verknüpft sind. Die glorreichen Zeiten der **Freiheitskriege**, sowie die endliche **Wiederaufrichtung des deutschen Kaisertums** unter Kaiser Wilhelm I. und die Zusammenfassung der Nation in ein machtvolles Ganze beschliesst die Reihe der deutschen Geschichte.

Der Anfang dieser nationalen Geschichtsreihe besteht, wie wir gesehen, für unser **drittes Schuljahr** aus Erzählungen der thüringischen Landgrafenzeit. Dass dieser Ausgangspunkt für uns **Thüringer** volle Gültigkeit besitzt, brauchen wir wohl kaum auszuführen; ob aber auch für die andern deutschen Stämme, z. B. für die deutschen Schweizer, die Deutsch-Österreicher, die Schwaben, Bayern, Elsässer und Niedersachsen?

Die eine Auffassung geht dahin, dass den Thüringischen Sagen nur eine lokale, keine allgemeine Bedeutung zukomme. Jeder Stamm müsse in seinen Schulen mit seinen eigenen Sagen beginnen. So werde in der deutschschweizerischen Erziehungsschule behandelt: Die **vaterländische Sage** von Tell und vom Rütlibund und die mit der Gegend wechselnden **lokalen Überlieferungen**; daran reihe sich die germanische Nibelungensage.*) Dies stimmt auch mit der Ansicht **Zillers**, wie sie in der Grundlegung Seite 466 dargelegt ist, überein. Denn hier verlangt Ziller, dass der Zögling nicht aus seinen nächsten Kreisen herausgerissen, nicht dem Geiste seines Stammes, seiner engeren Heimat entfremdet werde. Und weiterhin sagt er, dass schon vor den Grundzügen der allgemeinen deutschen Heldensage dem Gemüt des Knaben die Sagen angeeignet werden müssen, wie sie z. B. für **Thüringen** und **Sachsen** das Buch von **Radefeld**, Geschichten aus der Geschichte des thüringischen Volkes, für **Schwaben** Uhland in seinen schwäbischen Liedern darbietet.

Dieser Ansicht schliessen wir uns an in der Überzeugung, dass hierdurch die Individualität des Zöglings volle Berücksichtigung erfährt; dass derselbe im nächsten Kreis noch festgehalten und mit dem Geiste seines Stammes und seiner engern Heimat engere Fühlung erhält. Allerdings sind wir Thüringer in der glücklichen Lage, dass sich schon in frühen Zeiten ein Stück deutschen Kulturlebens in unsern Gauen abspielte und dass dasselbe in einer Reihe von Sagen niedergelegt ist, welche ebenso wertvoll für den Forscher germanischer Vorzeit, wie als Unterrichtsmaterial für den Unterricht des dritten Schuljahres unserer Thüringischen Erziehungsschule geeignet sind.**)

In späterer Zeit hat Ziller allerdings den Thüringischen Sagen eine nicht nur lokale, sondern allgemeine Bedeutung beigelegt. Darauf

---

*) Th. Wiget, Bündner Seminarblätter, Chur 1883. No. 4. S. 45.

**) Prof. Vogt regt in den „Erläuterungen" 1883 am Schluss seiner Auseinandersetzungen Seite 26 an, eine vergleichende Prüfung der verschiedenen Stammessagen in Ansehung ihres Wertes vorzunehmen.
Jetter-Steinheim ist dieser Anregung gefolgt. Im 29. Jahrbuch sucht er nachzuweisen, dass für württembergische Schulen die in klassischer Form vorliegenden Eberhardsagen an Stelle der Thüringer Sagen in Betracht kommen und unter die Stoffe des Gesinnungsunterrichts in den Lehrplan aufgenommen werden müssen. (S. auch den Nachtrag von Jetter, XXXI. Jahrbuch und die „Erläuterungen" zu den betr. Jahrbüchern.)

1*

deutet eine Stelle aus der „Allgem. Pädagogik" (Seite 192), wo er die Thüringischen Sagen mit den Erzählungen aus der Patriarchenzeit und aus der Zeit der sächsischen Könige in eine Linie stellt. Klar ausgesprochen aber ist der Vorrang der Thüringischen Sagen im Leipziger Seminarbuch (Ziller-Bergner, Materialien etc., Dresden 87, S. 161 f.). Hier heisst es: „Der deutschen Geschichte ist nicht etwa bloss nach einem heimatkundlichen, sondern nach einem allgemeingiltigen Gesichtspunkte die thüringische Sage, die sich um die Wartburg gruppiert, voranzustellen, und zwar deshalb, weil schon Bremen, der einzige geographische Ort in den Märchen, durch die Weser auf Thüringen, ein Land von rein deutscher, weder mit Slaven noch mit Römern vermischter Bevölkerung, hinweist, — ferner deshalb, weil das Christentum, das Christus lehrte, dieser Ausgangspunkt aller kulturgeschichtlichen Betrachtung, einen Übergang bildet zu der Wartburgsage von dem Reformator des allmählich entstellten Christentums und zu dem Orte, wo die Übersetzung der Bibel begonnen worden ist, — weiter deshalb, weil die thüringische Sage zurückführt auf alte Könige des Landes, — und der Wartburgkrieg auf Ungarn, die Parallele der erweiterten Heimatkunde (der Schüler lernt so auch die sagenhafte Wirkung der Kunstpoesie früher kennen, als er in diese selbst eingeführt wird). Keine andere deutsche Sage schliesst sich so genau an die früheren Stoffe an, keine führt soviel Fäden des allgemein kulturgeschichtlichen Ganges fort, steht also dem Zögling psychologisch so nahe wie diese (so giebt auch Herbart beim ersten fremdsprachlichen Unterricht dem Homer den Vorzug vor jedem lateinischen Schriftsteller, weil jener dem Knaben näher steht, als irgend einer der letzteren), und man darf nicht etwa annehmen, wenn eine andere Sage dem Schüler auch nicht so nahe stehe, so lasse sich das vielleicht ersetzen durch eine besondere Gunst seiner individuellen Lage; denn zu dem Notwendigen der allgemein-menschlichen, wie der allgemeinen Volksbildung hat jeder Zögling der Voraussetzung nach den in gleichem Masse, wenn auch durch verschiedene Verhältnisse teils begünstigten, teils gehemmten Zugang. Noch weniger darf man auf den allgemeinen Faden der Volksbildung verzichten wollen; man macht sonst den einzelnen viel zu sehr von seiner individuellen Lage abhängig, begründet den gesellschaftlichen Zusammenhang bei der frühen Jugend viel zu wenig und verzichtet auf die unzähligen Vorteile, die das methodische Zusammenwirken bei der Jugend bietet. Die sächsischen Länder aber, zu denen die Wartburg gehört, führen nach der Thüringischen Sage weiter zu dem deutschen Königsgeschlecht der sächsischen Kaiser, d. i. der Kaiser aus Nordsachsen, die zugleich Missionare für das Christentum unter den Slaven waren, und von denen noch obendrein der erste Heinrich der Begründer eines machtvollen deutschen Königtums wurde. Nordsachsen hatte auch ebenso wie Thüringen eine rein deutsche Bevölkerung, die vor gemischter Bevölkerung auftreten muss, obwohl es namentlich an die Slaven grenzte. Weil aber das seit dem ersten sächsischen Kaiser sich bildende Rittertum in unseren pädagogischen Quellen vielfach mit dem sagenhaften wie mit dem historischen Heldentum verwechselt wird, so muss die allgemeine deutsche Siegfriedssage, die das reine sagenhafte Heldentum darstellt und zugleich wiederum nach Ungarn führt, an die Thüringische Wartburgsage angeschlossen werden. Zur Siegfriedsage unmittelbar überzugehen, mit Überspringung der Thüringischen Sage, ist schon darum unmöglich, weil der Anfang einer aus deutscher Kulturgeschichte zu schöpfenden Geographie sich nicht gleich auf eine so weite Ausdehnung erstrecken darf, wie die von den Niederlanden bis zu Ungarn ist."

Diese hier angeregten Fragen, ob die Thüringischen Sagen für alle deutschen Stämme als Unterrichtsstoff gelten und ob sie der allgemein deutschen Siegfriedsage vorausgehen sollen, haben den Verein für wissenschaftliche Pädagogik auf Grund der Arbeiten von Zillig und Göpfert mehrfach beschäftigt, ohne jedoch zu einem bestimmten Abschluss zu gelangen.*) So viel steht allerdings fest, dass die Thüringischen Sagen eine allgemeine Bedeutung gegenüber den schwäbischen, elsasser, westfälischen u. a. Lokalsagen wohl für die Schulen behaupten dürften, die auf eigene Stammessagen verzichten müssen.

Zum Schluss sei noch hervorgehoben, dass die Thüringer Sagen eine vortreffliche Vorbereitung auf die Behandlung der biblischen Patriarchen (4. Schuljahr) bilden. Die Thüringischen Sagen stellen ja auch eine Art heimischer Patriarchenzeit dar. Wenigstens zeigen sie wesentliche Züge derselben auf. Zu diesen gehört vor allem, dass zwischen Fürst und Volk das Bewusstsein einer innigen Zusammengehörigkeit herrscht. Die Unterthanen und Fürsten fühlen sich alle als Glieder einer Familie. Der Fürst denkt ebenso wie sein Volk; seine Naturauffassung steht nicht höher, wie die seiner Untergebenen. Der Thüringer Patriarchenstaat stellt auch eine erweiterte Familie dar. Alle Ämter sind in dem fürstlichen Patriarchen vereinigt: Anführung im Krieg, Gerichtsbarkeit, Schutz des Unterdrückten, Leben in und mit dem Volk.

2 Auswahl der Erzählungen

Sehen wir nunmehr der Auswahl des Stoffes im einzelnen näher zu. Nach Ziller geht der Unterricht von Ludwig dem Springer bis zur heiligen Elisabeth und dann rückwärts zur Blüte und dem Untergang des Thüringischen Königreichs.

Ausgangspunkt für die Leipziger Seminarschule bildete die Erzählung von Ludwig dem Springer auf dem Giebichenstein bei Halle im Anschluss an die Schulreise. Die Eisenacher Schulen beginnen ebenfalls mit Ludwig dem Springer, aber da die Wartburg dem Interesse der Schüler dort weit näher liegt als der Giebichenstein, wird mit der Erbauung der Wartburg durch Ludwig den Springer der Anfang gemacht. Sein Beiname „der Springer" führt dann auf die Erzählung von seiner Gefangenschaft auf Giebichenstein bei Halle und auf die Frage, warum er dort gefangen gehalten wurde. Die Erzählung von Ludwigs Busse giebt sodann den versöhnenden Abschluss für die erste Gruppe

---

*) S. Jahrbuch 1887, I, II u. 1888, VI; ferner die Erläuterungen zu Jahrbuch 1887.

der Thüringischen Sagen. Die zweite Gruppe umfasst die Erzählungen von **Ludwig dem Eisernen**. Daran schliessen sich Geschichten von **Ludwig dem Milden** und von **Landgraf Hermann**. Die fünfte Gruppe umfasst die Sagen aus dem Leben der **heiligen Elisabeth** und des **Landgrafen Ludwig des Heiligen**.

Die Jenaer Übungsschule ist nur teilweise diesen Vorgängern gefolgt. Zunächst machte sich eine Vermehrung des Sagenstoffes dadurch nötig, dass der Beginn der biblischen Geschichte auf das vierte Schuljahr hinaufgeschoben wurde.

Deshalb wurde die Zahl der bisher ausgewählten Erzählungen vermehrt; hie und da wurde auch die Abgrenzung der Sagen gegen die nebenliegenden geändert.

Vor allem wurde eine neue grosse Gruppe vorangestellt: Die Thüringer Königsgeschichten, sowie die Geschichten des ersten Landgrafen, Ludwigs mit dem Barte. Reiches kulturgeschichtliches sowie historisches Material, das die eigentliche Geschichte trefflich vorbereitet, wurde so gewonnen, z. B. die Rodung einer Waldwildnis, die Einsetzung der Gerichtsbarkeit u. s. w.

Eine andere Gruppe wurde den lieblichen Erzählungen von der heiligen Elisabeth angefügt. Thüringens Schicksal wird verfolgt bis zu der Stunde, in der die Glocken von Reinhardsbrunn den letzten Landgrafen und damit die poesieumwobene Sagenzeit zu Grabe läuten. Reiche ethische Ausbeute geben die Erzählungen dieser Gruppe. Sie zeigen einen mutvollen Verteidiger der Wahrheit, einen Sohn, der in Treue das Recht seiner Mutter vertritt, einen Fürsten, der hochmütiges Unrecht zu bändigen weiss.

Das ist das Grosse, das pädagogisch Wertvolle an der Sage, dass sie, noch mehr wie die Geschichte, die Kinder ins Herz der Menschen schauen lehrt. Sie zeigt die Wirkungen individueller, sozialer und nationaler Thaten am Einzelnen, oft auch am kleinen Manne, der in der wirklichen Geschichte hinter dem grossen Zuge der Helden verschwindet. Aber gerade damit macht sie sich dem Kinde lieb und verständlich. Und auch da, wo sie um Fürstenthrone schwebt, öffnet sie mit ihrem Zauberstabe Thüren und Herzen. Wir vernehmen Überlegungen, wir hören Gespräche, wir sehen Erbleichen und Erröten, wir merken, wie die Gedanken kommen und gehen.

Diesen feinsinnigen Zug der Sage recht zur Geltung kommen zu lassen, ist die Bemühung bei der neuen Bearbeitung gewesen. Die verschiedensten Ausgaben der Thüringer Sagen sind verglichen worden. Es wurde immer versucht, in das Ganze möglichste Abrundung, Verknüpfung, Harmonie zu bringen, um einer möglichst grossen Wirkung willen auf das Gemüt des Kindes. Auch alte Verse, Volkssprüche und Liedreste sind mit verwertet worden, z. T. auch solche, die benachbarten Sagenkreisen entstammen. Leise Veränderungen, reichere Ausschmückungen, engere Verknüpfungen schienen zuweilen auch dem pädagogischen Zweck geboten und gerechtfertigt. Für die stilistische Darstellung wurden die lebendigsten Formen gewählt; denn erst wenn die Gestalten Leben atmen, können sie auch Leben wecken.

Die neue Jenaer Auswahl gestaltet sich demnach folgendermassen:

Erster Teil: Alte Thüringer Königsgeschichten

I Von König Irminfried und Amalaberga
1. Wie es in Amalabergas Herzen aussah.
2. Wie Irminfried gegen seinen Bruder zu Felde zog.
3. Wie der Frankenkönig das versprochene Stück Land haben wollte.
4. Wie die Franken gegen die Thüringer stritten.
5. Wie die Franken Scheidungen belagerten.
6. Wie Irminfried um Verzeihung bat.
7. Wie das Thüringer Königreich unterging.

Zweiter Teil: Thüringer Landgrafengeschichten

II Von Ludwig mit dem Barte
8. Wie Ludwig eine neue Heimat sucht.
9. Wie Ludwig der Bärtige die Waldwildnis heimisch macht.
10. Wie Ludwig der Bärtige Landgraf wird.

---

1) Bechstein, Der Sagenschatz und die Sagenkreise des Thüringerlandes. Hildburghausen 1835.
  1. Eisenach und die Wartburg. Hörselberg und Reinhardsbrunn.
  2. Thüringens Frühzeit, Ohrdruf und Inselsberg.
  3. Thüringens Vorzeit, drei Gleichen, Schneckopf, thür. Henneberg.
  4. Kiffhäuser, goldene Aue, Werragrund, Liebenstein und Altenstein.
2) Könnecke, Von der Sachsenburg nach Naumburg. Wandertage an der Unstrut. Querfurt 1896.
3) Bechstein, Deutsches Sagenbuch. Leipzig 1853.
4) Sydow u. andere, Thüringen und der Harz mit ihren Merkwürdigkeiten, Volkssagen und Legenden. 4 Bd. Sondershausen 1839.
5) Bechstein, Das malerische u. romantische Deutschland. III. Teil Thüringen. Leipzig bei Haendel.
6) Witzschel, Sagen, Sitten und Gebräuche aus Thüringen. Wien 1866. 2 Bde.
7) Hessler, Sagenkranz aus Hessen-Nassau u. der Wartburggegend. Cassel 1894.
8) König, Thüringer Sagenschatz und histor. Erzählungen. I. Bd.: Friedrichroda, Ruhla, Hörselberg, Waltershausen u. Umgebung. Leipzig, Franke.
9) Radefeld, Geschichten aus der Geschichte des Thüring. Volkes. Meiningen.
10) Grimm, Deutsche Sagen. 2. Aufl. Berlin 1865.
11) Rothe, Chronik von Thüringen. Eisenach 1888.

Vergl. ferner: Thränderf, Lesebuch f. d. 3. Schuljahr, Leipzig 1877; Göpfert, Thüringer Sagen, Jahrbuch 1888, S. 203 ff. In den letztgenannten Bearbeitungen herrscht das Bestreben vor, die altertümliche Form der Sprache beizubehalten. Dadurch werden aber für den Schüler ganz unnötige Schwierigkeiten bereitet und der Unterricht ganz unnötiger Weise aufgehalten, weil die vielen jetzt ungebräuchlichen Ausdrücke und Redewendungen das Verständnis erschweren, also ein Unlustgefühl erzeugen, ohne das Bewusstsein in den Kindern wesentlich zu verstärken, dass von längst vergangenen Zeiten die Rede ist. Letzteres wird durch den Inhalt des Mitgeteilten in ausreichendem Masse erzeugt. Überdies ist es nicht Aufgabe des Gesinnungsunterrichts, die Kinder anzuleiten, dass sie später alte Chroniken lesen können. (S. Erläuterungen, Dresden Kaemmerer, 1888, S. 35.)

11. Wie Ludwigs Knappe sich seine Braut erringt.
12. Wie Ludwig, der mit dem Barte, Gericht hält.
13. Warum Ludwig einst aus seiner Heimat ausgewandert ist.
14. Wie Ludwig sich einen Landgrafensitz baut.

III Von Ludwig dem Springer

15. Wie die Wartburg erbaut wird.
16. Wie Ludwig auf dem Giebichenstein in Gefangenschaft sitzt.
17. Warum Ludwig gefangen genommen worden war.
18. Wie es Ludwig um seine Thaten Angst wird.

IV Von Ludwig dem Eisernen

19. Wie der Landgraf hartgeschmiedet wird.
20. Warum Ludwig der „Eiserne" genannt wird.
21. Wie Ludwig eine Mauer um die Neuenburg baut.
22. Wie Ludwigs Leichnam von seinen Rittern zu Grabe getragen wird.

V Von Ludwig dem Milden

23. Wie Ludwig das St. Georgenbanner führt.

VI Von Landgraf Hermann

24. Wie auf der Wartburg ein Sängerkrieg geführt wird.
25. Wie Meister Klingsohr gerufen wird.

VII Von der heiligen Elisabeth

26. Wie Elisabeth nach Thüringen kommt.
27. Wie der junge Landgraf Ludwig seine Braut Elisabeth treu liebt.
28. Wie Landgraf Ludwig den Löwen bändigt.
29. Wie Landgraf Ludwig dem Krämer hilft.
30. Wie Elisabeth die Armen speist.
31. Wie Elisabeth Rosen trägt.
32. Wie Elisabeth sieben Wohlthaten erweist.
33. Wie Ludwig nach dem heiligen Lande zieht.
34. Wie Elisabeth den Tod ihres Gemahls erfährt.
35. Wie die heilige Elisabeth von der Wartburg vertrieben wird.
36. Wie ein Ritter dem Grafen Heinrich die Wahrheit sagt.
37. Wie die heilige Elisabeth stirbt.

VIII Vom Kinde von Brabant

38. Wie die Tochter der Elisabeth ihr Recht nicht bekommt.
39. Wie an der Wartburg um Thüringen gestritten wird.

IX Von Friedrich dem Gebissenen

40. Wie der Knecht Friedrichs Mutter töten soll.
41. Wie Margarethe, Landgräfin von Thüringen, von der Wartburg entflieht.
42. Wie Friedrich der Gebissene seine Mutter rächen will.
43. Wie Friedrich der Gebissene sich eine Braut wirbt.
44. Wie Friedrich der Gebissene seine Tochter aus der belagerten Wartburg führt.
45. Wie Friedrich der Gebissene den Leuten auf der Wartburg zu essen bringt.
46. Wie die Eisenacher mit Friedrich dem Gebissenen Frieden machen.
47. Wie Friedrich der Gebissene einen vorlauten Mann straft.
48. Wie der letzte Landgraf begraben wird.

3 Text

Thüringer Sagen*)

I Teil
Alte Thüringer Königs-Geschichten

I Von Irminfried und Amalaberga

1 Wie es in Amalabergas Herzen aussah

In alten Zeiten war Thüringen ein grosses Königreich. Irminfried, des Königs jüngster Sohn dachte: „Ich will mir eine Prinzessin wählen zur Frau. Ich will sie mir wählen aus einem mächtigen und reichen Königshause. So vergrössere ich mein Reich und meine Macht."

Und er wählte sich Amalaberga, die Schwester des Frankenkönigs. Der übersandte ihm seine Schwester zur Frau, dazu ein gar stolzes Schreiben:

„Amalaberga wird eine Zierde Thüringens werden und deine treue Ratgeberin. Sie wird friedlich herrschen und das Volk glücklich machen."

Das freute den Königssohn Irminfried, und er schickte dem Könige der Franken ein Geschenk: viele gerüstete, silberweisse Pferde, denn die Pferde waren in Thüringen sehr schön und deswegen weit und breit berühmt.

Der alte König liess seine beiden Söhne an sein Bett kommen, legte seine Hände auf ihre Häupter und sprach: „Ich hab euch beide gleich lieb. Jeder soll die Hälfte meines Reiches haben. Regiert es gut, seid einträchtig mit einander, haltet Treue und hört nur auf guten Rat." Und als er das gesagt hatte, neigte er sein weisses Haupt und starb.

Irminfried konnte also nach dem Tode des Vaters nur die Hälfte von Thüringen bekommen. Die andere Hälfte regierte sein älterer Bruder. Das ärgerte Amalaberga, dass sie nicht Königin von ganz Thüringen sein konnte.

Als einst Irminfried zum Mittagsmahle kam, fand er den Tisch nur halb gedeckt. Darüber verwunderte er sich und fragte seine Frau: „Was soll das heissen?" Amalaberga antwortete: „Wer nur die Hälfte des Reiches besitzt, soll auch nur einen halbgedeckten Tisch haben."

---

*) Ausgewählt und gestaltet von Fritz Lehmensick, Oberlehrer am Pädagogischen Seminar zu Jena.

Ähnliche Reden führte sie jeden Tag und erbitterte so ihren Mann gegen seinen Bruder. Sie brachte es dahin, dass er nicht mehr freundlich an seinen Bruder dachte, dass er ihn nicht mehr ersehen konnte, ja, dass er sich zuweilen fragte: „Ob es nicht besser wäre, er stürbe, da wäre ich den Ärger mit meinem Weibe los."

2 Wie Irminfried gegen seinen Bruder zu Felde zog

Die Königin Amalaberga quälte und trieb den König Irminfried, ihren Mann so sehr, dass er immer heftiger gegen den Bruder wurde. Und als er einmal mit seinem Bruder wegen eines kleinen Stück Landes zankte, da wurde er so zornig, dass er den Krieg gegen ihn beschloss. Und Amalaberga war sehr zufrieden damit und sagte: „Schicke doch Boten zu meinem Bruder, dass er dir helfe."

Irminfried that auch so. Und er schickte seinen geheimen Rat Iring zu dem Frankenkönige mit der Botschaft:

„Halte es mit mir, gegen meinen Bruder. Wenn er getötet ist, wollen wir sein Reich unter uns teilen."

Das war dem Frankenkönige ganz recht. Er sammelte ein Heer und vereinigte sich mit Irminfried. Und sie zogen zusammen in den Krieg gegen den Bruder.

Weil aber dieser so etwas von seinem Bruder Irminfried nicht erwartet hatte, so war er nicht gerüstet. Und er verlor viel Zeit, ehe er sein Heer beisammen hatte. Sein Heer war noch nicht halb so gross, wie das seiner beiden Feinde. Darum wurde er auch besiegt. Er kämpfte mit unter den letzten, die auf dem Schlachtfelde blieben und verteidigte mit dem Schwerte sein gutes Recht.

Aber bald konnte er nicht mehr Stand halten. Seine Begleiter flohen und er wurde erschlagen.

Der König von Thüringen und der König von Franken jubelten. Sie kehrten mit ihren Heeren wieder in ihr Land zurück.

3 Wie der Frankenkönig das versprochene Stück Land haben will

Der Frankenkönig schickte zu Irminfried:

„Gieb mir mein Recht! Gieb mir, was du versprochen hast, die Hälfte vom Lande deines Bruders!

Und schliesse mit mir einen Bund! Ich habe dir geholfen. Schwöre mir, dass du mir auch helfen willst, wenn ich dich brauche!"

Doch Irminfried antwortete: „Wegen der Abtretung des Landes und wegen der Schliessung des Bundes will ich mit meinen Mannen mich beraten."

Die Antwort hörte Amalaberga und sie redete mit dem Könige wegen des Landes: „Wie? Solltest du ihm etwas geben? Eben bist du König geworden des ganzen Landes. Jetzt willst du schon ein Viertel abgeben? Ist das klug? Nein. Wenn ich dich achten soll, so musst du das ganze Land behalten!" Und Irminfried dachte: „Besser doch, ich gebe nichts weg. Sie wird mir sonst den Tisch wieder halb decken!"

Wegen des Bundes aber berief sie heimlich Iring zu sich, auf dessen Rede der König sehr viel gab und bat ihn: „Rate doch meinem Herrn, dass er kein Bündnis mit den Franken eingehe. Ich will es so."

Als nun die Fürsten, Grafen, Ritter und Kriegsleute zusammenkamen, da zeigte sich: Sie wünschten alle den Bund mit den Franken. Und sie sagten: „Es wäre gut wegen der Sachsen, die wollen uns bekämpfen." Aber Iring erhob sich und sprach: „Ach, wir haben Mannen genug und können uns der Sachsen allein erwehren. Wollen wir Franken zum Bunde, müssen wir Thüringer Land als Bundesgeld zahlen. Ich rate: Macht kein Bündnis." Lange stritten die Herren. Endlich siegte der Rat Irings. Und ein Bote brachte dem Frankenkönige diese Antwort:

„Einen Bund mit dir wollen wir nicht. Land kannst du auch nicht bekommen. Du musst uns die Hälfte deines Landes geben, denn du musst mit deiner Schwester teilen."

Als der Bote diese Worte hörte, ward er tiefbewegt und sprach: „Ich möchte lieber meinen Kopf geben, als solche Rede überbringen. Diese Botschaft thut den Franken einen Schimpf und macht einen Flecken auf ihren Schild. Ich sage euch: Dieser Flecken wird mit vielem Blute der Franken und Thüringer abgewaschen werden."

4 Wie die Franken gegen die Thüringer stritten

Der Frankenkönig vergass das dem Könige von Thüringen nicht. In aller Stille sammelte er ein starkes Heer und zog mit demselben nach dem Thüringerlande. Und er sprach zu seinem Heere: „Gedenket des Unrechtes, das uns widerfahren ist: Unsere Hilfe im Kriege haben sie genommen. Ihr Versprechen wegen des Landes haben sie nicht gehalten. Unser Anerbieten wegen des Bundes haben sie nicht angenommen. Euern König haben sie verhöhnt. Unsere Sache ist gerechter als die ihre!"

Als die Thüringer hörten, dass der Frankenkönig anrücke, suchten sie ihr Land zu schützen. Und sie machten auf der Strasse, auf der das Heer der Feinde die Landesgrenze überschreiten musste, tiefe und grosse Fallgräben und bedeckten die Gräben mit grünen Reisern, Erde und Moos und stellten sich dahinter auf. Als nun die fränkischen Reiter heransprengten, stürzten Ross und Mann in die Gräben. Dennoch drang das Heer der Franken vor, da mussten die Thüringer fliehen. An der Unstrut sammelten sich die Thüringer wieder und die Franken kamen ihnen bald nach. Es kam zur Schlacht. Drei Tage dauerte der schreckliche Kampf. Da war das Bett der Unstrut so von den toten Körpern der Thüringer angefüllt, dass über sie hinweg die Franken wie auf einer Brücke gingen. Da musste auch König Irminfried fliehen, und er floh in seine Stadt und Burg Scheidungen an der Unstrut, da auch die Königin Amalaberga war.

5 Wie die Franken Scheidungen belagerten

Da sammelte der Frankenkönig seine Mannen um sich und hielt mit ihnen Rat, was nun gethan werden sollte. Etliche rieten: Die Toten begraben, die Verwundeten heilen und dann den Feind aufs Neue angreifen. Ein Alter sprach: „Das Nützlichste ist die Ausdauer. Jetzt ist das Thüringerland in unserer Gewalt, jetzt drücken sich die Mannen König Irminfrieds wie Mäuse in einer Falle. Lasst sie nicht heraus. Ziehen und zögern wir, so stärken wir den Feind. Hat ein Mann Glück, so halte er es fest. Leicht wandelt es sich über Nacht."

Da sprach ein anderer: „Dieser Rat, die Burg zu belagern und zu stürmen, wäre wohl gut, aber unser Heer ist allzu schwach geworden durch den Verlust an Toten und vielen Verwundeten. Und thöricht wäre es, wenn wir warten wollten, bis wir von hier, der Unstrut, bis in unser Land an den Rhein gesendet hätten nach neuem Volk."

Da sprach der Alte: „Nehmt doch die Sachsen. Sie sind gerade jetzt nicht der Thüringer Freunde und wollten sie schon immer bekämpfen."

Der Rat gefiel dem Könige und allen wohl und sie schickten nach den Sachsen und liessen ihnen sagen: „Wenn ihr uns Scheidungen gewinnt, so soll es euer sein auf ewiglich mit allem Land jenseits der Unstrut."

Da kamen die Sachsen und die Franken wunderten sich über die grossen Männer, über das Haar, das lang über die Schultern herabhing, über ihre groben Gewänder, über ihre fremden Waffen, die starken Spiesse, die grossen Schilde, die langen Messer, besonders aber über ihre unerschütterliche Ruhe.

6 Wie Irminfried um Verzeihung bat

Die Thüringer machten ihr Stadtthor auf und stürmten heraus und stritten mit den Sachsen. Dann wichen sie mit ihrem Könige in die Stadt zurück. Aber sie merkten doch, dass es nicht lange währen würde, weil sie ja auf der Burg nicht mehr genug zu essen hatten und vor Hunger immer schwächer wurden.

Deshalb sandte Irminfried heimlich in der Nacht den Ritter Iring zu seinem Schwager, dem Frankenkönige, ins Lager mit der Botschaft:

„Wenn du auch nicht deines Schwagers schonen willst, so solltest du dich doch erbarmen über deine Schwester und ihre Kinder und ihnen Gnade geben."

Und Iring fiel vor dem Frankenkönige nieder und sagte ihm alles.

Der Frankenkönig beriet mit seinen Räten. Da sprachen etliche: „Hätten wir nur nicht die Sachsen, das grobe, wilde Volk in das Land gezogen. Und ihr könnt das Land nicht den Sachsen geben mit seinen Bergen und Schlössern, das schöne Thüringer Land!" Und andere sprachen: „Dein Schwager hat mutwillig und thöricht an dir gehandelt. Doch du kannst milde gegen ihn sein und brauchst nicht deine Schwester und ihre Kinder um seinetwillen zu verderben. Er wird nicht wieder gegen dich sein und wird dir immer Treue halten!"

Da wurde der Frankenkönig milde und beschloss, sich mit dem Thüringerkönige zu versöhnen und ihn sein Land zu lassen. Die Sachsen aber wollten sie wieder fort jagen in ihr Land zurück. Iring fiel dem Frankenkönige zu Füssen und dankte und sandte die frohe Nachricht in die Burg. Er selbst aber blieb im Frankenlager.

7 Wie das Thüringer Königreich unterging

Da war grosse Freude bei den Thüringern in der Burg Scheidungen. Weil nun die Thüringer meinten, dass Friede sei, ritt ein thüringischer Jüngling gegen Abend mit einem Falken aus der Stadt Scheidungen, um zu jagen an dem Ufer der Unstrut, und liess den Falken nach einer wilden Ente stossen. Gegenüber, am anderen Ufer, kam ein Sachse gegangen, der lockte und fing den Falken. Der Thüringer bat: „Gieb mir meinen Falken wieder!" Der Sachse sagte: „Nein!"

Da sprach der Thüringer: „Lass den Falken fliegen, so will ich dir etwas sagen, das besser ist als hundert Falken — bei meinem Eide!"

Der Sachse versprach darauf: Ich will den Vogel zurückfliegen lassen. Da sagte der Thüringer: „Die Könige der Franken und Thüringer haben sich mit einander versöhnt, und zieht ihr nicht diese Nacht von dannen, so geschieht euch nichts Gutes." „Spottest du oder ist es wahr?" rief da der Sachse. Da antwortete der Thüringer: „Morgen am Tage wirst du hören, ob ich die Wahrheit sprach." Darauf liess der Sachse den Falken los.

Der Sachse ritt sogleich in das Lager der Seinen und verkündete, was der Thüringer gesagt hatte. Alle verstummten und erbleichten, als sie die Sache hörten.

Da berieten sich die Fürsten und Hauptleute mit einander, was zu thun wäre. Die meisten waren der Meinung: „Es ist am besten, wir brechen in aller Stille auf und ziehen heim."

Aber Hak, ein alter Sachsenkrieger in grauem Haar, ergriff die Fahne, darin der Sachsen Feldzeichen, ein Löwe, ein Drache und ein Adler war, und sprach: „Ich habe lange gelebt und viel gesehen und habe grosse Schlachten mit erlebt — eins habe ich aber noch nicht gesehen: Ich habe noch nie die Sachsen fliehen sehen. Seht die Erschlagenen um euch her, eure Brüder und Freunde! Sind sie feige geflohen? Lieber sind sie gefallen im Kampf, als ihr Leben zu retten durch feige Flucht. Kann ich nicht länger leben ohne Flucht, da ist es besser, ich sterbe hier. Nein, Freunde! Unsere Feinde, die Thüringer, sind müde vom Streit und sicher vom Frieden. Wenn wir sie im Schlaf auf ihrer Burg überfallen, so werden wir sie überwinden!"

Dem stimmten alle zu und machten sich in aller Stille streitfertig und stärkten sich mit Speise. Als nun die Thüringer im ersten Schlafe lagen, da ergriff der Alte sein Banner und führte die Sachsen gegen die Stadt, sie stiegen hinein und überfielen die Thüringer. Vom Lärm erweckt lief mancher Thüringer auf die Gasse, glaubte Freunde zu finden und ward erschlagen; andere entsprangen über die Mauer und kamen davon; viele wehrhafte Männer, Jünglinge und Knaben wurden gefangen genommen. Der König aber mit der Königin, ihren Kindern und wenigen Getreuen entkam durch eine Pforte. Die Sachsen nahmen Thor und Türme ein, fanden manchen Schatz und hielten die Stadt besetzt.

Sie erinnerten den Frankenkönig an sein Versprechen. Der überliess ihnen Scheidungen und alles Land jenseits der Unstrut am linken Ufer, wie er versprochen hatte und die Unstrut ward die Grenze zwischen den Sachsen und Franken und Burgscheidungen der Scheidepunkt. Auf dem Gebirge an der Unstrut erbauten sie die Sachsenburg, und ihr alter Ritter Hak bewohnte sie zuerst. Davon wurde sie auch die Hakenburg genannt.

Irminfried aber und Amalaberga und Iring wurden noch vor den Frankenkönig gebracht. Irminfried fiel vor ihm auf die Kniee nieder und Amalaberga hob ihre Hände und sprach: „Bruder, verzeihe uns, zu allem hat uns geraten der Ritter Iring." Als Iring dies Wort vernahm, nahm er ein Schwert und rief zornig aus: „Das ist erlogen!", zuckte das Schwert und durchstach seine Herrin. Dann bahnte er sich einen Weg durch die Menge und entrann.

Den Irminfried aber nahm der König der Franken mit sich und that freundlich mit ihm. Als sie aber in einer Stadt des Frankenreiches auf der Stadtmauer im Gespräch mit einander gingen, da geschah es, dass Irminfried plötzlich von der Mauer herabgestürzt ward. Niemand wusste, von wem. Bald darauf nahm der Frankenkönig auch die andere Hälfte des Thüringerlandes an sich, die auf der rechten Seite der Unstrut liegt.

So ging das Thüringer Königreich unter.

II Teil

Thüringer Landgrafen-Geschichten

II Ludwig mit dem Barte

8 Wie Ludwig eine neue Heimat sucht

Eines Tages tobte am Inselsberge ein Ungewitter. Es war recht dunkel geworden, Blitze zuckten, und der Regen rauschte durch die Bäume, und der Donner krachte in den Bergen.

Der alte Hirte auf dem Inselsberge hatte schnell seine Herde in den Stall getrieben und lag nun in seiner Bretterhütte auf einer Decke und wärmte sich am Feuer.

Da knurrte der Hund. Die Thür ging auf, und eine hohe Gestalt erschien in der Thür. Es war ein Jägersmann. Er war ganz schwarz gekleidet, und ein langer, schwarzer Bart wallte ihm bis über die Brust.

Bald brannte auf dem Herde ein lustiges Feuer, der Hirt kochte seinem Gaste eine warme Suppe, und der teilte mit ihm Brot und Fleisch aus seinem Rucksack.

Der Hirte erzählte ihm, wo er wäre:

„Das Land Thüringen ist zwölf Meilen lang und breit. Es wird begrenzt von zwei Gebirgen, dem Thüringer Wald und dem Harz, und von zwei Wässern, der Werra und der Saale.

„Da ist Forellenfang
Und schöner Vogelsang,
Dabei auch Weintrank
Und steter Flegelklang."

Das Land ist fruchtbar, wenn es wohl angebaut wird, und die Leute darin sind gut, wenn ihnen kein Unrecht geschieht."

Der fremde Ritter hörte aufmerksam, doch schweigend zu.

„Hilft den Thüringern denn nicht der Kaiser zu ihrem Recht, wenn ihnen einmal Unrecht geschieht?" fragte der Ritter mit dem langen Barte nach langem Schweigen. „Der Kaiser," sagte der Hirt, und seine Augen glänzten, „der Kaiser ist ein guter Herrscher, und er will das Recht. Aber er ist weit fort und sein Reich ist gross." „Und," setzte er hinzu und seufzte: „Er kann nicht alles thun, denn er kann nicht überall sein."

Inzwischen hatte es aufgehört zu regnen, und die Wolken hatten sich verzogen. Der schwarze Ritter trat mit dem Hirten hinaus. Lange schaute er sinnend auf das Land, das sich zu ihren Füssen ausbreitete und im Abendsonnenglanze vor ihnen lag: auf den dunklen Wald, die grünen Wiesen, die gelben

Felder und auf die Dörfchen mit ihren kleinen Häusern, die sich an den Berg herandrängen wie Kinder, die sich in den Faltenmantel der Mutter schmiegen.
Und dann sagte er leise: „Ich suche eine neue Heimat. Das Land gefällt mir. In den Wald will ich ziehen, wo er am dichtesten ist." „In den Wald?" sagte der Hirt. „Warum zieht ihr nicht in eine grosse Stadt oder auf eine hohe Burg? Das Leben, denk' ich, muss für einen Herrn dort lustiger sein." Aber der Ritter sprach: „Diese Art Leben ist mir leid geworden, ich will in die Waldeinsamkeit."
Und dann gingen sie in die Hütte und suchten ihr Lager auf und schliefen fest bis zum Morgen. Dann erhob sich der Ritter, dankte dem Hirten für seine Gastfreundschaft, trat vor die Thür der Hütte und sagte: „Sei gegrüsst, Thüringen, du meine neue Heimat, sei mir gegrüsst!" Und dann geleitete ihn der Hirt auf einsamem Waldwege hinunter ins Thal.

9 Wie Ludwig der Bärtige die Wildnis heimisch machte

Bald sahen die Waldleute einen Zug Ritter durch das Thal reiten. Alle waren schwarz gekleidet, schwarz war die Rüstung, schwarz war der Helmschmuck, sogar die Pferde der zwölf Ritter waren schwarz. Ihnen voran aber sprengte der hohe Ritter mit dem langen, schwarzen Barte. Ganz plötzlich erschien der Herr mit seinem Gefolge, niemand kannte ihn, keiner wusste, woher er kam. Mit verwundertem Gesichte schauten alle Leute dem Zuge nach, der im dunklen Walde verschwand.

Sie hielten an einer einsamen Stelle. Unwirtlich war die Gegend; da mussten erst Wege gehauen, Bäume gefällt und ausgegraben und Sümpfe trocken gelegt werden. Denselben Tag kam noch ein Dienertross mit einem Wagen voll Werkzeugen, voll Hämmern, Sägen, Äxten und Bohrern. Bald ging es an die Arbeit: Axtschläge erschallten, die Säge klang, und die Hämmer pochten. Verwundert schauten die Vögel aus dem grünen Laube, und das scheue Wild floh erschreckt davon. Manchmal schwirrte auch ein Pfeil durch das Dickicht, und ein Fuchs oder ein Wolf lag am Boden, der neugierig zur Rastzeit am Mittage sich zu nahe herangewagt. Am Abend aber glänzte durch den Wald Lagerfeuer, und durch den Wald klangen laut die Stimmen der Rastenden.

In kurzer Zeit sah die Gegend anders aus: Hütte um Hütte war entstanden, und der Pflug zog seine Furchen durch den Acker, der früher Waldboden war.

10 Wie Ludwig der Bärtige Landgraf ward

Ludwig der Bärtige aber kaufte viele Güter und auch das Walddörfchen Altenberga und die Gegend von Reinhardsbrunn dazu. Und er liess wieder bauen. Ein Haus nach dem anderen entstand, ein Feld nach dem anderen wurde angebaut.

Und alle hielten viel von dem Ritter, und wenn zwei einen Streit mit einander hatten um eine Grenze oder um Lohn, da gingen sie zu ihm und erwählten ihn zum Schiedsrichter. Und er wusste so klug und gerecht zu richten, dass sein Ruhm durch das ganze Land ging.

Auch der Kaiser hörte von ihm, und da er und seine Gemahlin ihn gar wohl kannten, denn er hatte früher an des Kaisers Hofe gelebt, so schickte er einen Boten mit der Nachricht:

„Ludwig mit dem Barte soll in Thüringen in diesem Jahre Richter sein."

Im nächsten Jahre zog der Kaiser selbst ins Thüringer Land, rief das Volk zusammen und sprach zu ihm: „Ihr sollt euch einen Herren wählen, der euch immer vor unrechter Gewalt beschützt, und dem Lande Recht und Friede erhält."
Die Thüringer traten zusammen und berieten und befragten sich, aber keiner wollte das Amt annehmen, weil keiner über den anderen richten wollte, damit er sich ihn nicht zum Feinde mache. Da wählten sie alle den Ritter mit dem Barte und baten den Kaiser: „Gieb ihn uns für immer!" Und der Kaiser bestätigte ihn und machte ihn zum Landgrafen mit der Thüringer Wissen und Willen und gab ihm das Land Thüringen. Darum wollte jeder sehen, wer zuerst Landgraf in Thüringen war.

Der Landgraf sollte sich sechs Ritter wählen und diese noch sechs, die Edelsten und Klügsten, dass sie in allen Sachen nach bestem Verstande ohne Ansehen Arme und Reiche im Lande richteten und des Landes Frieden erhielten.

Und der Kaiser sprach zu den Thüringern, da er nun scheiden wollte: „Der Landgraf und die Zwölfe im Land, die sollen euer Schutz sein, wenn ich nicht bei euch bin. Thut, was sie euch sagen und sorgt, dass ich nur immer Gutes aus Thüringen höre!"

Am S. Georgenthor in Eisenach ward ein steinernes Bild eingehauen: Ludwig mit dem Barte, der erste Landgraf.

11 Wie Ludwigs Knappe sich seine Braut errang

Unter den Gästen Ludwigs war ein Edelfräulein, die hatte so freundliche Augen, dass jedermann, den sie anschaute, war, als wenn die Sonne ihn angeschienen hätte. Gar mancher Ritter wollte sie auf sein Schloss nehmen und zu seiner Frau machen. Aber alles war umsonst. Sie hatte ihre Augen gerichtet auf einen armen Knappen. Der war keines Ritters Sohn, sondern eines Bauern. Er war hoch und schlank, hatte blaue Augen und blondes Haar. Aber sie liebte ihn nicht deswegen, weil er so schön war, sondern weil er so gut und so stark war. Hatte sie doch selbst einmal gesehen, wie er einen alten Mann, der vor Mattigkeit auf dem Wege umgefallen war, auf seinen starken Armen aus dem Walde nach Hause getragen hatte. Wie glänzten ihre Augen, wenn er beim Ritterspiele über alle die hohen Ritter und Herren den Sieg gewann!

Der Oheim des Edelfräuleins aber wollte, sie sollte einem der Herren aus gleichem Geschlechte die Hand reichen und keinem Bauernsohne. Und als der Knappe um ihre Hand bat, da wies er ihn mit höhnischen Worten ab.

Nun war einmal ein Fest unter den Rittern und sie übten ihre Kraft. Wer aber wieder am weitesten springen und werfen konnte, das war der Knappe. Für jeden Sieg bekam er einen Eichenzweig, und als er nun ganz mit Eichenzweigen bedeckt war, da trat er vor den Oheim und sprach zu ihm vor allen Rittern: „Und nun bitte ich dich, wenn du mich für wert hältst, um den schönsten Preis. Gieb mir die Hand der Jungfrau!"

Der Oheim war angeregt durch das Fest und den Wein und er sagte: „Ich würde sie dir geben, wenn du ein Ritter wärest und wenn du sie auf den Armen, ohne auszuruhen, auf diesen Berg hinaufträgst."

Da fiel der Knappe vor Ludwig nieder und sprach: „Herr, wenn du mich für wert erachtest, mache mich zum Ritter, ich will sie, so Gott will, hinauftragen!"

Und manche baten für den Knappen, darunter auch Cäcilie von Sangerhausen. Das war eine Freundin der Braut des Knappen.

Ludwig strich seinen schwarzen Bart, nahm sein Schwert und schlug dem

Knappen dreimal auf die Schulter, nun war er ein Ritter. Der stand auf und ging an den Fuss des Berges, und alle Ritter gingen mit, denn niemand glaubte, dass es einem Menschen möglich sei, so etwas auszuführen.

Unten nahm er das Edelfräulein auf die Arme und trug sie, so rasch er konnte, den steilen Felsen hinan. Schwer atmend kam er oben an. „Gottlob, nun bist du mein!" rief er aus. Dann stürzte er zu Boden.

Nach einigen Tagen erholte er sich wieder. Von dieser Stunde an nennt man den schroff ansteigenden Felsen den Gottlob.

12 Wie Ludwig, der mit dem Barte, Gericht hält

Bald danach ging der junge Ritter zu dem Oheim und bat ihn, er solle den Tag der Hochzeit bestimmen. Der aber lachte ihn aus und sprach: „Gut bewährt hast du dich als Lastträger, doch ein solcher passt nicht für eine Edeldame." Und damit ging er zum Saale hinaus und führte seine Nichte mit sich.

Da ward der junge Ritter zum Tode traurig und streifte oft tagelang im Walde umher und dachte und sann, wie er seine Braut dennoch bekommen könne.

Einst kam er auch auf den Inselsberg und kehrte bei dem alten Hirten ein. Der sah lange in das verhärmte, bleiche Gesicht, dann sprach er: „Du hast ein Leid, junger Ritter, erzähle mirs, vielleicht kann ich alter Mann dir guten Rat geben."

Der Ritter erzählte ihm, wie er seine Braut lieb gewonnen, wie er sie sich errungen, wie er sie aber doch noch nicht bekommen habe. „Was soll ich thun!" rief er aus. „Soll ich ihm im Walde auflauern, dem Wortbrüchigen, und ihn erschlagen? O, ich bin stark genug, mit meinen Händen will ich ihn erdrücken!"

„Dir ist ein Unrecht geschehen, junger Mann," sagte der Alte freundlich. „Willst du darum ein noch grösseres thun? Dir ist Leid widerfahren. Willst du ein noch schlimmeres anrichten? Denkst du, dass deine Braut einem Mörder die Hand reichen wird? Sie wäre nicht wert, dass du sie liebst."

Da liess der Ritter den Kopf hängen. „Ich will dir etwas sagen", sprach der Hirte. „Über das Thüringer Land ist einer gesetzt, der Recht schaffen soll, du kennst ihn: Ludwig mit dem Barte. Weisst du nicht, wie er armer Leute Not sich annimmt, und wie er allen Recht schafft, deren Sache gerecht ist? Geh zu ihm und bringe deine Klage vor!"

Nicht ohne Hoffnung ging der Ritter von dannen, denn er erfuhr, dass der drittnächste Morgen Gerichtstag sei.

Der Morgen kam. Da sass der Landgraf auf dem Gerichtsplatze unter der Fahne, den Stab in der Hand. Zur Rechten standen sechs Ritter, zur Linken auch sechs, das waren die Zwölfe, die er ausgewählt hatte. Und sie sassen so, dass man ihr Antlitz sehen konnte, ringsum waren Schranken gezogen, dahinter stand das Volk und hörte zu.

Da trat der Ritter vor und brachte seine Klage. Dann musste er warten, der Oheim wurde geholt und um alles befragt. Und er blieb dabei: Einem Lastträger wolle er seine Nichte nicht geben und keinem Bauernsohn.

Dann traten die zwölf Schöffen zusammen und berieten. Danach sprach Ludwig mit den Barte das Urteil: „Wenn du dein Wort nicht hältst, so bist du kein Edelmann, so wird dir deine Burg genommen und dem jungen Ritter gegeben. Du aber musst aus dem Lande. Deine Nichte mag dann des Ritters Frau werden.

Ich rate dir darum, gieb sie ihm gutwillig, du hast es versprochen. Er ist ein Bauernsohn. Gut. Sind wir nicht alle Bauernsöhne? Wovon hätten unsere Vorväter leben sollen, wenn sie nicht das Feld bebaut hätten? Er ist ein Lastträger. Sind wir nicht alle Lastträger? Glaube mir, mein Amt ist auch eine Last, mir und meinen Zwölfen, aber wir tragen es gerne und sind stolz darauf. Willst du deine Einwilligung geben oder nicht?"

Er stand da mit steifem Nacken und zusammengepressten Lippen und wollte eben: „Nein" sagen, da trat die Jungfrau hervor, fasste seine Hand und die des Ritters und sprach: „Ich habe euch doch beide lieb, ich will euch beide behalten!" Und zu dem Oheim: „Warum willst du mich verlassen? Bleibe doch im Lande!" Und zu dem Ritter: „Bitte ihn doch noch einmal!" Da sprach der Ritter: „Gebt mir eure Nichte! Ich will sie auf den Händen tragen."

Da endlich sagte er: „Ja" vor allem Volke. Und die Jungfrau lächelte, und es war allen, als wenn sie die Sonne angeschienen hätte, so hell und warm.

13 Warum Ludwig einst aus seiner Heimat ausgewandert ist

Oft sah Ludwig in Sangerhausen die Nichte des Herzogs von Braunschweig, die damals für den Knappen gebeten hatte, dass er zum Ritter geschlagen würde. Sie war sehr schön, und bald lernte er auch ihr Herz kennen: wie gut sie mit ihren Dienerinnen war und wie mild und freundlich gegen die Armen. Da dachte er: Soll das Thüringer Land eine Landgräfin haben, so soll es diese sein.

Als sie nun einst im Bogenfenster sass und der Landgraf Ludwig bei ihr, da ergriff er ihre Hand und sprach: „Ich habe gesehen, wie gut du bist. Ich kann mir keine Bessere denken als Landgräfin für mein Land. Willst du es werden?"

Da schaute sie ihn freundlich an und sprach: „Auch ich kann mir keinen Bessern denken, dessen Gemahlin ich werden könnte. Ich habe gehört, wie du ins Land gekommen bist, finster und ernst mit deinen schwarzen Rittern, und wie du die Waldwildnis in fruchtbares Land verwandelt und Dörfer erbaut hast. Ich habe gesehen, wie du den Knappen zum Ritter schlugst, und wie du über den Oheim meiner Freundin so gerecht und weise richtetest. Ich weiss, wie du jeden im Lande achtest, wer es auch sei, wenn er nur arbeitet und brav ist, und wie dich alle Guten lieben und alle Bösen fürchten und alle, Gute und Böse, achten.

Aber ehe ich „Ja" sage, lass' mich dich etwas fragen! Woher bist du gekommen? Weshalb zogst du aus deiner Heimat fort? Warum warst du so finster und so ernst? Weshalb bist du in die Waldwildnis gezogen? Musstest du die Menschen fürchten und fliehen? Handelt es sich um eine Schuld? Ehe ich dir mein Leben anvertraue, muss ich es wissen."

Da sagte Ludwig mit dem Barte: „Ja, es handelt sich um eine Schuld. Aber nicht um eine Schuld, die ich auf dem Gewissen habe. So höre:

Ich lebte einst am Hof des Kaisers und war glücklich. Ich sass oft mit an seinem Tische, wenn er am Abend die Auserwählten zusammengerufen hatte, wenn Gedichte vorgelesen und erklärt wurden, wenn ein Rätsel aufgegeben oder über schwere Fragen gestritten wurde. Dann sangen die Töchter des Kaisers und spielten die Harfe. Es war eine schöne Zeit. Und am Tage über war ich mit dem Kaiser thätig, ging mit ihm auf die Jagd oder musste für ihn die Güter besuchen, und sehen, ob alles in Ordnung war: die Pferde wohlgenährt, die Felder wohlbestellt, die Bauersleute gutgehalten.

Auch meinem Bruder ging es gar wohl. Der war an einem andern Hofe, an dem Hofe eines Erzbischofes von Mainz am grossen Rheinstrome. Und der Erzbischof hatte ihn gar liebgewonnen, weil mein Bruder seine Güter so gut verwaltet hatte, und hatte ihm ein Gut zum Lohne gegeben für seine treuen Dienste. Aber mein Bruder starb und bald darauf auch der Erzbischof. Der neue Erzbischof aber gab das Gut einem andern, und meines Bruders Sohn ging leer aus. Meines Bruders Sohn war erbittert darüber und sagte: „Das ist ein Unrecht und geht nicht gut aus."

Einst war ich nun vom Kaiser mit einem Schreiben nach Mainz zum Erzbischof gesendet worden. Ich hatte mein Schreiben dem Erzbischof abgegeben, der in einer grossen Versammlung aller seiner Lehnsleute stand, die Güter von ihm hatten (der das Gut meines Bruders hatte, war auch dabei), da stürzte meines Bruders Sohn mit bewaffneten Männern in den Saal, und mit einem Dolche ermordete er den Mann, der das Gut bekommen hatte.

Er ward ergriffen und auf dem Richtplatze der Stadt an den Galgen gehängt. Unsere Familie war entehrt, unser Name war geschändet, unser Ruf dahin. O mein Vater, mein edler Vater, wenn du es wüsstest!

Da konnte ich nicht länger am Hofe bleiben. Darum ging ich in die Waldeinsamkeit, Trauer im Herzen über das schreckliche Schicksal unseres Hauses. Dort wollt ich fern von der Welt und den Menschen Vergessen suchen in der Arbeit. O sie ist eine süsse Trösterin, die Arbeit, und Gott hat alles gut gemacht."

Da küsste ihn Cäcilie von Sangerhausen und sagte: „Darum also ist dein Blick ernst und dein Antlitz finster und dein Mantel schwarz. Aber dein Herz ist hell und edel. Ich will deine Gemahlin werden."

So willigte sie ein und sagte ihm, dass sie ihm die Stadt Sangerhausen zubringe und siebentausend Acker fruchtbares Land mit vielen Gütern, Dienstmannen, Schäfereien, Vieh, Wildbahnen und Fischereien.

14 Wie Ludwig der Bärtige sich einen Landgrafensitz baut

Nun wollte Ludwig mit dem Barte sich auch eine Burg bauen. Er wählte dazu einen Berg bei Reinhardsbrunn, der lag gerade gegenüber dem „Gottlob". Sein Rücken war lang und schmal. Auf jeder Seite sprudelte ein frischer Quell. Da brauchte er keinen Burgbrunnen zu graben. Er baute: ein Herrenhaus und ein Frauenhaus, einen Raum, der sich heizen liess durch einen Kamin, die Keminate, mehrere Wirtschaftsgebäude mit Dienerwohnungen, Viehställen und Getreidekammern und eine Burgkapelle, allsonntäglich Gott darin zu bitten und zu danken.

Sie war gar stattlich anzusehen die Burg mit ihren rundbogigen Fenstern und Thüren und ihren festen Mauern und Türmen, wie sie über den grünen Wald herausschaute.

Und als er nun mit seiner jungen Frau, der ersten Landgräfin des Thüringerlandes, aus der Kirche kam, in der sie getraut worden waren, da führte er sie in einem prächtigen Zuge von Rittern und Edelfrauen zu seiner Burg. Sie aber wusste noch nichts davon, und er führte sie durch den dichten Wald. Auf einmal lichtete sich der Wald und errötend blieb die junge Landgräfin Cäcilie stehen und rief voll Freude:

„Wie schön bist du zu schauen, Burg!"

Von diesem Ausrufe erhielt die Burg ihren Namen: die Schauenburg.

Später aber, als das Land Thüringen mehr bebaut und bewohnt war und alle Burgen, Städte und Dörfer, Wälder und Berge benannt waren, nannte man

20 Thüringer Sagen.

Schloss Wartburg das Haupt des Thüringerlandes, Schloss Elgersburg im Thüringer Walde den rechten Arm, den Ebersberg im Harz den linken, Weissensee das Herz, Eckartsberga die Füsse, die auf die Saale treten und beschrieb es also:

III Von Ludwig dem Springer

15 Wie die Wartburg erbaut wurde

Landgraf Ludwig von Thüringen, den die Leute den Springer nannten, jagte einstmals am Inselsberge. Da traf er ein Stück Wild an. Dem ritt er nach bis an die Hörsel und kam von da auf den Berg, auf dem jetzt die Wartburg steht. Dort blieb er stehen, und wollte sehen, wo das Wild aus dem Walde lief.

Er sah den breiten Platz oben auf dem Berge, den festen Felsenboden und den steilen Bergabhang. Da dachte er: „Hier oben müsste eine Burg stehen. Wie fest wäre sie auf dem Felsen! Die Feinde würden sie nicht so leicht ersteigen können." Der Berg gefiel ihm gar sehr. Weit schaute er von oben in die Lande. Da rief er aus:

„Wart' Berg, du sollst mir eine Burg tragen!"

Das hörten seine Ritter, zwölf Mannen, die mit ihm auf die Jagd gegangen waren, und die eben den Berg herauf kamen. Die zeigten hinüber nach dem Metilstein und sagten: „Den Grafen von Frankenstein gehört der Berg, die haben sich schon drüben auf dem Metilstein eine Burg angelegt."

Da beriet er mit ihnen heimlich, wie er den Berg an sich brächte. Da ward ausgemacht: Der Landgraf solle vom Schaumberge, der ihm zu eigen gehörte, Erde in Körben hinauf auf den Wartberg tragen lassen, die sollte dann oben auf den Wartberg gestreut werden.

Das geschah auch in einer finstern Nacht der nächsten Tage. Auf die Stelle des Wartberges, die mit Erde bestreut worden war, erbaute Ludwig einen Bergfried. Bald kamen die Herren von Frankenstein, aber sie konnten dem Landgrafen Ludwig auf seiner Felsenfeste nichts anhaben.

Da verklagten sie den Landgrafen Ludwig bei dem Kaiser: „Er nimmt uns das Unsere mit Gewalt". Aber Ludwig der Springer gab zur Antwort: „Ich habe die Burg auf das Meine gebaut". Der Kaiser liess sagen: „Wenn du mit zwölf redlichen Männern aus der Ritterschaft beschwören kannst, dass das Land, worauf du gebaut hast, dein gehört, so kannst du es behalten."

Da rief der Landgraf Ludwig der Springer seine zwölf Ritter zusammen und nahm sie zu Eideshelfern und beschwor mit ihnen: „Wir schwören, dass dieser Boden, auf dem der Turm steht, von alters her zur Herrschaft von Thüringen gehört hat." Und dabei steckten sie ihre Schwerter in die Erde und legten ihre Hände darauf. So behielt er den Berg.

Wie nun in den folgenden Jahren eine Hungersnot in Thüringen entstand, weil wenig auf den Feldern gewachsen war, da baute Ludwig die Wartburg fertig und ganz ohne Geld. Er hatte nämlich in seinen Kammern viel Korn und Hafer gesammelt. Die that er auf für die armen Leute, die um Brot an der Wartburg arbeiten wollten.

Dann liess er Steine vom Seeberg bei Gotha holen und baute das Schloss und die Türme darauf. Den Kaiser liess er bitten, er möchte erlauben, dass ers dürfte mit übergoldetem Kupfer decken.

Das wollte aber der Kaiser nicht. Da wurde es mit Blei gedeckt. Später ist das Dach abgebrannt und das Blei geschmolzen. Nunmehr wurde das Schloss mit Ziegeln und Schiefer bedeckt.

Als die teuren Jahre ein Ende nahmen, bauten die Leute ihre Häuser nahe an den Berg in den Schutz der Wartburg. Und Ludwig liess noch den Wall machen mit Mauern und Gräben, wo jetzt die Stadt Eisenach liegt. Jede Dorfschaft im Lande Thüringen musste da ein Stück der Mauern bauen lassen; dazu arbeiten und Fuhren thun. Das merkt man noch jetzt an der Bauart der Mauern.

Also ward die Wartburg erbaut und Eisenach begründet und mit Mauern umgeben.

16 Warum Ludwig „der Springer" genannt wurde

Graf Ludwig hatte einen Mann erschlagen und der Kaiser hatte befohlen: „Setzt mir den Landgrafen Ludwig gefangen auf Schloss Giebichenstein an der Saale!" Ludwig hörte davon und wollte entfliehen und er setzte sich auf sein weisses Ross, den Schwan, und ritt mit seinem Knechte davon. Doch die Diener des Kaisers holten die beiden ein und fingen den Landgrafen und rissen ihn vom Pferde, aber der Knecht entkam auf seinem schnellen Rosse und mit des Landgrafen Schwan.

Den Grafen Ludwig aber führten sie den Berg hinauf durch das Schlossthor und hielten ihn in der Burg gefangen. Doch konnte er dort in seinem Zimmer frei umhergehen und ohne Fessel.

Zwei Jahre war er nun dort gefangen gehalten worden. Da sass er eines Tages am Brettspiel mit einigen Männern. Da hörten sie Hufschlag und sahen einen Boten kommen. Der kam vom Kaiser. Er brachte einen Brief und darin stand:

„Graf Ludwig,
weil Du den Mann erschlagen hast, sollst Du in drei Tagen auch getötet werden. So befiehlt

der Kaiser."

Ludwig aber stand vom Spiele auf und dachte: „In drei Tagen. So will ich mir überlegen, wie ich davon komme." Und leise sprach er und schaute dabei zum Himmel: „Heiliger Ulrich! Hilf mir durch deinen Schutz aus Not und Tod; so will ich Dir eine Kirche bauen!" Die Mauern aber um Giebichenstein waren dick, die Thüren und Riegel fest, die Burg stand hoch, und die Wächter waren wachsam.

Am andern Tage stellte sich Ludwig traurig bis zum Tode, ass nicht und trank nicht und bat: „Lasst mir meinen Schreiber kommen und meinen Knecht, ich möchte gern meinen letzten Willen aufschreiben lassen; wer alles bekommen soll, was mir gehört."

Am nächsten Tage kamen die beiden, und er redete mit ihnen laut. Und er sagte zu ihnen, was jeder bekommen soll, wer etwas haben soll von seinen Schlössern und Gütern und Wäldern und von seinen Schätzen, und was seine Frau und was seine Kinder und was auch seine Diener und seine Freunde. Und alles ward genau aufgeschrieben. Als er aber den letzten Abschied nahm und zu dem Knechte, der vor ihm kniete, sich niederbeugte, sprach er heimlich zu ihm: „Morgen Mittag bring meinen Schwan drüben ans andere Ufer der Saale."

Am dritten Tage sassen am Kamine sechs Männer, die ihn bewachen sollten. Als nun der Mittag heran kam, klagte der Landgraf: „Ach, was hab ich doch für einen grossen Frost!" Und er zog viele und weite Kleider an und ging an einem Stabe als ein Schwacher seufzend und ächzend in der Kemenate umher.

Die Männer spielten vor langer Weile im Brett und hatten auf ihn nicht acht. Ludwig öffnete das Fenster, damit die warme Sonne ihn bescheine, spähete aber fleissig hinaus.

Bald sah er drüben über der Saale aus der grünen Flur etwas Weisses leuchten. Das war der Schwan. Da nahm er einen Anlauf und sprang durch das Fenster mit mächtigem Sprunge hinab in die Saale. Der Stab rollte in das Zimmer. Die Wächter sprangen auf und sahen, wie der Wind die weiten Gewänder ausbreitete, und wie der Landgraf sanft auf das Wasser fiel.

Schnell eilten die Wächter den Berg hinab, um den Landgrafen wieder einzufangen. Aber der Knecht schwemmte hinzu und half dem Landgrafen heraus. Und als die Wächter unten ankamen, da sahen sie den Landgrafen, wie er die nassen Überkleider abwarf und sich auf den Schwan schwang, und eilend davon ritt. Und als sie ans andere Ufer der Saale kamen, sahen sie noch zwei Punkte in der Ferne, einen schwarzen, das war das Pferd des Knechtes und einen weissen, das war der Schwan.

Ludwig aber ritt auf dem Schwan, so schnell er konnte, immer von der Saale weg der Sonne nach. Und da kam er nach seiner Stadt Sangerhausen. Dort liess er später dem heiligen Ulrich eine Kirche bauen. Daran waren zwei Steinbilder: Der heilige Ulrich und Ludwig der Springer. Über den Eingang liess er den Vers in Stein einhauen:

Du hast, o heilger Ulerich,
Einst aus der Not errettet mich.
Wie ich versprach, als Dank dafür
Hab' ich dies Haus erbauet dir.

Von dieser Zeit an sagten die Leute von diesem Landgrafen: Das ist Ludwig der Springer.

17 Warum Ludwig gefangen genommen worden war

Der Kaiser hatte Ludwig gefangen nehmen lassen, weil Ludwig einen Pfalzgrafen im Walde erstochen hatte. Das aber war so zugegangen:

Ludwig war einst zu einem Festmahle eingeladen gewesen auf einer Burg im Unstrutthale. Da hatte an der Tafel gesessen dicht neben ihm ein gar junges, schönes Weib: Adelheid, aber weit von ihnen am anderen Ende Pfalzgraf Friedrich, ihr treuer Gemahl.

Und Ludwig hatte gar freundliche Gespräche mit ihr geführt und zu ihr gesagt: „Ich möchte dich wohl zur Frau nehmen, wenn es ginge." Und das Weib hatte zu ihrem Manne hingeschaut und zum Landgrafen leise gesagt: „Töte ihn doch im Walde! Nächsten Freitag lasse die Hörner klingen beim Schlosse Zscheiplitz!"

Als der Tag gekommen war, hatte Pfalzgraf Friedrich des Morgens im Bade gesessen. Da hatte er draussen Hörnerschall und Jagdruf gehört, und Frau Adelheid war stürmisch ins Zimmer gelaufen gekommen und hatte spottend gerufen: „Du willst hier sitzen und dich pflegen und verlierst dein Recht und deine Macht und lässt dir jagen bis unter deine Burgfenster!"

Da war Pfalzgraf Friedrich aufgesprungen, hatte einen Mantel über sein Badehemd geworfen und hatte sich auf seinen Hengst geschwungen. Dann war er mit Geschrei und strafenden Worten dem Landgrafen Ludwig nachgejagt bis tief in den Wald hinein.

Unter einer grünen Linde waren sie hart zusammengetroffen in grossem Zorn. Da hatte Ludwig zu seinem Knechte gesagt: „Jetzt spanne deine Armbrust und schiesse den Pfalzgrafen in die linke Seite!" Aber der Knecht hatte gesagt: „Warum soll ich ihn schiessen? Der edle Herr hat mir sein Lebelang nie ein Leid gethan." Da hatte Landgraf Ludwig den Jägerspiess in seine Hand genommen und hatte den Pfalzgrafen durchstochen. Da der aber noch aufrecht auf seinem Pferde sass, hatte Ludwig noch mit dem Schwerte auf ihn eingehauen, bis er tot auf den Waldboden niedergestürzt war unter die grüne Linde.

Am selben Mittage aber hatten die Knechte des Pfalzgrafen ihres Herrn Ross durch Feld und Wald sprengen sehen. Da hatten sie ihren Herrn gesucht und hatten ihn gefunden: auf dem Waldboden unter der Linde, tot, durchstochen und mit Schwertwunden.

Und sie hatten ihn in Goseck begraben in der Kirche, und alle Freunde hatten laut geweint in treuer Liebe um ihn, und auch sein Weib hatte Thränen in den Augen gehabt, aber ihre Thränen waren falsche Thränen.

Ein Jahr darauf war Landgraf Ludwig wieder ins Unstrutthal geritten und hatte Adelheid, die Witwe des Pfalzgrafen, zum Weibe genommen. Er hatte sie auf die Schauenburg geführt und hatte da mit grosser Pracht die Hochzeit gehalten.

Die aber, welche den Pfalzgrafen lieb gehabt hatten, seine Freunde und Verwandten, konnten seinen Tod nicht vergessen. Sie hatten den Ludwig beim Kaiser wegen seiner Frevelthat verklagt. Auf Befehl des Kaisers war darum Ludwig gefangen genommen und auf das Schloss Giebichenstein gebracht worden. Und nach zwei Jahren hatte der Kaiser das Todesurteil gesprochen um dieser That willen.

An der Mordstelle aber war ein grosses Kreuz errichtet worden aus Nebraer Sandstein, darauf eingehauen ein Spiess und ein Schwert zu sehen. Und auf der anderen Seite konnte man die Inschrift lesen:

— Im Jahre 1085 —
Hier fiel der Pfalzgraf Friederich
Ihn mordete Graf Ludewig.

18 Wie es Ludwig um seine Thaten Angst wurde

Frau Adelheid hatte aber seit jener That keine Ruhe mehr. Sie musste immer an Pfalzgraf Friedrich denken, wie er so gut gewesen war, und wie sie ihn so schändlich verraten hatte, dass er eines so schrecklichen Todes sterben musste. Des Nachts konnte sie nicht schlafen vor angstvollen Träumen, dann konnte man sie oft des Nachts durch die Zimmer der Schauenburg ruhelos wandern sehen mit einem Lichte in der Hand. Und zuweilen schrie sie am Tage laut auf und schrak zusammen: da hatte sie den Pfalzgrafen Friedrich vor sich gesehen, blutig und bleich und mit zerhauenem Gesicht, wie er drohend den Finger hob.

Es war einmal an einem Karfreitag. Da bat Frau Adelheid den Grafen Ludwig den Springer: „Komm und iss mit mir!" Sie wusste aber gar wohl, dass sie am Karfreitage kein Fleisch essen durften damals nach dem Gebote der Kirche. Als nun beide miteinander zu Tische sassen, liess sie viele Gerichte auftragen von allerlei Fleisch, gesotten und gebraten. Da das der Graf sah, erschrak er und fragte: „Was hat das zu bedeuten? Ist es nicht unziemlich, solche Speisen zu geniessen an dem Tage, an welchem unser Erlöser, der Herr Jesus, am Kreuze gelitten hat?" Da sah ihn Frau Adelheid lange ernsthaft und schweigend an. Dann aber sprach sie: „Wenn es uns nicht geziemt, diese Speisen zu geniessen, wieviel mehr ist es thöricht und unziemlich, dass wir unsere Sünden, die gewachsen sind bis in den Himmel, nicht tilgen in Reue und Leid."

Der Graf Ludwig beugte bei diesen Worten das Haupt nieder und begann sehr zu weinen, und Frau Adelheid weinte mit ihm, sodass eine Weile keins ein Wort zu reden vermochte, bis einer der Diener ins Zimmer trat, der die Speisen, die sie nicht angerührt hatten, hinwegtrug. Ludwig aber gelobte Gott, sein Leben zu bessern und sagte: „Ich will meine Sünden mit Almosen und frommen Werken büssen!" Gleich nach den Ostertagen stattete Landgraf Ludwig seine Söhne und Töchter aus, schrieb in sein Testament, wer all sein Hab und Gut, seine Schlösser und Wälder bekommen sollte und ordnete sein ganzes Land. Dann liess er seinen Freund, den frommen und gerechten Bischof, zu sich kommen und dazu den Abt, bekannte diesen beiden Männern aufrichtig seine Sünden und seine Gedanken und sagte: „Gebt mir guten Rat, ich verspreche euch in allen Dingen treuen Gehorsam." Diese Männer, welche die Reue seines Herzens wohl erkannten, rieten ihm: „Baue ein Kloster, in dem sollen Männer wohnen, von den Sünden der Welt zurückgezogen, die ihr ganzes Leben lang Gott dienen mit Beten und Singen und Arbeiten, indem sie das Land bebauen und auch die Kinder lehren, und werde selbst ein Mönch in dem Kloster!"

Diesem Rate wollte der Graf Ludwig folgen und suchte von dieser Zeit an eine bequeme Stätte, ein Kloster dahin zu bauen.

Nun wohnte nahe bei dem Schlosse Schauenburg in dem Walde ein Töpfer, der hiess Reinhard, bei einem grossen, tiefen Borne, der stark ausfloss. Dieser Töpfer sah alle Nächte zwei Lichter mit hellem Glanze nicht fern von seinem Hause brennen. Das wunderte ihn sehr, denn wenn er dann an die Stelle kam, so fand er nichts mehr. Entfernte er sich aber von der Stelle, so erschienen sie jedesmal wieder. Das war ihm gar wunderbar. Er zeigte es auch den anderen Leuten, die in dem Walde wohnten. Bald erfuhr es auch Graf Ludwig.

Als Ludwig der Springer eines Tages von der Schauenburg nach der Wartburg ritt, hielt er sein Ross bei des Töpfers Haus an, rief den Töpfer Reinhard und erkundigte sich bei ihm selbst nach der Sache. Der erzählte ihm, was er gesehen hatte. Der Landgraf blieb, bis es dunkel wurde, im Hause des Töpfers. Als er nun in der Nacht vor das Haus trat, da sah auch er aus dem dunkeln Walde die seltsamen Flämmchen leuchten. Er ging hinzu, die Lichtlein hüpften hinweg, aber dicht hinter der Stelle sah Landgraf Ludwig eine grüne Linde.

Das nahm er sich sehr zu Herzen, und Thränen kamen in sein Auge, als er unter der Linde stand. Er dachte an die Linde im Walde bei Zscheiplitz.

Dorthin liess Ludwig das Kloster bauen, liess alle Bäume ringsum fällen, bloss die Linde liess er stehen, dass er sie jeden Tag sehen konnte.

Dem Kloster schenkte der Graf das Schloss Schauenburg und was dazu gehört. Er selbst aber ging hinein als ein büssender Mönch, und jeden Tag sass er unter der Linde und betete.

Das Kloster aber ward Reinhardsbrunn genannt, nach dem armen Töpfer Reinhard, der dort wohnte, und nach dem Brunnen, der dort floss.

Adelheid aber verwandelte Burg Zscheiplitz in ein Jungfrauenkloster und ward eine Nonne daselbst und brachte ihr Leben zu mit Beten, Weinen und Fasten sehr still und ernst bis zu ihrem Todestage.

IV Ludwig der Eiserne
19 Wie der Landgraf hartgeschmiedet wurde

Landgraf Ludwig der Springer war gestorben, und sein Sohn war Landgraf geworden. Er war mit seiner Ritterschaft und stattlichem Gefolge den ganzen Rennstieg entlang geritten, der die Grenzscheide bildet zwischen Thüringen und Franken, zum Zeichen, dass er Herr des Thüringerlandes und seiner Grenzmarkungen sei, wie das so Brauch und Herkommen war. Ein paar Jahre danach war er gestorben. Sein Sohn, Ludwig des Springers Enkel, war Landgraf geworden.

Er hatte sich seines Grossvaters trauriges Geschick sehr zu Herzen genommen und hatte sich vorgenommen, mild und sanft und gut zu sein gegen jedermann im Lande, er sei hoch oder niedrig.

Darum fürchteten ihn seine Mannen nicht, und viele Grafen und Herren bedrückten das Volk und schädigten das Land. Sie liessen die Bauern auf ihren Feldern arbeiten und bezahlten sie nicht. Ja, wenn schöne Tage waren, da mussten die Bauern des Herrn Felder besorgen, wenn aber schlechtes Wetter war, liessen sie die Bauern frei. Da verdarb ihnen das Heu im Regen und das Korn im Felde und sie wurden arm und seufzten.

Wenn sie aber ihre Klagen vor den Landgrafen brachten, so wollte der alles im Guten schlichten, redete den Herren freundlich zu und gab ihnen gute Worte. Die aber liessen ihn reden, trieben es noch ärger, nannten ihn unter sich Landgraf Matz und lachten ihn aus.

Da seufzten die Bürger und Bauern und meinten: „Es ist schade, dass er Herr des Landes geworden ist, denn er taugt nicht dazu."

Es trug sich aber einmal zu, dass der Landgraf zur Jagd ausritt auf den Wald und ein Wild antraf. Diesem folgte er eifrig nach. Er kam von den Seinen ab, verirrte sich, und die Nacht brach herein. Da sah er ein Feuer durch den Buchenwald leuchten, richtete sich danach und kam in die Ruhl zu einer Waldschmiede. Der Landgraf war mit schlechten Kleidern angethan und hatte ein Jagdhorn umhängen. Der Schmied fragte, wer er wäre. „Des Landgrafen Jäger," war die Antwort. Da sprach der Schmied: „Pfui, des Landgrafen! Wer ihn neunet, sollte allemal das Maul wischen."

Der Landgraf schwieg. „Beherbergen will ich dich," sprach zuletzt der Schmied, „dort in dem Schuppen findest du Heu, da magst du dich diese Nacht mit deinem Pferde behelfen; aber um deines Herrn willen behalte ich dich nicht bei mir." Der Landgraf ging stille in den Schuppen, machte sein Lager zurecht und legte sich auf das Heu nieder. Er konnte aber die ganze Nacht nicht schlafen, denn der Schmied arbeitete die ganze Nacht hindurch, zog den Blasebalg, glühte das Eisen und schlug darauf, dass die Funken stoben. Wenn er mit dem grossen Hammer das Eisen zusammenschlug, so sprach er bei jedem Schlage:

„Landgraf, werde hart! Landgraf, werde hart, wie dies Eisen!"

Und er schalt seinen Herrn, den Landgrafen, und sprach: „Nun werde hart, du böser, unseliger Herr! Was nützest du den armen Leuten? Siehst du nicht, wie deine Edelleute die Unterthanen plagen?" Und der Knecht des Schmiedes erzählte die ganze lange Nacht, was für Böses die Beamten des Landgrafen an den armen Unterthanen übten.

„Das Wild läuft aus dem Walde der Herren und frisst den armen Bauern die junge Saat weg. Wenn aber der Bauer ein Stück Wild erschlägt, so erschlagen die Edelleute den Bauern."

„Jeder Bauer muss dem Herren Zins geben, wie es recht ist, wenn aber Missernte ist, da verlangen sie die besten Garben als Zins."

„Habt ihrs gehört, wie sie wieder dem alten Kunz mitgespielt haben? Er und sein Weib sollten auf dem Felde des Herrn ackern. Aber weil er nicht kommen konnte, da sein Pferd krank war und am Abende starb, haben sie ihn früh, noch ehe die Sonne kam, aus dem Bette geholt, haben ihn und sein Weib vor den Pflug gespannt und drauf los gepeitscht, dass die beiden zusammengebrochen sind. Und nun liegen die armen Menschen krank in der Hütte."

„Ja, und den Töpfer in der Ruhl, der die Pfeifen macht, haben sie mit Weib und Kind aus dem Hause gejagt, weil er ihnen keinen Zins zahlen wollte für seinen eigenen Brunnen, der in seinem Garten fliesst. Sie sagen, das Wasser fliesst aus ihrem Walde zu ihm."

„Bald werden sie uns noch die Luft zinsen, die wir atmen," sagte der Schmied, „weil sie aus ihrem Walde kommt." „Und wenn dann", fügte er hinzu, „die Unterthanen klagen, so ist niemand da, der ihnen Hilfe thut; denn der Herr nimmt es nicht an, die Ritter spotten seiner hinterwärts, heissen ihn Landgraf Matz und halten ihn gar unwert."

Also hiess der Schmied den Herrn mit Fluchen und Schelten hart werden wie das Eisen und trieb solches die ganze Nacht hindurch.

Der Landgraf aber konnte nicht schlafen, hörte alles gar wohl, nahm es zu Herzen und nahm sich vor, von Stund an scharf und ernsthaft in seinem Gemüt zu werden. Am Morgen aber drückte er dem Schmiede und dem Knechte die russige Hand, dankte und ritt in ernsten Gedanken heim.

20 Warum Ludwig später der Eiserne genannt wurde

Als einmal der Landgraf einen seiner Ritter, der sich wiederum an einem armen Knechte mit der Reitpeitsche schwer vergangen hatte, strafen wollte, sammelten sich die andern und wollten solches nicht leiden. Und es kam zu einem Streit mit ihnen bei Naumburg an der Saale, und der Landgraf bezwang und flug sie und führte sie gefangen mit sich auf die Neuenburg. Da strafte er sie zuerst nach Gebühr mit harten Worten und sprach: „Den Eid, den ihr mir geschworen habt, habt ihr gar schlecht gehalten. Wollte ich eure Untreue, wie sich's gebührt, bestrafen, so müsste ich euch töten, aber dann tötete ich meine eigenen Diener. Und sollte ich euch Geld abnehmen zur Strafe, so machtet ihr reichen Leute euch wenig daraus. Liesse ich euch aber los und ungestraft von mir kommen, so achtetet ihr meines Zornes ferner nicht."

Danach führte der Landgraf sie zu einem Felde bei der Neuenburg und fand dort auf einem Acker einen Pflug. An diesen spannte er die ungehorsamen Edelleute je vier in ihren Hemden und ackerte mit ihnen. Die Diener hielten den Pflug, er selber hieb mit einer Peitsche auf die vorgespannten Edelleute und trieb sie an, dass sie sich beugten und oft auf die Erde fielen. Wenn eine Furche geackert war, spannte er jedesmal vier andere Edelleute an. So pflügte er den ganzen Acker, mit je vieren eine Furche.

Alsdann liess er den Acker mit grossen Steinen bezeichnen zum ewigen Gedächtnis und nannte ihn den Edelacker. Die gedemütigten Ritter führte er wieder mit sich auf die Neuenburg, dort mussten sie ihm aufs neue schwören und huldigen.

Der Landgraf wurde nun im ganzen Lande von allen Bösen sehr gefürchtet, und wo die, welche am Pfluge gezogen hatten, seinen Namen nennen hörten, seufzten sie und schämten sich sehr.

Diese Geschichte erscholl an allen Enden im deutschen Lande. Etliche schalten den Herrn und wurden ihm gram und sagten: „Wir würden uns eher töten lassen, als in den Pflug spannen. Manche von denen, die er gezüchtigt hatte, wollten ihren Schimpf gar nicht vergessen, dass er sie um der armen Bäuerlein so hart gestraft hatte, sondern standen ihm heimlich und öffentlich nach Leib und Leben. Wenn er aber solche ertappte, liess er sie henken oder enthaupten oder ertränken. Darum gewann er viele heimliche Neider und Feinde unter ihren Kindern und Freunden und ging deshalb stets in einem eisernen Panzer. Darum hiess man ihn den eisernen Landgrafen. Einige demütigten sich gegen ihren Herrn und wurden besser gegen das Volk, denen that er Gutes und hatte sie lieb. Die Redlichen tadelten die Untreue der Beamten. Das Volk aber atmete auf und freute sich des gerechten und strengen Regimentes. Wenn der Bauer mit seinen Kindern sich an den Tisch setzte, segnete er den Landgrafen, weil er dem Volke half und es so lieb hatte. Und wenn er vorüber ging, grüssten sie ihn mit Freuden und schauten ihm lange nach voll Liebe und Vertrauen und sagten zu ihren Knechten: „Der ist in der Landgrafenschmiede hart geworden." Und von einem jeden, der hart und streng ist, gegen Unrecht und Bosheit, der sich nicht durch sanfte Rede das Herz weich und den Willen matt machen lässt, sagt man seit jener Zeit: „Der ist in der Landgrafenschmiede in der Ruhl gehärtet worden."

21 Wie Ludwig eine Mauer um die Neuenburg baut

Als der Kaiser Friedrich Rotbart von einem Kriegszuge heimkehrte, herbergte er bei seinem Schwager Landgraf Ludwig dem Eisernen auf der Neuenburg an der Unstrut. Daselbst blieb er etliche Tage, seinem Schwager und seiner Schwester zu Liebe, und sie waren miteinander fröhlich. Eines Tages lustwandelte der Kaiser mit seinem Schwager durch das Schloss, besah die Gebäude und ihre Einrichtung und trat auch hinaus auf den Berg, der sich vor dem Schlosse ausbreitete. Nun behagte ihm das Schloss mit seinem herrlichen Gebäuden gar wohl, und er sprach: „Das ist ein rechtes Fürstenschloss. Ich sehe nicht, dass ihm etwas mangele. Nur schade, dass es keine Mauer um sich hat!" Das hörte der Landgraf und sprach: „Herr, es sollen keine zwei Nächte vergehen, da will ich eine so gute und köstliche Mauer um diese Burg machen lassen, dass in Thüringen ihresgleichen nirgends gefunden wird."

Der Kaiser lachte und sprach: „Das wäre wunderbar. Wenn alle Steinmetzen des Reiches hier beisammen wären, so möchte das kaum geschehen."

Am andern Tage sandte der Landgraf heimlich reitende Boten zu seinen Rittern und Mannen, dass sie in der Nacht zu ihm kämen, wohl gewappnet und aufs beste geschmückt. Und als Kaiser Friedrich noch schlief, stellte Ludwig seine Ritter und Mannen mit ihren gekrönten Helmen und ihren blanken Äxten und Schwertern um die Burg, dicht an den Burggraben, dass einer an dem andern stand, und ihre Knechte davor mit ihren Schilden. Und wo ein Mauerturm stehen sollte, da stand ein Freiherr oder Graf mit dem Banner.

Des Morgens aber, als der Kaiser aufgestanden war, ging Ludwig zu ihm in sein Zimmer und sprach: „Die Mauer, die ich gestern bauen zu können mich rühmte, steht bereit und fertig." Da sagte der Kaiser: „Wie sollte das geschehen?" Da führte ihn sein Schwager hinaus und liess ihn die Mauer beschauen. Als der Kaiser heraus trat, ging gerade die Sonne auf, und die silbergeschmückten Helme und goldgezierten Schilde funkelten, die blossen Äxte und Schwerter blitzten, die Fahnen in Grün und Rot, Gelb und Blau leuchteten im Sonnenglanze. Und die Reihe der Knechte und Ritter standen fest wie eine Mauer.

Lange Zeit schaute der Kaiser schweigend auf die lebendige Mauer, dann sprach er: „Das muss ich sagen: Eine köstlichere und festere Mauer habe ich zeitlebens noch nicht gesehen. Habt Dank, lieber Schwager, dass ihr sie mir gezeigt!"

22 Wie Ludwigs Leichnam von seinen Rittern zu Grabe getragen wird

Als dem eisernen Landgrafen die Zeit seines Todes nahte, und er krank auf der Neuenburg zu Bett lag, entbot er zu sich und um sein Lager her seine Ritter, die ihm widerspenstig gewesen waren, und die er gebändigt und gezwungen hatte, im Pflug zu ziehen wie Tiere, weil sie seine Unterthanen drückten und misshandelten wie Tiere, und sprach zu ihnen: „Ich weiss, dass ich sterben muss und von dieser Krankheit nicht genesen werde. Darum gebiete ich euch, dass ihr mich, wenn ich gestorben bin, auf euren Schultern von hinnen bis gen Reinhardsbrunn traget und dort mit allen Ehren begrabet." Solches mussten sie ihm geloben bei ihrem Eide und ihrer Treue mit der Hand. Und sie thaten es, denn sie fürchteten ihn gar sehr.

Bald darauf erklangen die Trauerglocken des Klosters Reinhardsbrunn. Ludwig der Eiserne war auf der Neuenburg gestorben und sollte in dem stillen Thale die Ruhe finden, die er im Leben nicht gefunden hatte.

Und sie leisteten, was sie gelobt und versprochen hatten. Denn sie trugen den Landgrafen weiter als zehn Meilen Wegs auf ihren Schultern nach Reinhardsbrunn. Sie waren immer in Angst und Furcht, dass er noch lebend wäre und sie nur prüfen wollte. Auch glaubten sie, dass seine Söhne es an ihnen rächen würden, wenn sie ihr Gelübde nicht hielten. Und so ward er denn begraben am Altare des Klosters, und alle Mönche sangen, aber man konnte fast keinen Gesang hören vor dem Weinen und Schluchzen des Volkes. Und der Schmied zu Ruhla und sein Knecht weinten auch an dem Sarge. Auf sein Grab aber ward ein Bild von Stein gestellt: der Landgraf in voller Eisenrüstung, wie er lebend gewesen war, und wenn die Leute mit ihren Kindern vorübergingen, sagten sie leise: „Das war Ludwig der Eiserne."

V Ludwig der Milde

23 Wie Ludwig das St. Georgenbanner führt

Ludwig, der dritte Landgraf von Thüringen und Hessen, wurde der Milde genannt. Er war freundlich und liebevoll gegen Reich und Arm, gegen Hoch und Niedrig. Er sprach freundlich mit seinen Dienern, unterstützte die Armen mit Brot, und wenn sie einen Rat brauchten, da brauchten sie sich nicht zu fürchten. Er sprach gut zu ihnen. Und er half ihnen auch zu ihrem Recht. Er bestrafte die Bösen, die gar nicht hören wollten, wie sie es verdienten, und wenn er das Urteil sprach, da hörte man, wie seine Stimme zitterte, so leid that es ihm.

Und oft betete er für sich, und zuweilen bat er auch für die, welche er bestrafen musste, dass Gott sie bessern möchte. Aber er glaubte, dass ein Mensch nicht so oft mit Gott reden dürfe und deshalb betete er zu einem verstorbenen heiligen Manne, dem heiligen Georg, dass der mit Gott für ihn reden solle. Und auf dem Markte zu Eisenach baute er ihm eine Kirche, die Sankt Georgenkirche. Aber nicht bloss an die Kirche liess er ein Kreuz machen, sondern auch an alle Kornhäuser, die er den Armen öffnete, denn er sagte: „Ich thue es um des Kreuzes willen, als ein Christ."

Doch er konnte die Hände nicht bloss zum Gebete falten, er konnte damit auch tüchtig das Schwert führen. Das that er denn auch in manchem harten Streite gegen die Feinde der Christen. So war er auch mit in das heilige Land gezogen. Und wenn alle den Mut verloren, und er vor Hunger und Durst und Mattigkeit fast am Boden liegen blieb, er verlor den Mut nicht, er rief den heiligen Georg an, und der half ihm.

Aber einmal, als sie an einem Morgen in einem wilden Gebirgsthale erwachten und auf allen Seiten Feinde sahen mit Schwertern und mit Spiesen, da wusste auch er nicht, was werden sollte. Schon kamen die Feinde von allen Seiten hernieder. Da sah Ludwig in der Ferne einen stattlichen Ritter auf weissem Rosse nahen. Dessen Rüstung glänzte hell im Sonnenschein. In seiner Hand hielt er eine flatternde Fahne mit einem roten Kreuze. Der Ritter steckte seine Fahne in die Erde und sprach zu dem Landgrafen: „Mit diesem Banner wirst du siegen," und verschwand. Der Landgraf aber und alle anderen sprachen: „Das war der heilige Georg." Und als nun viele Kreuzfahrer die Fahne mit ihren Händen umfassten und aus der Erde ziehen wollten, vermochte es keiner von ihnen, nur der Landgraf zog sie mit leichter Mühe heraus.

Mit diesem Georgenbanner schlug der Landgraf die Feinde alsbald in die Flucht und vertrieb sie. Unter diesem Georgenbanner hat Ludwig der Milde auch vor dem Kaiser noch oft gesiegt. Und als er dann in dem gelobten Lande erkrankt und auf seiner Heimfahrt auf einer Insel gestorben war, wurde das Banner von den Seinen auf die Wartburg gebracht. Aber niemand hat unter ihm wieder gesiegt. Nach langer Zeit kam es auf das Schloss Tharandt in Sachsen. Und auch hier in Sachsen hat es keinen wieder zum Siege geführt. Später verbrannte das Schloss. Da haben viele Leute diese Georgenfahne in den flackernden Feuerflammen zu dem Fenster hinaus in die Luft fliegen sehen; niemand aber wusste zu sagen, wohin sie gekommen ist.

VI Landgraf Hermann

24 Wie auf der Wartburg ein Sängerkrieg war

Am Hofe des Landgrafen Hermann lebten sechs edle und weise Männer. Von denen konnte ein jeder dreierlei:
Lieder dichten,
die Tonweise dazu erfinden,
das Lied nach dieser Melodie schön singen.
Darum sagt von ihnen ein altes Lied.
„Sie waren Meister im Dichten,
im Liedelein-ausrichten,
in wunderbarem Singen,
dazu die Saiten klingen!"
Einst hatte der Landgraf sein Hofgesinde auf die Wartburg geladen, dazu die sechs ehrsamen und hohen Meister im Gesange. Da stiegen sie denn alle sechs den Burgweg hinauf, unter ihnen
Wolfram von Eschenbach,
Walther von der Vogelweide,
Heinrich von Ofterdingen.
Die Leute, welche auf dem Wege standen, stiessen einander an, zeigten auf den letzten und sagten einer zum anderen leise: „Das ist der Geschickteste, der kann am besten dichten, Tonweisen erfinden und singen."

In dem hohen Sängersaale der Wartburg stellten sich die sechs auf und begannen zu singen, ein jeder, was er gedichtet hatte. Und die Augen der Ritter, die zuhörten, blitzten, und die Herzen der Frauen klopften, das war die Wirkung ihres Gesanges.

Sie kamen aber so ernstlich aneinander, dass sie ausmachten, wer da verliere, den solle man hängen. Da kam auch der Henker herbei und hielt Stränge bereit in den Händen. Nun stimmten die Sänger ihre Harfe und begannen.

Die Frau Landgräfin aber freute sich, denn die fünf ersten Sänger sangen das Lob ihres Gemahles und priesen ihn:

„Er ist wie der lichte Tag, wenn er kommt, freut sich alles. Und wie die Vögel am Morgen jubilieren, so müssen auch wir Sänger jubeln, sobald er nur erscheint."

Und weil nun einer immer mehr das Lob des Landgrafen sang, als der andere, so wurde das Gesicht der Landgräfin immer freudiger.

Zuletzt aber erhob sich Heinrich von Ofterdingen. Und er nahm seine Harfe in die Hand, fuhr über die Saiten, schaute sich im Kreise der Sänger um und begann:

„Wenn ihr euren Landgrafen dem lichten Tage vergleicht, der alles erhellt, so ist mein Fürst die strahlende Sonne. Tageslicht ist silbern, Sonnenlicht ist wie Gold. Soviel wertvoller das Gold ist, als das Silber, soviel mehr wert ist mein Fürst, als der eure. Die Sonne erhellt nicht bloss, sie erwärmt auch. Wenn sie kommt, jubeln nicht bloss die Vögel auf den Bäumen, da heben auch die Blümlein am Bache ihre Köpfe; und die Grashalme auf der Wiese richten sich empor. So macht mein Herzog alle Herzen warm und nicht bloss die Sänger und die Grossen, auch die Armen und Kleinen haben ihn lieb. Darum sing ich, solange ich leben und atmen kann:

„Hoch lebe mein Herr, der Herzog von Österreich!"

Laut dröhnte seine herrliche Stimme in dem hohen Saale, und von den Wänden hallte es wieder. Lauter aber noch war der Beifall, das Händeklatschen und Jubelrufen am Ende seines Gesanges im Saale. Denn wenn sie auch lieber gehört hätten, dass auch er das Lob des Milden gesungen hätte, das mussten sie doch sagen: So schön hatten sie noch nicht singen gehört in ihrem ganzen Leben. Am lautesten aber war das Schreien der fünf anderen Sänger. Sie hatten sich erhoben und schwangen ihre Harfen in der Luft und schrieen in einem fort: „Das ist nicht wahr! Das ist nicht wahr!"

Und es waren drei darunter, die hassten ihn, den Heinrich von Ofterdingen, und waren neidisch auf seine Kunst und hätten ihn gern fortgehabt vom Hofe. Die schrien immer: „Henker! Henker! Halte dich bereit!" Diese drei wollten seinen Tod, Wolfram von Eschenbach und Walter von der Vogelweide aber nicht. Die drei aber schrieen immer mehr: „Du hast verloren und musst sterben!" und schon wollten sie ihn ergreifen. Da aber entfloh Heinrich von Ofterdingen zu den Füssen der Landgräfin Sophie und barg sich in ihren Faltenmantel.

Da erhob sich die Landgräfin und hielt ihre rechte Hand wie einen Schirm über den Sänger und sprach zu seinen Verfolgern: „Er ist in meinem Schutz. Er hat gesungen, wovon er überzeugt ist. Lasst euern Zorn!" Darauf sprachen die Kampfrichter: „Euer Wille geschehe, Euch gehorchen wir gern!" Da liessen sie von ihm.

Die drei Sänger aber höhnten oft den Heinrich von Ofterdingen und achteten ihn gering und sagten zu ihm: „Du lebst nur durch den Schutz der Landgräfin. Ein rechter Sänger muss durch seine Kunst leben."

Da ging Heinrich zur Landgräfin Sophie und sprach: „Also kann es nicht bleiben. Rufe Walter von der Vogelweide und Wolfram von Eschenbach!"

Als sie nun berieten, was werden sollte, rief Heinrich aus: „O, dich ruf ich an, Klingsohr von Ungarland! Wärest du hier, edler Meister, du könntest entscheiden. Deine Meisterschaft ist anerkannt bei allen Sängern. Klingsohr muss kommen! Ihm ist auch des Österreichers Tugend wohlbekannt."

Da ward ausgemacht, Heinrich von Ofterdingen sollte ein Jahr Frist haben, Er solle sich aufmachen und nach Ungarn ziehen zu Klingsohr, den solle er mitbringen zur Wartburg und dann solle noch einmal gesungen werden. Was Klingsohr urteile, das solle gelten.

Dem stimmten alle Sänger bei.

25 Wie Meister Klingsohr gerufen ward

Der König Andreas von Ungarn hatte viele Bergwerke, daraus kam Gold und Silber. Daraus kam so viel, dass des Königs Schatz nicht abnahm, wie viel er auch für seinen Hof, für sein Land und Volk verbrauchte.

Einst hatten die Bergleute einen neuen Schacht geschlagen, fanden aber kein Zeichen von edlem Metall, wie sehr sie auch die Steine umwendeten. Da kam Meister Klingsohr vorüber, schaute die Steine an und den Berg und legte sein Ohr an den Felsen und horchte lange und sagte: „Ein reicher Schatz von Golderz ist in diesem Berge verborgen, den suchet!"

Die Bergleute gingen mutig wieder an die Arbeit und fanden Gold und zeigten es dem Könige und erzählten ihm alles. Da machte er den Meister Klingsohr zu seinem Rat, gab ihm dreitausend Mark Silbers jährlich, dazu Kleider und köstliche Speise, weil er konnte verborgene Schätze finden.

Aber Klingsohr war auch der grössten Sangesmeister einer und berühmt in allen Landen. Ja, die Leute erzählten sich: Er kann auch in den Sternen lesen, was geschehen wird, und hat viele Geister unter sich, die ihm dienen müssen.

Zu dem kam Ofterdingen und brachte ihm Briefe, die hatte der Herzog von Österreich geschrieben. Er erzählte ihm von dem Streite und dem Urteile und von der Frist, und, wie er gekommen sei, um ihn zu holen.

Nachdem der Meister die Briefe gelesen und die Erzählung gehört hatte, tröstete er ihn freundlich und sprach: „Sei getrost, Geselle, wir wollen dein Unglück wohl von dir wenden. Ich selbst will mit dir fahren, ihre Lieder hören und die Zwietracht ausgleichen. Doch sage mir auch deine Gedichte!" Ofterdingen sang dem Meister alle seine Lieder. Die gefielen dem Meister gar wohl.

Klingsohr sang mit Ofterdingen jeden Tag, dass es schallte, und dass den Leuten der herrliche Klang noch lange im Ohre lag. Davon hatte er ja auch seinen Namen: Klingsohr.

So zog er die Zeit hin, und wenn Ofterdingen einmal an die Abfahrt gemahnte, da sagte Klingsohr: „Nur gemach, wir haben noch Zeit. Wir kommen schon noch zurecht!" Unvermerkt verging das Jahr. Wie erschrak Ofterdingen, da er sich besann, dass er morgen auf der Wartburg singen sollte! Da klagte er und rief: „Ach, lieber Meister, nun muss ich ehrlos und als ein wortbrüchiger Mann meine Strasse ziehen. Und nach Thüringen kann ich dann nimmermehr."

Aber Klingsohr sprach: „Beruhige dich nur, mein Sohn, wir kommen vielleicht noch hin. Wir haben starke Pferde und einen leichten Wagen."

Ofterdingen konnte vor Kummer keinen Bissen essen. Klingsohr gab ihm einen Becher Wein: „Trinke doch ein wenig, dass du dich stärkest." Als Ofterdingen den Trunk gethan, fiel er in einen tiefen Schlaf. Meister Klingsohr hatte ihm wohl einen Schlaftrunk gemischt.

Darauf legte ihn der Meister in eine lederne Decke, legte sich dazu und hüllte sich und ihn ein und befahl seinen Geistern: „Schafft die Decke nach Eisenach in Thüringen in das beste Wirtshaus! Schafft uns nach Eisnach! Schnippe-schnapp!"

Das geschah. Sanft und wohl kamen sie dahin noch in derselben Nacht, Ofterdingen hörte im Morgenschlafe, als er noch in seinem Bette lag, den Türmer blasen und von der Georgenkirche bekannte Glocken läuten. Er sprach: „Mir ist, als ob ich das mehr gehört hätte, und es kommt mir vor, als ob ich in Eisenach wäre." „Dir träumt wohl," sprach Meister Klingsohr.

Heinrich aber stand auf und schaute hinaus; er sah die Häuser, die Gassen an und rief aus: „Das ist das Georgenthor, und da sind Eisenacher, die wollen aufs Feld gehen, und ich bin im Hellgrafenhof in Eisenach!" (Dort steht jetzt der Gasthof zum Schiff.)

Klingsohr aber hatte in der Nacht nicht geschlafen, sondern er hatte vor seiner Herberge gesessen und hatte fleissig auf die Gestirne des Himmels gesehen.

Als er nun mit Heinrich auf die Wartburg gehen wollte, fragten ihn die Leute: „Hast du nicht etwas Seltsames und Sonderliches aus den Sternen gelesen?" Er antwortete: „Ich habe gelesen:

„Meinem Herrn, dem Könige von Ungarn, ist diese Nacht eine Tochter geboren worden, die wird genannt werden
ELISABETH.
Sie wird dem jungen Fürsten, Landgrafen Hermanns Sohne, zur Ehe gegeben werden. Von ihrem heiligen Leben wird die ganze Erde, sonderlich aber das Land Thüringen gesegnet werden."

Das sagte Klingsohr und ging hinauf auf die Wartburg. Nun begann Heinrich von Ofterdingen eifrig mit Wolfram von Eschenbach zu ringen um die

Meisterschaft im Dichten, Tonweisen erfinden und Singen. Und sie sangen so schön, dass die Vögel in den Büschen verstummten und ganz verwundert lauschten. Sie vermochten einander aber nicht zu überwinden. Klingsohr sprach:
„Ihr seid beide Meister des Gesanges: Wolfram von Eschenbach und Heinrich von Ofterdingen, jeder in seiner Art."

Da musst der Henker mit seinen Stricken wieder hinaus gehen.

Klingsohr aber nahm Abschied von dem Landgrafen und fuhr in seiner Decke wieder hinweg, wie und woher er gekommen war.

VII Von der heiligen Elisabeth

26 Wie Elisabeth nach Thüringen kam

Landgraf Hermann gedachte fort und fort der Weissagung Meister Klingsohrs: „Dem Könige von Ungarn ist eine Tochter geboren: Elisabeth; die wird deinem Sohne, dem jungen Landgrafen von Thüringen, zur Ehe gegeben werden."

Nach drei Jahren liess er Briefe schreiben an den König von Ungarland: „Gieb dein kleines Töchterlein meinem lieben Sohn Ludwig, dass sie einst seine Frau und Landgräfin von Thüringen werde." Und er rüstete eine stattliche Gesandtschaft aus von Rittern und Herren, Dienern und Knechten, Frauen und Jungfrauen. Es waren vier Wagen und vierzig Pferde. So machten sie sich auf den Weg, an der Spitze der edle Ritter, Walter von Wargula und nach ihm die andern auf edlen Rossen mit blinkenden Helmen und blitzenden Schwertern in wallenden Mänteln und mit fliegenden Fahnen.

Sie wurden überall angestaunt auf dem Wege und herrlich empfangen im Königssaale auf dem Schlosse des Ungarkönigs. Da brachte Wargula ihm die Botschaft vor. Der König lächelte und sprach: „Ich will mich mit den Meinen beraten und euch dann gütliche Antwort geben."

Er sandte nach allen seinen Räten und auch nach Meister Klingsohr. Der rühmte das Land Thüringen und sprach:

„Es hat
        Wiesen und Wald
        Weizen und Wild
        Wasser und Wein.
   Des Volkes Liebe ist nicht kalt,
   der Fürst ist edel und mild —
     wo könnte Elisabeth glücklicher sein?"

Da beschloss der Ungarkönig, seine Tochter Elisabeth ins Thüringerland zu geben. Und er sagte zur Königin: „Soll sie Landgräfin werden und einmal ihrem Volke helfen, so muss sie Land und Volk und Sprache kennen lernen von Jugend auf. Darum müssen wir sie fortgeben, so weh es uns auch thun mag. Wir wollen ein Stück von unserm Glück opfern, um des Glückes unseres Kindes willen, wie Eltern thun."

Da gedachte die Mutter daran, wie sie ihre Tochter recht reich und königlich könne hinsenden in das Thüringer Land. Da ward den Boten reiche Gabe dargereicht: Gold und Silber in Ringen und Ketten, viel köstliche Gewänder und schöne Waffen.

Der jungen Prinzessin aber, der Elisabeth, gab sie auch viele Gewänder mit von schwerer Seide und goldgesticktem Tuche und viel Schmuck an Ringen und Spangen mit Edelsteinen reich besetzt und wertvolle Heftel. Das schönste aber war eine silberne Badewanne und eine goldene Krone.

Und als Geschenk für den Landgrafen und die Landgräfin von Thüringen ward auch ein reicher Schatz mit gegeben: Goldene und silberne Becher und Spiegel und Lampen, dazu noch vieles Gold in Säcken.

Mit vier Wagen waren die Boten hergefahren, mit dreizehn fuhren sie wieder aus Ungarn fort. Neun Rosse waren vor dem Wagen, welcher die Kleider und das Geräte der kleinen Königstochter trug.

Auf diesem Wagen stand die silberne Wiege und darin sass sie, in einem Bettgewand von Purpur und Seiden, die kleine, liebe Elisabeth.

Und nun kam der König und die Königin, Abschied zu nehmen. Der Vater streichelte ihr die Wangen, und die Mutter küsste sie auf den Mund. Der Vater sagte: „Werde brav!" und die Mutter: „Werde glücklich!"

Dann schmetterten die Trompeten und der Zug ging fort aus dem Ungarlande nach Thüringen zu. Neben dem Wagen mit der Wiege aber ritt Wargula und schaute immer nach Elisabeth, dass ihr ja nichts Übles geschehe.

Sechs Wochen mussten sie fahren. Und als sie nach Thüringen kamen, da standen die Leute am Wege und sagten: „Solch grosser und reicher Schatz und so feine Kleinode sind im Thüringer Lande noch nicht gesehen worden."

Und als der Wagen in Eisenach einfuhr, da läuteten die Glocken, und die Leute streuten Blumen auf den Weg und kamen, die kleine Elisabeth zu sehen. Und als der Wagen an der Wartburg ankam, da stand der kleine Ludwig, Landgraf Hermanns Sohn, der war elf Jahre alt, der hob seine kleine vierjährige Braut Elisabeth aus dem Wagen und küsste sie.

27 Wie der junge Landgraf Ludwig seine Braut Elisabeth so treu liebt

Der junge Landgraf Ludwig, der vierte dieses Namens, hatte seine ihm schon im Kindesalter verlobte Braut innig lieb und war ihr von ganzer Seele zugethan. Er dankte Gott täglich, dass er ihm die Königstochter aus dem fremden Lande gesendet hatte. Wenn er sie allein fand, pflegte er recht gütlich mit ihr zu reden und tröstete sie freundlich und liebevoll mit süssen Worten, wenn sie an Vater und Mutter oder an ihre Heimat dachte. Auch hatte er die Gewohnheit, wenn er über Land gewesen war und wieder heimkam, sie freundlich an seinen Arm zu nehmen, und schenkte ihr ein Ringlein oder ein Kreuz, ein Kettchen oder ein Armband, irgend ein Kleinod, das er mitgebracht hatte, und wenn er aus dem Walde kam, da hatte er sicher etwas für die kleine Elisabeth: einen Apfel oder Blumen oder ein paar Erdbeeren. Dann nahm er sie an seinen Arm, ging mit ihr und gab es ihr. Und sie freute sich so von Herzen darüber.

Aber in ihrem siebenten Jahre hatte ihr kindliches Herz ein grosses Leid: ihre Mutter war gestorben im fernen Heimatlande, und eine andere Frau war in Ungarn Königin geworden, die war Elisabeth gram, denn sie wollte ihre eigne Tochter zur Königin von Ungarn machen und fürchtete immer, Elisabeth könnte wiederkehren. Da sehnte sich Elisabeth nicht mehr so nach der Heimat.

Um diese Zeit starb auch Landgraf Hermann, und Thüringen fiel an Ludwig. Die Hofleute aber redeten immer unter einander: „Ob der Landgraf sie bei sich behalten und zur Ehe nehmen oder ob er sie wohl heimsenden wird nach Ungarn?" Manche konnten die Elisabeth nicht leiden, weil sie keine Thüringerin war. Die hofften, der junge Landgraf werde sie nicht behalten und sie suchten, sie ihm verhasst zu machen und sprachen untereinander: „Sie scheint mehr eines Bauern als eines Königs Kind." Und weil sie so fleissig mit in der Küche half und obwohl eine Königstochter, sich keiner Arbeit schämte, so sagten ihre Feindinnen am Hofe: „Sie passt am besten zur Dienstmagd." Manchem Herren und Grafen, Ritter und Knechte dagegen wäre es herzlich leid gewesen, wenn man sie wieder heimgesandt hätte, besonders dem Ritter Herrn Walther von Wargula, welcher vom Landgrafen Hermann nach Ungarn gesandt worden war und die kleine Elisabeth in das Land geführt hatte.

Dieser Ritter traf einmal auf dem Felde den edlen Landgrafen und sprach heimlich also zu ihm: „Gnädiger Herr, ich möchte euch etwas fragen, wollt ihr wohl auf meine Frage Bericht geben?" „Frage nur getrost," antwortete ihm der Fürst milde, „was sich ziemet, will ich dir gern sagen." Da sprach Herr Walther, der gestrenge Ritter: „Lieber Herr, wollt ihr des Königs Tochter von Ungarn zur Ehe behalten, oder wollt ihr sie wieder heimsenden?" Da zeigte der tugendsame Fürst auf den Inselberg und sprach: „Siehst du den grossen Berg vor uns liegen? Wäre der von rotem Golde und wäre er mein, so wollte ich dem doch lieber entsagen, als meiner Braut Elisabeth. Man sage, was man wolle; ich sage dir, dass sie mir lieb ist, und ich auf dieser Erde nichts Lieberes habe."

Darauf antwortete der Ritter: „Herr, darf ich ihr diese Botschaft bringen?" „Ja," sprach der Fürst, „das sollst du thun, und bringe ihr auch dazu das Wahrzeichen, das ich dir gebe." Und er zog aus seinem Beutel ein zierliches Kästlein aus Ebenholz, darin war ein Schmuck, auf dem Hute zu tragen, der wohl gefasst war mit edlen hellen Steinen. Die Edelsteine und die Goldstäbchen umrahmten ein Gemälde: das Bild unseres Herrn und Heilandes. Diesen sandte er ihr in rechter, treuer Liebe.

Als Elisabeth den Schmuck in ihre Hand nahm, lachte sie freundlich und dankte dem trefflichen Ritter.

Nach ein paar Jahren aber ward Hochzeit gehalten, und Wargula durfte die Braut Elisabeth führen. Als er aber mit ihr zur Wartburg kam und die Hand der Elisabeth in Ludwigs Hand legte, da seufzte der treue Ritter erleichtert auf und sprach: „Nun erst ist meine Reise ganz vollbracht."

28 Wie Landgraf Ludwig den Löwen bändigt

Derselbe Landgraf hatte einen Schwager: Heinrich von Österreich. Der ging oft in fremde Länder, dort zu jagen und Tiere zu schiessen. Einmal wollte er auch ein wildes Tier lebendig fangen. Er machte eine Grube, legte dünne Zweige und dann Blätter darüber und darauf frisches Fleisch. Als der Herzog an die Grube kam, hatte sich darin ein Löwe gefangen. Da dachte er: „Ein Löwe ist ein seltenes Tier, den nehme ich mit nach Deutschland. Den schenke ich jemandem, den ich lieb habe." Dabei dachte er an Landgraf Ludwig.

Heinrich von Österreich brachte den Löwen auf einen festen Wagen und liess ihn nach Deutschland bringen ins Thüringerland und da auf die Wartburg. Dort kam er in einen Käfig mit doppeltem Gitter. Der Käfig stand im Wartburghofe.

Eines Morgens ging der Landgraf leicht bekleidet und ganz ohne Waffen in den Wartburghof hinab, um frische Morgenluft zu schöpfen.

Da hörte er auf einmal ein gewaltiges Brüllen. Als er sich umdrehte, siehe, da stand der gewaltige Löwe frei und ledig da.

Der Wärter, der dem Löwen jeden Tag das Fleisch zur Nahrung brachte und den Käfig reinigte, hatte aus Versehen die Thüre des Käfigs nicht gut verschlossen, und der Löwe war hinausgegangen, auch um etwas frische Luft zu schöpfen. So stand er vor dem Landgrafen, furchtbar anzusehen.

Keiner der Diener wagte, dem Löwen sich zu nähern. Da standen nun die beiden Herren, der König der Tiere und der Landgraf von Thüringen, einander gegenüber und sahen einander mit festen Blicken an.

Elisabeth schaute durchs Fenster nach ihrem Herrn aus. Da ward sie bleich in ihrem Gesichte, als sie den geliebten Gatten in solcher Todesgefahr erblickte.

Der Landgraf aber reckte die Faust gegen den Löwen, trat ihm in seinen Bundschuhen kühn und unerschrocken entgegen und rief festen Mutes mit lauter Stimme: „Zurück! Leg' dich nieder! Gehorche!"

Alsbald legte sich der grimmige Löwe vor ihm nieder wie ein zahmes Hündlein und wedelte mit seinem Schweife.

Der Türmer hatte in seiner Stube das Löwengebrüll und des Herren gewaltige Stimme gehört, trat auf die Zinne und sah den Herrn und den Löwen. Er machte Lärm und rief das Gesinde und den Löwenwärter herbei.

Schnell kamen die Männer alle herbei, zu helfen mit Schwertern, mit Stangen und Spiesen. Doch der Landgraf gebot: „Ihr sollt dem Löwen, so es nur irgend geht, kein Leid thun". Da holten die Leute Stroh, wickelten es um das Ende der langen Stangen und zündeten die Wische an. Dann fuhren sie mit den Bränden auf den Löwen los um Auge und Bart herum.

Kaum sah der Löwe das Feuer auf sich zufahren, als er voll Schrecken und Angst sich niederduckte, sich umdrehte und zurück rannte, zu sehen, wohin er vor dem feurigen Tiere entfliehen könne. Er fand die Thür des Käfigs offen und flüchtete da hinein und war froh, dass der Wärter die Thür wieder schloss, denn nun fühlte er sich wieder in Sicherheit. Aber noch lange zitterte er von der ausgestandenen Angst an allen Gliedern. So wurde der Löwe wieder in seinen Käfig zurückgebracht. Der Wärter war sehr erschrocken, fiel auf die Erde nieder und bat den Landgrafen auf den Knieen um Verzeihung. Er hat den Löwen nie wieder entkommen lassen.

Zum Gedächtniszeichen ward am Burgthor ein Bild eingehauen: ein Mann, der mit einem Löwen kämpft.

29 Wie Landgraf Ludwig dem Krämer hilft

Eines Tages war Jahrmarkt zu Eisenach. Den besuchte auch Landgraf Ludwig, besah die Buden der Kaufleute und, was sie zum Verkauf ausgelegt hatten.

Da fand er auch einen, der hatte einen gar armen Kram auf einem kleinen Tische: Fingerhüte, Nadeln, Thonpfeifen, Blechlöffel und Messing-Armspangen. Da fragte ihn der milde Fürst, der erst die grossen, reichen Krämer beschauet hatte: „Wie kannst du dich von diesem armen Kram ernähren?" Der Krämer antwortete: „Herr! Ich schäme mich, nach Brot betteln zu gehen. Dass ich um Tagelohn arbeite, dazu bin ich nicht stark genug. Wenn ich nur mit Frieden aus einem Lande in das andere ziehen könnte, so wäre mir mein Kram gross genug, und ich wollte mich wohl ernähren, auch sollte derselbe über ein Jahr besser sein." Da ward der Fürst mit Barmherzigkeit bewegt und sprach: „Du sollst in meinem Gebiet wandern, wo du willst und sollst zollfrei sein, darüber soll man dir einen Brief geben, und ich will dich schadlos halten dafür."

„Guter Freund," frug Ludwig dann, „wie hoch achtest du deinen Kram?" „O Herr," antwortete jener, „ich gebe ihn euch um zehn Schillinge." „Gieb ihm die zehn Schillinge," sagte der Fürst zu seinem Diener; und zu dem Krämer sprach er: „Ich will dein Teilhaber sein bei deiner Krämerei, doch sollst du mir Treue geloben und halben Gewinst geben." Der arme Krämer war froh, gelobte ihm treu zu sein und nahm von dem Diener den Brief und das Geld. Die Waren durfte er auch behalten.

Alle Jahrmärkte kam er nach Eisenach und brachte jedesmal seinem Herrn fremde Kleinode und zeigte ihm seinen Kram, der Fürst aber vergalt ihm die Kleinode mit Gelde. In kurzen Zeiten wuchs der Kram so gross, dass er ihn nicht mehr tragen konnte, er kaufte daher einen Esel, belud diesen mit zwei Körben und trieb seinen Kram von einer Stadt zur anderen.

Auf eine Zeit kam er mit seinem Esel in das Land Franken und legte allenthalben in den Städten seinen Kram aus: Silberne Fingerhüte und goldene Nadeln, türkische Pfeifen, silberne Löffel und goldene Armspangen. Dazu Elfenbeinspiegel, edle Trinkhörner und gar kostbare Messer. So that er auch in Würzburg, um Zehrung zu gewinnen, damit er wieder nach Eisenach ziehen könne zu seinem gnädigen Herrn und Genossen.

Da waren etliche Ritter in Franken, denen behagten die Kleinode wohl. Sie hätten sie gerne ihren Weibern gegeben, mochten aber lieber kein Geld dafür bezahlen.

Da wurden sie einig und lauerten ihn an der Strasse auf, da er mit seinem Eselein nach dem Thüringer Walde zog. Sie sprangen hervor und hielten ihn an. Der Krämer zeigte seinen Brief vor, aber sie rissen den Brief entzwei und kehrten sich nicht daran, sondern nahmen dem Krämer den Esel weg mit allen seinen Waren. Und die Ware teilten sie unter sich. Der Krämer wollte das nicht leiden, aber sie hielten ihm die blanken Messer, die sie ihm eben abgenommen hatten, vor die Brust, um ihn damit totzustechen, wenn er noch ein Wort sagte. Da musste der Krämer sich alles gefallen lassen und traurig zusehen, wie sie mit seinem Esel und seinen Waren abzogen.

Der Krämer ging über das Thüringer Waldgebirge hinweg und nach Eisenach auf die Wartburg zu seinem Herrn, dem Landgrafen, und klagte ihm, wie er seinen köstlichen Kram verloren hätte. Darüber lachte der Fürst und sprach: „Lieber Geselle, fürchte nichts, du sollst jetzt hier bleiben und nicht weiter ziehen, bis wir wieder einen Kram angerichtet haben."

Darauf liess der Fürst seine Grafen und Ritter, Herren und Knechte, Bürger und Landleute entbieten und zog mit grosser Macht nach Franken und brannte und verheerte das Land bis nach Würzburg. Da liess ihn der Bischof fragen, warum er ihm so grossen Schaden thue. Der Landgraf antwortete: „Ich suche meinen Esel." Als der Bischof solches vernahm, kam er selber zu dem Landgrafen und fragte ihn um den Esel. „Eure Mannen," sprach der Landgraf, „haben meinem Diener das Seinige genommen und ihn seines Esels und Krames beraubt." Von Stund an ward ihm Esel und Kram wieder gebracht, und der Landgraf zog wieder heim nach Thüringen.

30 Wie Elisabeth die Armen speist

In vielen deutschen Ländern und auch in Thüringen war grosse Not. Es regnete und stürmte und hagelte. Das Wasser floss vom Himmel den ganzen Tag wochenlang. Da wurden die Halme auf dem Felde geknickt, und mancher Bauer konnte keinen Weizen, kein Korn, keinen Hafer ernten. Und es kam eine grosse Überschwemmung, sodass das Gras auf der Wiese verfaulte. Da hatte auch das Vieh nichts mehr zu fressen und starb dahin. Die Müller hatten fast kein Korn zu mahlen. Die Bäcker hatten fast kein Brot zu backen. Die Fleischer hatten fast kein Vieh zu schlachten. Und das dauerte schon bis in das dritte

Jahr. Es wurden viele Menschen krank vor Hunger und Elend. So wars auch in Eisenach. Dort konnten die Leute nur einmal am Tage essen. Da schrieen oft die Kinder des Abends in den Häusern um Brot: „Bitte, Vater, Mutter, gebt uns Brot!" Aber die Eltern weinten und sagten: „Wir würden euch gern welches geben, aber das letzte Stück im Schranke ist aufgezehrt." Und auf der Strasse liefen die Leute umher bleich und abgezehrt, und einer bat den anderen, aber selten konnte einer dem anderen etwas geben. Die meisten hatten ja selber nichts.

Da wanderten auch viele, viele Menschen zur Wartburg hinauf und dachten: „Ludwig vielleicht hat Brot und er ist ja unser Landesvater. Er hat gesagt: Allen meinen Kindern soll es gut gehen. Er hat ja auch dem Krämer geholfen. Da wird er uns auch helfen." Und sie stellten sich an die Wartburg und baten um Brot.

Da trat die Landgräfin Elisabeth ans Fenster und sah die armen Leute, wie sie ihre Hände emporhoben und baten. Da dachte sie: „Ich muss ihnen helfen," und sie liess alle Vorratskammern aufschliessen und liess unter sie verteilen: Brot und Mehl und Fleisch. Und für die Kinder schickte sie Milch mit von den Kühen und Ziegen, die oben auf der Burg gehalten wurden.

Doch nicht genug damit. Elisabeth dachte: Viele sind gewiss noch unten in Eisenach, die Not leiden. Mancher alte Mann, der sein Leben lang sein Brot durch seiner Hände fleissige Arbeit verdient hat, mag vielleicht nicht betteln. Manche Frau ist vielleicht zu schwach, dass sie den steilen Burgweg nicht mehr steigen kann. Und manchem Kinde ist vielleicht Vater und Mutter gestorben, und es weiss noch nicht, dass es auch einen Landesvater und eine Landesmutter hat. Da will ich doch selbst hinunter gehen und sehen, wer noch Not leidet."

So machte sie sich mit einigen Dienerinnen auf und ging hinunter. Sie betrat die Hütten der Armen und Verlassenen und öffnete die Körbe und teilte an die armen Leute aus. Den Armen standen die Thränen in den Augen, wenn sie die Elisabeth so stehen sahen mit ihren milden Händen, mit ihrem freundlichen Blick und mit ihrem warmen Herzen.

Als aber Elisabeth wieder den Burgweg hinauf ging und an die Stelle kam, wo der Brunnen fliesst, da fand sie Leute, die waren auf dem Wege vor Hunger umgesunken und konnten nicht weiter. Da sagte sie: „Ich will hier ein Krankenhaus bauen, da sollen die Kranken und die Alten gepflegt werden, bis sie gesund sind." Und sie baute ein Spital. In dieses nahm sie achtundzwanzig arme und hilfsbedürftige Menschen auf. Wenn einer von denen starb, so kam sogleich ein anderer an seine Stelle.

Jeden Tag liess sie unter ihrer Aufsicht durch ihre Dienerschaft milde Gaben verteilen.

Der Landgraf Ludwig aber war zu dieser Zeit nicht in Thüringen. Er war mit dem Kaiser auf einem Kriegszuge nach einem fernen Lande gezogen über die hohen Berge hinüber nach Italien, wo die Zitronen und die Apfelsinen wachsen. Weil nun Elisabeth alles hingab, was sie nur konnte, da ärgerten sich die Diener und Amtleute, besonders über den Wein, der ins Krankenhaus gebracht wurde. Den wollten sie lieber selber trinken. Weil sie selbst nichts dagegen thun konnten, da warteten sie, bis Ludwig aus dem fremden Lande zurückgekehrt war. Dann aber traten sie vor ihn und sprachen: „Elisabeth, die Landgräfin, giebt alles den Armen. Sie wird noch alles verschenken, was Du hast."

Da sah der Landgraf sie ernst an und sagte dann mit seiner milden Stimme: „Das ist mir gerade recht. Sie mag immer geben und armen Leuten Gutes erweisen. Wenn uns nur die Wartburg und die Neuenburg verbleiben.

Und ihr sollt gar nichts dazu mehr sagen. Denn ich weiss wohl aus der heiligen Schrift, dass Gott, dem Herrn, drei Dinge besonders wohlgefällig sind und auch bei guten Menschen wohl bestehen:

        Eintracht unter Brüdern,
        Liebe zu den Nebenmenschen,
        Treue zwischen Mann und Frau."

31 Wie Elisabeth Rosen trägt

Die Diener aber liessen nicht Ruhe. Sie beobachteten Elisabeth, wo sie nur konnten, und merkten bald, dass sie manchmal, wenn sie mit einer Dienerin hinunter ging, unter dem Mantel verborgen allerlei hinabtrug, was die Armen zum Leben brauchten: Fleisch, Brot oder Gemüse. Denn die Not war immer ärger geworden unter den Leuten und viele mussten sich von Kräutern, Wurzeln und wilden Früchten nähren oder sehen, wo sie das Fleisch von Eseln oder Pferden herbekommen konnten. Das nahm sich Elisabeth zu Herzen, und sie liess backen und mahlen.

Die Diener durften dem Landgrafen nichts mehr ins Gesicht sagen. Da machten sie es anders. Sie suchten sein Ohr zu gewinnen. Wenn der Landgraf vorüber ging, da zischelten und tuschelten sie miteinander leise über die Landgräfin und sprachen: „Unser gnädiger Herr sollte es nur wissen. Sie trägt hinunter, was sie nur kann. Jedesmal, wenn sie fortgeht, hat sie etwas unter dem Mantel. Wer weiss, wer weiss, was sie da alles wegschleppt. Nun, wenn wir alle arm sind, dann wird er es schon merken."

Solche Reden führten sie fast alle Tage, und der Landgraf hörte sie, er mochte wollen oder nicht. Da ward er doch unruhig. „Sollten die Diener doch recht haben? Zwanzig Augen sehen mehr als zwei. Ich habe die Sache doch vielleicht nicht richtig angesehen. Sie giebt vielleicht doch zu viel. Und einen Mantel thut sie um. Will sie etwas vor mir verstecken?" So dachte er, und endlich nahm er sich vor: „Ich will der Sache auf den Grund kommen."

Einst war Ludwig nach der Stadt geritten. Elisabeth hatte nun Zeit, weil sie nicht mehr um ihren Gemahl zu sorgen brauchte. Da sorgte sie wieder um ihre Armen. Sie holte einen Korb, that Essen hinein und nahm ihn an den Arm. Dann ging sie mit ihrer Dienerin den Wartburgweg hinab. Sie kam in die Nähe der Stelle, welche die Leute Armenruh nannten, wo Elisabeth immer das Brot austeilte, wie eine Mutter unter ihre Kinder.

Da kam auf einmal der Landgraf aus Eisenach zurück, ihr gerade entgegen. Er stieg vom Pferde, schaute Elisabeth in das Gesicht und merkte, wie rot sie aussah, denn sie war vom Gehen auf dem steilen Wege rot geworden. Er trat auf sie zu. Er merkte gar wohl, dass sie etwas unter dem Mantel trug. Er schlug ihren Mantel zurück und rief sie hart an: „Was trägst du da?" Elisabeth erschrak wegen des barschen Wortes, des harten Tones, des forschenden Blickes, des finsteren Gesichtes und seiner schnellen Hand.

Sie konnte kein Wort hervorbringen. Zögernd öffnete sie den Korb und hielt ihn mit dem, was darin war, dem Landgrafen hin. Und siehe da! Der Korb war voll blühender Rosen!

Da stand der Landgraf verwundert und beschämt, und es that ihm leid, wie er seine Gemahlin vor sich sah, bleich, erschrocken, mit Thränen in den Augen und wie sie kein Wort sprechen konnte. Da bemerkte er in ihren Haaren einen Kopfschmuck, das Bild des Heilandes. Er gedachte des Tages, da er ihn ihr geschenkt hatte. Da schaute er sie schweigend an, denn er konnte lange nicht sprechen. Dann aber brachte er nur ein einziges Wort hervor: „Liebe!" Das sagte er und liess sie ungehindert gehen zu ihren Armen, und dann ritt er den Burgweg hinauf.

Die Dienerin erzählte allen, was sie erlebt hatten und zeigte den Leuten den Baum, unter dem es geschehen war. Elisabeth liess in den Baum, der an der Armenruh stand, ein Kreuz einschneiden zum Andenken an den Tag. Später ist der Baum altersschwach und morsch geworden, und der Sturm hat ihn umgebrochen. Da haben die Leute zum Wahrzeichen und zum Andenken an die Geschichte an dieselbe Stelle ein steinernes Bild gesetzt.

32 Wie Elisabeth sieben Wohlthaten erweist

Nun that Elisabeth ihren Armen ungestört Gutes. Einst war Herbst, und der Landgraf war durch die bunten Wälder nach der Neuenburg geritten. Elisabeth ging allein in der Nähe des Wartberges spazieren. Da erschrak sie: Vor ihr lag ausgestreckt und wie tot ein alter Mann mit grauem Haar. Als sie sich freundlich und mild zu ihm hernieder beugte, da sah sie, wie sich seine Lippen bewegten und sie hörte, wie er ganz leise das Wort einhauchte: „Wasser!" Da merkte sie, was ihm zunächst fehlte. Sie schaute sich um, fand eine grüne Nussschale und lief damit weit hin bis zu einer Quelle. Dort schöpfte sie Wasser ein, lief zum Alten zurück, netzte ihm die Lippen mit dem frischen Nass, eilte wieder zur Quelle und mit neuem Wasser zu dem alten Manne, der gierig jeden Tropfen einsog. So lief sie einundzwanzigmal ohne Ermüden hin und her. Elisabeth hatte die Freude, zu sehen, wie der Alte die Augen aufschlug, wie er zu sich kam, wie er an zu reden fing und endlich auch aufstehen konnte, der doch erst vor Mattigkeit umgesunken war. Da merkte sie erst, wie nackt und bloss er war. Sie konnte nicht mit ansehen, wie der alte Mann in der kalten Herbstluft fror; sie that ihren Mantel ab und hing ihn dem Alten um. Der Mantel aber war himmelblau und war mit goldenen Bildchen benäht.

Dann stützte sie den greisen Mann und führte ihn sacht und behutsam Schritt für Schritt den Wartburgweg hinauf. Hei, wie da die Diener schauten, als der im Fürstenmantel von der Landgräfin durchs Thor geführt ward! Sie liess dem Fremden ein Zimmer herrichten und nicht das schlechteste, und liess gar wohl mit Holz einheizen, dass er es warm hatte. Ein Bett wurde auch zurecht gemacht, denn Elisabeth wollte ihn die Nacht beherbergen.

Danach liess sie ihm zu essen bringen: ein warmes Süpplein und grünen Spinat, wie er im Herbst im Garten wächst, und dazu ein Stücklein Fleisch, bis er genug hatte. Dann aber konnte er sich zu Bett legen.

Am anderen Morgen setzte die Landgräfin sich zu ihm und liess sich von ihm erzählen. Die Thränen liefen ihm über die Wangen, als er anfing: „Unser Unglück kommt von unserem einzigen Sohn. Er war erst brav. Er sorgte auch für seine Eltern wie ein treuer Sohn. Aber böse Gesellschaft hat ihn schlecht gemacht. Er ist als Dieb ins Gefängnis gekommen. Ach, wäre er doch gut geblieben! — So muss ich denn in meinen alten Tagen wieder ums tägliche Brot arbeiten. Ich war gestern im Walde um Früchte zu sammeln, die wild wachsen. Ich war den ganzen Tag umhergelaufen und hatte fleissig gesammelt. Mein Sack mit Nüssen muss ja wohl noch unten liegen im Walde. Ich weiss nicht, wie es kam, die Kräfte hatten mich verlassen. Da habt ihr mich gefunden, Frau Landgräfin, und wie danke ich Euch —."

Sie liess ihn nicht weiter reden. Sie schickte nach dem Nusssack, sie liess dem alten Manne ordentliche Kleider geben und liess ihn hinunter bringen zu seiner Frau, die sich um ihren Mann schon so gesorgt hatte und nun mit Freuden erfuhr, wie gut er es gehabt hatte. Als die beiden dann den Nusssack ausschütteten, da fanden sie Geld zwischen den Nüssen, so viel, dass sie wohl eine Weile ohne Sorgen leben konnten.

Gern hätte Elisabeth den Sohn der alten Leute freigebeten, aber der Landgraf, der von der Neuenburg wieder heimgekommen war auf die Wartburg, sagte: „Nein. Gerechtigkeit muss im Lande bleiben. Er hat seine Strafe verdient, so muss er sie auch bis zu Ende abbüssen. Es geht doch nicht an, dass wir den Lauf der Welt ändern." Da machte sich Elisabeth auf und ging zum Gefängnisse und liess sich die Thür der Zelle öffnen, worin der Sohn sass, blass und abgehärmt, auf harter Bank bei Wasser und Brot. Sie setzte sich zu ihm, erzählte ihm von seinem Vater, wie sie ihn so traurig gefunden. Da weinte der Sohn und schluchzte laut.

Elisabeth aber kam oft zu ihm und redete ihm freundlich zu: „Der liebe Gott wird dir schon helfen, dass du wieder ein guter Mensch wirst. Nimm es dir nur recht, recht fest in deinem Herzen vor." Jedesmal, wenn sie kam, ward dem Gefangenen an dem Tage warmes Essen gereicht.

Die alte Mutter des Sohnes war vor Kummer und Herzeleid krank geworden. Sie lag im Bett und konnte nicht fort. Die Nachbarinnen aber kamen nicht zu ihr, weil die Leute ja doch in der Familie einen Dieb hatten. Da ging Elisabeth hin in die arme Hütte und besuchte die arme Frau, erzählte ihr von ihrem Sohne und that ihr viel Liebes und Gutes.

Und was Elisabeth der Mutter vorausgesagt hatte, das traf ein: Der Sohn wurde gut, als er wieder aus dem Gefängnisse kam. Er sorgte wieder für seine Eltern wie früher. Aber einen grossen Schmerz musste er noch erleben: Seine gute Mutter starb bald darauf.

Als die Frau begraben wurde, da wollten die Bekannten nicht mit zu Grabe gehen, weil sie die Familie wegen des Sohnes nicht achteten. Da ging Elisabeth mit und sie ging dicht hinter dem Sarge, neben dem alten Vater und neben dem Sohne, der erst im Gefängnisse und nun aber gut geworden war. Weil aber die Leute das sehen wollten, wie die Landgräfin mit ging, da kamen sie alle gelaufen, dass der ganze Kirchhof voll war und sassen auch noch welche auf der Kirchhofsmauer. Und so gingen bei der armen Frau so viele mit zu Grabe, wie noch bei keiner vornehmen.

Der alte Mann aber drückte der Landgräfin die Hand für die viele Liebe, die sie seiner Familie erwiesen hatte. Und dabei hatte er Thränen in den Augen. So ähnlich wie an dieser einen Familie hat Elisabeth an vielen gethan.

Oben aber in der Wartburg sind ihre milden, edlen Thaten im Bilde zu sehen und darunter steht in schlichten Worten, was ihre Arbeit und ihre Tugend war:

Die Hungrigen speisen,
die Durstigen tränken,
die Nackten bekleiden,
die Fremden beherbergen,
die Gefangenen trösten,
die Kranken besuchen,
die Toten begraben.

33 Wie der Landgraf Ludwig nach dem heiligen Lande zieht

Es ward um diese Zeit eine grosse Heerfahrt und Meerfahrt nach dem heiligen Lande ausgerichtet. Und Prediger zogen durchs deutsche Land, ein jeder auf einem Esel reitend, in grobem Kleide, einen Strick um die Lenden als Gürtel, ein Kreuz in der Hand. Die hielten in den Dörfern und Städten und sprachen zum Volke: „Zieht mit ins heilige Land zum heiligen Kriege! Gott will es!" Und wer mitziehen wollte, der heftete sich zum Zeichen ein rotes Kreuz auf die Schulter.

Dazu kam auch Ludwig und er beschloss, mitzuziehen. Aber er liess sich das Kreuz auf die Innenseite seines Rockes nähen, damit er seiner lieben Elisabeth so lange wie möglich das grosse Leid erspare. So trug er das Kreuz lange heimlich.

Eines Abends aber kam er nach Hause und legte den Rock ab. Da sah Elisabeth das rote Krenz und erschrak, dass sie zur Erde sank. Lange konnte sie kein Wort sprechen. Ludwig aber hob sie auf, nahm sie bei der Hand, redete freundlich mit ihr. Sie aber weinte und sagte: „Nun gehst du fort und kommst gewiss nicht wieder." Ludwig tröstete sie mit gar frommen und freundlichen Worten, bis sie endlich zu weinen aufhörte.

Die Zeit der Abreise rückte immer näher. Da liess Ludwig alle Beamten, welche die Dörfer und Städte zu verwalten hatten, nach Kreuzburg kommen, das in der Mitte des Landes lag. Und er sprach zu ihnen: „Ich will nach dem heiligen Lande ziehen. Verwaltet das Land wohl. Gehorcht der Elisabeth, der Landgräfin, und meinem Bruder Heinrich. Der soll ihr bei der Regierung helfen!" Dann gab er jedem die Hand und zog mit Elisabeth und Heinrich wieder nach der Wartburg.

Elisabeth ward aber immer bleicher und trauriger. Endlich kam der Tag der Abreise. Da zog Elisabeth mit und ihre Tochter Sophie nahm sie auch mit, und der Bruder Heinrich und die Mutter Ludwigs sassen auch mit auf dem Wagen, und fuhren mit nach Reinhardsbrunn. Da besuchte Ludwig das Grab seines Vaters und die Gräber der früheren Landgrafen.

Von Reinhardsbrunn zogen sie nach Meiningen. Dort aber traf er mit seinen Rittern zusammen, die mit ihm fortziehen wollten. Da küsste er noch einmal seine Elisabeth und sein Töchterlein und seine Mutter und zu Heinrich sagte er: „Lieber Bruder, hilf Elisabeth bei der Regierung des Landes und bei der Erziehung der Kinder. Sei mein treuer Stellvertreter und der Vormund der Kinder. Und für Elisabeth sollst du ein Schutz sein." Und Heinrich gab ihm die Hand darauf. Der Elisabeth aber zeigte er seinen Siegelring und sprach: „Mein liebes Gemahl, merke dir das Bild dieses Ringes: dies Ringlein soll dir ein Zeichen sein, dass die Botschaft wahr ist und von mir kommt, sei es, dass ich lebe oder dass ich tot bin.

Da weinte Elisabeth und küsste den Ring und sprach: „Mögest du mir guter Kundschaft Bote sein, mein edles Ringelein!"

Darauf küssten sich beide herzlich und wendeten sich in Thränen von einander ab.

Ludwig aber fuhr mit der linken Hand sich über die Augen, fasste mit der Rechten sein Schwert fest und setzte sich an die Spitze des Zuges der Ritter und mit fliegenden Fahnen und mit Jubelruf zogen sie davon.

Die Zurückbleibenden aber wedelten mit den Tüchern.

34 Wie Elisabeth den Tod ihres Gemahles erfährt

Ludwig aber erkrankte auf seiner Pilgerfahrt in dem heissen Lande an einem tötlichen Fieber. Und er sah einmal ganz bleich aus und das andere Mal ganz rot und einmal schüttelte ihn der Frost, das andere Mal stieg ihm die Glut in den Kopf. „Er hat den ‚Winter und Sommer‘ sagte der Arzt und wird bald sterben." Da rief er einen seiner Ritter zu sich, zog den Ring von seinem Finger und gab ihm den und sprach: „Dies Ringlein giebst du meiner treuen Frau Elisabeth. Sag, es sei mein letzter Gruss. Ich denke in Liebe an sie, da ich sterbe."

Als Ludwig gestorben war wurde er in der fremden Erde begraben. Nun schwebten des Nachts als Totenlampen die Sterne des Himmels über seinem Grabe. Da machte sich der Ritter auf nach Thüringen, die Trauerbotschaft dahin zu bringen.

Ludwigs Mutter sah ihn kommen, ging ihm eilends auf dem Burgweg entgegen, empfing Botschaft und Ring und ging wieder hinauf, damit ja Elisabeth nichts merke, denn sie lag sehr krank zu Bette. Und die Mutter Ludwigs weinte heimlich des Nachts in ihrem Bette, am Tage aber that sie fröhlich, als wenn nichts wäre, damit Elisabeth ja nichts erfahre. Denn das wäre ihr Tod gewesen. Und sie verbot auch den Ihren und dem Gesinde, Dienern und Jungfrauen, sie sollten ja sich nichts merken lassen.

So geschah es, dass ihr des Landgrafen Tod verschwiegen blieb, bis sie gesund geworden war. Dann überlegte sich Ludwigs Mutter, dass es ihr niemand zarter mitteilen könne, als sie, die Mutter. Sie nahm einige ihrer Frauen mit sich in ihr Zimmer und liess Elisabeth rufen.

Als Elisabeth eingetreten war und sich gesetzt hatte, hob Ludwigs Mutter an: „Meine Schwiegertochter! Du sollst starken Gemütes sein und dich nicht zu sehr betrüben. Deinem Herrn ist Ungemach erfahren. Aber er und die Seinen haben sich alle in Gott darein ergeben."

Da glaubte Elisabeth, dass er gefangen sei, weil die Mutter das so ohne Thränen sagen konnte und antwortete: „Ist es so, dass er gefangen ist, so wird er mit Gottes und der Seinen Hilfe wohl wieder frei werden."

Die Schwiegermutter sprach: „Sei geduldig, du Liebe, und nimm zu dir dieses Ringlein, das er gesandt hat als treuen Gruss!"

Elisabeth ward bleich und rot, sprang auf und rang die Hände und schrie: „Er ist tot! Mein lieber Gemahl ist mir im fremden Lande gestorben!"

Die Jungfrauen und Frauen wollten sie trösten, aber sie weinte Tag und Nacht. Da erwachte auch in dem Herzen der Mutter der Schmerz, den sie so lange niedergehalten hatte und sie jammerte und wehklagte, bis ihr das Herz brach, und sie tot dalag, und ihr Auge keine Thräne und ihr Mund keine Klage mehr hatte.

35 Wie Elisabeth von der Wartburg vertrieben wird

Als Heinrich zu Eisenach durch einen Boten den Tod seines Bruders im fremden Lande erfuhr, da rief er die Seinen und die Ritter zu einem Rate in einem Saale zusammen. Und er sagte: „Ludwigs Sohn ist zu klein. Soll nun Elisabeth Landgräfin bleiben und ich für den kleinen Sohn als sein Vormund regieren?" Da sagten seine Ratgeber: „Was sollst du für andere regieren? Nimm du doch die Wartburg für dich und Eisenach dazu und auch die Schlösser im Lande und behalte alles für dich und für die Deinen. Und Elisabeth mit den Kindern musst du aus der Wartburg answeisen."

Heinrich aber hörte den Rat gar gerne und er fuhr mit seinem Schlitten zur Wartburg hinauf. Und er liess Elisabeth sagen: „Du musst fort von der Burg mit deinen Kindern, ich bin jetzt Landgraf." Da nahm Elisabeth ihr kleinstes Kind auf den Arm und wickelte es in den Mantel, und das andere Kind nahm sie an der Hand. Und dann ging sie zum Thore der Wartburg hinaus über die Zugbrücke und den Burgweg hinunter. Sie kam auch an dem Krankenhaus beim Brunnen vorbei, aber niemand schaute heraus. Unten am Berge blieb sie noch einmal stehen. Da schaute sie hinauf zur Burg, auf der sie so glücklich gewesen war und sah die Fenster im Abendsonnenscheine glänzen.

Da dachte Elisabeth: „Ich will zu meinen Eisenachern gehen." Und weil es nun dunkel ward und so bitter kalt, dass ihr die Finger ganz steif wurden, da klopfte sie an eine Thür eines Häuschens, das am Wege war, aber niemand öffnete. Da ging sie weiter und sie pochte an ein Fenster, aus dem Licht herausschimmerte. Aber die Leute machten auch nicht auf. Und so ging es ihr auch in der Stadt selbst. Die Leute verschwanden vom Fenster, wenn sie sie sahen, oder sie machten schnell die Thür zu, oder sie sagten: „Nein, wir können dich nicht aufnehmen." Da blieb ihr nichts anderes übrig, als dass sie in ein Gasthaus ging. Da stand eins nicht weit vom Markte, das Gasthaus zur Rolle. Der Wirt stand davor und sah sie kommen mit ihren zwei Kindern. Der hatte Mitleid und sprach zu seiner Frau: „Wir wollen sie aufnehmen, wenns uns auch von oben verboten worden ist." So hatte sie in der kalten Winternacht mit ihren beiden Kindern wenigstens ein warmes Bette.

Am anderen Morgen machte sich Elisabeth auf und wollte mit ihren Kindern aus Eisenach fortgehen. Zuvor aber ging sie mit ihnen in die Barfüsserkirche und bat, dass man das Lied spielen möge: Herr Gott, dich loben wir. Und als sie es mit andächtigem Herzen zu Ende gesungen hatte, ging sie mit ihren Kindern getrosten Mutes über den Markt und durch die Messerschmiedegasse. Weil es aber die Nacht über milder geworden war, und der Schnee angefangen hatte zu tauen, musste sie auf den Schrittsteinen gehen. Die waren hingelegt worden, damit man trocken durch die schlammige Strasse gehen könne. Da in der Mitte der engen Gasse begegnete ihr ein altes Weib. Das war eine Bettlerin. Elisabeth kannte sie wohl, denn sie war oft mit den anderen zur Zeit der Hungersnot auf der Wartburg oben gewesen. Aber die Bettlerin wich nicht aus, sondern sie stiess die Elisabeth von den Schrittsteinen herunter in den Kot. Da machte sich Elisabeth ihr Kleid rein und dann verliess sie mit ihren Kindern Eisenach und wanderte fort, immer dahin zu, wo die Sonne untergeht.

36 Wie ein Ritter dem Grafen Heinrich die Wahrheit sagt

Unter allen Rittern, Grafen und Herren waren zwei junge Ritter, die ragten vor den anderen hervor: Rudolph von Wargula und Knut.

Knut meinte: „Es ist besser, wenn ich zu dem Herrn halte, der hat jetzt die Gewalt, da kann ich meinen Nutzen haben." Und er bestärkte ihn darin und sagte: „Es war ganz gut so, dass du das Land genommen hast, wie kann eine Frau regieren." Heinrich hörte das gar gerne. Und es gab viele Ritter, die dachten und machten es geradeso.

Wargula aber war anderen Sinnes. Er dachte: „Und wenn ich Schaden leide, für die Wahrheit will ich eintreten."

Und als sie auf der Wartburg zusammen kamen, da trat er aus der Mitte der Ritter vor und sprach:

„Was habt ihr gethan, junger Fürst! Eine Witwe, Eures Bruders Weib, unseres edlen Königs Tochter Elisabeth habt ihr ohne Ursache aus ihrem Schloss und ihren Städten vertrieben, wie ein übelthätiges Weib und lasst sie Mangel leiden gleich einer Bettlerin. Habt Ihr Euch vor der kranken, verlassenen, betrübten Frau gefürchtet?"

„Und Eures Bruders arme Waislein, die ihr erziehen und in Vormundschaft halten solltet, die habt ihr schnöde von Euch gewiesen. Wo war da Eure brüderliche Treue?"

„Pfui der Schande, wenn das bekannt wird in anderen Landen! Rot wird unser Antlitz vor Scham, wenn die Fremden von unserem Landgrafen reden."

„Wir können kein rechtes Vertrauen zu Euch haben, der ihr so schimpfliche Untreue bewiesen habt!"

„Ihr habt Euch selbst erniedrigt, Ihr habt das Thüringerland beschimpft. Ihr habt Gott erzürnt!"

Der Ritter schwieg. Alle Grafen und Ritter, Herren und Edelknechte schauten verwundert und erschrocken auf den Ritter, der so mutig und kühn die Wahrheit sprach. Seine Stimme hatte gewaltig geklungen, seine Hand war erhoben, sein Auge blitzte wie Feuerfunken.

Und Heinrich stand da, wie vom Donner gerührt. Er hatte den Blick auf die Erde gesenkt und er wagte ihn nicht zu erheben; sein Gesicht glühte vor Scham und er brachte kein armes Wort aus seinem Munde hervor.

Wargula aber sprach: „Kein Segen kann an Eurem Hofe sein. Darum verlasse ich Euer Haus, das Gott geächtet hat!"

Damit ging er erhobenen Hauptes hinaus hinunter nach Eisenach.

Knut aber blieb beim Landgrafen.

37 Wie die heilige Elisabeth stirbt

Elisabeth wanderte mit ihren Kindern immer der Sonne nach, immer dorthin, wo die Sonne untergeht.

Da kam sie nach Hessen. Sie zog bis in die Mitte des Landes, bis nach Marburg. Dort musste sie nähen und spinnen, damit sie sich und ihre lieben Kinder ernährte. Und sie wohnte in einer kleinen engen Dachkammer und arbeitete bis in die Nacht für ihre Kinder und lebte in tiefer Armut.

Da hörte der Kaiser von Elisabeth, wie sie gut war und wie es ihr so schlecht dafür ergangen sei. Und da die Kaiserin gestorben war, fasste er einen Plan: Er wollte Elisabeth aus ihrer Armut erheben und wollte sie zu seiner Frau und zur Kaiserin machen. Und er liess ihr das sagen: „Deine Armut soll ein Ende haben. Um deiner Tugend willen sollst du Kaiserin sein."

Aber Elisabeth hatte doch Ludwig so lieb gehabt, dass sie ihn nimmer vergessen konnte. Und so wies sie den Kaiser ab. Der Bischof aber lag ihr sehr an mit Bitten und mit Drohungen, dass sie den Kaiser nehmen sollte. Sie sprach: „Zwinget ihr mich, dass ich den Kaiser nehmen muss, so schneide ich mir selber die Nase ab."

Da musste der Kaiser davon ablassen und er ehrte ihre Gesinnung, denn er merkte, wie sie ihrem Gemahl Treue bewahren wollte, Treue über das Grab hinaus.

An einem Sonntage fühlte Elisabeth, dass ihre letzte Stunde gekommen sei. Man fragte sie über ihr Vermögen. Da sprach sie: „Alles, was ich besitze und habe, das soll armen Leuten!" Sie bat, dass man ihnen alles austeilen möge, bis auf ihr graues Kleid. Darin wünschte sie begraben zu werden.

Darauf entschlief sie sanft.

Als Elisabeth nun in ihrem grauen Kleide auf der Totenbahre lag und die Träger den Sarg eben erheben wollten, da trat der Kaiser herein und hatte eine Krone in der Hand. Er sprach:
„Weil ich sie in ihrem Leben nicht krönen konnte, so will ich sie im Tode krönen."
Und damit setzte er der heiligen Frau die Krone auf das Haupt.

VIII Vom Kinde von Brabant

38 Wie die Tochter der Elisabeth ihr Recht nicht bekommt

Was Landgraf Heinrich an Elisabeth und ihren Kindern gethan hatte, dass er sie von der Wartburg vertrieben und ihnen das Land genommen hatte, das gereichte ihm nicht zum Segen. Einer edlen Frau hatte er bitteres Unrecht und Leid gethan, ihm aber starben nacheinander drei Frauen und er hatte keine Kinder.

So war sein Leben traurig und einsam, und finster und freudlos blickte er von der Wartburg in das blühende, glückliche Land. Einsam und verlassen starb er.

Als Heinrich gestorben war, da erhob sich grosses Streiten um die Herrschaft im Land. Und es war kein Kaiser damals in Deutschland, der darüber richten konnte. Heinrich hatte eine Schwester. Deren Sohn, Graf Heinrich, zog auf die Wartburg und wollte das Land für sich haben.

Aber es lebte noch Sophie, die Tochter der Elisabeth, die wollte ihrem Sohne, dem Kinde von Brabant, Elisabeths Enkel, die Herrschaft gönnen.

Sie versuchte es zuerst im Guten. Sie hatte mit dem Grafen Heinrich auf der Wartburg einen Tag um des gütlichen Vergleichs willen. Die, welche der Herzogin Sophie zustanden, erkannten für Recht, dass das Kind von Brabant, der Enkel der Elisabeth, ein grösseres Erbrecht habe. So reichte der Graf Heinrich der Herzogin Sophie die Hand und sprach: „Gern, allerliebste Frau Base, meine getreue Hand soll dir und deinem Sohne offen sein. Wenn ein Kaiser gewählt ist, soll der über diese Sachen entscheiden."

Doch seine Freunde zogen den Grafen Heinrich zurück und redeten mit ihm heimlich und sprachen: „Herr, was soll das heissen? Wenn du mit einem Fusse im Himmel stündest und mit dem anderen auf der Wartburg, so solltest du viel lieber den aus dem Himmel ziehen und auch noch auf die Wartburg setzen."

Da wandte sich der Graf Heinrich noch einmal zu seiner Base und sprach: „Liebe Base, ich muss mich in diesen Dingen bedenken und den Rat meiner Getreuen hören." Und so entliess er sie und sprach: „Am nächsten Sonntage sollst du die Antwort hören."

Als sie am nächsten Sonntage kam, da wurde Sophie in die Burgkapelle geführt. Da stand ein Altar, darauf brannten zwei Kerzen, dahinter war aufgehängt das Bild der heiligen Elisabeth.

Vor diesem Bilde beschwor der Graf Heinrich sein Recht auf Thüringen und zwanzig Eideshelfer schwuren mit ihm.

Da wurde die Herzogin tief betrübt, fing an bitterlich zu weinen und zog den Handschuh, den schon die Hand des Grafen berührt hatte, von der Hand und rief: „O du, der aller Gerechtigkeit Feind ist, nimm diesen Handschuh!" Und sie warf ihm ihren Handschuh zu, zum Zeichen, dass Feindschaft sein solle und Streit zwischen ihnen.

39 Wie an der Wartburg um Thüringen gestritten wird

Die Eisenacher hielten zur Partei des Kindes von Brabant. Denn in Eisenach lebte ein Ratsherr, gerecht denkend und des Rechtes kundig, Heinrich von Felsbach. Der stellte sich auf den Marktplatz von Eisenach und sagte zu den Thüringern: „Sophie ist die Tochter des Landgrafen, die andere aber ist die Schwester. Wer hat mehr Erbrecht? Die Tochter oder die Schwester? Jedesmal die Tochter, also: Sophie von Brabant. Nun hat die Tochter Sophie einen Sohn und die Schwester einen Sohn. Wer hat nun mehr Erbrecht von beiden? Natürlich der Sohn der Tochter Sophie also: das Kind von Brabant. Also gehört das Land von Rechts wegen dem Kinde von Brabant!" Und mit ihrem Herzen waren sie so schon mehr für das Kind von Brabant.

Die Eisenacher nun besetzten den Metilstein und verbauten die Wege da zur Wartburg mit zwei Burgen, der Frauenburg und der Eisenacher Burg und besetzten sie mit Kriegsvolk, sodass der Wartburg alle Zufuhr an Brot und Fleisch, Getreide und Vieh abgeschnitten war.

In einer stürmischen Regennacht sammelte Graf Heinrich seine Freunde auf der Wartburg und zog mit ihnen mit Sturmleitern heimlich hinab durch den Hain nach dem Metilsteine zu. Sie erstiegen ihn an der hinteren Seite, wo er am steilsten ist. Sie gewannen die Burg, fingen, die darin waren, verbrannten die Burg und zerstörten sie von Grund aus. Danach zerstörten sie auch die Frauenburg und die Eisenacher Burg.

Dann berannte er die Stadt Eisenach. Er kam an die Stadtmauer gegen das Barfüsserkloster. Er hatte aber Freunde sich gewonnen in der Gemeinde, die hatten ihm versprochen, ihre Stadt zu verraten und ihn einzulassen. Die standen dort am Barfüsserkloster an der Mauer und sollten dort wachen. Sie riefen ihm zu: „Steiget her in Gottes Namen, wie lange sollen wir das Ungemach mit euch haben?"

So gewann er auch die Stadt. Er tötete etliche Ratsherren, die ihm abhold waren und sein Recht nicht anerkennen wollten. Den vornehmsten von ihnen, den rechtskundigsten, Heinrich von Felsbach der ihm am meisten entgegen war, schleppte er auf die Wartburg. Dort liess er ihn auf eine Steinschleuder legen, die vor der Wartburg stand und hinab nach der Stadt schleudern.

Todesmutig und der Herrin, die er anerkannt, bis zum Ende getreu, rief der Mann, als er durch die Lüfte fuhr, mit lauter Stimme aus:

„Thüringen gehört doch dem Kinde von Brabant!"

IX Von Friedrich den Gebissenen

40 Wie der Knecht Friedrichs Mutter töten soll

So erhielt Graf Heinrich also doch Thüringen. Er gab es seinem Sohne Albrecht. Der nahm zur Frau die Tochter des Kaisers Friedrich Margarete. Und sie hatten zwei Söhne: Friedrich und Diezmann.

Einst sass Landgraf Albrecht im Wartburgsaale mit seiner Gemahlin und den Herren und Damen des Hofes an der Tafel. Da öffnete sich die Thür und herein trat eine neue Hofdame, Kunigunde von Eisenberg, die schenkte dem Landgrafen den Wein ein. Sie war sehr schön und alle schauten sie an, besonders aber der Landgraf.

Von diesem Tage an war Albrecht nicht mehr gut und freundlich mit seiner Gemahlin. Er hätte gern Kunigunde von Eisenberg zu seiner Frau gemacht. Ja, er rief eines Tages einen armen Knecht zu sich, welcher mit zwei Eseln Fleisch und Holz aus der Stadt auf die Wartburg zu schaffen pflegte. Und er fragte ihn: „Nun, wieviel Ackerland hast du denn?" „Ach," sagte der Knecht, „ich habe nichts zu ernten." „Ich könnte dir wohl eine reiche Ernte geben, wenn du thun wolltest, was ich dir sage." „Ja, Herr, gern will ich es thun," sagte unbedacht der Knecht. „Gut," sagte der Landgraf, „schwöre mir, dass du keinem Menschen je in deinem Leben etwas davon sagen willst." Der Knecht that es.

Da sagte ihm der Landgraf Albrecht: „Du sollst des Nachts in der Landgräfin Zimmer kommen, schwarz gemacht und angekleidet, als wenn du der Teufel wärst, und sollst sie erwürgen und ihr das Genick brechen." Der Knecht sah den Landgrafen erstaunt an. Als er aber sah, welches böse Gesicht der machte, da merkte er, dass es Ernst wäre und er erschrak des Todes.

Der Knecht konnte des Nachts nicht mehr schlafen. Es war ihm so bange und er konnte doch niemand um Rat fragen. Er dachte und überlegte bei sich selbst also:

„Töte ich meine Herrin und Frau, die mir immer so gütig zuspricht, so bin ich ein Bösewicht und werde nimmermehr wieder froh. Sind meine Eltern gleich arme Leute gewesen, so waren es doch fromme Leute; Gott könnte solche That mir nicht vergeben."

„Entlaufe ich aber, so wird mein Herr fürchten, ich verrate ihn, wird mir nachsetzen und mich erschlagen lassen, spricht dann vielleicht: ‚Der Knecht hat mich bestohlen,' lässt mich töten als Dieb, sodass meine ehrlichen Verwandten durch mich zu Schimpf kommen."

„Und weigere ich mich, die That zu thun und sage: ‚Ich thue es nun und nimmer nicht,' so lässt er mich auch töten und gleichwohl wird meine gnädige Frau dem Willen seiner Bosheit nicht lange entgehen. Sie muss durch eines anderen Hand dann dennoch sterben."

„O weh mir! Was soll ich thun? So oder so, es giebt ein Unglück. Wie kann ich meine Seele retten in diesem schrecklichen Zwiespalt?"

41 Wie Margarete, Landgräfin von Thüringen von der Wartburg entflieht

So waren vierzehn Tage vergangen. Der Landgraf Albrecht merkte gar wohl, dass der Knecht die That hinzögerte, unschlüssig, ob er sie thun sollte. Er sah, wie der Knecht ihm aus dem Wege ging und wie er immer suchte, nie anders als mit anderen Knechten zusammen dem Landgrafen unter die Augen zu treten, damit der Landgraf nicht davon reden könne. Aber einmal, als er wieder mitten unter den Knechten stand, trat der Landgraf zu ihm und sprach ihn an mit der ernstlichen Frage: „Hast du die Ernte erworben, die ich dir befohlen habe?" Da antwortete der Knecht mit zitternder Stimme: „Ja, Herr, ich will sie erwerben," und dachte: „Nun kannst du es nicht länger hinausziehen."

Des Nachts kam er in die Schlafkammer der Landgräfin Margarete, fiel auf sein Knie vor ihr und sprach leise: „Liebe, gnädige Frau, verzeiht mir und hört mich an!"

Erschrocken fuhr die Landgräfin auf: „Wer bist du?" Er nannte seinen Namen. Da fragte sie weiter: „Warum fliehst du zu mir und weshalb bittest du um Gnade?"

„Höret mich an in Ruhe und Geduld, sonst müssen wir beide sterben. Mein Herr, der Landgraf, hat mir befohlen, euch zu töten. Das will und mag ich nicht thun. Wüsstet ihr einen Rat, dass wir beide am Leben blieben, es wäre uns besser." Da erschrak die Landgräfin noch mehr, weil sie erfuhr, dass sie getötet werden sollte, und sie weinte, weil sie erfuhr, dass ihr Mann sie nicht lieb hatte.

Da schickte die bestürzte Frau zu ihrem Haushofmeister und liess ihn in der Nacht zu sich bitten. Als er kam, weinte sie heftig und bat ihn um seinen Rat. Er riet ihr: „Packe zusammen, was du an Kleinodien, Geld und Kleidern da hast, ich will dir helfen, heimlich von der Wartburg zu entkommen. Das ist für dich das Beste."

Schnell und heimlich wurde eine ihrer Jungfrauen geweckt und dann ihre Haushofmeisterin, die halfen ihr packen. Dann gingen sie in das gemalte Haus bei dem Turm, wo ihre zwei Söhne schliefen, Friedrich drei Jahre und Diezmann eineinhalb Jahre alt. Da fiel sie vor dem Bette des jüngsten, Diezmann, nieder und weinte und küsste ihn. Als sie aber den älteren, Friedrich, auch küssen wollte, da wurde der Schmerz der Trennung so heftig in ihr, dass sie ihn in die rechte Wange biss.

Im Ritterhause der Wartburg sassen indess die beiden Frauen der Landgräfin und schnitten Bänder und drehten Seile. Dann liessen sie mit Hilfe des Haushofmeisters ihre Herrin und den Knecht, der sie hatte töten sollen und dann sich selbst aus einem Fenster der Wohnung des Knechtes auf dem Gange über der Mauer hinab. Dann stiegen sie im Dunkel der Nacht den hohen Felsberg hinunter in das tiefe Thal und gingen durch den finsteren Wald in grosser Betrübnis miteinander fort.

Als nun die unglückliche Landgräfin entkommen war und sie am anderen Morgen vermisst wurde, sandte Landgraf Albrecht einen reitenden Boten zu seinem Bruder und liess ihm melden:

„Meine Hausfrau ist mit einem Buben, den sie lieb hatte, hinweggegangen."

Da kam der Bruder, der die Sache wohl ahnte, auf die Wartburg, denn er fürchtete, der Landgraf möge vielleicht die Kinder verderben und sprach zu ihm: „Lieber Bruder, ich höre, was du mir von der Gräfin erzählst; lass sie fahren. Die Kinder thue zu mir, so denkest du nicht mehr daran." Also führte er die Kinder mit heim, denn er selbst hatte keine.

42 Wie Friedrich der Gebissene das Recht seiner Mutter verteidigen will

Die beiden Knaben waren nun beim Bruder ihres Vaters herangewachsen, sodass Friedrich sechzehn, Diezmann vierzehn und ein halbes Jahr alt war. Da wollten sie das Unrecht wieder gut machen, das ihr Vater an ihrer Mutter gethan, und sie gingen von des Landgrafen Bruder fort und nach Eisenach und auf die Wartburg und stellten sich vor ihren Vater und sprachen: „Lieber Vater, unsere Mutter hat sich Nachts mit Seilen von der Wartburg herabgelassen und um des Weibes Kunigunde von Eisenberg willen aus dem Lande fliehen müssen. Lass sie doch wiederkommen, unsere Mutter! Nimm sie aus der Fremde und lass sie wieder auf der Wartburg wohnen und Landgräfin sein."

„Verjage die Kunigunde von Eisenberg, die sich hält gleich einer Landesherrin mit Jungfrauen und Dienern. Gieb uns unsere Mutter wieder!"

Doch Albrecht wollte nichts davon hören und sie mussten wieder von der Wartburg traurig weggehen.

Viele edle Ritter und Grafen hielten zu den jungen Herren und so kamen sie mit Kriegsmacht ins Land.

Aber in dem Streite wurde der junge Graf Friedrich gefangen und auf das Schloss Wartburg gebracht und in einen tiefen Turm geworfen.

Landgraf Albrecht war gar nicht wie ein Vater, er war hart und grausam und wollte ihn, den Friedrich, da unten verhungern lassen. Aber es fanden sich treue Hände, die ihm jede Nacht mit Nahrung versorgten. Ein ganzes Jahr lag Friedrich der Gebissene im Kerkerturm und grub ein Kreuz mit seinen Fingernägeln ins harte Gestein.

Auf der Wartburg dachte man, Friedrich wäre längst verhungert. Darum wurde der Turm nicht mehr besonders bewacht.

Endlich wurde es angestellt, dass etliche Freunde heimlich auf das Schloss kamen. Da stellten sie sich des Nachts an den Turm und einer sprach leise in der Stille der Nacht:

„Junker Fritz, was machst du,
Schläfst du oder wachst du,
Weinst du oder lachst du?"

Und als er es zum dritten Male sprach, da hörten sie von unten eine dumpfe Stimme, die gab Antwort. Sie liessen einen Strick hinab und befreiten Friedrich und führten ihn mit sich hinweg.

Mehrere Jahre war nun Krieg zwischen dem Vater und den Söhnen. Da kam der Kaiser Rudolf ins Land. Der sandte nach Albrechts Söhnen und sprach zu ihnen: „Versöhnet euch mit eurem Vater und seid ihm unterthänig, wie es frommen Kindern geziemt." Da sagte Friedrich der Gebissene: „Das alles könnte ich wohl thun, gedächte ich nicht an den Biss, den mir meine betrübte Mutter in den Backen biss, da sie zuletzt von mir schied, das kann und will ich nie vergessen!" Da zuckte der Kaiser die Achseln, weil auch er nichts thun konnte, denn über die Herzen hat auch ein Kaiser keine Gewalt.

43 Wie Albrecht der Unartige alles dem Sohne der Kunigunde zuwenden will

Nun hatte Albrecht, den die Leute den Unartigen nannten, einen Plan: Er wollte seine Söhne um Land und Leute bringen und alles seinem Sohne, den er von der Kunigunde von Eisenberg hatte, zuwenden. Er liess sich mit der Kunigunde trauen und vom Kaiser die Kunigunde für die Landgräfin und den Sohn Apitz zum Erben ernennen. Und der Kaiser gab dem Apitz, der Kunigunde Sohn, seinen Schild, den bunten Thüringer Löwen mit einem Helm über das Hauptgestürzt.

Albrecht aber verbrauchte viel Geld, auch wandte er viel der Kunigunde und dem Apitz zu. Er verkaufte und versetzte ein Schloss nach dem andern. Ja, er wollte sogar das Thüringer Land verkaufen und bot es den benachbarten Fürsten an, aber keiner wollte es nehmen, denn sie wollten es nicht den regelmässigen Erben rauben, auch trauten sie sich nicht, unrechtes Gut zu behaupten und zu behalten.

Da starb Kaiser Rudolf. Der neue Kaiser aber, Adolf von Nassau, brauchte Land, um seine Macht zu behaupten. Darum bot es Albrecht dem Adolf von Nassau an und der kaufte das ganze Thüringer Land für zwölftausend Wagen voll Silber.

Aber Friedrich und Diezmann und die meisten Grafen und Ritter und Städte sprachen: „Der Kauf gilt nichts, die rechten Söhne sind die Erbherren!" Darob erhob sich neuer Krieg.

Während dieser Kriegshändel starb auf der Wartburg Kunigunde von Eisenberg. In demselben Jahre starb auch Apitz, Kunigundens und Albrechts Sohn.

44 Wie Friedrich der Gebissene sich eine Braut wirbt

Aber Albrecht der Unartige nahm seinen Söhnen zum Trotz ein anderes Weib, eine fromme Frau, die nichts davon wusste, wie er es getrieben hatte, denn sie hatte in Trauer um den Tod ihres Mannes in aller Stille auf ihrem Schlosse bei Neustadt an der Orla gelebt und nichts von den Händeln der Welt gehört.

Die hatte eine Tochter von achtzehn Jahren, eine liebe Jungfrau, und Albrecht dachte heimlich: „Sie wird einst einen Grafen zum Manne nehmen. So wird dieser das Land bekommen und meine Söhne gehen doch leer aus.

Da trug sich zu, dass sie einst mit ihrer Mutter nach Neustadt an der Orla kam, denn in der Nähe war ihr Schloss. In Neustadt war an diesem Tage auch Friedrich, der sah die Jungfrau und merkte, dass sie ein gutes Herz hatte und gehorsam war ihrer frommen Mutter und er sagte: „Wer sie auch sei, die muss ich zur Frau haben."

Wie erschrak er aber, als er erfuhr, wer sie war! Da wusste er, dass sein Vater sie ihm nicht gönnen würde und er sie nicht bekommen konnte, es sei denn durch List und Gewalt.

Er zog ihr nach mit einigen Getreuen und legte sich in den Hain, einem Gehölz unter der Burg auf die Lauer. Friedrich lag die ganze Woche dort und schaute, aber vergebens. Endlich glückte es ihm, sie zu sehen. In dem Schlosse war nämlich keine Burgkapelle. Es war an einem Festtage. Da knarrte am Morgen das Thürlein in der Mauer und öffnete sich. Das Burgfräulein trat aus dem Schloss, um mit wenigen Dienern und Jungfrauen nach Neustadt zur Kirche zu gehen. Kaum waren sie über die Brücke hinüber und in das Gehölz gekommen, da brachen die Versteckten hervor.

Friedrich hob das Burgfräulein auf seinen Hengst, seine Begleiter ergriffen ihre Dienerinnen und so ging es von dannen. Das Edelfräulein wusste nicht, wie ihr geschah. Friedrich ritt mit den Seinen nach der Saale, dann an der Saale entlang, danach über die Ilm und über die Gera.

Er brachte sie auf Schloss Grimmenstein bei Gotha, behandelte sie ehrerbietig und liess sie mit ihren Dienerinnen zusammen. Er sagte ihr, wie sehr er sie liebe, und als er ihr alles von seinem Vater erzählt hatte, da wollte sie lieber bei ihm bleiben, als zu dem schrecklichen Manne auf die Wartburg ziehen, wenn nur ihre Mutter damit einverstanden wäre.

An sie schrieb Friedrich. Er bat sie herzlich um Verzeihung und zeigte ihr, dass er sich nicht anders zu helfen gewusst. „Ich will sie nicht unglücklich, sondern glücklich machen," so schrieb er. „Ich liebe sie wegen ihres guten Herzens, und ich möchte dich wegen deiner Frömmigkeit gern zur Mutter haben."

Elisabeth, ihre Tochter, hatte aber auch ein Brieflein beigelegt. Darin erzählte sie, wie ehrerbietig Friedrich sie behandelt hatte, wie sie mit ihren Dienerinnen in dem einen Flügel des Schlosses wohnen lasse, er aber wohne im anderen, und wie gut und edel er sei, und wie er das Recht seiner Mutter als ein treuer Sohn sein Lebenlang verteidigt habe. Und sie schrieb weiter: „Wenn ich je einen Mann haben soll, so will ich keinen anderen als ihn haben." Und dann bat sie ihre Mutter flehentlich, sie solle das Unrecht wieder gut machen, dass der Vater, Landgraf Albrecht, an seinem Sohne gethan.

Da weinte die fromme Frau, als sie die Briefe las, und sie setzte sich hin und schrieb die Antwort: Sie gab den beiden ihren Segen: „Bleibt gut und werdet glücklich!"

Da wurde in aller Stille Hochzeit gefeiert und alle Freunde, die Friedrich geholfen hatten, aus dem Hungerturme zu entfliehen und alle, die ihm zu seiner Braut mit verholfen hatten, wurden dazu eingeladen.

45 Wie Friedrich der Gebissene seine Tochter aus der belagerten Wartburg führt

Nicht lange danach sandte Adelheid von der Orla, die auf der Wartburg wohnte, einen heimlichen Boten an Friedrich:

„Ich will dir behilflich sein, dass du dein Land und Erbe nun bekommst. Der Bote wird dir den Weg zeigen, auf dem du die Wartburg ersteigen kannst."

In der nächsten Woche in einer finsteren Nacht erstieg Friedrich auf Leitern die Burg, hinten, wo die Diener wohnen. Er zog seine Waffengefährten nach und nahm oben in der Burg alle gefangen. Albrecht, seinen Vater, bat er: „Vater, verlasse morgen die Burg, ich möchte dir kein Leid thun." Albrecht ging am anderen Tage und Friedrich schenkte ihm die Dörfer rings um Erfurt, damit der alte Mann keinen Mangel zu leiden brauchte.

Aber noch gab es vielen Streit. Der Kaiser forderte die Städte zur Hilfe auf gegen die Wartburg.

Da erhob sich ringsum grosses Getümmel von Kriegsvolk. Die Feinde richteten eine Steinschleuder auf und schleuderten grosse Steine auf die Wartburg, sodass niemand mehr über den Burghof gehen konnte. Die Zufuhr war auch abgeschnitten und war schon grosser Mangel auf der Wartburg. Jedem musste am Morgen sein Stücklein Brot zugeteilt werden und sein Fleisch.

Aber niemand konnte heraus, denn auf allen Wegen und Stegen waren Wächter der Feinde und hinter ihnen Kriegslager mit vielen bewaffneten Mannen.

In dieser Zeit schenkte der liebe Gott der Landgräfin Elisabeth von Neustadt und dem Landgrafen auf der Wartburg ein junges Töchterlein. Es war aber kein Priester auf der Burg, der das Kind hätte taufen können.

Da ward zur Nachtzeit das Wartburgthor aufgethan und es ritt mutig heraus Friedrich der Gebissene und mit ihm zwölf feste Burggesellen, die hatten in ihrer Mitte, auch zu Ross, die Amme mit dem acht Tage alten Kinde.

Still ritten sie den Berg hinab, an der Stadt vorbei und über den Sengelbach. Da erst machten die Wächter der Feinde Lärm.

Scharf ritten Friedrich und seine Gefährten über Berg und Thal in der Richtung auf Schloss Tenneberg zu. Erst wurden sie verfolgt, aber bald merkten sie, dass der Feind die Richtung verloren hatte.

Da auf einmal begann das Kind heftig zu schreien. Friedrich frug: „Was fehlt dem Kinde?" „Herr," sprach die Amme, „es schweiget nicht, ehe es nicht zu trinken bekommt."

„Halt!" rief da der Landgraf den Seinen zu. „Meine Tochter soll trinken und koste es das Thüringer Land!"

Nun scharten sich alle um die Amme her, die mit dem Kinde hielt und ihm zu trinken gab.

Sie hörten den Hufschlag der Feinde, die durch das Schreien des Kindes angelockt waren und die Spur wieder gefunden hatten, und fassten ihre Lanzen und Schwerter fester. Aber der Hufschlag verklang. Weil das Kind wieder still geworden war, hatten sie die Spur wieder verloren.

Sie kamen in der Morgendämmerung nach Tenneberg. Dort liess er durch den Abt von Reinhardsbrunn sein Kind taufen und auch Elisabeth nennen. Und er bestimmte, dass es mit seiner Amme in Tenneberg bleibe bis auf bessere Zeit.

46 Wie Friedrich der Gebissene den Leuten auf der Wartburg zu essen bringt

Der Landgraf, damit er die edle Wartburg nicht verliere, und seine Gemahlin mit ihrer Mutter und ihrem Gesinde nicht Mangel litten, zog zu seinem Schwager, dem Herzog zu Braunschweig, und bat ihn: „Leiste mir Hilfe!"

Der Herzog von Braunschweig kam mit vielem Volke, Friedrichs Bruder Diezmann und die thüringischen Grafen und Herren kamen mit ihren Mannen.

Sie kamen mit vielen Wagen voll Lebensmitteln, so man zum Leben nötig hat, voll Korn und Mehl und Fleisch, und brachten dazu noch viel Vieh, (Ochsen, Rinder, Schafe und Schweine) und Futter für das Vieh, in Sonneborn zusammen und rückten plötzlich, ohne dass die Eisenacher es erfuhren, vor die Wartburg.

Dann stellten sie auf als Wache und Schutz soviel geharnischte Edle, als Tage im Jahre sind, dreihundert und fünfundsechzig, alle mit gekrönten Helmen, und soviel, als Wochen im Jahre sind, zweiundfünfzig Mannen, umgaben die Wagen. An der Spitze aber sassen auf ihren Pferden die Ritter, die von der Wartburg ausgezogen waren, zwölf an der Zahl, soviel wie Monate im Jahre sind. Dazu der eine: der Landgraf Friedrich.

Die Edlen aber hielten die Thore der Stadt im Auge und schreckten die Feinde vor jedem Angriff zurück. Da brachten sie glücklich die Wagen mit dem Mundvorrate hinauf. Und die arme, hungrige, eingeschlossene Besatzung eilte an die Wagen und labte sich an dem Essen und Trinken. Der Tag war ihnen wie ein Festtag.

So wurde die Wartburg wohl gespeist und wohl bemannt.

47 Wie die Eisenacher mit Friedrich dem Gebissenen Frieden machen

Um diese Zeit liess der Kaiser wieder Briefe schreiben an die Grafen und Freien im Lande zu Thüringen:

„Das Land ist an den Kaiser verkauft und gehört ihm und ihr müsst dem Kaiser Folge leisten."

Die aber schrieben wieder eine Antwort, die ihn nicht erfreute:

„Wir wollen unserem rechtmässigen Herren helfen und ihm Treue und Glauben halten, wie auch unsere Eltern gethan haben."

Darüber geriet der Kaiser in Zorn und es hiess, er werde ein grosses Heer senden, dass nun doch die Wartburg eingenommen würde. Und er brachte wirklich ein grosses Heer auf die Beine und kam selbst ins Altenburgische gezogen mit dem Heere. Aber Friedrich rief seine Ritter und Grafen zusammen und sprach zu ihnen:

„Was die Feder versprochen hat, soll jetzt das Schwert halten: Der Kaiser will sehen, ob ihr eure Antwort ernsthaft gemeint habt."

Sie brachten soviel Mannschaft zusammen, wie sie nur konnten. Sie zogen dem Kaiser entgegen und stiessen auf sein Heer bei dem Städtchen Lucka. Der Kaiser stand an der Spitze seiner Schwaben und überschaute das Schlachtfeld, rieb sich die Hände und rief einmal über das andere: „Es wird uns glücken! Es wird uns glücken!"

Da begann die Schlacht. Die Thüringer aber drangen so heftig vor, dass des Kaisers Heer ganz zersprengt wurde und nach allen Seiten hin fliehen musste. Der Kaiser selbst musste aus dem Lande fliehen.

Seit jenem Tage sagt man zu einem, der viel Hoffnung hat auf eine Sache, die wohl schief gehen wird:
„Es wird dir glücken,
Wie den Schwaben bei Lücken."

Der Kaiser aber sagte: „Das Land soll sich mir doch unterwerfen oder ich will kein König mehr bleiben." Schon hiess es, ein neues, noch gewaltigeres Heer werde kommen. Aber da kam die Kunde: „Der Kaiser ist tot." Er war, als er gerade über einen Fluss fahren wollte, von seinem eigenen Neffen, den er erzogen und dem er viel Gutes gethan hatte, ermordet worden.

Da sahen die Eisenacher, dass sie mit Friedrich dem Gebissenen Frieden machten. Und sie baten ihn:

„Komme herunter nach Eisenach mit deinen besten Mannen, da wollen wir beraten, was wir mit Recht und Ehren thun können."

Das geschah.

Da beschlossen sie, dass sie alle, die dem Landgrafen feind gewesen waren, ihm huldigen wollten als dem rechtmässigen Herren des Thüringer Landes.

Und sie sagten ihm: „Wir wollen das vertreten vor Kaiser und Reich, vor Königen und Fürsten, vor Grafen und Herren." Auch gaben sie ihm darüber einen schönen, offenen Brief und hingen so viele Siegel daran, als nur daran gingen.

Friedrich aber vergab ihnen alles, was sie gegen ihn verübt hatten.

Dazumal war auf dem Markte zu Eisenach das Gras so hoch gewachsen, eine halbe Elle hoch, wie auf einem wüsten Platze, so wenig Verkehr war in diesen Kriegszeiten in der Stadt.

Die Thüringer aber vergassen die Quälereien und das Ungemach, das sie erduldet hatten, bauten die verwüsteten Dörfer wieder auf, sowie die Städte und Burgen und bearbeiteten wieder ihre verheerten Äcker. Auch in Eisenach wurden die zerfallenen Häuser aufgebaut, dass man darin wohnen konnte.

48 Wie Friedrich der Gebissene einen vorlauten Mann straft

Zu Eisenach sass Albrecht Kuut. Der war erst gegen das Kind von Brabant gewesen, und hatte den Feinden der Elisabeth Recht gegeben. Als aber Elisabeths Nachkommen doch noch die Wartburg und das Thüringer Land bekommen hatten, da war der schlaue Ritter zu ihnen übergegangen und hatte gedacht: „Ich will zu den halten, die die Macht haben. Wo die Macht ist, da findet sich auch ein Nutzen." So hatte er Heinrich von Felsbachs Tod mit angesehen, und war bei Albrecht geblieben und war Albrecht des Unartigen vertrauter Rat geworden. Er hatte Albrecht in allen seinen schlimmen Sachen gegen die Landgräfin, seine Frau, und gegen seine Söhne Friedrich und Diezmann begestanden. Darum galt er auch viel, war gar reich geworden und war gar gewaltig im Lande. Was einer seiner Freunde haben wollte, ein Amt oder ein Gut, das wusste er ihm zu verschaffen, und wer ihm dagegen handelte, ob es gleich recht war, den wusste er gar schlau zu strafen und zu quälen, bis er aus dem Lande war, oder arm geworden war oder seinen Willen that. So entstand unter dem armen Volke das Sprichwort:

„Schlimm ist uns zu mute
Wir stehen unter der Knute!"

Als nun Friedrich gesiegt hatte, den er doch tüchtig mit bekämpft hatte durch Wort, Schrift und Schwert — „Hei," dachte da der Rat Knut, „jetzt wirds Zeit, dass du umsattelst, dein Pferd trägt dich nicht mehr", und er ging zu Friedrich über. Er wollte nicht mit Albrecht, seinem Herrn, nach Erfurt gehen, weil sein Herr ja nichts mehr für ihn thun konnte.

Und er wandte sich an die Verwandten Friedrichs und half diesen mit seinen Listen und Ratschlägen.

Nun meinte er, könne es ihm nicht fehlen und er könne machen, was er wolle. Er bestellte die Amtleute zu sich, wenn er Lust hatte, und fing an, Burgen zu bauen, ohne darum zu fragen.

Als Friedrich nun nach Eisenach kam, Vögte über das Land zu bestellen, da merkte er des Knut Willkür und verbot ihm sein schlimmes Wesen, dass er seinen Freunden helfe und seine Feinde drücke und dass er so eigenmächtig handle, ohne den Landgrafen zu fragen und sprach zu ihm: „Weisst du, Knut, ich will selbst Herr des Landes bleiben."

Da hob Knut mit dreisten Worten an: „Wisset Herr, ich, der ich euch verholfen habe, dass ihr ein Herr worden seid in eurem Land, ich finde auch einen Weg, dass ihr wieder davon kommt."

Darauf antwortete der Landgraf: „Ei, Knut, das will ich dir wohl wehren, wenn ich kann, du falscher Mann!" Liess ihn gleich fassen und ihm den Kopf abschlagen.

49 Wie der letzte Landgraf begraben wird

Still und ruhig lebte Landgraf Friedrich mit dem Zunamen der Einfache oder der Friedliche oder Einfältige seine Tage, thatenlos und schwach.

Mit ihm erlosch das Thüringische Landgrafentum. Er starb zu Weissensee, im Herzen Thüringens, erbenlos. Das Land fiel seinen Vettern zu; die teilten es unter sich, so wie die Bauernsöhne das Gut des Vaters teilen.

Er starb am Sonnabende der Kreuzwoche, einen Tag nach dem Karfreitage, früh in der sechsten Stunde. Am Sonntage schon wurde die Leiche nach Reinhardsbrunn abgeführt. Nur noch ein Grab war im Kloster zu Reinhardsbrunn frei. In dieses kam Ludwig des Einfältigen Leiche. Es war ein trübes, wehmütiges Begräbnis. Da läutete auch ihm, dem letzten Herren des ungeteilten Thüringer Landes, die Klosterglocke zu Grabe.

Er war auch der letzte, der den thüringischen Löwen im Schilde geführt und ihn an die Schlösser und Säulen geheftet hatte.

Und so ging von jenen Grafen,
Die gar manch Jahrhundert lang
Herrschten, hier der letzte schlafen
Bei Gesang und Glockenklang.

4 Methodische Bearbeitung*)

A. Zwei Unterrichtsproben

I Beispiel: Darbietung durch Erzählen oder Lesen

4 Einheit Landesfürst

8 Wie Ludwig eine neue Heimat sucht

Ziel: Der Ritter, der einmal Graf von Thüringen wurde, sucht sich in Thüringen eine neue Heimat.

(Vorbesprechung): Eine neue Heimat? Wo er wohnen und glücklich sein und vielleicht auch andere glücklich machen konnte. In der alten Heimat gefiel es ihm wahrscheinlich nicht.

Ob ihm Thüringen gefiel? Denkt, er wäre auf den Landgrafenberg gekommen und schaute hernieder! Er sieht:

1. die Gegend: Das Saalthal, rechts und links die kahlen Kalkberge, am Landgrafenberge Wein, weiterhin Wald;
2. die Tiere: In der Saale Fische, über den Acker hin ein Häslein, im Walde Rehe, oben auf den Bäumen Vögel.

Wir fragen:
   Wohin er kommt?
   Was er darüber erfährt?
   Wie ihm das Land gefällt?

Darbietung:

Erstes Stück

1. Erzählung.
2. Überschrift.
1. Der Hirt nimmt den Ritter auf.
3. Übersicht:
Unwetter. Ankunft. Mahlzeit.
4. Wiedererzählen.
5. Erklärende Besprechung: Wie dachte der Hirt, als er den Fremdling aufnahm? „Draussen ist Unwetter. Draussen hat er kein Lager, kein Dach, kein warmes Essen — ich will ihn aufnehmen." Und wie dachte der Ritter: „Wie gut, dass ich den freundlichen Hirten hier gefunden habe, der, so arm er ist, doch alles mit mir teilt."

---

*) Von Oberlehrer Lehmensick in Jena.

Wieso machte ihm Thüringen einen unfreundlichen und wieso einen freundlichen Eindruck? Einen unfreundlichen: die erste Thüringer Gegend in Sturm, Blitz, Regen, Donner — einen freundlichen: Der erste Thüringer mit gastfreundlicher Hand und liebevollem Herzen.

6. Vervollständigte Wiedergabe.

Überleitung: Vom Lande freilich hatte der fremde Ritter nichts sehen können; aber der Hirt war ja so freundlich. So konnte er von ihm etwas erfahren.

Zweites Stück.

1. Erzählung.
2. Überschrift: Der Hirt erzählt vom Lande Thüringen.
3. Übersicht:
   Grösse. Grenzen. Fruchtbarkeit. Volk.
4. Wiedererzählung.
5. Erklärende Besprechung: Forellenfang? In den Bächen sind Forellen, in den Flüssen sind noch andere Fische: Aale, Lachse, wie in der Saale. Weintrank: „Und ein Wein wächst auf den Bergen und der Wein ist gar nicht schlecht!" Flegelklang? Felder mit Korn und Weizen — in der Scheune wird das Korn ausgedroschen.
   Wenn nur ist das Land fruchtbar? Wenn es wohl angebaut ist.
6. Vervollständigte Wiedergabe.

Überleitung: Wenn nur bleiben die Thüringer gut? Wenn ihnen kein Unrecht geschieht. Darüber erkundigt sich der Ritter noch genauer.

Drittes Stück.

1. Erzählung.
2. Überschrift: Der Hirt sagt, warum nicht jedem Thüringer sein Recht wird.
3. Übersicht:
   a) Er will das Recht.
   b) Er kann nicht überall sein.
4. Wiedererzählung.
5. Erklärende Besprechung: Wir müssen uns Beispiele von Unrecht suchen: wo der Kaiser nicht helfen kann, weil es zu weit zu ihm ist. Arbeiter bekommen ihren Lohn nicht. (Die Reise zum Kaiser würde ja mehr kosten, als der Lohn beträgt.) Einem Bauern ist ein Stück Land weggenommen worden. (Jetzt muss er sein Feld bebauen und dableiben, jetzt ist die Jahreszeit dazu. Er kann erst im Winter hin. Wenn das Stück Land klein ist, lässt ers, sein Ärger ist verraucht.) Ein Bösewicht hat eines ehrlichen Mannes eignes Haus angezündet. (Er muss sein zweites Haus hüten; wenn er fort geht, zündet der ihm das auch noch an.
6. Vervollständigte Wiedergabe.

Viertes Stück.

Überleitung: Es ist Abend. Hört, was sie noch thaten!
1. Erzählung.
2. Überschrift: Der Ritter betrachtete seine neue Heimat.

4

3. Übersicht:
A) Am Abend:
a) Er sieht Wald, Wiese, Feld und Dorf.
b) Er will in den dichtesten Wald ziehen.
B) Am Morgen:
a) Dank dir, Hirte.
b) Gruss dir, Thüringen!
4. **Erklärende Besprechung**: Eine der Fragen können wir nun beantworten: Ja, es gefiel ihm seine neue Heimat. Eins aber wundert uns: Er will in den dichtesten Wald ziehen. Hier hat doch der Hirte recht. Manchem Herrn ist das Leben lustiger in der grossen Stadt: (Feste und Gäste, Sang und Klang, Schmaus und Saus und Braus) als im stillen Walde (Einsamkeit, Blätterrauschen, Bachmurmeln, Vogelsang).
Wir fragen:
1. Warum ist ihm das Leben leid geworden in der grossen Stadt?
2. Was will er in der Waldeinsamkeit?
5. **Vervollständigte Wiedergabe**.
Einprägung: Zusammenhängende Erzählung des Ganzen nach den Überschriften.
9. Wie Ludwig die Waldwildnis heimisch macht.
Ziel: **Wie Ludwig das erste that, was dem Lande nötig war.**
Vorbesprechung: Zweierlei hatte der Hirt genannt:
1. Das Land muss angebaut werden.
2. Dem Volke darf kein Unrecht geschehen.

Ludwig will in den Wald gehen, da er am dichtesten ist. Nicht zum Müssiggehen, nicht zur Jagd — sondern? Er will das Land dort anbauen und fruchtbar machen.
Wie er das macht?
Darbietung:
1. Erzählung.
2. Überschrift: **Ludwig macht den Wald bewohnbar.**
3. Übersicht:
1. Die Ritter ziehen in den Wald.
2. Die Ritter arbeiten den Wald um.
a) Werkzeuge.
b) Waldarbeit.
c) Waldruhe.
3. Wie es nun aussah.
4. Wiedererzählung.
5. **Erklärende Besprechung**: Die Gegend war unwirtlich. Kein Wirt, also kein Haus war da, keine Hauswirtschaft, um die Ritter aufzunehmen. Wie machten sie es, dass die Sümpfe trocken wurden? Gräben ziehen, Wasser in den Bach leiten. Warum schossen sie nicht mit Flinten? Gab es noch nicht. Wozu schossen sie? Schutz. Nahrung — nicht zum Vergnügen.
6. Vervollständigte Wiedergabe.
10. Wie Ludwig der Bärtige Landgraf wird.
Ziel: **Wie Ludwig für das zweite sorgt, das notwendig war.**
Vorbesprechung: Nämlich? Dafür, dass niemandem Unrecht geschieht. Ja, wie soll er das machen? Er kann es verbieten. Aber die Leute hören nicht

auf ihn! Nun, da muss er sie bestrafen. Die aber lassen sichs nicht gefallen. Wie können sie sprechen? „Du hast uns nichts zu sagen, gar nichts. Wer hat dich zum Richter über uns gesetzt?" Frage: Ob er das erreicht?

        Darbietung:
 1. Erzählung.
 2. Überschrift: **Ludwig wird Landgraf.**
 3. Übersicht:
  1. Ludwig baut weiter.
  2. Ludwig wird gebeten, zu richten.
  3. Ludwig wird für ein Jahr zum Richter ernannt.
  4. Ludwig wird für immer Landgraf.
 4. Wiedererzählung.
 5. Erklärende Besprechung: **Warum wollte niemand das Amt annehmen?** Jeder fürchtete: Wenn ich einen bestrafen muss, dann wird er wieder auf mich wütend und mein Feind, dann wird er mir schaden, wo und wann er nur kann.

  Warum nahm Ludwig das Amt? Er wusste, wie notwendig es für das Volk war, dass ein Richter da ist. Er hoffte, so schwer es auch ist, es doch richtig gegen alle Feinde behalten zu können.
 6. Vervollständigte Wiedergabe.

B. Begriffsbildungsstufe.

Abstraktionsziel: **Als der Hirt vom Inselsberge das erfuhr, freute er sich.** Er dachte: Der passt zum Landgrafen. Wieso?

(Vertiefung): Er hatte ihn hier vor sich sitzen sehen und so ernst zuhören, wie er ihm von Thüringer Land und Volk erzählt hatte. Er hatte ihn stehen sehen, wie er das Land so aufmerksam betrachtete. Er hatte ihn im Walde mit arbeiten sehen mit den anderen. Er hatte gehört, wie gewissenhaft und genau er jede Sache untersuchte, und wie er jedem zu seinem Rechte verhalf.

III. (Vergleichung): Er passte besser dazu, als mancher andere Ritter. Ein anderer wäre in die Stadt gezogen, er zog in den Wald, ein anderer hätte Gesellschaft aufgesucht, er suchte die Stille, ein anderer hätte auch schöne Kleider, gutes Essen, edlen Wein gesehen, er sah auf tüchtige, nützliche Arbeit. Er dachte überhaupt nicht an sich, er dachte an die anderen Leute, die in Thüringen wohnen, denen wollte er zu Nutzen sein.

Er dachte: „Ich habe das Amt, den Thüringern zu helfen, ich muss mein Amt auch versehen und versorgen. Er dachte: Ich habe das Fürstenamt: Ich will sorgen für Brot und Recht.

IV. (Begriffliche Zusammenfassung): **Wer ein Amt hat, warte sein.**

C. Anwendungsstufe.

a) (Geschichtlich).

1. Ein Knabe sagt: „Ach, wenn ich doch Landgraf wäre, da brauchte ich gar nichts zu thun!" Antworte ihm! (Du würdest ein netter Landgraf, da ginge es dem Volke schlecht. Ein Landgraf muss doch für sein Volk arbeiten und sorgen!)

2. Warum mögen die Thüringer sich gern den Ludwig zum Landgrafen gewählt haben? (Sie merkten: Er meint es gut. Sie merkten: Er ist klug. Sie

merkten: Er kann auch seinen Willen durchsetzen. Und das dreies muss ein Herrscher sein: Gut, klug, willensstark).

3. Ob man noch heute Spuren findet von Ludwigs Arbeit? Gewiss. Ganz Thüringen war damals mit Wald bedeckt. Heute nicht. Wo können die Leute sagen: Hier hat Ludwigs Hand gearbeitet? (Bei Altenberga, bei Reinhardsbrunn, bei Friedrichroda). Roda kommt her von roden (Bäume herausreissen). Wieso war Ludwig da ein Wohlthäter? Erst wuchs bloss Holz dort, dann aber Korn. Aus Holz können die Leute kein Brot machen, aber aus Korn. Jedes Jahr trug der Acker von neuem Körner. Da konnte mancher sagen, wenn er ein Stück Brot ass: Das ist auch auf Ludwigs Acker gewachsen.

b) (Individuell).

1. Auch ihr werdet einmal ein Amt, einen Beruf, eine Arbeit haben, wie sie euer Vater hat. Was z. B.? — Ob wir da manchmal an Ludwig denken können? (Ja: feste zupacken, gewissenhaft sein Amt versehen, nicht Vergnügen die Hauptsache sein lassen, sondern die Arbeit.

2. Welche Arbeit habt ihr als Schulkinder? Wie könnt ihr euch ein Beispiel nehmen an Ludwig? (Jeden Tag arbeiten, die Arbeiten gut machen, keine Mühe scheuen. Erst die Arbeit, dann das Spiel und die Ruhe).

3. Wer ist Richter in der Schule, wer im Hause?

II Beispiel: Darbietung durch entwickelnd darstellenden Unterricht

35 Einheit

Elisabeth wird aus der Wartburg vertrieben

Lehrer	Schüler
Wie es der Landgräfin Elisabeth nun erging nach dem Tode ihres Mannes.	
A. Anschauungsstufe	
a. (Vorbesprechung)	
I. Die glücklichste Zeit ihres Lebens war freilich vorbei —	Ihr Mann war so gut mit ihr gewesen. Oft hatte er ihr ein Geschenk mitgebracht. Wenn sie traurig war, hatte er sie getröstet. Er hatte gesagt: Wenn der Inselsberg von Gold wäre und er wäre mein, so würde ich ihn lieber hingeben, als meine Elisabeth. Ludwig war gestorben.
Aber dennoch wird sie mit ihren Kindern keine Not zu leiden haben —	Sie ist doch Landgräfin — Sie hat viele Schlösser — darunter die Wartburg und die Neuenburg.
Und wie werden die Leute mit ihr sein:	Freundlich und gut — denn sie hatte ihnen allen geholfen.

Thüringer Sagen.

Und der Bruder ihres Mannes Heinrich? — Er leistet ihr Beistand in der Erziehung, (Vormund.) Er steht ihr auch bei in der Regierung. (Regent).

I
b. (Darbietung)

II. Heinrich hatte aber andere Gedanken. Als er auf seinem Schlosse vom Tode seines Bruders erfuhr, da rief er die Seinen und die Ritter zu einem Rate zusammen. Das wundert uns! — Er wusste doch, was er zu thun hatte! Sein Versprechen erfüllen.

Die Ratgeber gaben ihm einen schlimmen Rat: Jage die Elisabeth mit ihren Kindern von der Wartburg fort. Also?
1) Die Wartburg und die andern Schösser und Eisenach sollte er für sich behalten.
2) Er sollte für sich regieren.
3) Sein Sohn sollte einmal Landgraf werden.

Überschrift?
Übersicht?
Zusammenfassung!

Heinrich befragt die Ratgeber.
1) Er ruft sie.
2) Sie raten ihm: vertreibe die Elisabeth.
Elisabeth soll vertrieben werden.

II

Heinrich hörte den Rat gar gern. — Er dachte: Ja, das ist besser, da kann ich alles für mich behalten.

Und er liess sogleich seinen Schlitten anspannen und fuhr auf die Wartburg.

Und was liess er der Elisabeth sagen? — „Du musst fort mit deinen Kindern, ich bin jetzt Landgraf!"

Und Elisabeth? — Sie nahm ihr Mädchen an der Hand und ihr kleines Kind auf den Arm und ging fort zum Thore hinaus und über die Zugbrücke und den Berg hinunter.

Und sie konnte sich nicht einmal mit ihrem Mantel vor der Kälte schützen, weil ihr kleinstes Kind so fror. — Sie musste es in den Mantel wickeln.

Und unten am Berge blieb sie noch einmal stehen und schaute sich noch einmal um. — Da sah sie die Burg im Abendsonnenscheine glänzen, auf der sie so glücklich gewesen war.

Überschrift?
Übersicht?

Zusammenfassung!

Elisabeth wird v. d. W. vertrieben.
Heinrich lässt ihr es sagen.
Sie geht mit ihren Kindern.
Sie schaut sich noch einmal um.

III

Aber nun kam sie ja nach Eisenach! — Da werden sicher die Leute sie aufnehmen; werden zornig sein auf Heinrich.

Was wird sie thun, weil es doch nun dunkel wurde? — Sie wird an ein Haus klopfen und um Einlass bitten.

Denn sie ist sehr elend —

Und die Leute?
Und sie klopft an die Thür des Häuschens, das am Wege stand, aber niemand öffnet. Wie kommt das?
Was thut sie?
Dort klopft sie ans Fenster.
Und dann sah sie Leute und rief sie an. Nun?
Aber sie verschwanden vom Fenster und liessen sich nicht wieder sehen.
Elisabeth?
Da stand die Thür offen.
Und?
Nein. Sie sagen: Wir können dich nicht aufnehmen. Wir fragen?
Das sollte sie auch noch erfahren. Sie kam an ein Gasthaus, das Gasthaus Zur Rolle, nicht weit vom Markte. Da stand der Wirt davor und sah sie kommen. Was sah er?
Er hatte Mitleid. Was dachte er?
Und des Wirtes Frau hatte denselben Gedanken, und sprach ihn auch aus.
Und sie fügt auch hinzu: Wenns uns auch von oben verboten worden ist!
Und?

Überschrift?

Übersicht?

Kein Haus schützt sie vor dem Schneegestöber.
Kein Bett vor Kälte.
Kein Essen hat sie für sich und ihre Kinder.
Natürlich werden sie sie aufnehmen.
Vielleicht wohnte Nimand drin, vielleicht konnte sie mit ihren steifgefrorenen Fingern nicht laut genug pochen.
Sie geht weiter ans nächste Haus.
Da werden es die Leute doch hören.
Sie werden sie aufnehmen. —

Sie ging zum nächsten Hause.
Sie öffnet, geht hinein und bittet.
Sie sagten: Ja, komm nur herein?
Warum?

Er sah in der dunklen Winternacht diese Frau kommen, erfroren, hungrig mit ihren zwei Kindern.

Ich will sie aufnehmen.
Sie sagte: Wir wollen sie doch aufnehmen.
Nämlich von Heinrich.

Und nun hatte sie wenigstens in der kalten Winternacht ein warmes Bett und ein warmes Essen.

Elisabeth wird zuletzt von dem Wirte aufgenommen.
Die Bewohner der drei Häuser
  hören nicht,
  verschwinden,
  weigern sich.
Was der Wirt.
  sieht,
  denkt,
  sagt,
  thut.

Zusammenfassung!
IV
In Eisenach konnte Elisabeth aber nicht bleiben.
Ehe sie fortging, wollte sie noch in der Kirche ein Lied singen. Was für eins?

Heinrich würde sie vertrieben haben.

Gewiss ein Trauerlied.

Warum?	Weil sie von Haus und Hof vertrieben war.
Aber sie dachte nicht an das Schlimme, das ihr die Menschen gethan hatten, sondern an das Gute und Freundliche das ihr der liebe Gott erwiesen hatte.	Ins Land gebracht als kleines Mädel, als Braut: so treu geliebt, Als Landgräfin: so reich, dass sie Vielen geben konnte.
Und sie bat die Leute in der Kirche sie sollten ein Danklied singen trotz ihrer grossen Not, den sie wollten Gott loben.	
Welches hätte sie singen können? Wir wollen es auch mit singen.	Lobe den Herren. — Geschieht.
Und nachdem sie andächtig mitgesungen hatte, nahm sie ihre beiden Kinder an der Hand.	Und ging mit ihnen zur Stadt hinaus.
Inzwischen war ein wenig Tauwetter geworden. Ihr wisst, wie da die Strassen werden. —	Sie waren sehr schmutzig, wie bei uns bei Tauwetter.
In der Messerschmiedegasse war kein Trottoir, weil die Gasse zu enge war, wie bei uns die Zwätzengasse.	
In der Mitte waren Steine gelegt. Auch Elisabeth ging auf den Steinen. Warum?	Weil sie nicht schmutzig werden wollte.
Da in der Mitte der engen Gasse begegnete der Elisabeth eine Bettlerin. Elisabeth kannte sie. Aber Elisabeth konnte nicht ausweichen.	Sie hatte ihr oft Wohlthaten erwiesen. Sie ging ja mit ihren Kindern auf den Schrittsteinen. Ausweichen.
Die Bettlerin sieht das doch, was wird sie thun? Ja, wenn sie es doch gethan hätte! Aber sie stiess die Elisabeth von den Steinen herunter, dass Elisabeth mit den Kindern hinfiel.	So dass sie ganz schmutzig war.
Und das alte Bettelweib schimpfte die Elisabeth noch. Wem dachte sie damit einen Gefallen zu thun?	Dem neuen Landgrafen.
Aber Elisabeth blieb, wie sie war, in ihrem Herzen.	Ruhig und gefasst.
Überschrift? Übersicht?	Elisabeth murrt nicht. 1) Sie dankt Gott in der Kirche. 2) Sie klagt nicht über die Bettlerin.

Zusammenfassung!
Wiedererzählen des Ganzen.

B. Begriffsbildungsstufe.
Abstraktionsziel: Woher kam es, dass Elisabeth alles das, was sie erduldete, so ertrug.

Da müssen wir uns erst an zweierlei erinnern. (Vertiefung). Nun, was alles erduldete sie.	1) Was sie erduldete. 2) Wie sie es ertrug. 1) Vertrieben ward sie von der Burg. Erst eine Landgräfin war sie, jetzt eine Bettlerin. Erst hat sie ein Schloss, ja viele Schlösser jetzt kein Haus, keine Stube, kein Bett.
Und die armen Kinder! Und weiter!	Sie sind hungrig frieren und weinen. 2) Die Leute wollen sie nicht aufnehmen. 3) Die Bettlerin stösst sie gar von den Trittsteinen.
Wieso war das schwer zu erdulden?	Das war schwer denn: 1) Sie hatte auf Heinrichs Schutz gehofft. 2) Sie hatte allen Gutes gethan.
Und dazu hatte sie es immer gut gehabt!	Sie hatte es gut: 1) Als kleines Mädchen schon war sie freundlich aufgenommen worden. 2) Als Braut war sie treu geliebt worden. 3) Als Frau geachtet und verehrt.
So haben wir unsere erste Frage beantwortet.	Was sie schweres erduldete. a. Was erduldete sie und, b. Wieso war es für Elisabeth schwer.
Nun? Wie nämlich?	Nun haben wir die zweite Frage zu beantworten: Wie erduldete sie es. An der Wartburg: 1) Nur einmal sieht sie sich traurig um. Vor den Häusern: 2) Sie weint nicht, sie murrt nicht, sie schimpft nicht. In der Messerschmiedegasse.
Im Gegenteil:	3) Sie dankt Gott noch für das Nachtlager und für die früheren Wohlthaten.
So können wir wohl sagen:	Sie ist ein Musterbild für Geduld im Leiden.
III (Vergleichung). Nun haben wir aber unsere Frage (Abstraktionsziel) noch nicht ganz beantwortet. Da wollen wir einmal an die andern Leute der Geschichte denken, ob die es so ertragen hätten. An wen?	Wir fragen noch: Woher kam es, dass Elisabeth so geduldig sein konnte. An Heinrich, an die Leute in Eisenach, an die Bettlerin.

Denkt, es würde Heinrich auch einmal so gehen, wie ihr. Was müssten ihn dann für Gedanken kommen!	Das ist die gerechte Strafe für deine Schlechtigkeit. Du hast damals die arme Frau und die Kindlein in die Winternacht hinausgetrieben. Jetzt geht dirs geradeso.
Und der Bettlerin könnte es auch so kommen, dass sie sich sagen muss: Der Magen muss leiden, was die Hände verschuldet. Und so die Leute in Eisenach!	Wenn sie der Hunger peinigt und quält, dann muss sie sich sagen: Das geschieht dir recht. Mit deinen Händen hast du die edle Frau hinabgestossen! Ihr schlossen wir die Thüre zu, jetzt schliessen sich uns die Thüren zu.
Aber Elisabeth konnte so nicht denken:	Sie hatte ein reines Gewissen, sie hatte nichts Schlimmes gethan, dass sie sich das Unglück als Strafe anrechnen musste.
Aber die Kinder, die doch auch unschuldig waren, blieben doch nicht so geduldig und ruhig. Sie verglichen.	Sie würden weinen über das Unglück.
Und was empfanden sie von dem was sie verglichen am meisten? Elisabeth?	Erst hatten wir es gut und nun haben wir es so schlecht. Das Schlimme und Schlechte. Bei ihr war es umgekehrt. Sie dachte: Ja, jetzt hast du es schlecht. Nun merkst du erst, wie gut du es gehabt hast.
Und so sollen im Unglück fromme Menschen denken geradeso, wie Elisabeth, dann können sie das Unglück auch ertragen, wie sie. IV (Begriffliche Zusammenfassung). **Haben wir Gutes von ihm empfangen, so wollen wir das Böse auch hinnehmen.** C. Anwendungsstufe.	Vor ihrer Seele stand am hellsten das Gute, das sie erlebt hatte. Dafür dankte sie Gott. (Einprägung).
1) Ist es wahr, dass dem Leuten von oben verboten war, die Elisabeth aufzunehmen? Ob auch von oben, vom Himmel?	Von oben, von der Wartburg wahrscheinlich, denn Heinrich wollte Elisabeth fort haben. Nein, da war ihnen geboten, sie aufzunehmen. Nicht mit lauten Worten, aber in ihrem Herzen. Die Leute in Eisenach betäubten die Stimme, die für Elisabeth sprach, nur das Wirtsehepaar hörte darauf.
2) Wenn Krankheit in eure Familie kommt, wenn der Vater keine Arbeit findet, wenn ihr nicht genug zu essen habt, da kann auch der Spruch der Geschichte ein rechter Trost sein.	Da können wir auch an das Gute denken, an Weihnachten und an die Tage, an denen wir alle gesund und froh waren und können zueinander sagen: Erst kam das Gute, jetzt kommt das Schlechte na, es wird schon wieder Gutes kommen.

3) Ein Freund sagt zum andern: „Möge das Schlimme, das auf deinen Lebensweg kommt nicht zu früh und nicht zu spät kommen." Warum?

Nicht zu früh — da kann ers noch nicht mutig genug ertragen.
Nicht zu spät, da kann er sich nicht mehr davon erholen.
Nicht zu früh und zu spät, damit er es zu seiner Besserung ausnützen kann.
Gewiss. Wie haben die Bettlerinnen ihr erst die Hand geküsst, dann wird sie von einer auf die Strasse gestossen.

4) „Heut siehst im jubelnden Gedränge
„Dem Mann des Volks du Kränze weihn,
„Und morgen wirft dieselbe Menge
„Demselben Mann die Fenster ein."
Hatte Elisabeth nicht auch einen solchen Wechsel der Volksgunst erfahren?

5) Erkläre: Mit Sorgen und mit Grämen!
und mit selbsteigner Pein,
lässt Gott sich gar nichts nehmen —
Was helfen uns die schweren Sorgen,
was hilft uns unser Weh und Ach
was hilft es, wenn wir alle Morgen beseufzen unser Ungemach?
Wir machen unser Kreuz und Leid
Nur grösser, durch die Traurigkeit.

Ruhig und tapfer dem Unglück ins Auge sehen und nicht meinen: „Durch Klagen und Weinen wirds besser."

Im Gegenteil: Schlimmer wirds durch zu grosser Traurigkeit. Denn, die Trauer macht das Herz untüchtig zum Handeln (zur Selbsthülfe).

6) Ob es Fälle giebt, wo sogar Kinder ihren Eltern nicht gehorchen dürfen, wie hier der Rollenwirt dem Landgrafen?

Ja, wo schlechte Eltern die Kinder zu Lüge und Diebstahl verleiten wollen.

7) Die Bettlerin auf dem Totenbette.

2 Bilder schweben ihr vor:
1) Die Landgräfin aufrecht, und sie kniet vor ihr und empfängt Gaben.
2) Sie aufrecht, und die Landgräfin kniet vor ihr im Schmutze.
Gewissensqual: Ach, wenn sie noch lebte, und ich es ihr abbitten könnte!

2 Unterrichts-Skizzen

1. Einheit: Der Brudermord.

A. Anschauungsstufe.

I. Ziel: Was für eine Frau sich der König von Thüringen zur Königin wählt.

Vorbesprechung: Sie soll die Mutter des Landes sein. Sie soll gut und freundlich sein gegen alle, die zur grossen Familie des Volkes gehören. Sie soll den armen Leuten helfen und geben. Sie soll, wenn der König einmal hart und streng sein muss, mildern und besänftigen. Sie guten Rat geben können in schweren Sachen

Wir fragen: Wünschte sich Irminfried eine solche Frau?
Was für eine Königin bekam das Land?

II. Darbietung: Anschaulich entwickeln oder erzählen oder lesen lassen.

Thüringer Sagen.

1. Überschrift: **Irminfried wird Herr von ganz Thüringen.**
2. Übersicht:
    1. Wie es in Amalabergas Herzen aussah.
        1. Irminfried wählt die Frankenprinzessin.
        2. Sein alter Vater stirbt.
        3. Seine Frau erbittert ihn gegen seinen Bruder.
    2. Wie Irminfried gegen seinen Bruder ins Feld zieht.
        1. „Kämpfe mit gegen meinen Bruder!"
        2. Der Bruder wird erschlagen.
    3. Wiedererzählung.

B. **Begriffsbildungsstufe.**
Abstraktionsziel: **Hat Amalaberga den König glücklich gemacht?**
a) (Vertiefung): Wir sehen ihn zuerst knieen am Sterbebette seines alten Vaters, wie der ihn segnet. Wie der sagt: „Seid einträchtig, haltet Treue, hört nur auf guten Rat." Wie hätte Land und Volk glücklich werden können und sein König, wenn er diese Worte immer im Herzen behalten hätte!
Aber diese Worte wurden ausgelöscht. Wir sehen ihn weiter sitzen am Tische neben seinem Weibe. An dem halbgedeckten Tische! Da zerstört sie die Eintracht der Brüder, da vertreibt sie aus seinem Herzen das Gefühl der Treue, da hört er auf schlechten Rat („Verschaffe dir auch die andere Hälfte des Reiches!" „Lass meinen Bruder dir helfen im Kampfe gegen deinen Bruder!")
Wir sehen ihn endlich stehen auf seines Bruders Leiche. Ja, er hatte gesiegt. Das Volk jubelte. Er hörte des Heeres Ruf bis hierher, bis an die stille Stätte des Todes. Amalaberga, das ist dein Werk!
Glaubt ihr wohl, dass der König an der Leiche seines Bruders glücklich war?
III. b) (Vergleichung): Wenn er sich nun im Geiste verglich: An der Leiche des Vaters und an der Leiche des Bruders. Damals unschuldig und jetzt mit schwerer Schuld beladen. Damals gering an Macht und gering an Sünden, und jetzt gross an Macht, aber riesengross an Sünden. Ja, was konnte alle seine Macht gegen seine Sünde? Konnte er mit all seiner Macht seinen Bruder wieder lebendig machen? Es machen, dass er sein Auge wieder öffnet, dass sein Mund wieder spricht? Er konnte es nicht.
„Nie wieder." Das Wort musste ihm in den Ohren gellen. Nie wieder wird sein Puls schlagen, sein Atem gehen. Nie wieder werde ich seine Hand drücken. Nie wieder werde ich Ruhe haben bei Tag und Nacht.
„Brudermörder! Länderräuber!" So wirds ihm immer in den Ohren klingen.
c) Und warum hatte ers gethan?
Er wollte reich werden. Er wollte mächtig werden. Darum nahm er das reiche, mächtige Weib. Reichtum und Macht wollte sie ihm auch vergrössern. Darum hatte ers gethan. Glücklich wollte er werden. Warum fühlte er kein Glück? Er fühlte:
IV. (Begriffliche Zusammenfassung.)
Ein reines Gewissen ist mehr wert, als Reichtum und Macht.
Eine edle Frau wäre auch mehr wert für das Land gewesen, als eine reiche und mächtige.
C. **Anwendungsstufe.**
V. a) (Geschichtlich).
1. Wenn der alte Vater das geahnt hätte, dass der eine Sohn nach der Teilung ums Leben, der andere um seine Gewissensruhe kommen würde, da hätte

er vielleicht anders gehandelt. (Das Land Thüringen nicht geteilt. Er hätte es einem Sohne gegeben.) So ist es auch jetzt mit unserem Grossherzogtum. (Ein Sohn, der älteste, wird Grossherzog, die anderen leben als Prinzen am Hofe von Weimar.) Ob es da so leicht zu Streit unter den Brüdern kommen könnte? (O nein, es ist ja fest verordnet, dass einer das Land bekommt.)

2. Hatten denn die Thüringer auch Schaden, dass es so in Amalabergas Herzen aussah? Das lehrt uns ein Blick auf das Schlachtfeld! (Da liegen arme, gefallene, verwundete und tote Menschen.) Um Irminfrieds Bruder weinte vielleicht kein Verwandter, sein Bruder und seines Bruders Frau sicher nicht, um sie weinen Eltern, Geschwister, Freunde. Erst hofften sie noch, dass ihr Sohn, ihr Bruder, ihr Freund wieder kommen sollte, da, als der Truppeneinzug kam, sahen sie, dass er fehlte. Da wussten sie, dass er draussen fern vom Vaterhause eingescharrt war. Und wo hatte er gekämpft? In einem Bruderkriege!

3. Da werden viele der Amalaberga geflucht haben. Ob auch die Unterthanen von Irminfrieds Bruder diesem Übles nachredeten? (Gewiss nicht. Der hatte sein Land, sein Volk verteidigt. Der war angegriffen worden. Der musste mit seinem Heere gegen seine Feinde ziehen. Wohl weinten auch die Mütter seiner gefallenen Krieger, aber sie sagten mit Thränen in den Augen, doch auch mit Stolz: „Unser Sohn ist in einem ehrlichen Kampfe gefallen, in einem Verteidigungskriege. Unser Sohn ist nicht auf Eroberung ausgezogen, sondern um Land und Leute, Hab und Gut, König und Krone zu schützen."

b) (Individuell.)

4. Ein reines Gewissen ist mehr wert, als Reichtum. Denkt euch zwei Kaufleute, der eine handelt danach, der andere dagegen. Der eine ehrlich, giebt immer gute Waare, rechtes Gewicht, richtiges Mass. Der kann stolz sein und sagen: Ich bin ein ordentlicher Kaufmann. Der andere: (Betrug, Reichtum, Gewissensqual, vielleicht Schande und Gefängnis).

5. Wenn einem nun so schlimme Gedanken kommen (Du möchtest das, was dein Bruder, dein Freund, dein Mitmensch hat, gern haben, vielleicht kannst du dirs verschaffen), was soll man dagegen thun? Man soll an das denken, was man hat und seinen Wert sich überlegen. Man soll suchen das, was man hat, recht auszunutzen und zu verwerten. Man soll ehrliche Mittel suchen, es sich zu erwerben. Beispiele aus dem Kinderleben: Geld, Bücher, Spielzeug. Aus dem Leben der Erwachsenen: Haus, Feld, schöne Kleider, Vermögen.

2. Einheit: Treubruch und Flucht der Thüringer.

I. Anschauungsstufe.

Ziel: Ob Irminfried die Hälfte des eroberten Landes herausgiebt.

Er hatte es versprochen und sein Wort muss man doch halten. Also: Ja. Er wollte aber doch das ganze Thüringerland haben und Amalaberga auch. Also: Nein.

Nun und ob sich das dann der Frankenkönig gefallen lässt?

II. Darbietung: Anschaulich entwickeln, oder erzählen, oder lesen lassen.

1. Überschrift: Die Thüringer werden von den Franken besiegt.
2. Übersicht:
    1. Der Frankenkönig verlangt sein Recht.
       a) Wir geben kein Land.
       b) Wir machen keinen Bund.

2. Der Frankenkönig holt sich sein Recht.
a) Er spricht mit seinen Kriegern.
b) Er überwindet die Fallgruben.
c) Er schlägt die Thüringer in die Flucht.
3. Wiedererzählung.
B. Begriffsbildungsstufe.
Abstraktionsziel: Was meinte der Bote, der da sagte: „Diese Botschaft wird mit vielem Blute der Thüringer abgewaschen werden?"

(Vertiefung): Gewiss dachte er zuerst an das Bild, welches das Schlachtfeld bieten würde: Leichen, Verwundete, vieles Blut. Warum ist dieses Blut nötig? Wegen der Botschaft: Kein Land, kein Bund. Ein Flecken der Schande gleichsam durch diese Botschaft gebracht anf das Schild der Franken. Mit Blut muss er abgewaschen werden.

III. (Vergleichung): Aber noch etwas anderes dachte der Bote. Er verglich, was sie erreichen wollten und was sie erreichen würden.

Sie wollten den Frankenkönig los werden, sie würden ihn gerade ins Land rufen. Sie wollten ihre Macht vergrössern, sie würden sie zerstören. Sie wollten das ganze Land erhalten, sie würden das ganze Land verlieren. Und warum? Weil er wusste: Das kann nicht gut ausgehen, sie haben versprochen und halten es nicht, sie brechen die Treue. So geht es immer dem, der die Treue bricht. Er hat den Schaden.

Es ist, als riefe der Mensch die Untreue zu sich zu Gaste, erst dient sie ihm, dann aber schlägt sie ihm Wunden.

IV. Begriffliche Zusammenfassung: Untreue schlägt ihren eigenen Herrn.

Durch seine Untreue an Franken kam auch der Thüringerkönig ins Unheil.
C. Anwendungsstufe.
V. a) (Geschichtlich.)

1. Eigentlich hätte der Frankenkönig sich das vorher denken können, dass es ihm so gehen würde. Er wusste doch, mit wem er einen Bund schloss: mit einem Manne, der seinen Bruder um Land und Leben brachte. Da konnte er sich schon denken: Er, der so treulos ist gegen seinen eigenen Bruder, der wird auch treulos sein gegen mich.

2. Gedanken Irminfrieds auf der Flucht: Der Geist meines Bruders ist es, der mich treibt. Ich hab ihn aus seinem Lande getrieben. Er treibt mich aus meinem. Ich habe ihn um sein Leben gebracht. Er wird mich um meines bringen. Da fliegen die Pfeile wie Regentropfen so dicht hernieder. Weh mir! Kommen sie nicht von oben, vom Himmel?

b) (Individuell.)

3. Auch uns kann Untreue selber schlagen, wenn wir sie in unseren Dienst nehmen. (Beispiel von einem Freunde, der von dem anderen in der Not — Geldnot, Hungersnot, im Streit mit andern — verlassen wird und dann später selbst verlassen dasteht.

4. Habsucht ist eine schlimme Eigenschaft. Aus ihr geht viel Unrecht und Unglück hervor. Nachweis aus dieser Geschichte (Irminfried nimmt Amalaberga, sie entzweit die Brüder, hetzt zum Kriege und Morde, — die Habsucht treibt zum Treubruch, zum Kriege, dem Untergange entgegen: Flucht). Nachweis aus dem Leben der Erwachsenen: Räuber, Betrüger — aus dem Leben der Kinder: Lüge, Diebstahl.

3. Einheit: **Verzeihung.**

A. Anschauungsstufe.

I. Ziel: Ob Irminfried von den Franken aus Burgscheidungen herausgeholt wird.

(Vorbesprechung): Feste Burg, viel Verteidigungskrieger; aber: draussen die Franken, die schon so tapfer gekämpft haben. Freilich: Viel Franken gefallen.

II. Darbietung: Anschaulich entwickeln oder erzählen oder lesen lassen

1. Überschrift: **Wie Irminfried sich auf der Burg nicht mehr halten kann.**
2. Übersicht:
   1. Die Franken belagern Scheidungen.
      a) Sie beraten: Sollen wir stürmen?
      b) Sie holen die Sachsen zu Hilfe.
   2. Die Thüringer auf der Burg haben kein Essen mehr.
      a) Irminfried bittet um Gnade.
      b) Die Franken beschliessen Milde.
3. Wiedererzählung.

B. Begriffsbildungsstufe.

Abstraktionsziel: **Viele Leute erwarteten damals etwas ganz anderes als Verzeihung für Irminfried.** Sie glaubten: Anders gehandelt wäre klüger.

(Vertiefung.) Sie dachten: Der muss weg! Er hat gegen den Bruder gekämpft. Er hat ihm das Land und das Leben genommen. Er hat wieder diesen Krieg verschuldet. Er muss hingerichtet werden. Er hat den Tod verdient. Dann kann er auch nicht mehr schaden.

Die Räte dachten anders: Gewiss, er hat den Tod verdient. Wir haben ihn auch in unsererer Gewalt. Aber sollen wir ihn töten, thun wir doch vielleicht ein Unrecht. Und wenn nicht an ihm, so thun wir Unrecht vielleicht an seinen Kindern. Lassen wir ihn leben so kann er sich vielleicht noch bessern. Dann kann er noch ein wertvoller, guter Bundesgenosse unserm Lande werden.

III. (Vergleichung.) Sie verglichen:
Wenn wir ihn töten, rächen wir die Schuld, thun Unrecht an den Kindern, alles ist aus, dann kann er sich nicht mehr bessern.

Lassen wir ihn leben, so rächen wir die Schuld zwar nicht, thun kein Unrecht an den Kindern, Irminfried kann sich aber noch bessern.

Sie dachten:

IV. (Begriffliche Zusammenfassung): **Milde ist oft besser als Strenge.**

Die Franken-Räte meinten: Es ist besser, den Thüringerkönig frei zu lassen, als zu bestrafen

C. Anwendungsstufe.

V. a) (Geschichtlich): 1. Der Frankenkönig ging auf den Rat seiner Räte ein, weil sie ihn an seine Schwester erinnerten. Er dachte: Ihr will ich nichts Böses thun. Aber sie hatte es freilich am ersten verdient, bestraft zu werden Sie war ja am schlimmsten.

2. Warum traute sich Irminfried nicht, für sich um Gnade zu bitten? Das war das böse Gewissen, er wusste, was er alles verbrochen hatte. Er glaubte an keine Gnade mehr.

b) (Individuell.)
1) 3. Wenn der Vater oder der Lehrer straft, so denken die Kinder immer: Milde ist besser als Strenge. Haben sie recht? (Sie lassen ein wichtiges Wort weg, das Wort: oft. Dann ist Milde besser als Strenge, wenn sie ihren Zweck erreicht, wenn die Kinder dadurch gebessert werden.) Beispiel: (Wenn der Knabe sich ernsthaft vornimmt, ich werde nicht mehr lügen, wenn er wirklich mit den Schularbeiten sich Mühe giebt, wenn er bei jeden Strich denkt: Ich will es aber recht gut machen, wenn er andere Kinder nicht mehr ärgert, wenn er u. s. w.

4. Können Kinder nicht für ihre Geschwister, ihre Kameraden, ihre Freunde bitten beim Vater oder beim Lehrer? Ja, das dürfen alle Kinder und gute Kinder thun es auch. Damit ihr es aber auch könnt, wollen wir einmal sagen, wie man da sprechen muss. (Bitte, Vater, bestrafe heute den Erich nicht. Er wirds gewiss nicht wieder thun.

Bitte, Herr Lehrer, wollen Sie nicht so gut sein: Lassen sie Weiss heute nach Hause. Ich will mit drauf sehen, dass er seine Arbeiten ordentlich macht.

4. Einheit. Untergang

A. Anschauungsstufe.

I. Ziel: Wie die Sachsen von dem Plane erfahren.

(Vorbesprechung): Von welchem Plane? Dass Franken und Thüringer sich vereinigen wollen und sie vertreiben.

Sie sind natürlich zornig: Das Versprechen will man uns nicht halten, den Lohn will man uns nicht geben, mit Undank will man uns vertreiben, damit man lachen und sagen kann: Ha, sie können nichts, sie mussten fliehen. Ob sie nichts dagegen thun? Aber was? Heimlich abziehen, oder die Franken überfallen, oder ruhig warten? Abwägung der Vorteile und Nachteile.

II (Darbietung.) Konkretenwickeln oder erzählen oder lesen lassen.

1. Überschrift: Das Thüringer Königreich geht unter.
2. Übersicht:
   1. Die Sachsen erfahren den Plan.
      a) Der Sachse fängt den Falken.
      b) Der Sachse erfährt den Plan.
   2. Die Sachsen beschliessen den Überfall.
      a) Der Hauptleute Rat: abziehen.
      b) Haks Rat: überfallen.
   3. Die Sachsen bekommen Scheidungen.
      a) Sie erobern es von den Thüringern.
      b) Sie lassen sich von den Frankenkönig zusprechen.
   4. Das Thüringer Königspaar wird umgebracht.
      a) Amalaberga wird von Iring getötet.
      b) Irminfried stürzt von der Mauer.

Wiedererzählung.

B. Begriffsbildungsstufe.

Abstraktionsziel: Ob das bei jedem übereinstimmte: Was er gethan hatte, und was er dafür erhielt?

(Vertiefung): Irminfrieds Lohn war der Verlust des Landes, Gefangenschaft, Todessturz. Amalabergas Lohn war der Todesstreich. Irings Lohn die Heimatlosigkeit. Die Sachsen bekommen die Hälfte des Landes. Die Franken bekamen die andere Hälfte, aber nicht das Ganze.

III. (Vergleichung). Vergleichen wir damit ihre Thaten: Für Brudermord,

Thüringer Sagen.

Länderraub und Treubruch verlor der Thüringerkönig sein Land, seine Freiheit und endlich sein Leben. Er hatte es so verdient.

„Ich will das ganze Königreich," hatte Amalaberga gesagt: Und sie hatte das ganze verloren. Sie war schuld am Tode des Bruders. Sie erlitt selber den Tod. Sie wollte die Schuld auf andere wälzen, aber es gelang ihr nicht. Sie erhielt, was sie verdiente. Iring hatte seinem Herrn treu gedient. Aber er durfte nicht das Schwert erheben gegen seine Königin, was sie auch Schlimmes gethan hatte. Er durfte nicht Richter sein. Darum muss er den Hof des Königs verlassen und heimatlos umher irren in der Fremde.

Die Sachsen bekamen, was sie wollten und was sie versprochen erhielten: die Hälfte des Landes der Thüringer, sie hatten ja treue Bundesgenossenschaft gehalten.

Die Franken bekamen nicht, was sie wollten: Das ganze Thüringerland. Sie wollten ja auch treulos handeln gegen die Sachsen und sie heimlich um ihren Lohn bringen.

Der Frankenkönig wird wohl Schuld haben am Tode Irminfrieds, aber Schuld und Strafe ist unsern Augen verborgen, das sieht nur der, der in aller Herzen sehen kann, der liebe Gott.

IV. (Begriffliche Zusammenfassung.) Auf die Schuld sehen wir die Strafe folgen.

C. Anwendungsstufe.

V. a) (Geschichtlich.)

1. Was müsst ihr dem thüringschen Jüngling mit dem Falken zum Vorwurfe machen? (Er hat seinen kleinen Vorteil: „Ich will meinen Falken wieder haben," bedachte aber nicht den grossen Schaden, den er allen Thüringern zufügte. Der Einzelne muss zum Volke halten. Seines Volkes Wohl ist viele Falken wert.) Eins dient ihm vielleicht zur Entschuldigung: Er war vielleicht dumm. Er bedachte nicht, was alles daraus hervor gehen konnte.

2. Das Thüringer Volk konnte aber doch nichts dafür, dass sein Königspaar so schlimm war. Nein. Aber das Volk muss mit dem Könige leiden. Was wir wünschen: Immer einen guten Fürsten an der Spitze des Landes. Um dies wird auch jeden Sonntag in der Kirche gebetet.

b. (Individuell.)

3. Unglück, das sie trifft, sollen fromme Menschen als Strafe auffassen. Was sie da überlegen müssen: Was habe ich Schlimmes gethan? Und da es ein Mittel zur Besserung sein soll? — Wie kann ich es wieder gut machen? Wie kann ich besser werden?

Da kann jemand in seinem Alter mit Recht sagen: Mein Unglück war mein Glück. Nachweis an Robinson!

Bilder im Geiste aufbauen: Das kranke Kind, das Mädchen an der Leiche der Mutter, das verbrannte Haus.

5. Einheit. Gerichtstag

A. Anschauungsstufe.

I.

I. Ziel: **Ein armer Bauernsohn will ein Edelfräulein zur Frau.**
Vorbesprechung: 1) Warum? Wegen des Reichtums? 2) Weshalb macht er sich Hoffnung? 3) Wie will er die Eltern des Edelfräuleins gewinnen? 4) Bekommt er es?

II. Darbietung: Wie Ludwigs Knappe sich seine Braut errang.

II.

I. Ziel: **Ob er sie noch bekommen hat.**

II. (Vorbesprechung): Mittel 1) Durch Gewalt gegen den Oheim? 2) Durch Bitte beim Fürsten? 3) Heimliche Flucht?

Darbietung: Wie Ludwig Gericht hält.

B. Begriffsbildungsstufe.

Abstraktionsziel: **Der Hirt auf dem Inselsberg freute sich, als er die Sache erfuhr.**

(Vertiefung): Er freute sich über den Landgrafen. Der richtete nach Recht und nicht nach dem Stande; der verlangte vom Edelmann ein edles Herz und edles Handeln. Der sprach das schöne Wort: „Alle sind wir Lastträger Wer seine Pflicht thut, ist mir wert." Da wusste der Hirte, dass auch er, der einfache Mann, von dem Landgrafen nicht verachtet wurde.

III. (Vergleichung): Er überlegte, wie leicht es hätte früher anders kommen können. Damals kein Richter im Lande! Der Oheim hätte sein Wort nicht gehalten, er hätte vielleicht den Ritter mit Hunden fortjagen lassen. Der Knappe hätte vielleicht den Oheim im finstern Walde erschlagen. Flucht, Gefangennahme, Hinrichtung, Jammer der Braut.

Der Hirte sah ein, so ist es gut:

IV. (Begriffliche Zusammenfassung):

„Ein Oberhaupt muss sein, ein höchster Richter
Bei dem man Recht mag suchen in dem Streit".

C. Anwendungsstufe.

V. a) (Geschichtlich): 1) Andere Fälle, in denen Ludwig zu entscheiden hat: Diebstahl, Grenzstreit, Mord u. s. w. Anschaulich ausmalen. Wohlthat der Entscheidung.

2) Diese Heirat eine besondere Ausnahme. Sonst die Stände gesondert (Fürsten, Adlige und Geistliche, Bürger und Bauern.) Grund für die Absonderung. (Andere Lebensgewohnheiten, Thätigkeit, Bildung, Vermögensverhältnisse.)

b) (Individuell): Versprechen und halten ziemt Jungen und Alten. Dieses Wort mahnt zur Vorsicht. Überleg' dir, was du versprichst. Wirst du es später auch wollen, können, dürfen?. Beispiele! (Versprechen zu helfen, zu besuchen, zu arbeiten.)

6. Einheit. Familienschuld

A. (Anschauungsstufe.)

I.

I. Ziel: **Warum Ludwig aus seiner Heimat ausgewandert ist**
(Vorbesprechung): 1) Die merkwürdigen Umstände des Einzugs (schwarz,

finster, ernst; niemand weiss, woher. 2) Die Niederlassung in der Waldeinsamkeit. 3) Vermutungen.
II. Darbietung: Die Schuld des Neffen.

II.

I. Ziel: Wie Ludwig sich ein Schloss baut.
(Vorbesprechung): 1) Warum? 2) Welche Räume braucht er? 3) Wie wählt er sich die Lage seiner Burg?
Darbietung: Ludwig baut die Schauenburg.
B. Begriffsbildungsstufe.
Abstraktionsziel: Hatte Ludwig den rechten Weg gewählt, um die Schande auszulöschen?
(Vertiefung): Ohne eigne Schuld verliert er den gewohnten Lebenskreis, das Arbeitsgebiet, die liebgewonnene Thätigkeit, den geachteten Namen.
III. (Vergleichung): Was thun? (Thatloses Hinbrüten in der Waldeinsamkeit, verbittertes Leben auf einsamem Schlosse, rastloses Reisen von Ort zu Ort, keckes Entgegenstellen der Welt und ihren Vorurteilen, heimliches Aufsuchen einer fremden Stadt unter anderem Namen?) Er sucht sich ein neues Feld, auf dem er Rechtes und Tüchtiges wirken kann. Damit gewinnt er wieder, was er verloren: Heimat, Arbeitsgebiet, Achtung.
IV. (Begriffliche Zusammenfassung):
Die Arbeit ist eine gute Trösterin.
C. Anwendungsstufe.
V. 1) In welchen Fällen du einmal später daran denken kannst! Bei eigner Schuld (im Herzen bessern und mit den Händen Gutes wirken.) Bei unverschuldetem Unglück (Not, Arbeitslosigkeit, Krankheit): „Arbeiten und nicht verzweifeln."
2) Manche sagen: Wer die Arbeit erfunden hat, müsste geprügelt werden. Manche: Er müsste Kaiser werden. Was sagt ihr dazu? (Last der Arbeit, Nutzen der Arbeit, Freude der Arbeit.)

7. Einheit: Grenzsteinverschiebung

A. Anschauungsstufe.
I. Ziel: Wie der neue Landgraf den Platz zur Wartburg sich verschaffen will.
(Vorbesprechung): Kaufen, eintauschen, schenken lassen, erobern?
Darbietung: Wie Ludwig die Wartburg erbaut.
B. Begriffsbildungsstufe.
Abstraktionsziel: Ob Ludwig sich seiner Burg recht von Herzen freuen konnte.
(Vertiefung): 1) Die Frankensteiner betrogen. 2) Den Kaiser belogen, sogar durch Meineid. 3) Die Ritter verführt. Er muss sich schämen vor seinen Landeskindern.
III. (Vergleich): Vor jedem Bauer, der seinen Acker baut und den des Nachbars unberührt lässt. Vor jedem Wirt, der sich ein Haus baut und genau seine Grenze innehält. Vor jedem Gärtner, der einen Zaun um seinen Garten macht, genau nach der Grenzlinie.

Vor jedem auch, der sich sehnt nach Geld und Besitz, der aber des anderen Eigentum achtet.

In seinem Innern musste er sich schämen auch vor diesen Leuten, sie kämpften jeden Tag ihren Wunsch, ihr Begehren nieder, er liess es gross werden in sich bei Tag und Nacht. So konnte er sich seiner herrlichen Burg nicht freuen, er hatte keine innere Ruhe, keine Gewissensruhe. Ihm aber musste es in den Ohren klingen mit Donnerlaut:

IV. (Begriffliche Zusammenfassung):
Du sollst nicht begehren deines Nächsten Haus!
C. Anwendungsstufe.

V. 1. Denkt, es überstreute jemand euer Schulbeet mit Erde von seinem Beete oder unsern Schulhof mit seinem Sande oder eure Strasse mit Kies und sagte dann: Das ist mein Eigentum! (Eigentumsvergehen, Lüge, Betrug).

2. Aber war Ludwig nicht Landgraf und konnte thun, was er wollte? (Allgemeingiltigkeit der Bibel und des Sittengesetzes für Hoch und Niedrig.)

3. In Deutschland giebt es Grundbücher heutzutage (Wesen, Notwendigkeit und Wert dieser Einrichtung.)

8. Einheit: Flucht vor gerechter Strafe.
A. Anschauungsstufe.

I.

I. Ziel: Wie Ludwig aus dem Gefängnisse des Kaisers entfliehen will.

(Vorbesprechung): 1) Im Gefängnisse (gewiss wegen des Wartberges, den er genommen hat.) 2) Er will fort, weil er frei sein will. 3) Aber das Schloss wird doch fest sein, mit Mauern, Thoren, Riegeln und Wächtern. Ob ihn die Wächter entkommen lassen. (Schlauheit, jedes Mittel ist ihm recht).

II. Darbietung: Ludwig entflieht.

II.

I. Warum Ludwig einst gefangen genommen worden war.

(Vorbesprechung): Wir wissen, er hatte einen Mann erschlagen. Wen? Warum?

II. Darbietung: Wie Ludwig den Pfalzgrafen im Walde ermordet hatte
B. Begriffsbildungsstufe.

Abstraktionsziel: Verdient wohl der kühne Sprung Ludwigs, dass wir ihn loben?

(Vertiefung): Er mordet, um einem andern sein Weib zu rauben. Er ist ein Mörder, der sich der gerechten Strafe entziehen will. Wir bewundern den Mut. Kein Lob.

III. (Vergleichung): Viel anders Robinson, den „die ewigen Riegel und Schlösser des Oceans" auf seiner Insel festhielten. Ihm diente die Zeit jenes Unglücks zur Besserung.

IV. (Begriffliche Zusammenfassung):
Strafe soll dir dienen zur Besserung.
C. Anwendungsstufe.

V. 1. Erkläre: Jedermann sei unterthan der Obrigkeit! (Gehorsam den Gesetzen und Anordnungen. Bei Anklagen sich rechtfertigen, nicht fliehen.)

2. Wenn du nun ungerecht bestraft wirst (Bescheiden und ruhig Klage erheben, nicht schimpfen und toben).

3. Wie können die Schulstrafen den Kindern zur Besserung dienen (Dableiben, Zeit zum Besserlernen, Besserschreiben: Tadel: mehr Willenskraft u. s.w.)

9. Einheit: Gewissensqual

A. Anschauungsstufe.
I. Ziel: Ludwig will seine Schuld wieder gut machen.
(Vorbesprechung): Ist das möglich? (Unrechtlicher Landeserwerb, Mord, Flucht.) Und wie will er's machen? (Wartburg zurückgeben; aber den Pfalzgrafen kann er nicht wieder lebendig machen; in die Gefangenschaft zurückkehren?)
II. Darbietung: Ludwig baut das Kloster Reinhardsbrunn.

B. Begriffsbildungsstufe:
Abstraktionsziel: Ob Ludwig den richtigen Weg eingeschlagen, seine Schuld wieder gut zu machen.
(Vertiefung): Welchen? Leben in Einsamkeit, Klosterbau.
III. (Vergleich): Ludwig mit dem Barte anders (Leben in Arbeit für andere).
Hauptsache: Im Herzen: Ich war schlecht. Ich bin darüber so traurig. Ich will besser werden.
IV. (Begriffliche Zusammenfassung):
Der Mensch sieht, was vor Augen ist,
Gott aber siehet das Herz an.

C. Anwendungsstufe.
V. 1. Worin wir uns bessern können (Eltern Freude machen, Gehorsam Fleiss) und wie?
2. Geburtstags- und Neujahrswünsche — Gott weiss, ob sie etwas wert sind. Er sieht dir ins Herz.
3. Ein Armer kann auch kein Kloster bauen, wie kann der seine Besserung beweisen (Gott sieht ins Herz. Dort müssen die neuen Gedanken sein.)

10. Einheit: Der Eiserne

A. Anschauungsstufe.

I.

I. Ziel: Von einem Landgrafen, der sich vornahm, recht gut zu sein.
(Vorbesprechung): Veranlassung. (Schicksal des Vorgängers.) Vorteile. Nachteile?
Darbietung: Ludwig erfährt vom Schmied den Zustand des Volkes.

II.

I. Ziel: Ob Ludwig das alles ändern konnte, was er wollte.
(Vorbesprechung): Was? (Handeln der Ritter, Not des Volkes), Schwierigkeiten.
II. Darbietung: Ludwig bestraft die Ritter.

B. Begriffsbildungsstufe.
Abstraktionsziel: Wann hat der eiserne Landgraf seinem Lande mehr genützt, erst oder später?
(Vertiefung): Beide Male hat er das Gute gewollt.

III. (Vergleich): Aber was hat er erst dann erreicht? Und warum?
IV. Begriffliche Zusammenfassung:
Durch Milde allein kann ein Land nicht regiert werden.
C. Anwendungsstufe:
V. 1) Ob eine Familie? 2) Ob eine Schule? 3) Umkehrung des Lutherwortes: Neben dem Apfel die Rute!

11. Einheit: Herr im Lande

A. Anschauungsstufe.

I.

I. Ziel: Ob Ludwig es gelang, Herr im Lande zu bleiben.
(Vorbesprechung): 1) Ob er die Guten gewonnen hat durch seine Liebe? 2) Ob die Bösen Furcht genug vor ihm haben werden?
II. Darbietung: Ludwig baut die lebendige Mauer.

II.

I. Ziel: Ob die Widerspenstigen die nötige Furcht vor ihm bis ans Ende bewahren werden?
(Vorbesprechung): Wie sich das zeigt (Gehorsam seinen Befehlen).
II. Darbietung: Ludwigs Begräbnis.

B. Begriffsbildungsstufe.
Abstraktionsziel: So hatte Ludwig ganz verschieden auf die verschiedenen eingewirkt.
(Vertiefung): Mittel: Liebe und Strenge.
(Vergleich): Wirkung: Liebe erzeugte bei den Guten Gegenliebe, bei den Bösen Zuchtlosigkeit; Strenge: bei den Guten Lob, bei den Bösen Furcht.
IV. Begriffliche Zusammenfassung:
Wer nicht hören will, muss fühlen.
Treue ist der beste Schutz.
C. Anwendungsstufe.
V. Anwendung. 1) Auf die Schulen. 2) Auf die Familie. 3) Auf das Leben der Erwachsenen.

3. Richtlinien: Zielangaben und begriffliche Ergebnisse

12. Einheit: Georgenbanner
Ziel: Wie es kam, dass der Landgraf Ludwig der Milde immer siegte.
Abstraktionziel: Wie kam's, dass die Fahne keinen anderen mehr zum Siege führte? (Nicht in der Fahne lag die Kraft, sondern im Herzen).
Begriffliches Ergebnis: Liebevolle Gesinnung und gutes Gewissen geben wunderbare Kraft zu allem Thun.

13. Einheit: Sängerkrieg und Klingsohr
Ziel: Wie die Sänger auf der Wartburg um ihr Leben wetteten.
Abstraktionsziel: Warum gefällt uns Heinrich von Ofterdingens Gesang so gut, obwohl wir ihn nicht gehört haben?
Begriffliches Ergebnis: Sprich frei und offen aus, wovon du im Innern überzeugt bist.

14. Einheit: Elisabeths Ankunft und Brautzeit
1. Ziel: Ob die Ungarn ihr Königstöchterlein fortlassen werden?
2. „ Ob Ludwig die Elisabeth zur Landgräfin machen wird?

Abstraktionsziel: Der liebe Gott hat Elisabeth mit Absicht aus ihrem Vaterlande in jungen Jahren schon weggeführt.

Begriffliches Ergebnis: Befiehl dem Herrn deine Wege und hoffe auf ihn, er wird's wohl machen.

15. Einheit: Der Löwenbezwinger
Ziel: Wie Ludwig im Wartburghofe mit einem Löwen kämpft.

Abstraktionsziel: Wie kommt es, dass die Menschen ein so gewaltiges Tier bezwingen konnten?

Begriffliches Ergebnis: Klugheit und Mut geht über Körperkraft.

16. Einheit: Handelsschutz
Ziel: Wie Ludwig der Genosse eines armen Kaufmanns auf dem Jahrmarkte wird.

Abstraktionsziel: Hat Ludwig in rechter Weise geholfen? (Ja, nicht durch Almosen, sondern durch Anregung zur Arbeit.)

Begriffliche Ergebnisse: Ein guterFürst unterstützt und schützt die ehrliche Arbeit. Ehrlich währt am längsten.

17. Einheit: Armenspeisung und Rosenwunder
1. Ziel: Über Thüringen kommt eine Hungersnot.
2. „ Die Diener versuchen noch einmal, den Landgrafen misstrauisch zu machen.

Abstraktionsziel: Es liegt ein tiefer Sinn in der Geschichte von der Verwandlung der Speisen in Rosen. Den wollen wir suchen.

Begriffliches Ergebnis: Die Liebe verwandelt die Herzen.

18. Einheit: Sieben Wohlthaten
Ziel: Elisabeth findet im Walde einen alten Mann, der nicht weiter kann.

Abstraktionsziel: Warum hat Elisabeth der armen Familie soviel Liebes erwiesen?

Begriffliches Ergebnis: Die Liebe suchet nicht das Ihre.

19. Einheit: Ludwigs Kreuzzug und Tod
1. Ziel: Wie der Landgraf seiner lieben Elisabeth noch einmal wehe thut.
2. „ Das Ringlein kommt zurück.

Abstraktionsziel: Wie kommt es, dass die Elisabeth, die eine Königstochter und eine Landgräfin war, doch diesen grossen Schmerz erleben musste?

Begriffliches Ergebnis: Auch Dornen sind in Fürstenkronen.

20. Einheit: Vertreibung von der Wartburg
Siehe Seite 60—66.

21. Einheit: Der Mund der Wahrheit
Ziel: Ob alle Ritter auf Seite Heinrichs stehen.

Abstraktionsziel: Möchtest du Kunt oder Wargula sein?

Begriffliches Ergebnis:
    Ein guter Mund
    thut Wahrheit kund
    zu jeder Stund!

22. Einheit: Tod der Elisabeth

Ziel: Elisabeth soll Kaiserin werden.
Abstraktionsziel: Wir hätten uns alle gefreut, wenn Elisabeth Kaiserin geworden wäre; warum kam es nicht dazu?
Begriffliches Ergebnis: Treue Liebe dauert bis über das Grab hinaus.

23. Einheit: Streit und Kampf um Thüringen

1. **Ziel:** Die Tochter der Elisabeth will, dass ihr Sohn Thüringen bekommt.
2.   „ Wie die Eisenacher das Recht des Kindes von Brabant verteidigen.

Abstraktionsziel: Die herrlichen Worte des edlen Heinrich von Felsbach zeigten dem Grafen Heinrich, dass seine Macht doch eine Grenze hat. (Er konnte Thüringen gewinnen, aber nicht die Herzen der gerechten Leute).
Begriffliches Ergebnis: Recht muss doch Recht bleiben!

24. Einheit: Mordplan und Vertreibung

1. **Ziel:** Die Herrschaft in Thüringen gereicht den Feinden des Kindes von Brabant nicht zum Segen.
2. **Ziel:** Welchen Ausweg der treue Knecht findet.

Abstraktionsziel: War der Ausweg von allen der beste?
Begriffliches Ergebnis: Lieber arm bleiben und gut bleiben, als reich werden und schlecht werden.

25. Einheit: Das Recht der Mutter, der Landverkauf und die Brauterwerbung

1. **Ziel:** Friedrich will seine Mutter wieder auf die Wartburg bringen.
2.   „ Albrecht will der Kunigunde und ihrem Sohne alles zuwenden
3.   „ Friedrich will die Tochter der neuen Landgräfin heiraten.

Abstraktionsziel: Warum war Friedrich gegen den eigenen Vater und die Gräfin von der Orla gegen ihren eigenen Mann?
Begriffliches Ergebnis: Man soll Gott mehr gehorchen, als den Menschen.

26. Einheit: Prinzessintaufe

Ziel: Wie Friedrich seine Tochter taufen lassen will und kein Priester auf der Wartburg ist.
Abstraktionsziel: Die Geschichte lässt uns dem Friedrich ins Herz sehen.
Begriffliches Ergebnis:
    Mut ist immer gut,
    wenn's ist: Edelmut.

27. Einheit: Brot und Frieden

1. **Ziel:** Friedrich bringt Essen.
2.   „ Der Kaiser will dennoch das Land erobern.

Abstraktionsziel: Freut ihr euch, dass es so gekommen ist

Begriffliches Ergebnis: Gerechte Sache und andauerndes Vertrauen führt zum Siege.

28. Einheit: Vergeltung

Ziel: Wie Kunt noch einmal versuchte, zu den Mächtigen überzugehen.

Abstraktionsziel: War die schnelle Strafe eine gerechte Strafe?

Begriffliches Ergebnis: Der Böse findet doch zuletzt seinen Lohn.

29. Einheit: Der Letzte

Ziel: Wie der letzte Landgraf begraben wird.

Abstraktionsziel: Was hätte der Abt in Reinhardsbrunn am Sarge des letzten Landgrafen predigen können, wenn er an die ganze Reihe der thüringischen Fürsten dachte?

Begriffliches Ergebnis: Wohl dem Lande, dess Fürst edel ist.

II Der Kunst-Unterricht

1 Der Zeichen-Unterricht

Litteratur: Siehe das erste Schuljahr 6. Aufl. Seite 237. Hirth, Ideen über den Zeichen-Unterricht. München, Hirth. Konrad Lange, Die künstlerische Erziehung der deutschen Jugend. Darmstadt 1893. Itschner, Der Zeichen-Unterricht. Langensalza, Beyer & S. 1901. Chr. Schwartz, Neue Bahnen. Hamburg, Boysen & Maasch. 1900. J. Liberty Tadd, Neue Wege zur künstlerischen Erziehung der Jugend. Leipzig, Voigtländers Verlag. 1900.

1 Auffassung des Zeichen-Unterrichts

Der Zeichen-Unterricht des dritten Schuljahres gehört noch in das Gebiet des sog. „malenden Zeichnens". Es dient also dem Drang der Kinder, in bildlichen Darstellungen ihre Auffassung der Gegenstände zu bekunden. Zu dem gleichen Zweck wird auch das Modellieren fortgesetzt. Durch diese Übungen der Hand und des Auges, denen sich die Kinder mit grosser Lust hinzugeben pflegen, wird zugleich eine Läuterung, Klärung und festere Einprägung der im Sachunterricht behandelten Gegenstände herbeigeführt, die dem Unterricht nur willkommen sein kann.

2 Der Übungsstoff[*]

Wie schon hervorgehoben, werden die Anregungen zum Zeichnen und Modellieren vom Sach-Unterricht, namentlich vom Erzählungsstoff her gegeben. Da wir im dritten Schuljahr die „Thüringer Sagen" behandeln, so hat der Zeichenlehrer zunächst hier zuzusehen, was sich aus diesem Stoff zur Darstellung eignen kann. Er wird nicht in Verlegenheit kommen, höchstens wegen des Reichtums dessen, was zur Zeichnung drängt.

Um nur Einiges anzuführen: Die Erbauung der Wartburg (Wartburg-Turm etc., Maurer-Gerätschaften); Giebichenstein (Schachbrett);

---

[*] S. die Arbeit Itschners im IX. Heft des Päd. Universit.-Seminars zu Jena. (Langensalza, Beyer u. S.)

Kirche in Sangerhausen; Landgrafenjagd (Jagdhorn, Speer); Denkmal; Landgrafenschmiede; Die Mauer um die Neuenburg; Landgrafen-Banner; Sängerkrieg (Harfe); Elisabeths Aussteuer; Jahrmarkt in Eisenach; Elisabeth und die Armen; Elisabeths Rosen u. s. w.

So werden die „Lebensformen", die hier auftreten, zusammengehalten durch die gemeinsame Beziehung auf die Landgrafengeschichte, wie die vorausgegangenen zum Leben Robinsons (2. Schuljahr) und der in den Märchen (1. Schu(jahr) auftretenden Personen und Gegenstände.

3 Winke für die Behandlung

Dass in der Zeichnung dieser Formen ein technischer Fortschritt allmählich hervortrete, steht zwar nicht in erster Reihe, wird aber doch als ein wichtiger Gesichtspunkt nicht aus dem Auge zu verlieren sein. Die Behandlung zerfällt auch hier

1. in eine Vorbesprechung, die auf den Zusammenhang mit der Erzählung hinzuweisen und die Darstellungsweise vorzubereiten hat;
2. in eine Darstellung
   a) an der Wandtafel, durch den Lehrer oder den Schüler,
   b) im Heft des Schülers;
3. in verschiedenen Übungen, zu denen ein besonderes Heft dem Schüler zur Verfügung stehen muss. Diese Übungen sollen vor allem in freien Kombinationen bestehen aus den bekannten Formen, um der Phantasiethätigkeit Raum zu gewähren. Hierbei kann auch das Figürliche eine Rolle spielen, wie dies vielfach in den amerikanischen Zeichenheften der Fall ist.

2 Singen

Litteratur: Siehe das „erste Schuljahr" 6. Aufl. S. 242 ff.

Präparations-Skizzen

Vorbemerkungen

1. Alle analytischen Übungen (Stufe Ib) werden so ausgeführt, dass der Lehrer die zu singende Übung vorspielt, oder vorsingt und sie dann zuerst von einzelnen der besseren Schüler, dann vom Chor und endlich auch von einzelnen der schwächeren Schüler nachsingen lässt.
2. Die Lieder selber werden insolange lediglich dem Ohre der Schüler dargeboten, bis die zur Notierung erforderlichen Schriftzeichen den Kindern vorgeführt sind und von diesen selber dargestellt werden können.

3. Die Treffübungen auf Stufe V werden nach Noten ausgeführt. Will man mit der Tonhöhe wechseln, dann müssen statt der Noten Ziffern zur Verwendung kommen.

4. Soll die Note als Tonzeichen ihren Zweck erfüllen, dann muss der durch sie bezeichnete Ton immer in der gleichen Höhe angegeben und gesungen werden; denn nur dann können sich Ton und Note im Bewusstsein so fest verbinden, dass sie zu Reproduktionshilfen für einander werden.

II a. Vorsingen und Vorspielen der ganzen Melodie. Angabe der Taktordnung in der früheren Form (man kann drei zählen). Rhythmisiertes Sprechen des Textes und Einüben der Melodie nach Zeilen.

b. Wie man das, was man spricht, schriftlich darstellen kann, so kann man auch das, was man singt, schreiben — oder: wie man Worte schreiben kann, kann man auch Töne schreiben. Z. B.

Zeichen für Töne nennt man nicht Buchstaben, sondern Noten. Wie vielerlei Noten seht ihr hier? Zweierlei: Noten, die nur aus einem Punkt und einem Strich bestehen, und Noten, die an dem Strich auch noch eine Fahne haben. Über was für Silben stehen die einen — die andern? Für welche Töne stehen die einen — die andern? (Für die langen, für die kurzen Töne.)

III a. Bei welchen Liedern habt ihr auch $\bar{1}\;\check{2}\;\check{3}$ gezählt? Nenne einige Lieder, bei denen man nicht so zählen kann! Wie viele Schläge werden beim Taktieren gemacht?

IV a. „Der Lenz" gehört zu den Dreischlagliedern.

III b. Wie viele Handschläge treffen auf die guten Silben und die langen Töne, wie viele auf die leichten Silben und die kurzen Töne? Welche Noten werden deshalb auch 2 Schläge, welche nur einen Schlag gelten oder dauern?

IV b. ♩ = ♪ ♪ oder 𝆺 = 𝆺 𝆺.

V a. Darstellung anderer Melodienabschnitte durch die Schüler mit Hilfe der beiden Notenformen, und zwar in folgender Weise:

𝆺 𝆺 𝆺 𝆺 𝆺 𝆺 𝆺 𝆺
Gott, ich dan - ke dir von Her - zen,

𝆺 𝆺̄ 𝆺 𝆺̄ 𝆺 𝆺̄ 𝆺 𝆺̄ 𝆺 𝆺̄ 𝆺 𝆺
Ge - fro - ren hat es heu - er noch gar kein fe - stes Eis.

Dann so, dass immer vor 1 ein senkrechter Strich gesetzt wird:

|𝆺 𝆺|𝆺 𝆺|· 𝆺|𝆺 𝆺
Gott, ich dan - ke dir von Her-zen.

b. Rhythmische Treffübungen, in verschiedenen Tonlagen auszuführen:

|𝆺 𝆺|𝆺 𝆺|𝆺 𝆺|𝆺|𝆺 𝆺|𝆺
la - - - - - - -
mi - - - - - - -
jo - - - - - - -
mai - - - - - - -

|𝆺̄ 𝆺̆ 𝆺̆|· 𝆺̆|𝆺̄ 𝆺̆ 𝆺̆|𝆺̄
ro - - - - - - -
rau - - - - - - -
me - - - - - - -

𝆺 |𝆺 𝆺 𝆺 |𝆺 𝆺 𝆺|𝆺 𝆺 |𝆺
  1 2 e 1 2 e 1 2 1
sol sol sol - - - - - -
nei - - - - - - -

Im Anschluss an die Sage von Ludwig des Springers Busse:

2 Ach, wie heilig ist der Ort

Hammerschmidt, 1658.

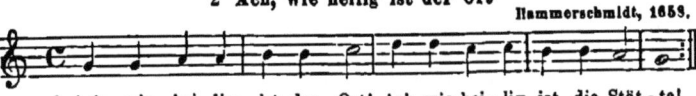

{ Ach, wie hei - lig ist der Ort! Ach, wie hei - lig ist die Stät - te!
{ Hier, hier ist des Him-mels Pfort; hier er - hö - ret Gott Ge - be - te;

Singen.

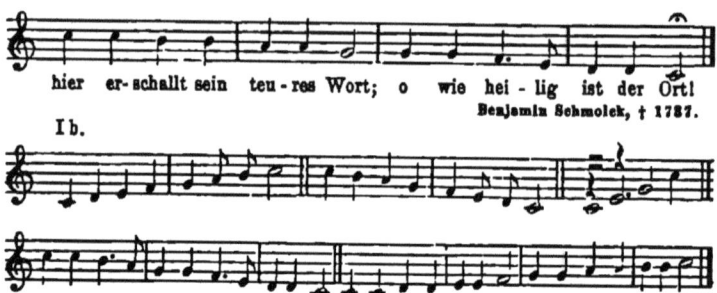

I b.

II. **Zeilenweises Vorspielen, rhythmisiertes Sprechen des Textes und Einüben der Melodie.**

Bestimmung der Taktordnung: man kann 1̄ 2 zählen, die Hand ab- und aufwärts bewegen, immer zwei Schläge machen.

Darstellung der letzten Zeile mit Hilfe der bekannten Notengattungen:

o wie hei - lig ist der Ort.

Der Ton auf die Silbe „heil" währt länger, der auf die Silbe „ig" kürzer als ein Schlag. Der Ton des Wortes „Ort" dauert zwei Schläge lang.

Für wie vielerlei Töne aber haben wir nur Noten? Für zweierlei Töne. Wenn wir für die kürzesten Töne die Fahnennote und für die Töne, die einen Schlag lange währen, die andere Note verwenden, für welche Töne fehlt uns dann noch die Note? Für die Töne, die so lange dauern wie zwei Schläge! Diese sieht so aus ♩; sie besteht aus einem Ring und einem Strich. Für welches Wort brauchen wir sie? Für das Wort „Ort".

Nochmalige Darstellung der oben notierten Melodienzeile unter Berücksichtigung des Neugelernten:

♩ ♩ ♩♪♪ | ♩ ♩ ♩

o wie hei - lig ist der Ort.

Warum ist auf die Silbe „heil" mit der Einschlagnote eine Fahnennote verbunden?

Aus den Noten, wie wir sie bis jetzt kennen gelernt haben, ersehen wir nur, wie lange die einzelnen Töne sind (oder welche Töne länger und welche kürzer zu singen oder auszuhalten sind); ob aber der eine Ton höher oder tiefer zu singen ist, wie der andere, darüber geben sie keinen Aufschluss. Ich will euch nun eine Zeile aus unserem Liede so an die Tafel schreiben, dass man aus den Noten nicht bloss erkennen kann, ob ein Ton länger, oder kürzer zu singen ist, sondern auch, ob er höher, oder tiefer zu klingen hat.

o wie hei - lig ist der Ort.

Singt die Zeile und seht die Noten dabei an! Was seht ihr ausser den euch bekannten Noten noch an der Tafel? Wozu braucht man denn diese Linien?

Noten, die über die Höhe und über die Dauer der Töne Aufschluss geben, haben auch bestimmte Namen, nämlich die Namen der durch sie bezeichneten Töne.

g g f e d d c
o wie hei - lig ist der Ort.

Doch nur dann haben sie diesen Namen, wenn vor den Linien dieses Zeichen steht, ⸺ das die zweite Linie umschliesst und Violin- oder G-Schlüssel, ⸺ genannt wird.

Genauere Beschreibung der vorgeführten Noten durch die Schüler und Einprägung derselben.

III a. Vergleichung der Töne, resp. der Tonhöhen mit den Noten nach den Plätzen, die sie auf dem Linieusystem einnehmen.

IV a. Je höher ein Ton ist, einen desto höheren Platz nimmt auch die Note ein, die ihn bezeichnet.

III b. Vergleichung des notierten Melodienabschnittes mit der Tonleiter.

IV b. Die Zeile besteht aus den fünf unteren Tönen der Tonleiter:

c d e f g
1 2 3 4 5

III c. Vergleichung der Töne des 1. Tetrachordes in Bezug auf ihren Tonabstand. Zwischen dem 3. und 4. Ton kann man keinen Ton mehr einschieben; zwischen dem 1. und 2., 2. und 3. Ton aber kann noch ein Ton eingeschoben werden.

Anmerkung. Um die Tonabstände zum klaren Bewusstsein zu bringen, sind die Töne auf der Violine so vorzuführen (ohne dabei cis und dis zu benennen):

Auch empfiehlt es sich, die Schüler sehen zu lassen, dass beim Greifen der Töne e und f die Finger unmittelbar neben einander liegen, beim Greifen der Töne c und d, sowie d und e aber weiter von einander entfernt sind. Ist ein Tasteninstrument vorhanden, dann ist die Aufmerksamkeit auch darauf zu lenken, dass zwischen den Tönen c und d, sowie d und e sich eine Obertaste befindet, dass dies aber zwischen e und f nicht der Fall ist.

Singen. 87

IV c. Der 1. und der 2., der 2. und der 3. Ton der Tonleiter sind einen ganzen Ton, der 3. und 4. Ton nur einen halben Ton von einander entfernt.

III d. Vergleichung der drei bekannten Notengattungen nach ihrer Geltung, Dauer oder ihrem Zeitwert.

IV d. 𝅗𝅥 =
𝅘𝅥 𝅘𝅥 = oder auch:
𝅘𝅥𝅮 𝅘𝅥𝅮 𝅘𝅥𝅮 𝅘𝅥𝅮 =

III e. Vergleichung des neu angeeigneten Liedes mit anderen Liedern in Bezug auf die Taktordnung.

IV e. Das Lied „Ach, wie heilig ist der Ort" gehört zu den Zweischlagliedern.

V a. Notierung einzelner Figuren aus den bekannten Melodieen, zuerst ohne, dann mit Rücksicht auf die Tonhöhe, in der gleichen Weise wie bei dem vorhergehenden Liede.

b. Treffübungen:
Die Schüler singen die einzelnen Töne des ersten Tetrachordes, auf welche der Lehrer deutet.

Singen folgender an der Wandtafel stehender Figuren mit Handbewegung.

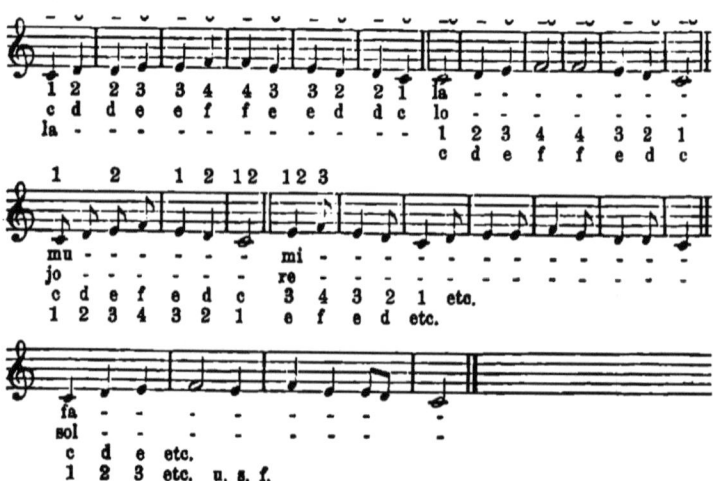

Zur Sage von Ludwig dem Eisernen
3 Jägerlied   Volksweise.

Ein Jä-ger aus Kur-pfalz, der rei-tet durch den grü-nen Wald, er

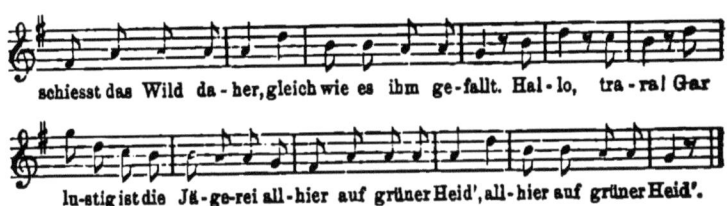
schiesst das Wild da-her, gleich wie es ihm ge-fallt. Hal-lo, tra-ra! Gar

lu-stig ist die Jä-ge-rei all-hier auf grüner Heid', all-hier auf grüner Heid'.

I b.

II a. Vorsingen und Vorspielen der ersten Zeile. Rhythmisiertes Sprechen derselben; Einüben der ersten Zeile. Bezeichnung der Taktordnung in der geläufigen Form (auf einen starken Ton kommt ein schwacher Ton — man kann ĩ 2̆ zählen). Aneignung der folgenden Zeile in gleicher Weise. Verschmelzung der ersten mit der zweiten Zeile. Gleiche unterrichtliche Behandlung aller übrigen Zeilen.

b. Rhythmische Darstellung der zweiten Zeile mit Hilfe der bekannten Notenformen, und zwar zuerst durch Viertel- und halbe Noten, dann durch Viertel und Achtel.

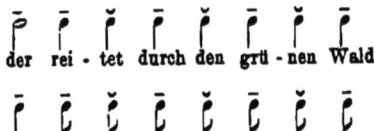

Wie vielerlei Noten braucht man zum Schreiben dieser Zeile? Zweierlei. Jede Note währt einen Schlag; nur die erste Silbe hat eine Zweischlagnote. Nun wollen wir diese Zeile wieder so schreiben, dass man aus den Noten auch ersehen kann, ob die einzelnen Töne höher oder tiefer zu erklingen haben. Was haben wir hierzu ausser den Noten noch nötig? Linien und den Violin- oder G-Schlüssel.

Eine dieser Noten kennt ihr schon; welche? Die letzte. Wie heisst sie? Die übrigen Noten könnt ihr wenigstens nach ihren Plätzen bestimmen; wo stehen sie? Darbietung und Einübung der Notennamen a, h, c, sowie Nachschreiben der Noten.

III a. Vergleichung der Noten nach ihren Plätzen auf dem Liniensystem mit der Höhe oder Tiefe der durch sie bezeichneten Töne.

IV a. Töne, deren Noten auf derselben Linie oder in demselben Zwischenraum stehen, lauten gleich hoch. Je höher die Note steht, desto höher ist auch der Ton, der durch sie bezeichnet wird.

III b. Vergleichung der neuen Noten mit der Tonleiter.

IV b. Sie bezeichnen die drei oberen Töne der Tonleiter.

III c. Vergleichung der beiden Tonleiterhälften c—f und g—c nach der Zahl und dem Tonabstand ihrer Töne, dann des ersten und letzten Tonleitertones nach Klang und Namen, ferner des letzten Tones des ersten Tetrachordes mit dem ersten Ton des zweiten Tetrachordes in Bezug auf die Tonhöhe.

IV c. Beide bestehen aus vier Tönen. Der dritte und der vierte Ton sind nur einen halben Ton von einander entfernt. Der erste und der letzte Tonleiterton lauten fast gleich; sie und ihre Noten haben deshalb denselben Namen; der letzte Ton der ersten Hälfte und der erste Ton der zweiten Hälfte sind einen ganzen Ton von einander entfernt.

V a. Notierung solcher Figuren aus den bekannten Liedermelodieen, die aus den Tönen des zweiten Tetrachordes zusammengesetzt sind.

b. Darstellung der ganzen Tonleiter in auf- und abwärtsgehender Richtung durch die Schüler im accentuierenden und quantitierenden Rhythmus; vor jeden starken Ton ist ein senkrechter Strich zu setzen und unter die Note ihr Name.

c. Singen der Tonleiter auf die Zahlennamen 1—8 und mit den Notennamen, in vorstehendem Rhythmus, und zwar so, dass immer ein Teil der Schüler singt, ein anderer zählt und taktiert.

d. Treffübungen.

Die Schüler singen jene Töne des an der Wandtafel stehenden Tetrachordes, auf die der Lehrer deutet.

Singen folgender ebenfalls an der Wandtafel dargestellter Figuren mit taktmässiger Handbewegung.

Im Anschluss an den heimatkundlichen Unterricht

4. Schäferleben

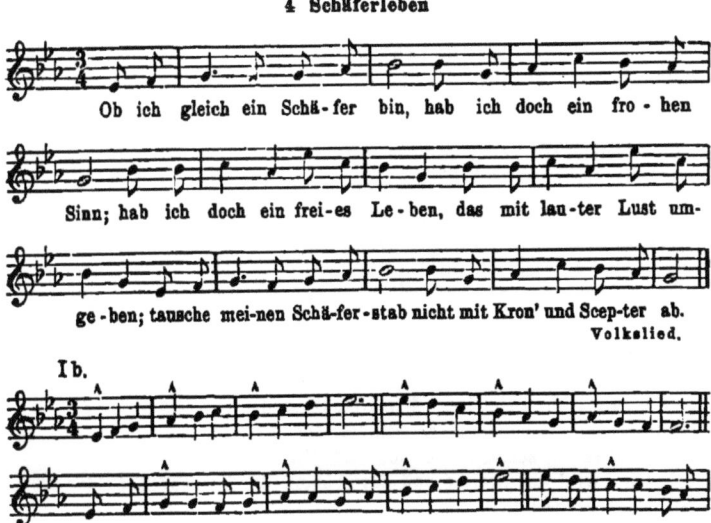

Ob ich gleich ein Schä-fer bin, hab ich doch ein fro-hen Sinn; hab ich doch ein frei-es Le-ben, das mit lau-ter Lust um-ge-ben; tausche mei-nen Schä-fer-stab nicht mit Kron' und Scep-ter ab.

Volkslied.

I b.

II. Darbietung der Melodie durch Vorsingen und Vorspielen, Aneignung und Übung derselben mit regelmässig vorangehendem rhythmisiertem Sprechen des Textes in drei Abschnitten.

Bestimmung der Taktordnung in der geläufigen Weise. Besprechung der rhythmischen Gestalt des Liedes. Auf die Silben „bin", „Sinn" und „ab" werden Töne gesungen, die zwei Schläge lang währen. Die Töne auf die Silben „glei" und „mei" dauern etwas länger als einen Schlag. Auf 3 werden immer zwei Töne gesungen.

Rhythmische Darstellung der Melodie von „hab ich doch" bis „geben" mit Hilfe der bekannten Notengattungen durch die Schüler. Vor jeden starken Ton wird ein senkrechter Strich gesetzt.

hab ich doch ein fro-hen Sinn, hab ich doch ein frei-es Le-ben, das mit lau-ter Lust am - ge-ben.

IIIa. Nachdem auch andere Melodieen, oder Melodieenteile von Liedern, die die Schüler unter dem Namen Dreischlaglieder kennen, in ähnlicher Weise rhythmisch dargestellt sind, werden die kleinen Teile (des vorstehenden Liedes und der anderen Lieder). die zwischen je zwei senkrechten Strichen eingeschlossen sind, darauf hin mit einander verglichen, wie lange es währt, oder wie viele Schläge man macht, bis die Noten eines solchen Teiles gesungen sind. Das Gleiche geschieht mit einer Anzahl der den Kindern bekannten Zweischlaglieder.

IVa. Die kleinen, zwischen zwei senkrechten Strichen eingeschlossenen Liederteile nennt man Takte. Jeder Takt währt entweder zwei oder drei Schläge lang; es giebt Zwei- oder Dreischlag-Takte. Die senkrechten Striche am Anfang und am Schluss eines Taktes nennt man Taktstriche.

IIIb. Der Lehrer singt und spielt den Schluss der Lieder „Ob ich gleich ein Schäfer bin", „Der Lenz ist angekommen", „Gefroren hat es heuer", „Ade, du mein lieb Heimatland" und unmittelbar darauf den Anfang derselben, so dass der Schluss- und Anfangstakt in einen Takt zusammenfallen. Nachdem dies von den Schülern aufgefasst und ausgesprochen ist, wird der Schluss und der Anfang der genannten Lieder auch schriftlich so dargestellt:

Hieraufist anzugeben, was in jedem dieser Lieder dem ersten Takt fehlt (der erste, oder der erste und der zweite Schlag).

IV b. Der unvollständige Takt am Anfang mancher Lieder heisst **Auftakt.** Der Auftakt macht mit dem Schlusstakt zusammen einen ganzen Takt aus. Dem Auftakt fehlt immer der schwere Schlag.

V a. Welche Lieder beginnen mit einem Auftakt, welche mit einem vollen oder vollständigen Takt?

b. Der Lehrer nennt einzelne Lieder; die Schüler geben an, ob dieselben im Zwei- oder im Dreischlagtakte stehen.

c. **Treffübungen.**

Sommerlied, im Anschluss an das naturkundliche Material

5 Das Blümchen

Singen.

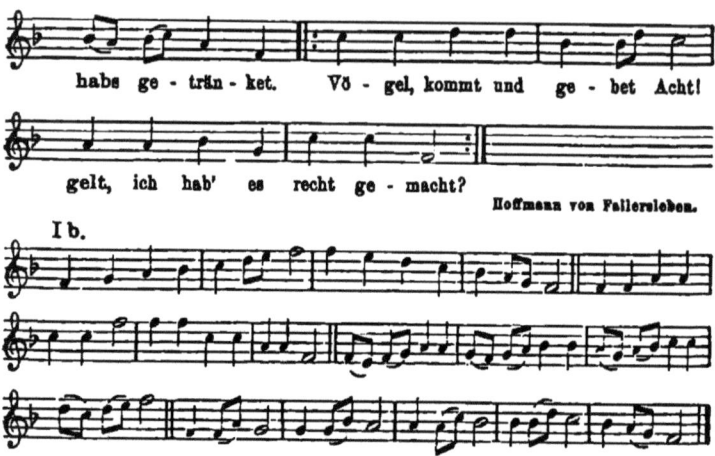

II a. Darbieten und Einüben zeilenweise. Bestimmung der Taktordnung (Zweischlagtakt). Besprechung der rhythmischen Eigentümlichkeiten der Melodie. Auf 1 sind zweimal, auf 2 dreimal zwei Töne zu singen; die beiden letzten Zeilen werden wiederholt.

b. Rhythmische Darstellung der ganzen Melodie. Rhythmische und melodische Darstellung der ersten Zeile im Anschluss an die bekannte C-dur-Tonleiter.

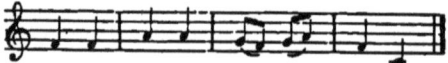

Warum sind die Noten im dritten Takte nicht so geschrieben?

c. Vorsingen der ganzen Melodie in der Weise, dass die erste Zeile piano, die zweite mezzo forte, die dritte und vierte beim erstmaligen Singen forte, bei der Wiederholung piano zum Vortrag kommen. Die Schüler haben darauf zu achten, ob stark oder schwach gesungen wird, und haben ihren Beobachtungen dann auch Ausdruck zu geben. Lehrer: Damit der Sänger weiss, welche Stelle er leise oder schwach, welche er mittelstark oder halbstark und welche er stark singen soll, schreibt man über die Noten das Zeichen *p.*, wenn er leise, *mf.*, wenn er halbstark, und *f.*, wenn er stark zu singen hat; *p.* bedeutet piano = leise, *mf.* bedeutet mezzo forte = halbstark, und *f.* forte = stark. Die Zeichen *p. mf. f.* werden sofort der rhythmischen Darstellung der Melodie angefügt.

III a. Vergleichung einer Anzahl der geübten Lieder, auch einzelner Figuren derselben, in Bezug auf die Stärkegrade, in denen sie zum Vortrag kommen.

94 Singen.

IV a. Die meisten Lieder werden halbstark gesungen; *mf.* kommt häufiger vor, als *p.* und *f.*

Es klingt schöner, wenn *p.*, *mf.* und *f.* wechseln, als wenn immer mit gleicher Stärke gesungen wird.

III b. Vergleichende Zusammenstellung der bis jetzt behandelten Tonzeichen.

IV b. *p.*, *mf.*, *f.* bezeichnen die **Tonstärke**; die Noten ♩ ♩ ♪ bezeichnen die **Tondauer**; Schlüssel, Linien und Noten bezeichnen die **Tonhöhe**.

V. Nachschreibübungen: Der Lehrer singt und spielt kurze, den bisher vorgenommenen Treffübungen entsprechende Figuren, in denen nur Sekundenfolgen auftreten, langsam vor; die Schüler haben dieselben schriftlich darzustellen, und zwar zuerst nach ihrer **Tondauer**, dann nach ihrer **Tonhöhe** und endlich auch nach ihrer **Tonstärke**. Z. B. Der Lehrer singt:

und bemerkt, dass als erste Note die zu setzen sei, die einen Schlag lange währt.

1. Darstellung durch die Schüler: ♩ ♪ ♪ | ♩
2. Darstellung nach wiederholtem Vorsingen durch den Lehrer:
3. Darstellung:

Der Name des 1. Tones, bez. der ersten Note wird immer genannt.

Treffübungen:

Singen.

Als Texte werden Sprechsilben verwendet in ähnlichem Wechsel wie bei früheren Beispielen.

Zu den Sagen von Ludwig dem Eisernen

6 Der alte Landmann an seinen Sohn

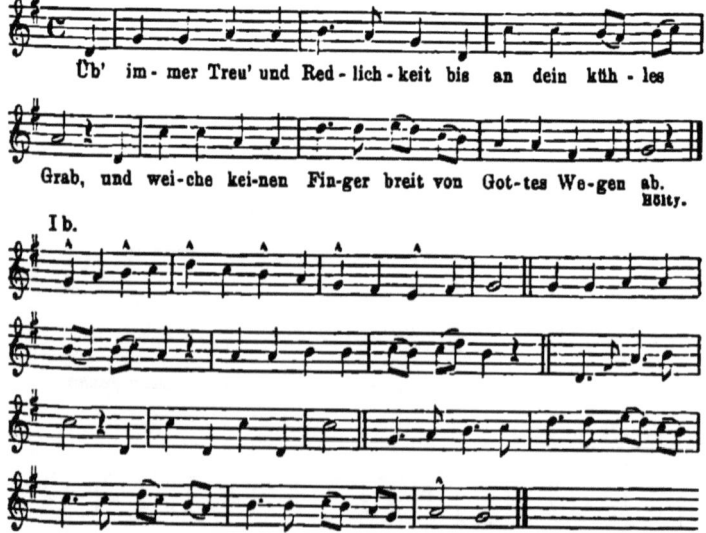

II a. Darbietung der ganzen Melodie durch Vorsingen und Vorspielen. Rhythmisiertes Sprechen des Textes, wobei auf die Silben „Red", „Grab" und „Fin" ganz besonders zu achten ist. Bestimmung der Taktordnung und kurze Bezeichnung der sonstigen rhythmischen Eigentümlichkeiten. Zeilenweises Einüben.

II b. Rhythmische Darstellung der Melodie durch die Schüler, so weit sie dies mit den ihnen bekannten Tonzeichen vermögen.

Für das rhythmische Verhältnis der Töne auf die Silben „Redlich" und „Finger" fehlt ihnen die Bezeichnung. Der Lehrer spielt deshalb die Figuren so vor:

Red - lich-keit   Fin - ger breit

Wie viele Töne spiele ich auf die zwei Silben „Redlich" und „Finger"?
Immer drei Töne. Wie viele Töne werden gesungen? Zwei. Welcher
Ton wird ausgelassen? Der erste der kurzen Töne. Welcher Ton wird
dafür länger ausgehalten?
    Der vorhergehende. Das schreibt man so:
Was deutet der Bogen an? Dementsprechende Ergänzung der Darstellung.
    Nun wird die Aufmerksamkeit auf die Schlussteile der ersten und
zweiten Melodieenhälfte gelenkt. Der Lehrer singt, die Schüler zählen.
Wann wird gezählt und nicht gesungen? Nach „Grab" und „ab".
    Wie lange habe ich mit dem Singen ausgesetzt oder geschwiegen?
Einen Schlag. Immer auf welchen Schlag? Auf den ersten.
    Das Zeichen, das angiebt, dass der Sänger einen Schlag lang zu
schweigen, nicht zu singen hat, sieht so aus: ?. Nachbildung durch die
Schüler. Man nennt ein solches Zeichen ein Schweigezeichen oder eine
Pause. — Vollendung der rhythmischen Darstellung.
    II c. Rhythmisch melodische Darstellung der 1. Melodiehälfte mittelst
der Noten für die C-dur-Tonleiter und im Anschluss an diese in folgender
Weise. Dass der erste Ton d ist, wird gesagt.

    III a. Was giebt die Note, was die Pause an? Geltung der bekannten
Notenformen, der Pause.
    IV a. Die Pause ? und die Note ♩ gelten gleich lang, nämlich
einen Schlag.
    III b. Aufsuchen des Gemeinsamen in folgenden Stellen der Lieder:
„Ob ich gleich ein Schäfer bin", „Üb immer Treu" und „Ach, wie heilig
ist der Ort"; dieselben werden vom Lehrer zu diesem Zwecke vorgesungen.

O - ob ich   Re - ed - lich - keit.

Fi - in - ger - breit von   o wie hei - lig ist der Ort.

    IV b. Zwei gleich hohe Töne werden beim Singen manchmal zu
einem Ton zusammengezogen.
    III c. Vergleichung des neu gelernten Liedes mit früher behandelten
Liedern in Bezug auf die Taktordnung, die Beschaffenheit des Anfanges
nach der rhythmischen und melodischen Seite.

Singen.

IV c. „Üb' immer Treu' und Redlichkeit" gehört zu den Liedern, die im Zweischlagtakte stehen, mit einem Auftakt beginnen. Sein erster und zweiter Ton sind so weit von einander entfernt, wie der erste und zweite Ton in den Liedern: „Ein Jäger aus Kurpfalz" und „Der Lenz ist angekommen".

V. Nachschreibübungen:

Treffübungen.

Zu der Sage von Ludwig dem Milden

7 Soldatenlied

Ein scheckiges Pferd, ein blankes Gewehr und ein hölzernes Schwert, was braucht man denn mehr? Ich bin ein Soldat, man sieht's mir wohl an, ich marschiere schon grad, halt'

Das dritte Schuljahr.

Schritt wie ein Mann. Mit trot-zi-gem Mut zieh' mor-gens ich

cresc.

aus, kehr' freund-lich und gut um Mit-tag nach Haus. So

wird ex-er-ciert zum A-bend noch spat, bis der

Schlaf kom-man-diert: Zu Bett, Ka-me-rad!

Hoffmann von Fallersleben.

II b.

II a. Vorsingen, rhythmisiertes Sprechen, Einüben zeilenweise.

b. Besprechung der rhythmischen Eigentümlichkeiten der neuen Melodie (Auftakt, Zweischlagtakt, auf 2 kommen gewöhnlich zwei Töne etc.). Rhythmische Darstellung derselben; auf den zweiten Schlag werden immer zwei Achtel notiert. Das erste Achtel, das punktiert sein sollte, wird mit dem Accentzeichen —, das zweite, das an der Stelle des Sechszehntels steht, erhält das Accentzeichen ◡.

c. Rhythmisch-melodische Notierung des Anfangs vom zweiten Teil im Anschluss an das zweite Tetrachord der C-dur-Tonleiter.

Mit trot-zi-gem Mut zieh' mor-gens ich aus.

Welche dieser Noten sind euch noch neu? Isolierung derselben und Bestimmung des Platzes, den sie auf dem Liniensystem einnehmen. Benennung, dann wiederholtes Singen der durch sie bezeichneten Töne, und zwar immer von c ausgehend und auf c zurückführend.

Singen.

c d e   e d c   c d d   e d d c   c d e e e d c

Die Schüler werden nun veranlasst, die Töne c d e der Reihe nach zu singen und denselben nach oben noch einen weiteren Ton anzufügen. Sie singen ohne Zweifel das Tetrachord c—f. Der Ton f wird dann isoliert, notiert und mit den übrigen neuen Tönen singend und lesend eingeprägt.

III. Vergleichung der Töne   mit den Tönen

Die erste Reihe klingt höher wie die zweite. Der dritte und vierte Ton sind in beiden Reihen nur einen halben Ton von einander entfernt.

Der erste Ton heisst in beiden Reihen c etc.

Um die Klangwirkung beider Tetrachorde den Schülern klarzulegen, werden die gleichnamigen Töne gleichzeitig singend und spielend zu Gehör gebracht, dann spielt der Lehrer das eine Tetrachord, während die Schüler das andere singen und umgekehrt. Die Schüler haben ihren Beobachtungen regelmässig Ausdruck zu geben.

IV.

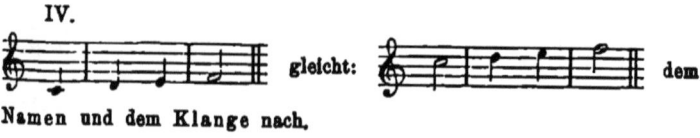

Namen und dem Klange nach.

V. Treffübungen:

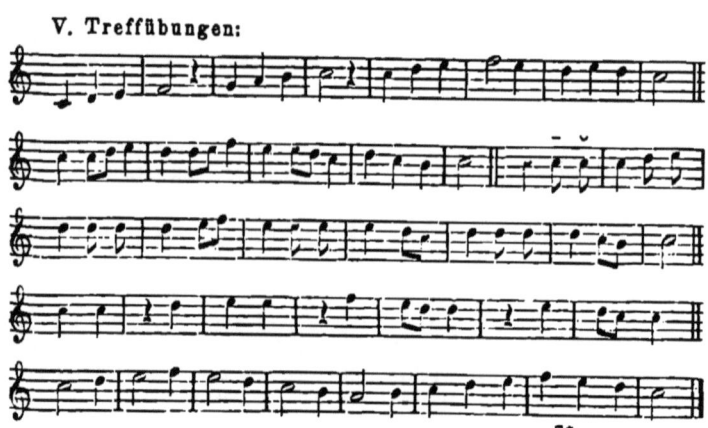

Nachschreibübungen:

Im Anschluss an die im Sommer vorzunehmenden geographischen und naturwissenschaftlichen Exkursionen

8 Abendlied

Bald ist es wie-der Nacht, ja wie-der Nacht, mein Bett-lein ist ge-macht; drein will ich mich le-gen, wohl mit Got-tes Se-gen, weil er die gan-ze Nacht, die gan-ze Nacht gar treu-lich mich be-wacht.

Wilhelm Hey.

I b.

II a. Darbietung in drei Abschnitten. Dem Einüben der einzelnen Abschnitte geht das Sprechen der Texteswörter im Rhythmus der Melodie voraus.

b. Besprechung der melodischen und dynamisch-rhythmischen Gestalt des Liedes. Der erste und dritte Abschnitt lauten gleich. Im ersten und dritten Abschnitt wird eine kurze Stelle piano wiederholt. Der zweite Abschnitt zerfällt in zwei einander sehr ähnliche Hälften. Das Lied beginnt auf 3, also mit dem Auftakt; es gehört zu den Dreischlagtakt-Liedern.

c. Rhythmische Darstellung des ganzen Liedes. Die punktierten Noten werden in der bei No. 6 gezeigten Weise geschrieben; die beiden Viertelnoten, denen eine Achtelspause folgt, ebenfalls.

Wie lange haben wir beim Singen der Töne auf „Nacht" im ersten und letzten Abschnitt ausgehalten? Einen Schlag. Wie lange sollen diese Töne nach unserer Aufzeichnung ausgehalten werden? Etwas länger als einen Schlag, nämlich um eine kurze Note länger. Nachdem wir aber diese kurze Note nicht singen, was sollte deshalb statt derselben geschrieben werden? Ein Schweigezeichen. Warum können wir das euch bekannte Schweigezeichen hier nicht benützen? Weil es die Dauer von einem ganzen Schlag angiebt. Was für ein Schweigezeichen haben wir hier nötig? Ein solches, von dem zwei auf einen Schlag gehen. Dieses Zeichen sieht so aus: ᛌ. Nachbildung desselben und dann Richtigstellung der rhythmischen Aufzeichnung des Liedes.

d. Rhythmisch-tonische Notierung des letzten Abschnittes im Anschluss an die Töne der C-dur-Tonleiter.

III a. Vergleichung des Zeitwertes der Achtelspause (kurzen Pause) mit der Achtelnote (kurzen Note), mit der Viertelsnote (mittleren Note) und der Viertelspause (mittleren Pause).

IV a.   ᛌ = ♪
    ᛌ ᛌ = ♩
    ᛌ ᛌ = 𝄽

III b. In dem Lied „Bald ist es" wird auf die Worte „ist" und „er" ein Ton gesungen, dessen Dauer uns schon bei den Liedern „Üb' immer Treu' und Redlichkeit", „Ob ich gleich ein Schäfer bin" etc. aufgefallen ist. Warum wohl?

IV b. Er währt länger als einen Schlag, weil er aus einem mittleren und einem kurzen Ton zusammengesetzt ist. Nur gleich hohe Töne können so zusammengezogen werden.

III c. Vergleichung des neu gelernten Liedes nach seiner „dynamischen" Seite mit den zuletzt eingeübten Melodieen.

IV c. Auch in diesem Liede wechselt die Tonstärke; der grösste Teil desselben wird *mf.* gesungen.

V. Nachschreibübungen:

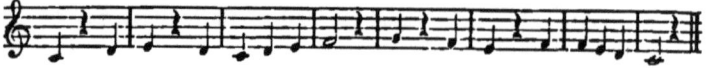

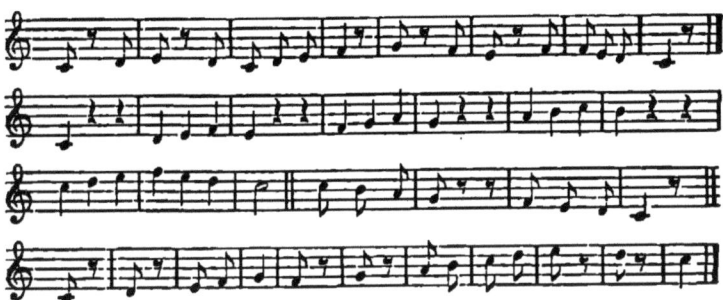

Treffübungen:

Im Anschluss an die Besprechung der Gestirne

9 Der Abendstern

Du lieb-li-cher Stern, du leuchtest so fern, doch hab' ich dich den-noch, doch hab' ich dich den-noch von Her-zen so gern!

Hoffmann von Fallersleben.

I b.

II a. Vorsingen und Vorspielen des ganzen Liedes. Einüben der Melodie, Zeile um Zeile, mit vorausgehendem, rhythmisiertem Sprechen der Textesworte.

b. Besprechung der melodischen, dynamischen und rhythmischen Eigentümlichkeiten der neuen Melodie.

c. Rhythmische Darstellung der Melodie mit Anfügung der dynamischen Zeichen.

III a. Ein Teil der Schüler singt den ersten Ton der Melodie und hält denselben so lange aus, bis ein anderer Teil der Schüler die ersten fünf Töne der Tonleiter mit untergelegten Zahlnamen zum Vortrag gebracht hat. Der erste Ton unseres Liedes ist also der wie vielste Ton in der Tonleiter? Der fünfte. Gleichzeitig wird über die erste Note, bezw. die erste Silbe der noch an der Tafel stehenden rhythmischen Darstellung die Ziffer 5 gesetzt. Auf ähnliche Weise werden auch die nächstfolgenden Melodietöne mit der Tonleiter in Beziehung gebracht, d. h. nach ihrem Platz auf der Tonleiter bestimmt. Es entsteht so folgendes Bild:

Du lieb - li - cher Stern, du leuch - test so fern.

Nun werden die Töne auf „lieblicher Stern" so unter die Sänger verteilt, daß die erste Gruppe den Ton d, die zweite den Ton a, die dritte den Ton fis und die vierte Gruppe den Ton d zu singen hat.

Es wird gesungen:

lieb - li - cher Stern.

Wie klingt das? Welche Töne der Tonleiter kann man also zusammen singen? Wir wollen sehen, ob das auch bei anderen Tonleitern so ist.

c. Es werden nun der Reihe nach die Tonleitern von d-dur, c-dur, es-dur, e-dur und f-dur (c-dur allein nach Noten) gesungen, und zwar so rhythmisiert, daß die Töne des tonischen Dreiklangs besonders hervortreten, etwa so:

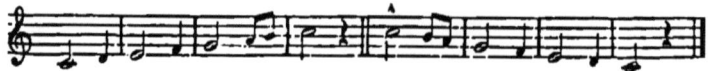

Bei jeder Tonleiter wird durch die Schüler constatiert, dass sie zwar ganz ähnlich wie die vorher gesungene **lautet**, dass sie aber **höher** (oder **tiefer**) als dieselbe liegt. Im unmittelbaren Anschluss hieran Isolierung des 1., 3., 5. und 8. Tonleitertones und Verbindung derselben zur Harmonie. Bei der c-dur-Tonleiter geschieht dies mit Benutzung von Noten, bei den übrigen lediglich nach dem Gehöre. Z. B.

IV. Der 1., 3., 5. und 8. Ton der Tonleitern können zusammen gesungen werden; sie geben einen Accord oder eine Harmonie.

V a. **Treffübungen**:

b. Der Lehrer erinnert an solche melodische Figuren aus den geübten Liedern, die aus den Tönen des tonischen Dreiklanges bestehen; die Schüler bestimmen die einzelnen Töne durch 1, 3, 5, 8.

Z. B. Alle Vögel = 1. 3. 5. 8.
Frühling will nun = 1. 3. 5. 8.
Mit dem Pfeil, dem Bogen = 1. 1. 3. 3. 5. 3 etc.

Singen.

Zur methodischen Einheit „Laub- und Nadelwald"

10 Der Tannenbaum

O Tan-nen-baum! o Tan-nen-baum! Wie treu sind dei-ne Blät-ter! Du grünst nicht nur zur Som-mers-zeit, nein auch im Win-ter, wenn es schneit. O Tan-nen-baum! o Tan-nen-baum! Wie treu sind dei-ne Blät-ter!

I b.

II a. Darbietung und Einübung in drei Abschnitten.

b. Rhythmische Darstellung der ganzen Melodie. Da die Kinder die punktierte Note noch nicht kennen, wird die Figur   so aufgezeichnet:

Besprechung der Eigentümlichkeiten der Melodie.

III a. Vergleichung des Umfangs der drei Melodieenabschnitte.

IV a. Die Abschnitte sind gleich lang; jeder zählt vier Takte.

106 Singen.

III b. Vergleichung der rhythmisch-melodischen Einteilung des neu gelernten Liedes mit der früher gelernter Lieder, insbesondere der Lieder „Bald ist es wieder Nacht" und „Ob ich gleich ein Schäfer bin".

IV b. Alle diese Lieder bestehen aus drei **gleich langen Teilen,** von denen der erste und der dritte immer auch **gleich klingen** oder lauten.

III c. Wie viele und was für Noten (Töne) kommen in jedem **Takt auf 1 und auf 3?** Bei welchen Liedern ist es ähnlich?

IV c. Auf einen Schlag können kommen:
1. eine Note (Ton),
2. zwei gleichlange Noten (Töne),
3. eine längere und eine kürzere Note,
4. eine kurze Pause und eine kurze Note (Ton).

V. Treffübungen:

Nachschreibübungen:

Singen.

Zu den Sagen von der heiligen Elisabeth
11 Wer nur den lieben Gott lässt walten

Georg Neumark.

II a. Darbietung in zwei Abschnitten. Das Einüben erfolgt zeilenweise, so wie bei den früheren Liedern.
  b. Rhythmische Darstellung durch die Schüler etwa in folgender Weise:

c. Wie haben wir es seither angedeutet, dass eine Stelle zweimal nacheinander zu singen ist? Wir haben es darüber geschrieben. Gewöhnlich macht man es anders; man setzt an den Anfang und an das Ende

108   Singen.

der Stelle das Wiederholungszeichen: ||: :|| Beschreibung durch die
Schüler, dann Anwendung desselben in der obigen rhythmischen Darstellung
des Liedes.
  Wie heissen wir die kleinen zwischen zwei senkrechten Strichen eingeschlossenen Liederteile? Takte. Wie vielerlei Takte kennt ihr? Zwei-
und Dreischlags-Takte. In manchen Liedern werden immer zwei Zweischlag-
Takte zu einem Takte zusammengezogen und man zählt dann nicht
1̄, 2̆, sondern wie wird man zählen? 1̄, 2̆, 3, 4. Wie lange währt also
ein solcher Takt? Vier Schläge. Auch in dem Liede „Wer nur den lieben
Gott lässt walten" werden je zwei Takte zu einem Takt zusammengezogen.
Darstellung des Liedes im vierteiligen Takt.

||: ♩|♩ ♩ ♩ ♩|♩ ♩ ♩ ♩|♩ ♩ ♩ ♩|♩ ♩ ♩ 𝄽 𝄽 :||

  Der Lehrer oder eine Schülerabteilung singt, die Schüler zählen:
1̄ 2̆ 3̄ 4̆ und taktieren (ab, links, rechts, auf).
  Auf welche Schläge kommen die stärkeren, auf welche die schwächeren
Töne?
  Wie viele Schläge sind nach „allezeit" und „Traurigkeit" zu pausieren?
Zwei. Wie ist dies bezeichnet? Durch zwei mittlere Pausen. An Stelle
von zwei mittleren Schweigezeichen setzt man sehr häufig dieses Zeichen:
━. Wie viel gilt also diese Pause? Beschreibung derselben, Nachbildung,
Anwendung in obiger Darstellung des Liedes. Wie lange wird der letzte
Ton des Liedes, der auf die Silbe „baut" gesungen wird, ausgehalten?
Vier Schläge. Welche Noten haben wir deshalb für ihn geschrieben? Zwei
lange Noten ♩ ♩. Wenn wir nur eine Note setzen wollten, so müsste
dies eine Note sein, die wie viele Schläge gilt? Vier Schläge. Eine solche
Note giebt es; sie sieht so aus: ο. Beschreibung, Nachbildung und Anwen-
dung. Das Schweigezeichen für diese Note wird ebenfalls wie viele Schläge
zu gelten haben? Vier. Dasselbe sieht so aus: ━.
  III a. Wenn man die Vierschlagnote und die Vierschlagpause ganze
Note und ganze Pause nennt, welche Namen müssen dann die Zwei- und
Einschlagnoten (-pausen), sowie die Noten (Pausen) erhalten, von denen je
zwei auf einen Schlag kommen? Grund?
  IV a.

  III b. Vergleichung der bekannten Taktordnungen und Taktarten in
Bezug auf die Zahl der Taktteile und das Gewicht derselben.
  IV b. |♩̄ ♩̆ ♩|♩̄ ♩̆ |♩̄ ♩̆ ♩̄ ♩|.

Singen.

III c. Ausgehend von dem zuletzt behandelten Liede ist die mannigfaltige Gliederung der einzelnen Takte in jeder der besprochenen Taktordnungen, wie sie sich in den bekannten Melodieen findet, zu besprechen und darzustellen. Als Ergebnis erhält man folgende Gruppen von Taktbildern.

IV c.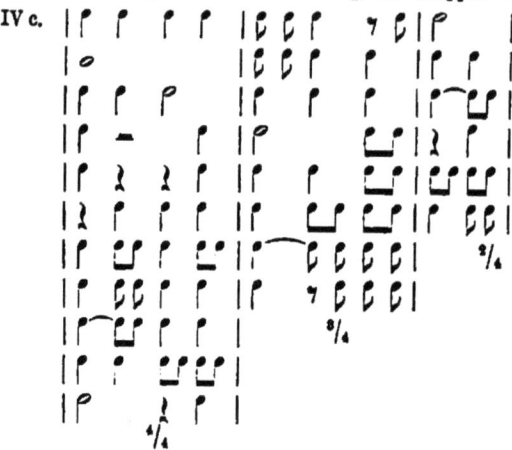

V a. Rhythmische Darstellung der Lieder: „Üb' immer Treu", „Ward ein Blümchen mir geschenket", „Auf Gott und nicht auf meinen Rat" im Vierschlagtakte.

b. Treff- und Leseübungen:

c. Nachschreibübungen:

12 Märzlied von Adolph Wendt

I b.

II a. Da die zur Notierung des neuen Liedes erforderlichen Zeichen den Schülern sämtlich bekannt sind, wird dasselbe zuerst dem Auge vorgeführt und zwar in folgender Gestalt!

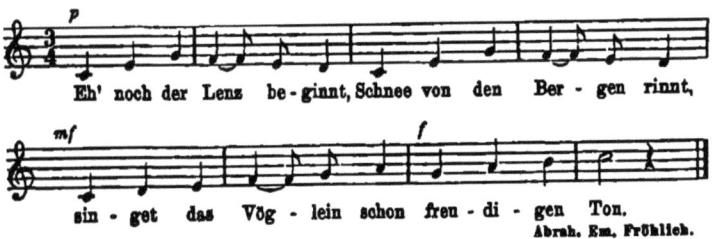

Eh' noch der Lenz be-ginnt, Schnee von den Ber-gen rinnt, sin-get das Vög-lein schon freu-di-gen Ton.

Abrah. Em. Fröhlich.

b. Besprechung der rhythmischen Beschaffenheit des neuen Liedes. Dasselbe steht im Dreischlagtakt. In jedem Takt sind drei Viertel, daher Dreivierteltakt. Es wird gezählt $\bar{1}\;\breve{2}\;\breve{3}$, taktiert ab, links, auf. Im zweiten, vierten und sechsten Takt sind zwei Noten zusammengezogen; es wird nur ein Ton gesungen.

Rhythmisiertes Sprechen des Textes.

c. Besprechung der melodischen Eigentümlichkeiten desselben. Der erste und der dritte Takt bestehen aus den Tönen des Accordes, die übrigen Takte aus den Tönen der Tonleiter. Der dritte und vierte Takt sind eine Wiederholung des ersten und zweiten Taktes.

d. Singen der ersten vier Takte auf 1, 2, 3 (Takt 2 und 4 = eins zweie, drei), dann auf den Text — in gleicher Weise der Takte 5—8. Falsches wird isoliert und besonders geübt.

Singen. 111

e. Schriftliche Darstellung der Melodie durch Ziffern in folgender Weise:

³/₄ 1 3 5 | 4̂ 4 3 2 | 1 3 5 | 4̂ 4 3 2 | 1 2 3 | 4̂ 4 5 6 | 5 6 7 8 ||

Schriftliche Darstellung der (abgelöschten) Melodie durch die Noten der Tonleiter. Bedeutung des ³/₄ am Anfang, des Doppelstriches am Schluss.

III a. Vergleichende Zusammenstellung der zur Notierung einer Melodie erforderlichen Zeichen.

IV a. 1. Zeit, Dauer, Geltung der Töne: Die Noten ◯ 𝅗𝅥 𝅘𝅥 𝅘𝅥𝅮 der Taktstrich |, das Schlusszeichen ||, das Wiederholungszeichen :||, das Taktzeichen ⁴/₄, ³/₄, ²/₄, der Bindebogen ⌢.

2. Stärke der Töne: *p, mf, f.*
3. Höhe und Tiefe der Töne:

◯ 𝅗𝅥 𝅘𝅥 𝅘𝅥𝅮

4. Pausen oder Schweigezeichen: ▬ ▬ ⸮ ᛌ.

III b. Zusammenstellung der im dritten Schuljahre gelernten Lieder 1) nach ihrer Taktordnung, 2) nach ihrem Textinhalt.

IV b. Lieder im Dreischlagtakt: Der Lenz ist angekommen, Ob ich gleich ein Schäfer bin, Bald ist es wieder Nacht etc. Lieder im Zwei- oder Vierschlagtakt: Wer nur den lieben Gott lässt walten, Ein scheckiges Pferd etc.

Wir haben gelernt: 2 Winterlieder, 2 Lieder vom lieben Gott, 1 Jägerlied, 1 Frühlingslied, 1 Schäferlied, 1 Gärtnerlied (Sommerlied), 1 Lied von der Treue, 1 Soldatenlied und 2 Abendlieder.

V. Kursorische Repetition der angeeigneten Lieder.

Einordnung der in verschiedener Aufeinanderfolge zu nennenden einzelnen Lieder in die bekannten Liedergruppen. Singen des einen oder anderen Liedes nach schriftlichen Aufzeichnungen (nach Noten bei den Liedern, die C-dur angehören, nach Ziffern bei den übrigen Liedern).

Zusammenstellung der für das III. Schuljahr behandelten Lieder

1. Der Lenz ist angekommen.
2. Ach, wie heilig ist der Ort.
3. Ein Jäger aus Kurpfalz.
4. Ob ich gleich ein Schäfer bin.
5. Ward ein Blümchen mir geschenket.
6. Üb' immer Treu' und Redlichkeit.
7. Ein scheckiges Pferd und ein blankes Gewehr.
8. Bald ist es wieder Nacht.
9. Du lieblicher Stern, du leuchtest so fern.
10. O Tannenbaum, o Tannenbaum.
11. Wer nur den lieben Gott lässt walten.
12. Eh' noch der Lenz beginnt.

Zusammenstellung der erarbeiteten Elemente der musikalischen Theorie und des Tonsystems

I Rhythmik

1. ♩ = ♫ oder ♩ = ♪ ♪.
2. ♩ = ♩ ♩ = ♪ ♪ ♫.
3. Die kleinen, zwischen zwei senkrechten Strichen eingeschlossenen Liederteile nennt man Takte.
4. Jeder Takt währt entweder zwei oder drei Schläge lang; es giebt also Zwei- und Dreischlagtakte.
5. Die senkrechten Striche am Anfang und am Schluss eines Taktes heissen Taktstriche.
6. Der unvollständige Takt am Anfang mancher Lieder heisst Auftakt. Der Auftakt macht mit dem Schlusstakt zusammen einen ganzen Takt aus. Dem Auftakt fehlt immer der schwere Schlag.
7. Die Pause ↓ und die Note ♩ gelten gleich lang, nämlich einen Schlag.
8. ↗ = ♪; ↗ ↗ = ♩; ↗ ↗ = ↓.
9. Gleichhohe Töne können beim Singen zu einem Ton zusammengezogen werden.
10. Die Abschnitte der genannten Lieder haben die gleiche Länge, haben die gleiche Zahl von Takten.
11. Auf einen Schlag können kommen:
    a) eine Note (Ton),
    b) zwei gleichlange Noten (Töne),
    c) eine längere und eine kürzere Note,
    d) eine kurze Pause und eine kurze Note (Ton).
12. In manchen Liedern werden je zwei Zweischlagtakte zu einem Takte, den man Vierschlagtakt nennt, vereinigt.
13. 𝅝 — 1
    ♩ ♩ — — ²/₂
    ♩ ♩ ♩ ♩ ↓ ↓ ↓ ↓ ⁴/₄
    ♪ ♪ ♪ ♪ ♫ ♫ ↗ ↗ ↗ ↗ ↗ ↗ ⁶/₈
14. | ♩̄ ♩̆ ♩̆ | ♩̄ ♩̆ | ♩̄ ♩̆ ♩̄ ♩̆ | ³/₄, ²/₄, ⁴/₄.
15. |: :|| = Wiederholungszeichen.
    𝄂 = Schlusszeichen.
    ⌒ = Bindebogen.
16. Lieder im Zweischlagtakt: x.
    Lieder im Vierschlagtakt: x.
    Lieder im Dreischlagtakt: x.

Singen.

II Melodik und Harmonik

17. Je höher ein Ton ist, einen desto höheren Platz nimmt auch seine Note ein. Zur Bezeichnung der Tonhöhe dienen ausser den Noten:

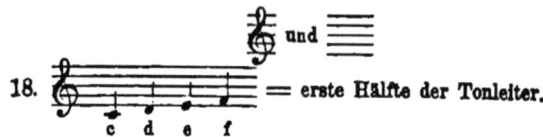

18.   = erste Hälfte der Tonleiter.

19. Der erste und der zweite, der zweite und der dritte Ton der Tonleiter sind einen ganzen Ton, der dritte und der vierte Ton nur einen halben Ton von einander entfernt.

20. Töne, deren Noten auf derselben Linie, oder in demselben Zwischenraum stehen, lauten gleich hoch.

21. Die zweite Hälfte der Tonleiter besteht aus folgenden Tönen:

22. Die untere und die obere Tonleiterhälfte bestehen aus je vier Tönen. Der dritte und vierte Ton sind in beiden nur einen halben Ton von einander entfernt.

23. Der erste und achte Tonleiterton lauten fast ganz gleich; sie und ihre Noten haben deshalb denselben Namen.

24.  gleichen

einander dem Klange und dem Namen nach.

25. Gleichhohe Töne kann man zu einem Ton zusammenziehen.

26. Der 1., 3., 5. und 8. Tonleiterton geben den Accord oder die Harmonie, wenn sie gleichzeitig gesungen werden.

III Dynamik

27. Im Zweischlagtakt und im Dreischlagtakt wird immer 1 betont, 2 und 3 nicht.

28. *p. piano* = leise; *mf. mezzo-forte* = halbstark; *f. forte* = stark.

29. *mf.* kommt öfter vor, als *p.* und *f.*

30. Es ist schöner, wenn *p.*, *mf.* und *f.* mit einander wechseln, als wenn immer gleich stark gesungen wird.

Schwabach.   Helm.

B. Naturkundliche Fächer

I Geographie

Litteratur: Oberländer, Der geographische Unterricht. 3. Aufl. Grimma 1879. Delitzsch, Beiträge zur Methodik des geogr. Unterrichts. 2. Aufl. Leipzig 1878. Göpfert, Ueber die Methode des geogr. Unterrichts in Reins Päd. Stud. Jahrg. 1883, 3. Heft, S. 29 ff. Ferner: Reins Encyklopädie II. u. VI. Bd. Günther, Geogr. Bilder, Geogr. Zeichnen, Globen, Karten. Reins Encyklopädie I, II, IV Bd. Beyer, Zur Methodik des geogr. Unterrichts. Jahrbuch des Vereins für wissenschaftliche Pädagogik 1875, I. (Siehe hierzu die „Erläuterungen in der Allgem. Schulzeitung 1873", S. 378 f., No. 48.) Ziller-Bergner, Materialien etc. Dresden 1886. Lomberg, Der geogr. Unterricht und die Erfahrung. Mädchenschule von Hessel u. Dörr. I, 1. Beilage. Bonn 1888. Heiland, Das geogr. Zeichnen. Dresden 1887. Matzat, Methodik des geogr. Unt. Berlin 1886. Stauber, Das Studium der Geographie. Augsburg 1888. Lehmann, Vorlesungen über Hülfsmittel und Methode des geogr. Unterrichts. Halle 1888. Peter und Piltz, Die Heimatkunde in Sexta mit besonderer Berücksichtigung von Jena und Umgegend. Frick-Richter, Lehrproben VI, 45—75. Heilmann, Materialien f. d. unterr. Behandlung der geogr. Grundlage in Sexta. Ebendas. XIII, 69—82. Rein, Ueber die Notwendigkeit des Zeichnens im geogr. Unterricht. Deutsche Blätter für erz. Unterricht 1878, S. 256 f. H. Kerp, Die deutschen Landschaften. Bonn 1896. Imhof, Versuch über einen Lehrplan für den Geographieunterricht. Bündner Seminarbl. IV, 1 f. Kipping, Das System im geogr. Unt. Dessau 1898.

Kutzen, Das deutsche Land. 4. Aufl. Breslau 1900. Spiess, Physikal. Topographie von Thüringen. Weimar 1875. Senff, Thüringer Wald. Regel, Beitrag zur Siedelungslehre Thüringens. Petermanns Mitteilungen 76. Ergänzungsschrift, Regel, Thüringen. Jena 1897. Harms, Vaterländische Erdkunde. Braunschweig. Ratzel, Deutschland. Leipzig 1899. O. Bräunlich, Bilder aus Thüringen. Thüringer Volksbuch 1900. Tischendorf, Präparationen für den geogr. Unt. 5 Teile. Leipzig, Wunderlich. Prülle Deutschland in natürlichen Landesgebieten. Leipzig. Keil, Wandkarte: Saale und Werra. Thüringer Wald u. Harz. Cassel, Fischer. R. Fritzsche, Präparationen zur Landeskunde von Thüringen. Altenburg 1897. Imhof, Relief v. Thüringen. Kuhn, Der Thüringer Wald. Deutsche Blätter 1891, 12 u. 13.

Bartholomäi, Astronom. Geographie in Fragen und Aufgaben Jena etc., 1846. Bartholomäi, Ueber Exkursionen etc. Jahrbuch des Vereins für wissenschaftl. Pädag. 1873, S. 209 ff. Lotz, Das Astronomisch-Geographische im heimatlichen Unterricht. Allgem. Schulzeitung 1878, No. 50 und 52. Prüll, die Himmelsgegenden. Praxis 1. Erziehungsgesch. II, 1. Winzer, Ist die Heimatkunde ein selbständiger Unterrichtsgegenstand? Reins Päd. Studien 1883, 2. Heft. Kirchen- und Schulblatt für das Grossherzogtum Weimar 1880, 10. Heft. Piltz, Ueber Naturbeobachtung des Schülers. Weimar 1882. Derselbe, 700 Aufgaben und Fragen für Naturbetrachtung des Schülers in der Heimat. 3. Aufl. Weimar 1887. Hirt, Geogr. Bildertafeln. Breslau. (Siehe folgenden Abschnitt: Naturkunde.)

I Die Auswahl und Anordnung des Stoffes

> „Anf der Stelle, wo der Schüler lebt, soll er zuerst in Wirklichkeit orientiert werden und das Land in allen seinen Verhältnissen kennen. Die Beobachtung im Vaterland weckt und schärft den Blick, wie das Urteil für die Erkenntnis fremder Länder."
> Ritter

Durch den Unterricht im ersten und zweiten Schuljahr sind schon mannigfache geographische Kenntnisse bei Gelegenheit der Spaziergänge gewonnen worden. Wir erinnern nur an „Hörsel, Werra etc." (II. Schuljahr, S. 30, No. 1 und 2), „die Himmelsgegenden", „der Goldberg" u. s. w.

Auch im dritten Schuljahre handelt es sich noch um Kennenlernen der thüringer Heimat und zwar im Anschluss an die heimatlichen Sagen. Denn dieses Prinzip steht uns von vornherein auf Grund der Konzentrationsidee fest: Die Auswahl und Aufeinanderfolge des geographischen Stoffes hat sich i. g. nach dem Geschichtsunterricht zu richten. Hiermit wird der fachwissenschaftliche Gang auch hier aufgegeben und damit werden alle die Nachteile vermieden, die in seinem Gefolge sich befinden. Wir haben uns bei der Auswahl des geographischen Stoffes genau an die Konzentrationsreihe zu halten, wie sie die Profangeschichte aufstellt. An die Stelle des fachwissenschaftlichen Ganges tritt auch hier der psychologische.

Hierdurch stellen wir uns in Gegensatz zu der hergebrachten Art und Weise, den geographischen Stoff anzuordnen. Die gewöhnliche Anordnung war bisher folgende: Auf dem Satze fussend, „vom Nahen zum Fernen", erweiterte man nach und nach den Kreis der engeren Heimat auf die weitere Umgebung, dann auf Deutschland, um von hier zu den übrigen Ländern überzugehen und endlich die fremden Erdteile durchzunehmen. Das ist die bequeme Anordnung der Leitfäden.

So überzeugend diese Anordnung nun auch wirken mochte, fand man doch hie und da heraus, dass mit dem Satze „vom Nahen zum Fernen" nicht das Richtige getroffen werde, da das räumlich Nahe nicht immer zugleich auch das psychologisch Nahe sei. Man sagte, dass hier in der Geographie dieser Grundsatz geradezu Unheil anrichte, insofern die geographischen Verhältnisse unseres engeren Vaterlandes Thüringen viel kompliziertere seien, als beispielsweise die von Afrika. Es empfehle sich demnach, nicht obigem Satze zu folgen, sondern vielmehr dem Prinzip „vom Einfachen zum Zusammengesetzten".

Hiedurch gelangte man zu einer andern Art, den geographischen Stoff anzuordnen. Es hiess nun: Nach Beendigung der Heimatkunde müsse man einen gehörigen Sprung thun, nämlich von der Heimat nach Afrika; denn hier seien so einfache geographische Verhältnisse gegeben, dass der wahrhaft innere Anschluss und der einzig richtige Fortgang von der engeren Heimat nach Afrika sei.*) Ehe man jedoch mit diesem

---

*) Hat man doch allen Ernstes vorgeschlagen, mit dem Bilde der Wüste, als dem Einfachsten, was es geben könne, zu beginnen.

Erdteil den Anfang machen könne, müsse natürlich die Vorstellung von der Kugelgestalt der Erde, die Grenzen der Erdteile in den Hauptgrundzügen gewonnen sein. Zurückgewiesen werde demnach die allmähliche Erweiterung der Heimat auf die Umgebung, dann auf grössere Kreise u. s. w. Vielmehr schliesse sich an die Heimatkunde zunächst der Induktionsglobus, die Übersicht über die Erdteile, dann Afrika, sowie die übrigen Länder in aufsteigender Schwierigkeit.*)
Wie wir uns zu diesen beiden sich direkt entgegenstehenden Ansichten, von denen die eine öfters als analytische, die andere als synthetische Methode bezeichnet wird, stellen, haben wir oben schon angedeutet. Zunächst weisen wir hier wie überall den rein fachwissenschaftlichen Aufbau, wie er in den beiden so genannten „Methoden" hervortritt, zurück, da er jeglichen Zusammenhang mit den übrigen Unterrichtsfächern von vornherein verneint. Ferner haben wir hervorzuheben, dass die Anordnung nach sogenannten konzentrischen Kreisen in der Erziehungsschule als logisch-fachwissenschaftliche dem Ziel des erziehenden Unterrichts widerspricht und darum nicht empfohlen werden kann.**) Aus diesem Grunde müssen wir das erstgenannte Prinzip verwerfen.***)

Ebenso wenig können wir das zweite billigen. Auch hier ist der fachwissenschaftliche Gesichtspunkt massgebend. Es wird in der einseitigsten Weise nur nach dem zweckmässigsten Fortgang der Geographie von der Heimatkunde aus gefragt. Ob etwa andere Fächer, wie Geschichte und Naturkunde, bei der Anordnung des geographischen Stoffes auch ein Wort mit reden dürften, — diese Überlegung spielt dabei keine Rolle. Vielleicht hat man sich zu streng an Herbarts Wort gehalten: „In der Geographie lassen sich zum mindesten zwei Kurse unterscheiden, deren einer analytisch an die nächste Umgebung (den Grundriss des Orts) anknüpft, der zweite aber vom Globus beginnt." Ferner bestreiten wir auch, dass Afrika wirklich so einfache Verhältnisse darbietet. Wir geben dies nur zu mit Rücksicht auf die Gestalt dieses Erdteiles. Dies kann aber doch nicht ausschlaggebend sein. Wird dem gegenüber eingewendet, dass man von Afrika für's erste nur das Wichtigste und Leichteste nehmen wolle, um das Schwierigere später hinzuzufügen, so haben wir wieder die bekannten „konzentrischen Kreise". Und welches Interesse

---
*) Siehe Göpfert, Ueber den Unterricht in der Heimatkunde, S. 12 u. 13. Vergl. Waitz, Allgem. Pädagogik. Braunschweig 1875. S. 427 ff. Matzat, Methodik des geogr. Unterrichts. S. 138 ff.
**) S. das 1. Schuljahr 6. Aufl. Seite 72 ff. Im geographischen Unterricht hat bekanntlich Stössner (Annaberg) die Anordnung nach 3 sich erweiternden Kreisen getroffen; d. h. auf jeder der 3 Stufen wird das Ganze der geographischen Objekte durchlaufen und auf den höheren Stufen jedesmal Neues angeklebt, was auf den Stössnerschen Karten auch durch besonderen Druck markiert wird.
***) Ueber das Eintreten der mathematischen Geographie siehe das „VII. Schuljahr", 2. Aufl. S. 63 f. „Es genügt z. B., dass der Schüler die Bewegung der Erde um die Sonne überhaupt einmal kennen lerne, und dass er diese Kenntnis habe, wenn er sie nothwendig braucht; dass er sie sehr früh erwerbe, daran liegt wenig oder gar nichts." Matzat, a. a. O. S. 120. Ueber das Sammeln von Beobachtungen s. Piltz, Aufgaben und Fragen etc. 3. Aufl. Weimar, 1887.

wird von seiten der Kinder diesem Erdteil entgegenkommen? Wie sollen sich — abgesehen vom Nil und Ägypten (bibl. Geschichte) — die erworbenen Vorstellungen mit denen in Beziehung setzen, welche das betreffende Schuljahr beherrschen? Wird nicht das über Afrika Gelernte als ein von allen übrigen Vorstellungen losgetrenntes Stück nur den Wert von Notizen beanspruchen können?

Ferner werden wir unsere Schüler auch nicht so frühzeitig an den Globus führen, weil wir das unterrichtliche Eintreten in die mathematische Geographie auf dieser unteren Stufe für eine höchst bedenkliche Verfrühung erachten. Der Unterricht wird und muss in Verbalismus ausarten. Die neun- bis zehnjährigen Kinder unserer Volksschulen sind nicht im stande, sich eine Vorstellung von der Erdkugel zu machen. Infolge dessen haften sie am Globus und an der Zeichnung. Sie können dieselbe vielleicht sehr fliessend erklären, aber Vorstellungen liegen den Worten nicht zu Grunde. Sie sehen die Zeichen, wissen aber nichts von der Sache. Es ergeht dann dem Kinde mit seinen Vorstellungen wie Rousseau trefflich sagt: „Qu'est ce que le monde? un globe de carton."*)

Genug — wir können weder der sogen. analytischen, noch der synthetischen „Methode" in der Geographie uns anschliessen. Aber was tritt dafür ein? Ist überhaupt ein anderer Weg möglich? Gewiss. Der Konzentrations-Gedanke zeigt uns ihn, wie wir bereits am Eingang dieses Abschnittes gesagt haben. Die Profangeschichte wird uns die nötigen Anhaltepunkte zur Auswahl des geographischen Stoffes gewähren. Doch warum die Profangeschichte?

Dass von bedeutenden Geographen der innere Zusammenhang zwischen Geographie und Geschichte betont worden ist, möge hier nur angedeutet werden.**) Denn auch wenn dies nicht geschehen wäre, müsste die Methodik dem Grundgesetz von J. G. Müller folgen, nach dem die Geographie am besten „nach dem Gange der Entdeckungen fortschreitet." Aus diesem Grunde werden dem Schüler die Erdteile und

---

*) Ziller, Vorlesungen, S. 276: „Der Globus und Apparate, wie der, woran die Umdrehung der Erde um die Sonne gezeigt wird, oder auch nur Beschreibungen, wie die von Hebel über die math. Geographie, können viel zu rasch dargeboten werden. Die Thatsachen werden dann allerdings schnell angeeignet, aber die Empfänglichkeit für die spekulativen Betrachtungen, wozu der Gegenstand auffordert, wird abgestumpft und er tritt folglich doch nicht in das rechte Licht." — „Die Frische der Empfänglichkeit wird immer geschwächt, wenn der Schüler zu rasch zu den Resultaten oder sogar zu den Höhepunkten der Erkenntnis hingeführt wird, und wenn Anticipationen stattfinden."

**) Schon aus diesem Grund halten wir die Bearbeitung der Geographie für das II. Schuljahr, wie sie im Jahrbuch 1884, S. 261 f. gegeben worden ist, für ganz verfehlt. Ueberdies ist die Lokalität, auf der die Robinsonerzählung spielt, ganz Nebensache; die Erzählung könnte ebenso gut auch wo anders spielen. Der Anschluss der Geographie an den Gesinnungsunterricht ist im gen. Jahrbuch in ganz äusserlicher und darum verwerflicher. Von einem innern Anschluss wird erst dann die Rede sein können, wenn wir im Gesinnungsunterricht auf historischen Boden gestellt werden. Geschichte ist ohne Geographie nicht recht verständlich; hier also ist der Punkt, wo sich die Geographie in den Dienst der Geschichte stellen muss. Vergl. das „II. Schuljahr", 4. Aufl., S. 67 ff. Ferner Matzat, Seite 187 und Bündner Seminarblätter, IV, 1.

Länder in der Aufeinanderfolge vorgeführt, wie sie in den Gesichtskreis der Menschen gerückt worden und in der Geschichte hervorgetreten sind. Damit werden wir zugleich dem **kulturhistorischen Aufbau** der Unterrichtsstoffe gerecht. In den beiden ersten Schuljahren ist von exakter „Geographie" noch keine Rede. Die Völker erdachten und erfanden erst sehr vieles andere als Geographisches. Und so sind auch dem Kinde in den ersten Schuljahren sehr viele andere Belehrungen nötiger als geographische Unterweisungen. „Die geographischen Anschauungen, sagt Matzat mit Recht, welche etwa dem Stadium der kulturlosen und Halbkulturvölker entsprechen, bildet das Kind sich ganz von selbst." (A. a. O. S. 136.)*) „Die Anfänge eines geographischen Wissens haben sich erst verhältnismässig spät entwickelt. Will man die Geographie eine Naturwissenschaft nennen, so ist sie jedenfalls die jüngste. Bereits der Urmensch muss nach und nach ansehnliche physikalische, chemische, mineralogische, botanische und zoologische Kenntnisse erworben und fortgepflanzt haben, ehe an geographische gedacht wurde." (Matzat a. a. O. S. 122 f.**)

Der **kulturhistorische** Gesichtspunkt weist uns also darauf hin, den Lehrgang in der Geographie so zu gestalten, dass er den Weg nachahmt, auf dem die Gesamtheit die geographischen Objekte gefunden hat.***) Dabei sind wir in der glücklichen Lage, dass hierdurch zugleich dem **Konzentrationsprinzip** entsprochen wird, insofern die Geschichte, soll sie verstanden werden, geographische Betrachtungen gebieterisch fordert. Freilich nicht in dem Sinne, dass, wenn durch die Geschichte der Zögling die Entwicklung seines Volkes lernt, die Geographie ihn lehren soll, diese Entwicklung aufzufassen als das Produkt der Zusammenwirkung eines begünstigten Erdraumes und eines beanlagten Volkes; denn man kann mit einiger Sicherheit kaum von der Naturumgebung auf das Volk, seinen Charakter und seine Beschäftigung schliessen. Wohl aber, „wenn ich von Rom in der Geschichte viel erzählen höre, von seinen Nachbarn und Kämpfen, seiner Entwicklung, und nun zugleich sehe, wo es liegt, wie seine Naturumgebung ist." (Gerland a. a. O.

*) „Es ist das höchste Problem der Erdkunde, die Frage zu beantworten: Wie haben die einzelnen Planetenräume auf den Entwicklungsgang der Völker und unseres ganzen Geschlechts zurückgewirkt? Der Anblick der Erdgemälde soll uns dahin führen, in der Verteilung von Land und Wasser, von Ebenen und Höhen eine von Anfang an gegebene, oder wenn man will, beabsichtigte Wendung menschlicher Geschicke zu durchschauen, soll uns erkennen lehren, dass die Kultur- und Völkergeschichte durch örtlich herrschende Naturerscheinungen mitbedingt war." (Peschel-Leipold, Physische Erdkunde, Bd. 1 u. Peschel, Geschichte der Erdkunde, XVI.) Dagegen Prof. Gerland, Beiträge zur Geophysik, Stuttgart 1887, namentl. S. XXVIII f.

**) „Nichts ist verderblicher, als wenn die Wissenschaften isoliert nebeneinander stehen und die eine sich nicht um die andere kümmert. Mithin, je intimer das Verhältnis der Geographie zu anderen Wissenschaften ist, desto heilsamer und ehrenvoller für sie." (R. Mayr in Seiberts Zeitschrift für Schulgeographie. I. Jahrg. S. 255.)

***) „Nur der Gang nützt dem Einzelnen, den die grosse Entwicklung der Völker, der Menschheit ebenfalls genommen hat." Prof. Gerland a. a. O.

S. II.)*) Die Schulgeographie tritt somit in den Dienst des Geschichtsunterrichts, gerade so, wie die Schulgrammatik in den Dienst der Lektüre und des Aufsatzes sich stellt. Erstere schliesst sich dem Gang des geschichtlichen Unterrichts an, gerade so, wie die Schulgrammatik genau dem Gange der Lektüre bez. dem Aufsatz folgt.**)

Hiervon wollen nun freilich die geographischen Fachleute nichts wissen.***) Das ist sehr natürlich. Nachdem sie ihre Wissenschaft glücklich aus den Armen der Geschichte — denn in ihr ging die Selbständigkeit der Geographie vollständig verloren — befreit haben, wollen sie die errungene Selbständigkeit nicht nur wahren, sondern glauben sie dadurch für immer festzuhalten, dass alle Fäden zu anderen Fächern durchschnitten werden. Da man mit der Geschichte zusammen nichts Ordentliches leistete, so wollte man dies nun auf eigene Hand thun, verfiel aber dabei in das andere Extrem, einem einseitigen Fachpartikularismus

*) Gerland fährt dann fort: „Das wird sich, wenn der betr. Ort schon bekannt und für den Hörenden wertvoll ist, leicht und naturgemäss lehren und lernen lassen, umgekehrt nicht, denn es fehlt eben jeder logische Zusammenhang, jede Notwendigkeit des Begreifens. Hier liegt der Grund zu jener Erfolglosigkeit, zu jenem geringen Interesse des geographischen Unterrichts, worüber in den heutigen Schulen so oft und mit Recht geklagt wird. Diese Klagen sind ein Zeichen für den natürlichen gesunden Sinn der Jugend, für die Fehlerhaftigkeit der bisher meist geltenden Methoden.

Gegen die anthropogeographischen Betrachtungen, wie sie in geographischen Lehrbüchern nur allzu gewöhnlich sind, lässt sich von pädagogischer Seite ebensoviel einwenden, wie von wissenschaftlicher. Auf die völlige Verschiedenartigkeit des historischen und geographischen Stoffes ist nicht noch einmal einzugehen. Was sie für die Schule ganz unbrauchbar, ja schädlich macht, ist zunächst die Unsicherheit ihrer Schlüsse, welche sich ja in den meisten Fällen über Wahrscheinlichkeiten nicht erheben; dann aber und vor allem die Anfechtbarkeit derselben, da der Charakter, die historischen Schicksale eines Volkes seine Verhältnisse unendlich viel mehr bedingen, als seine geographische Lage. Solche schillernden, mehr oder weniger geistreichen Möglichkeiten sind gewiss nichts für erzieherische Zwecke, bei denen gerade der Geist von allem Schwankenden, Halben behütet und das klare Sichere, logisch Notwendige befestigt werden soll. Erlernbar und erlernenswert ist natürlich nur das sicher Nachgewiesene. Auch für Schulzwecke also zeigt sich die Art der Geographie welche heute so vielfach angepriesen wird und in der menschlichen Entwicklung ihr höchstes Ziel sieht, nicht zu verwenden; das aber, was von solchen Kombinationen brauchbar ist, das gehört, wie wir schon sahen, ganz und gar in das Gebiet des Historikers, denn das handhabende Subjekt, das auslesende, benutzende, oder auch das leidende, gehinderte, stets aber das Subjekt ist der Mensch, nicht die Erde." —

**) Auf dieses Abhängigkeitsverhältnis hat vor 300 Jahren der erste deutsche Schulgeograph Michael Neander hingewiesen: „Lucem affert in sacrorum librorum, historicorum veterum et recentium, et poetarum omniumque aliorum auctorum lectione ... cognitio situs locorum .... quae commentariorum fere instar est ubique in omnis generis scriptorum lectione et explicatione; — denn .. non tam oculum corpori esse necessarium quam geographiam lectori historiarum." (Orbis terrae partium succincta explicatio, Eisleben 1583.) Matzat, S. 139 f.

***) Auch Herr Direktor Ackermann-Eisenach hat sich veranlasst gesehen, den Anschluss der Geographie an die Geschichte hinsichtlich der Anordnung des Stoffes einem Fachmann gegenüber zu verteidigen. (S. die Zeitschrift „Mädchenschule", Bonn 1888, 2. Heft, S. 260 f.)

zu huldigen. Dass dabei pädagogische Hauptgesichtspunkte, namentlich der Gedanke, die einzelnen Schulwissenschaften in der Erziehungsschule nur in Rücksicht auf ihren erziehlichen Wert und ihren Beitrag zur Gesamtbildung ins Auge zu fassen, ganz verloren gingen, liegt deutlich zu Tage. So lange aber der Fachpartikularismus in der Schule herrscht, kann von einer erzieherischen Gesamtwirkung des Unterrichtes schwerlich die Rede sein.

Darum vertreten wir den Satz, dass die Geographie ihre errungene Selbständigkeit ganz und voll behaupten soll hinsichtlich der Bearbeitung ihrer Stoffe; dass sie aber als notwendiges Glied des Lehrplans diesem organisch sich einfügen und deshalb die Anordnung der geographischen Objekte vom Standpunkt des obersten Unterrichtszieles sich vorschreiben lassen muss. Sie darf ihre Selbständigkeit nicht so weit treiben wollen, einen rein fachwissenschaftlichen Gang zu verfolgen. Denn damit löst sie sich selbst aus dem natürlichen Verband los und masst sich etwas an, was ihr nicht gebührt. Nachdem der geographische Unterricht die erstrebte Selbständigkeit errungen hat, muss er das alte Verhältnis zur Geschichte vom Standpunkt des erziehenden Unterrichts wieder anknüpfen, aber nicht mehr als Knecht, sondern als Freier; denn „was gelten soll, muss wirken und muss dienen." (Vergl. Matzat, a. a. O. S. 139 f.)*)

Wie wir uns nun den Anschluss der geographischen Stoffe an den Geschichtsunterricht denken, wie wir an Stelle des fachwissenschaftlichen den psychologischen Gang setzen wollen, sei in nachfolgender Tabelle kurz veranschaulicht, mit Beziehung auf die Übungsschule in Jena.

Schuljahr.	Geschichte.	Geographie.	Schulreisen.
3.	Thüringische Sagen	Thüringen — Engere Heimat	Saalthal, Unstrutthal
4.	Nibelungen	Thür.-Wald — Thüringen Rhein- und Donau-Gebiet (West- u. Süddeutschland)	Thüringer Wald
5.	Deutsche Geschichte Karl d. Gr. — Otto d. Gr.	Das alte Franken. Sachsen u. Slavenland (Norddeutschland und Ostdeutschland)	Harz
6.	Deutsche Geschichte Otto d. Gr. — Rudolf v. H.	Mittelmeerländer Italien Alpengebiet Österreichische Kronländer	Rhön
7.	Entdeckungsreisen Deutsche Geschichte bis zum 30jährigen Krieg	Aussereurop. Erdteile: Amerika etc.	Lutherstätten
8.	Deutsche Geschichte bis jetzt	Skandinavien. England, Holland, Frankreich, Russland — Polit. Gestaltung Deutschlands und Europas. Kolonien	Leipzig

*) Vergl. Imhof, Versuch über einen Lehrplan für den Geographie-Unterricht. Bündner Seminarblätter IV, 1 f.

Die genaueren Zusammenhänge werden in den einzelnen Bänden unserer Theorie und Praxis dargelegt. Immer ist der Gedanke dabei massgebend, dass das Interesse, welches durch die Geschichte geweckt wurde, sich auch auf die geographischen Objekte überleiten lässt, die nun vom Standpunkt der neueren Geographie und mit allen ihr zu Gebote stehenden Hülfsmitteln mit den Zöglingen durchgearbeitet werden.

Ohne Zweifel wird für den Schüler dasjenige Land am meisten Interesse haben, in welchem sich Ereignisse abspielen, von denen ihm eben der gleichzeitige Geschichtsunterricht Kunde giebt. Gewiss machen viele Erwachsene mit Prof. Hirschfeld die Erfahrung, dass tiefere, wirkliche Anteilnahme erst bei denjenigen Ländern beginnt, welche zugleich historischer Boden sind.*) Auch Stoy rügt es in seiner Encyklopädie, 2. Aufl. S. 70, als ungesunden Zustand, wenn man auf dem Lehrplane zu einer Zeit nebeneinander finde Geschichte des Mittelalters und Geographie von Amerika. Um diesen ungesunden Zustand zu vermeiden, haben wir neben die betr. Geschichtsstücke durchweg die bezüglichen geographischen Gebiete gestellt. Hierdurch fördern wir die Einsicht im Schüler, warum er letztere kennen lernen soll, und sind damit auch eines tiefergehenden Interesses sicherer als da, wo ein geographischer Leitfaden durchgearbeitet und auf das nebenhergehende Geschichtliche gar keine Rücksicht genommen wird.

Sollte aber jemand, der aus Gewöhnung für den sogen. „lückenlosen Fortschritt" schwärmt und sich nicht von dieser Phrase losmachen kann, meinen, unser Gang zerreisse das Zusammengehörige und löse dasselbe in zusammenhanglose Stücke auf, so ist dies nicht richtig. Bei näherem Hinsehen wird man leicht finden, dass auch bei der an die Geschichte angelehnten Geographie sich leicht fachwissenschaftliche Gruppen bilden lassen, die sich nach und nach zusammenschliessen, bis auf der obersten Stufe das „Systemheft" den Leitfaden darstellt. Denn es ist endlich noch daran zu erinnern, dass die eigene Triebkraft der Gedanken, welche bei der Bearbeitung eines geographischen Objektes geweckt wird, zur Herbeiziehung und Behandlung von Stücken nötigt, auf welche zur Zeit ein besonderes Licht von der Geschichte aus nicht fällt. —

Für unser drittes Schuljahr aber dürfte der geographische Stoff, und zwar für die Schulen in Eisenach, im einzelnen sich folgendermassen gliedern:

Im Anschluss an die erste Erzählung von Ludwig dem Springer,

---

*) Vergl. Ackermann, Pädagogische Fragen, I, S. 39. Dagegen Böttcher (Die Methode des geogr. Unt., Berlin 86, S. 142): „Der geogr. Lehrer hat die Pflicht, bei der Behandlung der topischen Verhältnisse auch diejenigen Schauplätze zu berücksichtigen, welche durch historische, dem Schüler schon bekannte Vorgänge wichtig geworden sind, im übrigen aber muss bei der Auswahl des topographischen Lehrstoffes den Bedürfnissen des Geschichtsunterrichts, wie des naturkundlichen nur insoweit Rechnung getragen werden, dass die Schüler dazu befähigt werden, unter Anleitung des Fachlehrers die für die individuellen Bedürfnisse dieser Unterrichtsgegenstände notwendigen geographischen Kenntnisse sich anzueignen." Vergl. Böttcher, a. a. O. S. 14.)

welcher von Friedrichroda her bis zum Wartburgberg seine Jagd ausdehnt, ist die erste methodische Einheit das Hörselgebiet vom Inselberg bis Eisenach.*) Die Erzählung von der Erbauung der Wartburg giebt Veranlassung, den Metilstein und den Wartburgberg mit Burg und Umgebung näher zu betrachten. Die Schauenburg, sowie die Gründung von Reinhardsbrunn führt uns nach Friedrichroda; die Erzählung vom Schmied zu Ruhla weckt das Interesse, Ruhla, Erbstrom und Umgebung, sowie das Gebirge, dem die heimatlichen Berge angehören, näher kennen zu lernen. Der Giebichenstein bei Halle führt uns an die Saale; Goseck, die Neuenburg, sowie die ältere thüringische Geschichte an die Unstrut und in das Land zwischen dem Thüringer Wald und dem Harz; der Kampf um den Salzfluss an die Werra u. s. w.

Dem aufmerksamen Leser bieten sich derartige geographische Anknüpfungs- und Ausgangspunkte innerhalb der „Thüringer Sagen" in reichem Masse. Er muss nur diesen Anknüpfungen folgen und den geographischen Stoff um die dort gegebenen Mittelpunkte gleichsam herumlegen.

2 Übersicht über die methodischen Einheiten

1. Das Hörselgebiet.
2. Wartburg und Metilstein.
3. Die Werra.
4. Der Thüringer Wald.**)
5. Die Rhön.***)
6. Die Saale.
7. Die Unstrut.
8. Das Land zwischen Thüringer Wald und dem Harz.†)

} Sommer-Halbjahr. Exkursionen.

Exkursionen§)

1 Schuljahr

1. Gang in das Feld bis zur Amrichen Brücke.
2. Gang in den Wald (Rösisches Hölzchen).

---

*) Die Erarbeitung des Stadtplanes, wie sie früher überall gefordert wurde, ist von uns ganz aufgegeben worden, weil die Behandlung einesteils zu kompliziert und zu schwierig ist, anderenteils wegen der Einförmigkeit des Stoffes interessetötend wirkt. Die Zeit, welche man damit hinzubringen pflegt, kann in weit besserer Weise verwendet werden, da der Gewinn, welchen die Kinder aus der ausführlichen, das kleinste Eckchen des Stadtplanes berücksichtigenden Bearbeitung ziehen, ein zu geringer ist. Ueberdies wird durch die häufigen Exkursionen, welche der geographische Unterricht des dritten Schuljahres fordert, auch der Stadtplan in seinen Hauptzügen mit gewonnen. Weiteres erscheint uns aber vollständig unnütz.
**) K. Kuhn, Thüringer Wald. Deutsche Bl. 1891, 12 u. 13. R. Fritzsche, Präparationen zur Landeskunde von Thüringen. Altenburg 1897.
***) Fuchs, Amtsgerichtsbezirk Geisa. Geisa 1891.
†) Der Harz kommt im fünften Schuljahr zur Behandlung im Anschluss an die sächsischen Kaiser.
§) Selbstverständlich müssen die Exkursionen vom Lehrer sorgfältig vorbereitet werden, damit sie nach allen Seiten hin (Naturkunde, Geographie

3. Gang an der Hörsel hin bis zum grossen Wehr.
4. Gang in das Schloss.
5. Gang in die Stadt (Jakobsplan, Eichels Haus, Schwarzer Brunnen, Georgenstrasse, Halber Mond, Markt, Schloss).
6. Gang auf den Goldberg.
7. Gang durch die Stadt (Markt, Johannisplatz, Frauenthor) bis zum Prinzenteich und zum Johannisthal.
8. Gang um die Stadt herum ins Karthaus.
9. Gang an der Hörsel hin bis zur Spicke.
10. Gang auf den alten Gottesacker zur Kreuzkirche.

Maigang: In den Zeissiggrund.

II Schuljahr

1. Gang an den Prinzenteich (Predigerplatz, Schiessgraben, Barfüsserteich, Steinrutsche).
2. Gang ins Georgenthal bis an den Steinbruch und den Viadukt der Werrabahn. (Zu Naturk. S. 50.)
3. Gang nach Stregda (Wotansberg).
4. Gang nach dem Sengelsbach. (S. 52.)
5. Gang an den Moseberg. (Schon zu Einh. 13, S. 53.)
6. Gang auf die Geisköpfe.
7. Gang an dem Bach im Marienthal hin bis zum Wasserfall im Annathal und zu den Knöpfelsteichen.
8. Verschiedene Gänge in die Stadt zu den verschiedenen Handwerkern: Zimmermann, Bäcker, Schlosser, Gerber etc.

Maigang: Nach Hörschel am Einfluss der Hörsel in die Werra.

III Schuljahr

1. Gang nach dem Drachenstein an der Weinstasse.
2. Gang auf den Petersberg.
3. Gang auf den grossen Hörselberg. (Maigang.)
4. Gang auf den Wachstein.
5. Ausflug nach Ruhla.
6. Ausflug nach dem Inselberg. (Schulreise.)
7. Der Metilstein.
8. Der Wartburgberg.
9. Die Wartburg. a) Vor der Burg. b) Der äussere Hof. c) Der innere Hof.

Zeichnen) recht nutzbringend für die Kinder sich gestalten. Siehe die bez. Aufsätze von Ziller und Bartholomäi im Jahrbuch des Vereins für wissensch. Pädagogik, die Abhandlung von Scheller und Junge in den deutschen Blättern für erziehenden Unterricht, Langensalza; die Programmarbeiten von Kompter in Apolda, Kögler in Eisenach; die Aufsätze von Wendt und Lomberg in der Encyklopädie von Rein u. a. Siehe ausführliche Litteratur bei Beyer. Die Naturwissenschaften in der Erziehungsschule. Leipzig und in der Encyklopädie von Rein.

Der Übersicht halber sind im Nachfolgenden die Exkursionen der drei ersten Schuljahre für die Eisenacher Schulen zusammengestellt. Ähnliche Zusammenstellungen muss jede Schule vornehmen.

10. Gang auf die Brandenburg.
11. Gang auf den Meisenstein.
12. Gang auf den Kielforst.
13. Gang auf den Hirschstein.
14. Gang auf den Milmesberg.
Maigang: Auf den grossen Hörselberg.
Schulreise: Auf den Inselberg (Reinhardsbrunn, Friedrichroda).

3 Die Behandlung des Stoffes*)

Der jedesmaligen Zielangabe, welche, wie wir schon hervorgehoben haben, aus dem Geschichtsunterricht herauszunehmen und nach von hier gegebenen Gesichtspunkten zu formulieren ist, folgt die Bearbeitung jeder einzelnen methodischen Einheit nach den fünf normalen Stufen.**) Für die Geographie des dritten Schuljahres, welches sich zunächst und hauptsächlich auf dem Boden der engeren Heimat, d. h. im Kreise der

---

*) S. R. Fritzsche, Präparationen zur Landeskunde von Thüringen. Altenburg 1897. Kipping, Das System im geogr. Unt. Dessau 1898.

Diese Übersicht hat selbstverständlich nur Wert und Bedeutung für die Eisenacher Schulen. Da die geographische Betrachtung nur von der Heimat ausgehen kann, so muss der Lehrplan der unteren Stufen durchaus individuell gestaltet werden. Auch die Anordnung der „Thüringer Sagen" bedarf der heimatlichen Unterlage und wird für die verschiedenen Orte Thüringens ganz verschieden ausfallen. Im Zusammenhang hiermit auch die Auswahl von Anordnung der verschiedenen geographischen Einheiten.

Bei Fritzsche a. a. O. findet man mit Beziehung auf Altenburg folgende Anordnung:

A. Der Altenburger Ostkreis.
1. Einheit: Das Teich- und Waldgebiet des Ostkreises.
    1. Die Milchwitzer Teiche und die Leina.
    2. Die Haselbacher Teiche und der Kammerforst.
    3. Die Mittel- und Endglieder des grossen Teich- und Waldgebietes.
2. Einheit: Das Kohlengebiet des Ostkreises.
3. Einheit: Die Kornkammer des Ostkreises.
4. Einheit: Die Hochfläche des Ostkreises.
5. Einheit: Ueberblick über den Ostkreis.
6. Einheit: Das Vogtland.
    1. Die Industrie des Vogtlandes.
    2. Die vogtländische Schweiz.

Für die Schulen in Jena kommt zunächst in Betracht die Behandlung des Saalthales, soweit es durch eigne Anschauung von den Schülern gleichsam erobert werden kann. Dann sorgfältige Nachbildung in Sand und Thon, sowie Festhaltung in der Zeichnung und auf der Landkarte, die in grossem Massstab vom Lehrer entworfen wird. Dieser erste geographische Unterricht hat ja auch bekannt zu machen mit allen technischen Hülfsmitteln in elementarer Weise, wie sie in den Dienst des geographischen Unterrichts zur Erzeugung klarer und sicherer Vorstellungen sich stellen. Von dem im Saalthal Erreichbaren schreitet der Unterricht dann weiter aufwärts zur Quelle und abwärts bis zur Mündung in die Elbe um den Schülern Einsicht in das heimische Flussgebiet zu verschaffen. Das ist die Hauptaufgabe des Sommerhalbjahres. Im Winter reihen sich dann die benachbarten Landgebiete an. Das folgende Schuljahr vervollständigt dann das Gesamtbild von Thüringen.

**) Siehe das I. Schuljahr, 6. Aufl., und Matzat, a. a. O., S. 94 f. Ferner Wiget, Die formalen Stufen des Unt., 7. Aufl. Chur, 1901.

Anschauung bewegt, gestaltet sich die Anwendung dieser Stufen etwa in folgender Weise:

1. Stufe

Die Grundlage für jede methodische Einheit ist ein mit bestimmtem Ziel unternommener **Spaziergang**. Ohne einen solchen hängt der geographische Unterricht dieser Stufe vollständig in der Luft; ohne diese unbedingt nötige Grundlage der Anschauung muss er in krassesten Verbalismus ausarten.*) Daher die Forderung: Überall, soweit es nur möglich, die einzelne geographische Einheit auf Grund einer Exkursion aufzubauen.

Ehe dieselbe jedoch ausgeführt wird, hält der Lehrer in der Schule eine Vorbesprechung mit den Kindern. Dieselben müssen alles angeben, was sie von dem beabsichtigten Weg berichten können. Sie werden manches falsche bringen, manches gar nicht auf den früheren Gängen gesehen haben. Der Lehrer wird sich diese Punkte genau merken, damit er die Kinder auf dem Spaziergang auf das besonders hinweisen kann, was sie bisher schlecht oder gar nicht beobachtet hatten. In den Kindern aber wird durch solche Vorbesprechung das Bedürfnis geweckt, die vorhandenen Lücken auszufüllen und auf dem zu unternehmenden Weg die Augen recht aufzuthun. Auch das Sehen und Beobachten will gelernt sein, namentlich bei den Kindern in der Stadt, welche der Natur gegenüber nur zu oft blind sind.

2. Stufe

„Niemals darf die sinnliche Anschauung übersprungen werden, wenn sie von selbst die Anknüpfungspunkte darbietet." **Herbart**

1. Der Unterricht im Freien. Der Weg wird unternommen. Durch die vorausgegangene Besprechung weiss der Lehrer genau, worauf er die Kinder aufmerksam machen, was er ihnen zeigen und erklären muss. Er hat auch vorher die Entfernungen gemessen und hat den Weg passend eingeteilt. Nun sollen ihn auch die Kinder ausmessen und die Entfernungen sich einprägen. Ausserdem werden häufige Orientierungsübungen angestellt. Vom Lehrer muss ferner **gezeichnet** werden, z. B. in den Sand, auf den Boden, wo sich nur passende Gelegenheit bietet. Es hat dies den Vorzug, dass die Kinder sehen, wie die geo-

---

*) Der Verbalismus im heimatlichen Unterricht. Allgem. Schulzeitung 1881, No. 18.
„Der geographische Unterricht muss, um konkrete Vorstellungen von entlegenen Objekten zu erzeugen, stets auf die ähnlichen und verwandten Vorstellungen, die das Kind schon erworben hat, zurückgehen; er hat alles Ferne und Fremde aus den im Erfahrungskreis des Zöglings liegenden heimatkundlichen Elementen zusammen zu setzen und alle geographischen Lehren an die Thatsachen der eigenen Beobachtung anzuknüpfen." (Lomberg, Der geographische Unterricht und die Erfahrung. Mädchenschule I, 1, 1888.) Vergl. Stauber, Das Studium der Geographie. Augsburg, 1888, S. 14 f. Böttcher, Die Methode des geogr. Unterrichts. 1885, S. 144, No. 25.

graphischen Objekte der Umgebung in einfachster Weise auf eine Fläche zu übertragen sind. Auch können sie leicht Bild und Sache als nebeneinander befindlich vergleichen und das Bild streng an der Hand der Sachen kontrolieren. Da bei der weiteren Behandlung des Stoffes so viel auf die Grundlage ankommt, welche hier durch die Anschauung gewonnen wird — hängt doch von derselben geradezu der ganze Erfolg des Unterrichts ab — so wird es zweckdienlich sein, den Gang zu wiederholen, namentlich wenn es sich zeigen sollte, dass manches von den Kindern nicht in gehöriger Weise angeschaut worden ist. Bei dem zweiten Mal aber wird der Lehrer sich passiv verhalten und die Kinder zeigen und sprechen lassen. Es diene dieser zweite Gang zur nochmaligen Klärung und Befestigung der Vorstellungen auf Grund der Anschauung.

2. Die unterrichtliche Bearbeitung in der Schule. a) Ist der Grund in solcher Weise gelegt worden, dann kann die unterrichtliche Behandlung in der Schule beginnen. Hat man in dem Stoff schon weitere Fortschritte gemacht, so wird es sich zunächst noch darum handeln, das bekannte, durch unterrichtliche Behandlung (auch des ersten und zweiten Schuljahres) bereits gewonnene und fixierte Material rasch ins Bewusstsein zu heben, damit das neue Stück eine sichere und schnelle Verbindung mit dem älteren eingehen kann. Es kann dieses Hervorrufen des Bekannten hier dadurch erfolgen, dass ein Schüler das nötige Stück aus dem Kopf an die Wandtafel anzeichnet; ein Anderer mag im Zusammenhang dazu sprechen und das Bekannte mündlich darstellen. Sind die Kinder später mit dem Gebrauche der Landkarte vertraut, so wird das nötige bekannte Stück auf derselben aufzusuchen und von den Kindern zu erklären sein.

Das beliebte „Abfragen" ist auch hier ganz falsch. Denn was einmal bei den Kindern in Zusammenhang gebracht wurde und fest sitzt, darf durch ein zergliederndes und zerrupfendes Abfragen nicht wieder zerrissen werden. Ist die Zeichnung vollendet und kurz erklärt — der Lehrer verhält sich dabei möglichst passiv und tritt nur ein, wenn es sich darum handelt, falsches zu berichtigen — dann beginnt die unterrichtliche Behandlung des neuen Stückes. (Es schiebt sich hier also ein kleines Stück analytisches Material in die 2. Stufe ein.)

b) Der Lehrer lässt zunächst den Weg von den Kindern im Zusammenhang erzählen und beschreiben. Das Kind darf in seiner Erzählung nicht unterbrochen werden, wenn es auch manches auslässt, anderes unrichtig darstellt. Es soll in ruhiger und zusammenhängender Rede alles das berichten, was es auf der Exkursion erfasst und beobachtet hat. Je eindringender die Anschauung auf dem Gange war, desto besser wird die Beschreibung des Kindes ausfallen. An dieser ersten Totalauffassung von seiten des Schülers wird, wie schon erwähnt, immerhin noch Manches fehlen, Manches falsch sein. Darum muss nun eine Berichtigung und Ergänzung dieser ersten Totalauffassung eintreten. Es liegt das Bedürfnis vor, die Fehler zu beseitigen. Gewiss wäre es nun das Beste, wenn man die Kinder sogleich an die Natur wieder führte.

Dies wird sich jedoch in vielen Fällen nicht sofort ausführen lassen. Ausserdem soll ja das Kind auch mit dem Zeichnen, mit der bildlichen Darstellung der Sache bekannt gemacht werden, damit es sich mit Hülfe dieser bildlichen Darstellung auf der Fläche die geographischen Objekte, wie sie in der Natur plastisch vorhanden sind, vorstellen und erfassen lerne. Auf das Entstehen eines lebhaften Phantasiebildes, das der Wirklichkeit nahe kommt, muss es der geographische Unterricht in erster Linie absehen. Er darf auf keinen Fall in dem Einprägen von Namen und Zahlen, sowie in dem Einprägen des Landkartenbildes stecken bleiben. Im letzteren Fall redet man mit Recht von „Papiergeographie".

Phantasievorstellungen zu wecken, Phantasiebilder zu schaffen — dies muss der geographische Unterricht als seine Hauptaufgabe hinstellen, so schwierig dieselbe auch ist.

Es bieten sich hierzu dem Lehrer vier Hülfsmittel dar, um die erste unvollkommene Totalauffassung zu einer gereinigten und vollständig klaren zu erheben:

1) Das Relief,
2) Die Wandkarte,
3) Die Zeichnung an der Wandtafel,
4) Bilder.

1) Das Relief hat dies für sich, dass es der Natur am nächsten kommt. Leider steht es vielfach noch nicht zur Verfügung des Lehrers.

2) Die Wandkarte kommt dann in zweiter Linie in Betracht. Hier hat der Lehrer nach dem Besten Umschau zu halten.

3) Die Zeichnung an die Wandtafel hat dies für sich, dass nur dasjenige den Kindern zugeführt wird, was gerade Unterrichtsobjekt ist; die Kinder sehen die Zeichnung an der Wandtafel entstehen, helfen selbst dabei mit und können nun in das so isolierte Stück sich ruhig vertiefen, ohne durch anderes abgelenkt zu werden. Die Zeichnung kann jedoch nie die Landkarte ersetzen. Denn für diese spricht, dass sie eine vollkommene und darum der Natur mehr sich annähernde Darstellung bietet, als es die Zeichnung des Lehrers auf der Wandtafel zu leisten vermag. Diese ist und bleibt im Vergleich zur Wandkarte ein schlechtes Anschauungsmittel. Allerdings will das Lesen und Verstehen der Landkarte — mag diese auch noch so einfach gehalten sein, wie es ja in der elementaren Erziehungsschule unbedingtes Erfordernis ist — gelernt sein. So lange die Kinder auf der Landkarte sich nicht zurechtfinden, ihre Zeichen ihnen unverständlich sind, so lange wird das Neue besser erst in der Zeichnung des Lehrers an der Tafel geboten, weil diese leichter zu verstehen und schneller aufzufassen ist, indem sie stückweise vor den Augen der Kinder entsteht und nur dasjenige vorführt, was durchgearbeitet werden soll.

Ist aber ein verständnisvolles Kartenlesen erreicht, vermögen sich die Kinder das Landkartenbild plastisch vorzustellen und die engen, auf kleinen Raum zusammengedrängten Verhältnisse im Geiste annähernd zur Wirklichkeit zu erweitern, dann möge auf der zweiten Stufe erst die

Landkarte auftreten, ehe man zum Zeichnen des betreffenden Stückes weiterschreitet.*)

Die Landkarte wäre also nach der ersten Totalauffassung in ausgiebigster Weise heranzuziehen, um letztere von ihren etwaigen Mängeln und Fehlern zu befreien. In ungezwungener Unterhaltung herüber und hinüber muss das Interesse gefesselt bleiben. Bei lebhafter Teilnahme von seiten der Kinder ist das Einprägen leicht und die Verbindung mit dem Früheren gesichert. Ausserdem bieten sich verschiedene Übungen an, welche zur vollkommenen Sicherheit und Festigkeit des neuen Materials führen. Dabei muss der Lehrer vor allem auch auf Abwechslung sehen. So kann die Einprägung in verschiedener Weise erfolgen:

1. Der Lehrer zeigt der Reihe nach, d. h. so, wie die Vorstellungen der einzelnen Sachen aufeinander folgten, an der Landkarte und lässt sprechen. Schwierige Namen werden von ihm an die Tafel geschrieben.

2. Der Lehrer zeigt und lässt dieselbe Reihe rückwärts ablaufen.

3. Ein Schüler zeigt ausser der Reihe, ein anderer spricht und umgekehrt.

4. Ein Schüler zeigt und spricht dabei im Zusammenhang.

5. Das Chorsprechen kann bei der Einprägung vortreffliche Verwendung finden.

c) Nun erfolgt die Zeichnung des Neuen von seiten der Kinder. Hierbei tritt die Isolierung der einzelnen geographischen Objekte ein, welche zu einer vertieften und genaueren Betrachtung, zu einer schärferen Auffassung nötig ist. Die Zeichnung wird zunächst an der Wandtafel von einem Kinde entworfen; die anderen helfen mit, verbessernd durch Wort und That. Zur Kontrolle bleibt die Landkarte vor den Augen der Kinder hängen. Die Zeichnung selbst wird in der Art der Seydlitzschen Kartenskizzen entworfen. Als Hülfsmittel sind auch geometrische Figuren, wie sie sich aus der gemeinsamen Besprechung ergeben, anzuwenden. Ebenso sind bei der Besprechung Stichworte auszubilden, welche für die abschliessende Totalauffassung Anhaltepunkte geben.

d) Passendes Anschauungsmaterial (Bilder etc.) lässt sich bei der Besprechung einschieben.

e) Mit einer zusammenfassenden deutlichen Totalauffassung von seiten der Kinder schliesst die zweite Stufe ab. Das Neue ist den Schülern klar geworden und zu vollem Verständnis gekommen. Relief, Land-

---

*) Gewiss kann man auch mit diesen beiden Verfahrungsweisen wechseln, namentlich da, wo die geographische Einheit auf der Anschauung (Exkursion) beruht. In diesem Falle kann das Kartenbild mit Hülfe der Kinder erarbeitet werden (darstellender Unterricht), wobei das Interesse sicher aufs höchste gespannt ist. Die Bestätigung des Bildes auf der Wandtafel durch die Landkarte würde in diesem Falle nachfolgen. Vergl. hierüber die Arbeit von Göpfert in Reins Pädag. Studien 1883, 3. Heft, sowie die Darlegungen Heilands (Das geogr. Zeichnen, Dresden 86), namentlich S. 50 ff.

Über Modelle und Reliefs siehe Lehmann, Vorlesungen über Hülfsmittel und Methode des geogr. Unterrichts, Halle, S. 32 ff.; ferner Matzat, a. a. O. S. 105.

karte, Zeichnung an der Wandtafel und Bilder müssen bei dieser Schlusszusammenfassung entbehrlich sein.

3. Stufe

Ist die Synthese beendet, so ist damit der Unterrichtsprozess noch nicht abgeschlossen. Denn es handelt sich nicht bloss darum, dass der Zögling den besonderen Inhalt des Neuen kennen lerne und sich aneigne, vielmehr muss das neu gewonnene Material in innigere Beziehung zu dem alten gesetzt und nach allen Seiten hin Verknüpfungen gebildet werden. Ferner wird der konkrete Inhalt der Synthese noch einmal durchlaufen und zwar in anderen, neuen Verbindungen, um die Aufmerksamkeit auf das darunter verborgene Allgemeingültige und Notwendige des fachwissenschaftlichen Systems hinzulenken. Das Allgemeingültige und Notwendige wird aus dem konkreten Inhalt der Synthese ausgesondert, ohne jedoch den Zusammenhang mit dem Untergrund zu verlieren. Zu diesem Zweck werden mannigfache Vergleichungen und Gegenüberstellungen zwischen dem alten und dem in der Synthese neu erworbenen Material angestellt. Es entstehen hierdurch der Form nach neue Gedankenverbindungen; das wirklich Neue wird ja auf der Stufe der Synthese erworben. Bei diesen Vergleichungen und Gegenüberstellungen heben sich die Vorstellungen des verschiedenartigen Stoffes vermöge der darin enthaltenen Gegensätze für das Bewusstsein auf, dagegen bleibt das Gemeinsame, das begrifflich Allgemeingültige und Notwendige zurück; ja es verstärkt sich durch seine Vereinigung und tritt deshalb um so klarer hervor. Vom Zufälligen, Unwesentlichen, mit dem es auf der früheren Stufe verschmolzen war, hat es sich abgelöst, da ersteres im Bewusstsein gesunken und gehemmt worden war. So folgt dem Apperzeptions- ein regelrechter Abstraktionsprozess nach. (3. und 4. formale Stufe. Siehe das erste Schuljahr, 6. Aufl. Seite 145 ff.)

Inbezug auf den geographischen Stoff wäre noch darauf hinzuweisen, dass wir hier die Herausarbeitung zweier Begriffsreihen zu unterscheiden haben: 1. die Erarbeitung allgemeingültiger Gesetze, auf denen die eigentümliche Wechselwirkung zwischen Natur- und Menschenleben und den geographischen Objekten unter einander beruht. Hier handelt es sich um Abstraktionen höheren Grades, um Begriffe im strengeren Sinne; (Peschel, Neue Probleme der vergl. Erdkunde; F. Winkler, Methodik des geogr. Unterrichts.) 2. die Erarbeitung einer kurzen, zusammengedrängten, alles Wesentliche enthaltenden Darstellung der betr. geographischen Objekte, wie sie z. B. in den geographischen Leitfäden gefunden werden. Dies sind die Abstraktionen niederen Grades; denn hier springen als Resultat nicht allgemeine, sondern individuelle Begriffe heraus, die nur als eine Verdichtung des konkreten Materials der 2. Stufe erscheinen. (Schilling, Lehrbuch der Psychologie §§ 67 und 68.) Diese charakteristischen Übersichten, wie sie auch in den naturkundlichen Fächern erarbeitet werden müssen, haben den Zweck, Zusammenstellung und Einheit in das Wissen der Schüler zu bringen, und das Landschaftsbild (Penck, Das deutsche Reich) zusammen zu stellen. (Charakteristik der besprochenen Landschaft. Kerp, Die deutschen Landschaften; Prüll, Deutschland in natürlichen Landschaftsgebieten.) Auf der Stufe der Synthese ordnen wir nach sachlichen Gesichtspunkten, hier nach fachlich-logischen.

4. Stufe.*)

Den Übungen der Assoziation reiht sich auf's engste die unterrichtliche Thätigkeit der Systemstufe an. Das Begriffliche, Gesetzliche und das Charakteristische wird nun in der Gestalt, die es im Geiste des Schülers angenommen hat, für sich festgestellt, geordnet, den andern, schon erarbeiteten Stoffen eingereiht, um so nach und nach das fachwissenschaftliche System zu gewinnen. Demnach handelt es sich zunächst um Eintragungen in's „Systemheft"**) und zwar:

a) um Formulierung des sprachlichen Ausdrucks für das gewonnene Begriffliche durch die Kinder unter Beihülfe des Lehrers. Hierher gehören die durch intensiven Vergleich gewonnenen Ergebnisse des Abstraktionsprozesses: 1. z. B. die generellen Begriffe: Längs- und Querthäler, Ketten- und Massengebirge, Wasserscheide und Bifurkation etc. 2) die biologischen Gesetze des Erdendaseins (Einfluss des Klimas, der Produkte, der Bodenfiguration auf die Bewohner) und die Gesetze von der Wechselwirkung der geographischen Objekte unter einander, soweit diese Dinge dem Verständnis der Kinder auf Grund des bearbeiteten konkreten Materials nahe zu bringen sind.

b) um Aufzeichnung der charakteristischen Übersichten, Landschaftsbilder. (Selbsterarbeiteter „Leitfaden" der Kinder) im Anschluss an die auf der Assoziations-Stufe eingeführten logischen Gesichtspunkte. (Schematische Übersichten siehe bei Matzat, Erdkunde.)

Wie den „Leitfaden", so erarbeiten sich die Kinder auf den unteren Stufen auch den Atlas selbst. Derselbe entsteht nach und nach und enthält die topographischen Verhältnisse der Erdoberfläche, wie sie mit den Kindern durchgearbeitet worden sind. Die betreffenden Kartenbilder, wie sie auf Grund der Unterrichtsarbeit vollständig klar und gut aufgefasst sind, werden auf der vierten Stufe in das geographische Zeichenheft eingezeichnet. So erarbeitet sich der Schüler seinen Atlas selbst — ähnlich wie in der Geschichte die Geschichts-Tabelle, im Religionsunterricht den Katechismus u. s. w. — Auf der ersten,

---

*) Vergl. Matzat a. a. O. S. 100 f.
**) S. Br. Maennel, über die Einrichtung der Merk- und Systemhefte. Aus dem Pädagog. Universitätsseminare zu Jena, S, 75 f. Langensalza 88.
Kipping, Das System im geogr. Unterricht. Mitteilungen des Vereins der Freunde Herbart. Pädag. No. 11 und 12. Langensalza, Beyer u. S., 1898. Just, Zur Theorie der Formal-Stufen. Praxis d. Erzieh.-Schule, VIII, S. 43.

zweiten und dritten Stufe war das Zeichnen ein „malendes"; hier wird es nun ein exaktes, da die Karte möglichst genau sein muss. Zu diesem Zwecke empfiehlt es sich, wenn der Lehrer das Kartenbild an der quadrierten Schultafel (die ja auch sonst benutzt wird) entwirft und die Schüler dasselbe in quadrierte Zeichenbücher eintragen. Sind die Schüler in solchen Zeichnungen geübt, dann kann der Entwurf an der Wandtafel von einem Schüler ausgeführt werden; der Lehrer tritt nur korrigierend dazwischen. Der grosse Vorzug aber, den ein selbsterarbeiteter Atlas hat, besteht darin, dass er nur dasjenige enthält, was der Schüler wissen soll und weiss. Die selbstgezeichneten Karten fixieren in übersichtlicher Weise „den Begriff der Raumgestalt" und sind ferner auch die besten Repetitionskarten, da auf ihnen der Schüler sich selbstverständlich am schnellsten und sichersten zurecht findet.*)

Der selbstgezeichnete Atlas ist zugleich die Vorstufe zur geeigneten Benutzung des gedruckten Atlases. Diesen sollen die Schüler erst auf der Mittelstufe in die Hand bekommen.

5. Stufe

Diese Stufe soll den Beweis liefern, dass der Schüler das angeeignete begriffliche Material in Verbindung mit dem älteren wirklich beherrscht. Hierzu dienen folgende Aufgaben:

1. **Zeichnung des Kartenbildes aus dem Kopf; ferner in verschiedenen Kombinationen mit früher behandeltem.** „Was der Schüler aus dem Gedächtnis zeichnen und darstellen kann, das ist sein volles geistiges Eigentum." Die geographischen Formen müssen solche feste Gestalt in den Köpfen der Kinder gewonnen haben, dass sie dieselben schriftlich zu fixieren imstande sind. Das Zeichnen ist demnach hier „Niederschrift der geographischen Gedanken". (Delitsch.)

2. **Fingierte Reisen.** (Auch auf der dritten formalen Stufe zum schnellen Durchlaufen des Stoffes nach verschiedenen Richtungen hin zu verwenden.)

3. **Profilzeichnungen.** (Dieselben sind im Leipziger Seminarbuch — wie auch in unserem „fünften Schuljahre" — für die dritte formale Stufe bestimmt, allein sie treten wohl besser auf der letzten formalen Stufe auf, weil sie den besten Beweis dafür liefern können, ob die geographischen Begriffe von den Schülern deutlich und klar gedacht werden.**)

4. Eine vortreffliche Aufgabe ist es auch, die durchgearbeiteten geographischen Gebiete in **Sand, Thon** oder **Pappe** aus dem Kopfe darstellen zu lassen.***)

---

*) S. Heiland, Das geographische Zeichnen. Dresden 1886.
**) S. Göpfert, Pädag. Studien von Rein, 3. Heft 1883, Seite 38, Gerster, Stand und Organisation des heut. geogr. Unterrichts. III. Band der Praxis der Schweizer. Volks- und Mittelschule. Zürich 1883.
***) S. Lehmann, Vorlesungen über Hülfsmittel und Methode des geogr. Unterrichts. Halle. S. 82 ff.

5. Erklärung von Bilder-Zyklen von seiten der Kinder (Münchener und Stuttgarter Bilderbogen; Bräunlich und Schmidt, Aus aller Herren Länder, Leipzig; Geographische Charakterbilder von Hölzel in Wien; Geographische Bildertafeln von Hirt in Breslau; die Lehmannschen Bilder; die landschaftlichen Charakterbilder von Kirchhoff und Supan, Kassel etc.)

6. Lesen von Beschreibungen im Lesebuch und Aufsätze (Privatlektüre).

4. Einige Unterrichtsskizzen

Vorbemerkung

Es kann hier nicht die Aufgabe sein, für die oben angegebenen Einheiten eingehende Stoffangaben zu liefern. Dies muss der Präparation des Lehrers überlassen bleiben, dessen eigene Thätigkeit wir unterstützen, nicht aber aufheben wollen. Im Nachstehenden soll an der Skizzierung der heimischen Flussgebiete gezeigt werden, wie wir uns die Behandlung des vorgeschriebenen geographischen Stoffes denken.

1. Einheit: Das Hörselgebiet

Gesamt-Ziel: Wir wollen heute und in den nächsten Stunden das Gebiet kennen lernen, welches Landgraf Ludwig auf seiner Jagd zu durchstreifen pflegte. Welches war dieses? Das Gebiet vom Inselberg bis zu dem Gebiet, wo jetzt die Wartburg steht.

1. Stufe

Wer kann von diesem Gebiet etwas erzählen? Gestalt und Grösse des Inselberges, Ruhla, Erbstrom, Hörsel, Bewaldung, Bewohner etc. — alles, was die Kinder angeben können, wird zunächst zusammengestellt. Es giebt eine Höhe, von wo wir das Jagdgebiet des Landgrafen recht gut überschauen können. Das ist der Drachenstein an der Weinstrasse.

2. Stufe

1. Stück: Gang auf den Drachenstein

Sodann unterrichtliche Bearbeitung der Exkursion in der Schule, abschliessend mit der Zeichnung des betr. Gebietes. Aus diesem wird nun herausgehoben:

2. Stück: Der Hörsellauf

1. Stufe

Das Gebiet vom Inselberg bis zur Wartburg wird von einem Flusse bewässert, der uns teilweise nicht mehr fremd ist: Es ist die Hörsel, die wir öfters besucht haben. (Siehe das erste und zweite Schuljahr.) Ihren Lauf kennen wir von der Mündung an bis nach Eichrodt. Wiederholung: Berge rechts und links, Zuflüsse, Wald, Wiese, Äcker, Brücken, Mühlen, Dörfer. Wie die Hörsel sich bei Eisenach teilt. Zufluss: die Nesse. Wir wissen aber nicht, wo sie herkommt. Dies erfahren wir später. Zuletzt sahen wir sie in Eichrodt. Hier ist sie noch ziemlich breit, namentlich da, wo die Brücke über sie führt im Dorf, nahe der Schule. Wo mag ihr Wasser wohl herkommen? Richtung von Osten. Zusammenfassung des Bekannten durch Zeichnung an der Wandtafel, von einem Schüler ausgeführt; sodann auch Aufsuchen des bekannten Stückes auf der Landkarte.

2. Stufe

Teilziel: Nun wollen wir den Lauf der Hörsel stromaufwärts weiter verfolgen bis zu ihrer Quelle und das Hörselthal ganz kennen lernen.

1. Der Hörsellauf. a) Wir können der Hörsel nicht viel weiter nachgehen, wir kommen sonst zu weit von Eisenach ab. Aber mit unseren Blicken können wir ihr noch lange folgen, wenn wir auf den Petersberg steigen. Spaziergang dahin. Zeichnung auf dem Petersberg: Thüringer Wald, Inselberg, Hörsel, soweit sie sichtbar ist. (Es wird hier bereits auch auf die Nesse Rücksicht genommen, wenn man nicht für diese einen neuen Spaziergang unternehmen will.)

b) Unterrichtliche Behandlung in der Schule. Zunächst Feststellung dessen, was vom Petersberg aus gesehen wurde. Aufsuchen an der Landkarte und Zeichnung an die Tafel.

c) In gleicher Weise wird ein Gang auf den grossen Hörselberg bearbeitet.*) Sodann Aufsuchen des Hörsellaufes von der Quelle an auf der Landkarte und Zeichnung des gesamten Laufes. Abschliessende zusammenfassende Darstellung von seiten der Kinder.

2. Schilderung des Hörselthales.

3. Stück: Die Nebenflüsse

a) der Erbstrom. Ausflug nach Ruhla von Wutha aus. Das Gebiet des Erbstroms. Ruhla (Anknüpfung an die Erzählung vom hartgeschmiedeten Landgraf.

b) die Nesse. (Spaziergänge: Petersberg; Gr. Hörselberg.)

1. Stufe

Zusammenstellung dessen, was wir von der Nesse wissen. Zusammenfluss mit der Hörsel. Breite, Tiefe; Brücken, Mühlen. Petersberg. Hörselberg, Gotha.**) (Zeichnung, Wandkarte.)

2. Stufe

a) Woher die Nesse kommen mag. Ob vom Thüringer Wald? Welche Gebirgsrücken liegen dazwischen? Landkarte. Lage von Erfurt. Zeichnung der Nesse an die Wandtafel.

b) Zusammenstellung des Hörsel- und Nesselgebietes. Einprägung, Abzeichnung der Kinder auf die Tafel nach der Zeichnung an der Wand-

---

*) Maigang: Auf den grossen Hörselberg.
**) Gang auf den Wachstein. Blick nach Norden.

tafel. (Die exakte Zeichnung ins Heft erfolgt erst auf der vierten formalen Stufe.)

4. Stück: Die Bewohner des Hörselgebietes

1. Stufe

Was wir von den Bewohnern wissen: Religion: Protestanten, Katholiken, Juden (Kirchen, Schulen). Anstalten zu wohlthätigen Zwecken: Kranken- und Siechenhäuser. Beschäftigung: Handwerk, Fischfang (Fische in der Hörsel und Nesse), Ackerbau, Viehzucht, Arbeiten im Wald, Anbau des Waldes, Industrie (Farbenfabr., Spinnereien, Pfeifenindustrie in Ruhla etc) Bergbau (Ruhla), verlassenes Bergwerk an der Göpelskuppe. Bierbrauerei. Verkehr: Eisenbahnen, Poststrassen. Feste: Sommergewinn, Vogelschiessen, Pferderennen. Besondere historische Erinnerungen und Denkmäler: z. B. frühere Lage von Eisenach, Metilstein, Eisenacher Burg, Scharfenberg, Kriegerdenkmal etc. (S. Biedermann, Seite 17 und 18.) Dialekt: Eisenach—Ruhla. Klimatische Beobachtungen. Zusammenfassung in bestimmter Reihenfolge, mit Hülfe von Stichwörtern, die an die Tafel geschrieben werden. Wird das Ganze zu gross, so teile man dasselbe in verschiedene kleine Stücke. Einzelnes kann durch das Lesebuch in der deutschen Stunde erweitert werden. Aufsatzübungen. Zeichnungen in freierer Weise.

2. Stufe

Ergänzungen durch den Lehrer, und zwar so, dass er nochmals stückweise das Bekannte angeben lässt, dann das neue hinzufügt. Abermalige Zusammenfassung mit Hinzunahme dessen, was der Lehrer neu dargeboten hat. (Bei der Wiedergabe hüte man sich, den Schüler zu unterbrechen. Siehe die vorausgegangenen Schuljahre an versch. Stellen.)

Es kann das vorliegende Material auch durch „darstellenden Unterricht", wobei 1. und 2. Stufe fortwährend in einander greifen, gewonnen werden.

Die nun folgenden Stufen (dritte, vierte und fünfte) beziehen sich auf den gesamten, durchgearbeiteten Stoff, auf das ganze Hörselgebiet. Ehe aber der Unterricht weiter fortschreitet, wird ein Ausflug auf den Inselberg unternommen. Er diene zur weitern Befestigung des Durchgenommenen und zur Klärung des etwa noch falsch Vorgestellten. Vom Inselberg aus ist das gesamte Hörselgebiet zu überschauen. Der vorausgegangene Unterricht ist als Vorbereitung zu dieser Exkursion anzusehen. Die Kinder müssen möglichst selbständig die geographischen Objekte des vorliegenden Gebietes schildern.

3. Stufe

Mannigfache Associationen werden vorgenommen, die Gegensätze und Kontraste scharf hervorgehoben, z. B.:

1. Richtung des Hörsellaufes, verglichen mit dem des Nesselaufes.
2. Ortschaften an der Hörsel und an der Nesse, links und rechts, Grösse, Bedeutung, Brücken, Mühlen.

3. Die Hörselberge und Petersberg verglichen mit den Thüringer Waldbergen (Höhe, Bewaldung, Abdachung, Wasserabfluss etc.).
4. Der Einfluss der Nesse in die Hörsel, verglichen mit dem Einfluss der Hörsel in die Werra. Thüringische Pforte.
5. Das Erbstromthal verglichen mit dem Nessethal. Hervorheben der bedeutenden Unterschiede in Richtung, Bebauung, Begrenzung, Schönheit etc.
6. Vergleich zwischen Eisenach und Ruhla, zwischen Eisenach und Gotha (Lage, Bewohner, Baulichkeiten etc.).
7. Verkehrswege in dem Hörselgebiet. (Alte Handelsstrasse Frankfurt-Leipzig. Weinstrasse. Rennstieg alte Grenzscheide zwischen Thüringen und Franken. — Eisenbahnen.)

Derartige Verknüpfungen müssen auf Grund reiflicher Vorüberlegung vom Lehrer in reicher Anzahl gemacht werden. Das bekannte Material wird nochmals nach allen Seiten hin durchlaufen; neue, innige Beziehungen werden eingegangen. Das Hörselgebiet muss durch solche Vergleichungen immer mehr den Kindern in den Hauptgrundzügen plastisch und lebensvoll vor Augen treten. Das Vorstellungsbild wird nun auf der vierten Stufe in einer exakten Zeichnung fixiert.

4. Stufe

1. Exakte Zeichnung ins quadrierte Zeichenheft. Der Lehrer zeichnet an der Tafel vor, oder lässt nach mehrfacher Übung ein Kind zeichnen.
2. In ein Schreibheft wird in Stichwörtern und in systematischer Gliederung z. B. in Tabellenform das Hauptsächlichste über Quelle und Mündung, Länge des Laufes, Nebenflüsse etc. eingetragen.

5. Stufe

Aufgaben: a) Zeichnen des ganzen Stückes aus dem Kopf. (Profilzeichnungen. S. Spiess, Phys. Topographie.)
b) Schilderung des Wegs von Erfurt nach Hörschel.
c) Orientierungsübungen im Kopf: Bestimmung der Lage der einzelnen Orte, z. B. von der Göpelskuppe aus, vom Seeberg aus etc.
d) Extemporalien: z. B. Aufschreiben der höchsten Berge des Gebietes, der Nebenflüsse, der Hauptstädte, der Dörfer etc.
e) Führe einen Reisenden von Eisenach auf den Inselsberg. Welche Wege sind einzuschlagen? Vergleich der verschiedenen Wege inbezug auf Länge, Schwierigkeit, Aussicht, Bewaldung etc.

2. Die Werra von der Quelle bis Münden

Ziel. Wir wollen nun einen Fluss kennen lernen, der auch vom Thüringer Wald kommt, und in welchen unsere Hörsel mündet.*)

---

*) Es liesse sich hier auch ein geschichtliches Ziel im Anschluss an die Erzählung: Der Kampf um den Salzfluss aufstellen. Da jedoch diese Erzählung erst im Winterhalbjahr auftritt, ein grosses Stück der Werra aber in das Gebiet der Anschauung fällt, so ziehen wir das geographische Ziel und die Behandlung der Werra im Sommerhalbjahr vor.

Geographie

1. Stück: Der Lauf der Werra

1. Stufe

Es ist die Werra. Wir haben den Fluss schon gesehen, und zwar da, wo die Hörsel einfliesst. Wir hörten von dem Fluss auch schon früher, als uns von Robinson erzählt wurde. Ihr Wasser fliesst in's Meer, an einer grossen Stadt vorbei, wo Robinsons Eltern wohnten. Wir wissen also, wohin das Wasser fliesst, aber wo es herkommt, wo die Werra entspringt, an welchen Städten und Dörfern sie vorbeifliesst, was sie für Krümmungen macht, wer an ihren Ufern wohnt, was in ihrem Thal wächst und gedeiht, das haben wir noch nicht gelernt.

2. Stufe

Teilziel: Wir wollen zunächst ihren Lauf kennen lernen.

a) Gang auf die Wartburg und zwar auf den kleineren Turm. Orientierung in bezug auf die Himmelsgegenden. Es werden die hervorragenden Berge gezeigt, welche den Lauf der Werra bestimmen: Thüringer Wald, Rhönberge, Kielforst, Heldrastein, Meissner. Der Lehrer entwirft eine Zeichnung vor den Augen der Kinder, vielleicht auf den Fussboden, natürlich unter Mitwirkung und Zuziehung der Schüler.

b) Unterrichtlicher Fortgang in der Schule. Es wird zunächst die auf dem Wartburgturm gewonnene Zeichnung an die Wandtafel angezeichnet und erklärt. Dann wird das Gezeichnete auf die Landkarte aufgesucht. Nun der Lauf der Werra. Einprägung in drei Abschnitten: Von der Quelle bis Salzungen, von da bis zum Einfluss der Hörsel, von da bis Münden. Vereinigung mit der Fulda: Wesen Hauptrichtung, Die Lage der Hauptorte wird zugleich aufgesucht und eingeprägt. Auch das Chorsprechen kann dabei angewendet werden. Malendes Zeichnen des Werra-Laufes auf die Wandtafel.

2. Stück: Die Nebenflüsse

1. Stufe

Einen Nebenfluss der Werra kennen wir schon: die Hörsel. Ein Schüler zeichnet das Hörselgebiet in die auf der Tafel befindliche Zeichnung von der Werra ein. Wer kennt noch andere Nebenflüsse der Werra? Es wird die Elte (Elna) genannt. Die Kinder kennen Wilhelmsthal und den Eltegrund bis Unkeroda und Epichinellen. Was sie davon zu sagen wissen, wird zusammengestellt.*) Vielleicht haben die Kinder auch von der Felda und der Feldabahn gehört.

2. Stufe

Der Lehrer lässt zunächst die Elte an der Wandkarte aufsuchen und ergänzt das von den Kindern Beigebrachte. Dann lässt er die

---

*) Sollte die Anschauung dieses Gebietes nicht in genügender Deutlichkeit vorhanden sein, so müsste ein Ausflug nach Unkeroda, Wilhelmsthal, sowie auf den Milmesberg unternommen werden. Letzterer kommt auch bei Behandlung des Rhöngebirges in Betracht.

übrigen Nebenflüsse angeben: Felda, Ulster, Suhl, Schleuse, Schmalkalde. (Anschreiben der Namen!) Einprägung in der verschiedensten Form und Zusammenfassung des Ganzen. Malendes Zeichnen.

3. Stück: Die Bewohner

1. Stufe

Die Kinder können Mancherlei angeben. Sie haben die Fischer von der Werra mit ihren Fischbehältern gesehen, die Wagen voll Obst, die aus dem Werrathal kommen; sie haben von Salzungen gehört, von der Werrabahn, sie haben die Wallfahrer von Eichsfeld durchziehen sehen etc. Zusammenfassung alles dessen, was vorgebracht wird.

2. Stufe

Der Lehrer entwickelt stückweise, an die oben angegebene Disposition sich haltend:

Religion: Katholiken: Geisa, Dermbach. Juden: Lengsfeld, Barchfeld, Herleshausen.

Beschäftigung: Fischfang (Fische in der Werra). Ackerbau (Tabak!). Viehzucht (Wiesen!) Bergbau (Rhön, Basalt, Salzwerke). Industrie (Eisenach, Oberland). — Verkehr: Bahnen, Strassen (Frankfurter Strasse!). Handel: Viehhandel (Juden).

Historische Erinnerungen: Alte Städte: Salzungen, Kreuzburg etc.

Burgen: Brandenburg*), Brandenfels, Krainberg, Liebenstein, Altenstein, Normannstein etc.

Sagen: Siehe das Lesebuch für das dritte Schuljahr.

Die Kinder erzählen erst stückweise, endlich das Ganze wieder. Auch hier kein Abfragen!

Das bisher Durchgenommene geht nun neue Verbindungen ein durch die

3. Stufe.

a) Vergleich der Werra mit der Hörsel: Grösse, Richtung des Laufs, Nebenflüsse; Breite des Thales; Wiesen; Reichtum an Fischen; Städte, Gebirge, Berge, Burgen; Eisenbahnen etc. — Wo liegen die höchsten, wo die tiefsten Punkte bei beiden Flüssen. — Nebenflüsse der Werra und der Hörsel etc.

b) Vergleich einzelner Städte: Eisenach, Salzungen, Meiningen, Geisa etc.

c) Die Bewohner des Werrathales und die des Hörselthales (Religion, Beschäftigung etc.)

---

*) Auf die Brandenburg wird mit den Kindern ein Ausflug unternommen. Die Kinder lernen dabei ein grösseres Stück des Werrathales kennen. Sodann unterrichtliche Behandlung. Die Kinder haben früher die Ruine Scharffenberg besucht. Darauf wird Rücksicht genommen. Für den deutschen Unterricht: Vergleich zwischen dem Scharffenberg und der Brandenburg.

d) Klima im Werrathal und im Hörselthal.
e) Produkte des Werrathales und die des Hörselthales.

4. Stufe

a) Exakte Zeichnung des Werragebietes in's Heft. b) Niederschrift in Stichworten.

5. Stufe

Aufgaben: Zeichnung aus dem Kopf. Reisen: z. B. von Eisenach nach Salzungen (Eisenbahn, Strasse, Fussweg), von Eisenach nach Geisa, von Erfurt nach Meiningen etc. Orientierungsübungen: Auf der Wartburg, auf dem Krainberg: Werralauf, Lage der Städte untereinander, Entfernung derselben. Aufgaben: Die Werrabahn zwischen Salzungen und Eisenach hätte noch andere Wege nehmen können etc.

Für die praktischen Beschäftigungen: Darstellung des Werragebietes in nassen Sand, Thon oder in Pappe.

II. Naturkunde

Litteratur: Siehe „Viertes Schuljahr". Hier nennen wir noch besonders folgende Schriften: Finger, Dr. Fr. A., Heimatskunde, 4. Auflage. Berlin, 1876. Piltz, E., Naturbeobachtung des Schülers. Weimar 1882. (0,60 M.) Piltz, E., 700 Aufgaben und Fragen für Naturbeobachtung des Schülers in der Heimat. (0,45 M.) Junge, F., Der Dorfteich. Morse, Dr. C. S, Anfangsgründe der allgemeinen Zoologie. Berlin 1881. (1,20 M.) Maennel, Dr. B. Versuch eines Lehrplans für den naturkundlichen Unterricht. Aus dem pädag. Universitäts-Seminar zu Jena. 2. Heft. 1890. Langensalza. Groth, H. H., Aus meinem naturgeschichtlichen Tagebuche. Langensalza, 1891. Seyfert, R., Anweisung zu planmässiger Naturbeobachtung. Leipzig, 1892. (1,20 M.) Seyfert, R., Naturbeobachtungen, Aufgabensammlung. 2 Hefte. (à 30 Pf.) Landsberg, B., Streifzüge durch Wald und Flur. Eine Anleitung zur Beobachtung der heimischen Natur in Monatsbildern. Leipzig. Arendt, Dr. R., Materialien für den Anschauungsunterricht in der Naturlehre. 3. Aufl. Leipzig, 1878. Barth, E., Der Umgang. 3. Aufl. Langensalza 1882. Sigismund, B., Die Familie als Schule der Natur. Leipzig, 1857. Wagner, H., Entdeckungsreisen. 5. Aufl. Leipzig, 1882. Rossmässler, E. A., Der naturgeschichtliche Unterricht. Leipzig 1860. Beyer, O. W., Die Naturwissenschaften in der Erziehungsschule. Leipzig 1885. Kraepelin, Dr. K., Naturstudien im Hause. Leipzig, 1900.

I. Die Anordnung und Auswahl des Stoffes

Eine ausführlichere Darlegung der Grundsätze, die für unsern naturkundlichen, besonders naturgeschichtlichen Unterricht massgebend sind, findet sich im „Vierten Schuljahr". Auch im „Ersten und Zweiten Schuljahr" sind über diesen Unterrichtsgegenstand so viele Weisungen enthalten, dass wir uns im „Dritten" auf wenige Bemerkungen beschränken können.

In den beiden ersten Schuljahren lehnte sich die Naturkunde eng an den Gesinnungstoff an; sie konnte sich diesem öfter sogar so weit unterordnen, dass sie Richtpunkte für die Betrachtungsweise aus ihm entnahm. (S. Erstes Schuljahr 6. A. Seite 311—313.) Vom Dritten Schuljahr ab soll das Konzentrationsprinzip im naturkundlichen Unterricht nicht aufgegeben werden; aber eine immer stärker werdende Betonung des rein Naturkundlichen (des Fachwissenschaftlichen) wird sich von selbst ergeben, wenn die Naturgegenstände tiefer nach den in ihnen liegenden Eigentümlichkeiten — und das ist doch wohl das Hauptmerkmal des naturkundlichen Unterrichts — untersucht werden. Der Zusammenhang mit dem Gesinnungsunterricht wird hauptsächlich und genügend gewährleistet durch „die Heimat". In ihr bewegen sich vorwiegend die sagenhaften und historischen Gestalten, an welchen sich die sittliche Gesinnung des Zöglings in erster Linie bilden soll; in ihr finden sich auch die Naturgegenstände, an welchen sich sein naturkundlich-technischer Gedankenkreis entwickelt. Wenn wir im dritten Schuljahr im Kreis der Heimat bleiben, so ist auch die Möglichkeit gegeben, dem obersten Grundsatz des naturkundlichen Unterrichts, seiner Gründung auf unmittelbare Anschauung nämlich, durchaus gerecht zu werden. Mit diesem Grundsatz muss man aber — es kann nicht oft genug gesagt werden — vollen Ernst machen, wenn der naturkundliche Unterricht aus der Öde des Vor- und Nachsageunterrichts herauskommen soll.

Bei der Auswahl und Anordnung des naturkundlichen Unterrichtsstoffes, wird es uns vielfach leicht sein, den engen Anschluss an den geographischen (bez. geschichtlichen) zu wahren. Bieten doch schon die geographischen Ausflüge hervorragende Anlässe, den heimatlichen Naturverhältnissen die Aufmerksamkeit zuzuwenden. Ohne Berücksichtigung dieser würde der geographische Unterricht seine Aufgabe, ein Bild von der Erdoberfläche zu entwerfen und Einsicht in das Wechselspiel ihrer Gestaltungen und physikalischen und naturgeschichtlichen Erscheinungen anzubahnen, nicht lösen können.

Auf diese Ergänzung des erdkundlichen Unterrichts durch den naturkundlichen hat schon der Altmeister der Heimatskunde, Dr. Fr. A. Finger, hingewiesen: (2. Auflage Seite 23): „Die Schüler sollen sich das Bild des Landes, dessen Umriss und Schattierung sie kennen gelernt haben, auch ausmalen können. Oft mag diese Vorstellung gar abenteuerlich und unnatürlich werden. Die Heimatskunde will beides verhüten: sie macht aufmerksam auf die Felsen, aus welchen die Berge bestehen, auf die Pflanzen, mit welchen der Boden bekleidet ist, auf die Tiere, die das Land beleben. Und so haben sie dann von einer Gegend durch die Anschauung ein deutliches Bild erlangt, und was sie von andern hören, das wird ihnen durch Vergleichung mit diesem Bild deutlicher". Ferner (Seite 54): „Mit der Naturgeschichte trifft die Heimatskunde (Geographie) dem Stoffe nach häufig zusammen. Keins der beiden Fächer macht aber das andere unnötig; denn in der Heimatskunde können diese Dinge nicht so genau beschrieben werden, wie in der Naturgeschichte; dies würde von unserer eigentlichen Sache ablenken. In der Heimatskunde werden wohl in einer Stunde alle merkwürdigen Pflanzen eines Thals genannt, in der Naturgeschichte brauchen wir bei diesen Schülern vielleicht für eine Pflanze zwei Stunden allein. Ebenso würde es in der Naturgeschichte unnötigen Aufenthalt verursachen, wenn ich, eine Pflanze zeigend und sagend, sie komme häufig bei einem Ort vor, erst weitläufig davon sprechen müsste, wo der Ort liegt; dies muss aus der Heimatskunde bekannt sein."

Mit der Ergänzung des erdkundlichen Unterrichts liessen sich, wenn man wollte, die der Naturkunde zugewiesenen Unterrichtsstunden mehr als vollständig ausfüllen. Aber der spätere naturkundliche Unterricht stellt dem dritten Schuljahr noch einige Aufgaben, die es nicht abweisen kann.

Will man im spätern naturkundlichen Unterricht nur einigermassen ein „Verständnis des Natur- und Kulturlebens" erzielen; so setzt das eine grosse Reihe von oft Jahre hindurch fortgesetzten Beobachtungen aus den verschiedensten Gebieten der Naturkunde voraus. Man muss also frühzeitig anfangen zu sammeln, um später nicht an der Armseligkeit der naturkundlichen Vorstellungen zu scheitern.

Die frühzeitige Aufnahme verschiedener Gebiete der Naturkunde ist auch notwendig, um das Interesse für sie im Kind rege zu halten. Wir sagen absichtlich „rege zu erhalten", nicht „zu erwecken". Denn ursprünglich haben wohl alle Kinder, welchen in der vorschulpflichtigen Zeit der Verkehr mit der Natur nicht ganz versagt war, Interesse für die verschiedensten Naturerscheinungen. Und doch hört man später öfter die Klage, „die Schüler brächten dem naturkundlichen Unterricht (oder wenigstens einzelnen Zweigen desselben) nicht genügend Interesse entgegen Es wird aber wohl richtig sein, wenn man annimmt, dass ein nicht rege erhaltenes Interesse abstirbt, wie eine Pflanze, die nicht von Zeit zu Zeit begossen wird.*)

Ferner sei an die „ausserordentliche Schwächung der Empfänglichkeit für die Eindrücke der Aussenwelt" erinnert, die durch die grosse Betonung des Formenunterrichts eintreten kann, wie sie die Entwicklung unseres Schulwesens mit sich gebracht hat. (Vergl. Erstes Schuljahr 6. Aufl. S. 7.)

Zum Dritten weisen wir dem dritten Schuljahr noch eine Aufgabe zu, die wir für sehr wichtig halten, die aber nach unsern Wahrnehmungen bis jetzt viel zu wenig beachtet wird. Das ist die Aufnahme der Tier- und Pflanzenpflege. Abgesehen davon, dass hierbei eine Menge wertvollster Beobachtungen gemacht werden, halten wir eine gutgeleitete Tier- und Pflanzenpflege, für eines der sichersten Mittel, der selbstsüchtigen Richtung, die nun einmal bei den meisten Menschen vorhanden ist und sehr oft seine Veredlung hindert, entgegen zu wirken. Die hier gemeinte Tier- und Pflanzenpflege hat mit der Tier- und Pflanzenzucht, wie sie z. B. der Landwirt ausübt, in ihrem Ziele nichts gemein; sie will hauptsächlich die Gemütsseite des Menschen befruchten. Hätten wir ideale soziale Zustände, so könnten wir diese Aufgabe allerdings der Familie zuweisen. Wie aber die Verhältnisse liegen, muss die Schule sie aufnehmen, wenn sie es mit der Gemütsbildung ernst meint; und zwar muss sie mit der Bearbeitung der Aufgabe möglichst frühzeitig beginnen. Denn gerade

---

*) Dr. V. Stoy, Vaterhaus und Muttersprache (1860) 6. Stück: „In der Gegenwart versucht eine Partei den Naturunterricht auf ein Minimum zusammenzudrängen, was der Verbannung gleich sieht, eine andere, jener verwandt, denselben auf spätere Zeit des Unterrichts zu verweisen. Es ist schwer zu sagen, welche von beiden Parteien die verkehrteste sei. Beide machen die Jugend krank, die einen, indem sie einen Teil der edlen Organe gar nicht nähren, die andern, indem sie die Organe erst soweit verkümmern lassen, dass dieselben nachher nichts mehr dem geistigen Organismus zu leisten imstande sind. Die Anfänge der Naturbeobachtungen gehören in die Anfänge der geistigen Entwicklung. Die spätere Zeit mit ihren fertigen Abstraktionen, Regeln, Methoden ist nur für Kenntnisse, nicht aber für das Aufkeimen des Interesses an der Natur angethan."

die kleinen Kinder sind sehr empfänglich für die „gemütlichen Beziehungen" zwischen Mensch und Natur, und es würde unklug sein, diese Empfänglichkeit erst durch die Unkräuter der Selbstsucht verkümmern oder töten zu lassen, um sie dann später mit Mühe und Not zu neuem Leben zu entfachen. Deshalb wird man schon in den beiden ersten Schuljahren die Tier- und Pflanzenpflege nicht ausser Acht lassen; nur werden sich in diesen Jahren die Schüler wegen ihrer Ungeschicklichkeit und mangelhaften Einsicht meist noch teilnehmend zuschauend verhalten müssen, während sie vom dritten Schuljahr ab selbstthätig eingreifen können und sollen.

Bei Überschlagung des Stoffes, der in dem Umfang der angeführten drei Aufgaben liegt, könnte man leicht zu der Ansicht gelangen, für das dritte Schuljahr werde viel zu viel verlangt; schon die wenige zur Verfügung stehende Unterrichtszeit schlage die Forderungen ab. Man überlege aber nur ruhig. Ein sehr grosser Teil der geforderten naturkundlichen Beobachtungen wird auf den geographischen Lehrausflügen angestellt werden können, so dass sich die Zahl der bloss naturkundlichen sehr stark einschränken lässt. Viele der geforderten Beobachtungen und Thätigkeiten erfordern nur eine sehr kurze Zeit, und die meisten „Besprechungen" denke man sich nicht als „ausführlich durchgearbeitete methodische Einheiten". Fingers (a. o. O. S. 34) Anforderung wird in zahlreichen Fällen genügen und ausgeführt werden können: „Der Schüler soll sich die Kenntnis der ihn umgebenden Welt, soweit diese Kenntnis in seinen Kreis gehört, erwerben durch ein genaues unbefangenes Anschauen einzelner Dinge, dann durch Vergleichen und Ordnen der betrachteten Dinge; er soll, was er weiss, klar aussprechen; und der Lehrer soll die Thätigkeit der Kinder leiten, ihre Auffassung berichtigen, ergänzen, begründen.

Die Aufstellung des naturkundlichen Lehrstoffs für das dritte Schuljahr in seinen Einzelheiten kann nur unter Berücksichtigung der engeren heimatlichen Verhältnisse erfolgen; jeder Lehrplan wird deshalb in seinen Hauptteilen nur lokale Geltung beanspruchen dürfen. Für Eisenach z. B. sind uns durch die Ausflugspunkte: Wartburg, Mittelstein, Petersberg, Drachenstein, Hirschstein, Hörselberg, Wachstein, Ruhla, Inselsberg, Brandenburg, Kielforst, Hörselthal u. s. w. mehr als genügend Beobachtungs- bez. Fundorte für den naturgeschichtlichen Unterricht gegeben. Wir wählen als Hauptpunkte aus naheliegenden Gründen die aus, die am bequemsten zu erreichen sind, wie Wartburgberg, Mittelstein, Petersberg und Hörselthal. Durch die Lehrausflüge werden wir da zur Beachtung folgender Stoffe angeregt:

1. **Wartburgberg und Mittelstein.**
a) Die Form der Berge, Steigungsverhältnisse, Wegeanlagen.
b) Das Kleid der Berge. Laubwald und Nadelwald. Wie verändert sich das Kleid nach den Jahreszeiten? Erkennung der wichtigsten. Waldbäume. Knospen, Laub, Blüten und Früchte der Waldbäume. Grössenverhältnisse.

Der Waldbestand der andern Ausflugsorte.

c) **Der Schmuck der Oberfläche** (das Unterkleid). Moos, Farne, Blumen. Wo sind sie zu finden, wo nicht? Namen, Erkennungsmerkmale, Veränderungen im Laufe des Jahres. Dauer der Pflanzen. Fortpflanzung.

d) **Die Tiere** in den Bäumen und am Boden. Namen. Erkennungszeichen. Sind die Tiere bei gewissen Pflanzen nur einmal (zufällig) oder regelmässig anzutreffen? Was thun sie hier? Ihr Benehmen. Nachahmung der Tierstimmen (Vogelstimmen).

2. Woraus die Wartburg erbaut wurde. Wo sind die Mauersteine gebrochen worden? Verlassene Steinbrüche. Betrieb des Steinbruchs im Georgenthal.

a) **Das Rotliegende.** (Schichtung, Verschiedenheit, Zusammensetzung, Verbreitung, Verhalten bei Regenwetter und nach dem Auftauen im Frühjahr, Bearbeitung u. s. w.) Die Bestandteile des Rotliegenden besonders betrachtet. (Farbe, Härte, Verhalten beim Zerschlagen, Bruch, auffällige Erkennungsmerkmale, z. B. Lichterscheinungen am Quarz.)

b) **Andere Bausteine.** (Sandsteine und Kalksteine.) Wo finden wir sie bei unsern Ausflügen. Benutzung und einige Erkennungsmerkmale.
(Sandsteinbrüche finden wir im Moseberg und am Fusse des Hörselbergs. Die Seeberge bei Gotha, deren Sandsteine auch bei dem Wartburgbau Verwendung fanden, sehen wir nur aus der Ferne. Kalksteinbrüche können wir besuchen am Weg nach Stockhausen oder bei Stedtfeld.)

3. Das Hörselthal. Wiesen, Felder, Flussufer, Flussbett, Kiesgruben.

a) **Wiesen.** Lage. Aussehen in verschiedenen Jahreszeiten. Bewirtschaftung. Namen und Merkmale von einigen leicht zu unterscheidenden Wiesengräsern. Wiesenblumen.
Das Insektenleben auf den Wiesen.
Es genügt, wenn nur eine Art der Wiesen (oder auch nur eine Wiese) zur Beobachtung in Aussicht genommen wird.

b) **Felder.** Lage. Art der Ackerkrume. Bewirtschaftung. Was auf den Feldern gebaut wird.
Tiere auf den Feldern.

c) **Die Flussufer.** Wirkungen des Wasserstosses. Natürlicher und künstlicher Uferschutz. Auffällige Uferpflanzen.

d) **Das Flussbett.** Wasserstand zu verschiedenen Zeiten. Ablagerung von Geröll und Kies. Fliessgeschwindigkeit.
Tiere auf und in dem Wasser.

e) **Die Kiesgruben.** Überschwemmungen. Das Geröll in den Kiesgruben und in dem Flussbett.

4. **Anstellung von Beobachtungen**, die für den spätern naturkundlichen Unterricht nötig sind und das Interesse für Naturdinge und Naturereignisse wach erhalten sollen.

Für die Auswahl des Beobachtungsstoffes sind in erster Linie die Lehrpläne für die spätern Schuljahre massgebend unter Rücksichtnahme auf das Beobachtungsvermögen der Kinder des dritten Schuljahres.

a) An den ausgewählten Tieren kann beobachtet werden: Aufenthaltsort, etwaiger Wohnungsbau, Nahrung, Sorge für die Jungen, Veränderungen der Jungen, Verhalten in den Ruhepausen, Art und Weise der Fortbewegung, Fährten, Eigentümlichkeiten des Vogelflugs, Verschiedenartigkeit der Stimmen in verschiedenen Zuständen, Schutzeinrichtungen, Verhalten gegen andere Tiere und gegen die Menschen.

b) An den Pflanzen: Standort, Dauer, Bildungsdauer und Wachstum der Knospen, Erscheinungszeit der Blätter und Blüten, Verfärbung, Laubfall, Blütezeit, Fruchtbildung, Verbreitung der Samen, Keimung, Verhalten bei verschiedenem Wetter und zu verschiedenen Tageszeiten, Tierbesuch, Anlockungsmittel, Schutzvorrichtungen derselben Art an verschiedenen Standorten, Verhältnis zum Menschen.

c) An den Gesteinen und Mineralien: Fundorte, Lagerung, Einfluss des Wassers, des Frostes und der Wärme, Benutzung.

d) Von den physikalischen Erscheinungen sind besonders geeignet und wichtig die Witterungserscheinungen. Man meint wohl, diese drängten sich jedermann von selbst auf. Wer aber bei jüngern und ältern Menschen den witterungskundlichen Vorstellungen näher nachforscht, wird vielfach auf eine kaum vermutete Armut und Verwirrung stossen. Deshalb sollen die Schüler schon frühzeitig richtig, fleissig und regelmässig beobachten. Wir verlangen nicht die Durchführung und Genauigkeit der einer meteorologischen Station vorgeschriebenen Beobachtungen, können aber einem ganz ungeregelten und dabei vielleicht recht oberflächlichen Beobachten weder einen unterrichtlichen noch erziehlichen Wert beilegen. Wenn irgend möglich, bestimme man eine gewisse Stunde (vielleicht früh sieben Uhr oder nachmittags zwei Uhr) für die Anstellung und Aufschreibung der witterungskundlichen Beobachtungen. Die Instrumente für Schüler des dritten Schuljahrs sind: Thermometer (richtig aufgestellt), Windfahne und Windrose. Beobachtet werden: Luftwärme, Windrichtung und Windstärke, Bewölkung, Wolkenzug, Nebel, Regen und andere Niederschläge, Schneehöhe, Regenbogen, Gewitter.

Als Hilfsmittel für Anstellung naturkundlicher Beobachtungen empfehlen wir dem Lehrer besonders die unter „Litteratur" angeführten Schriften von Groth, Piltz, Seyfert und Landsberg.

5. **Tier- und Pflanzenpflege.**

a) Tierpflege. Wir rechnen in erster Linie hierzu Veranstaltungen, die auf Vermeidung von unnützer Tiertötung, mutwilliger Störung, des Wohlbefindens u. dgl. hinzielen. Diese Seite der Tierpflege wird hauptsächlich auf den Lehrausflügen berücksichtigt. Aber auch bei andern Gelegenheiten soll der Lehrer in tierfreundlichem Sinne wirken. Seine Schüler, müssen vor den unnützen „Spielzeugen", die nur der Tiertötung oder Tierquälerei dienen, wie Schmetterlingsnetz, Peitsche, Ziegenbockgespann, einen förmlichen Abscheu bekommen. Besonders wichtig ist die Sache für die Dorfjugend, weil man auf den Dörfern noch sehr viel Roheit bei Behandlung der Tiere findet.

Für die andere (positive) Seite der Tierpflege, wodurch die Schüler zu Tierfreunden gemacht werden sollen, kann in jeder Schule mancherlei geschehen, ohne dass umständliche oder kostspielige Einrichtungen zu treffen sind. Wir nennen: Fütterung der Vögel (besonders im Winter), Herangewöhnung von Tieren*,) Fütterung der Fische in einem Aquarium, Aufzucht von Amphibienlarven, Wasserschnecken, Libellen u. dgl. In zoologischen Gärten füttern die Kinder gern die Tiere in den Zwingern, die Schwäne und Enten auf den Teichen und die Fische im Wasser. Man berücksichtige bei der Tierpflege besonders auch die verkannten Tiere, wie z. B. Kröten und Eidechsen. Zur Schmetterlingszucht nehmen wir hauptsächlich unschädliche Raupen, z. B. die des Pfauenauges.

b) **Pflanzenpflege.** Vermeidung mutwilliger oder gedankenloser Vernichtung, Arbeiten im Schulgarten (wenn ein solcher vorhanden). Blumenzucht, die nicht ausschliesslich in der Schule stattfindet. Man soll von Zeit zu Zeit den Schülern einen Blumentopf, Blumensamen, Stecklinge oder Zwiebeln schenken; sie bringen dann zu gewissen, vom Lehrer bestimmten Zeiten ihre Pfleglinge mit zur Schule.

II. Die Behandlung des Stoffes

Wir verweisen zunächst auf die Weisungen im „Ersten Schuljahr" 6. Aufl. Seite 214 bis 216, deren genaue Befolgung auch im dritten Schuljahr unerlässlich ist. Weiter machen wir hier noch folgende Bemerkungen:

1. Für das dritte Schuljahr sind Stoffe angeführt, die schon im ersten und zweiten Schuljahr genannt worden sind, z. B. der Wald, die Wiese, der Fluss u. s. w. Geraten wir damit nicht in die konzentrischen Kreise hinein? Diese werden auf zweierlei Weise vermieden: Die Gruppen des dritten Schuljahres sind nur dem Namen nach dieselben wie in den vorhergehenden; es wurde nicht „die" Wiese, sondern „eine" (be-

---

*) In meinem Garten setzen sich z. B. Vögel während des Mittagsessens unmittelbar neben den Tisch; manche kommen ohne Scheu bis auf den Tisch wenn es ihnen zu lange dauert, bis sie ihren Anteil bekommen.

stimmte) Wiese besucht und besprochen; jetzt könnte eine andere als Grundlage genommen werden. Als Ziel kann man dann aufstellen: Wir wollen nachsehen, ob diese Wiese ebenso beschaffen ist, wie die bereits bekannte. Hätte man aber auch nur dieselbe Wiese zur Verfügung, so ist das von ihr gebotene Material in den vorhergehenden Schuljahren bei weitem nicht erschöpft (und wird während der Schulzeit kaum erschöpft werden). Das Ziel würde dann sein: Nähere Betrachtung von Naturkörpern, die vorher noch nicht behandelt wurden. Man darf und wird aber vielfach selbst zu demselben Gegenstand zurückkehren können und müssen, wenn er ein „werdender" ist. Viele Beobachtungen kann man nicht versuchsweise herbeiführen, sie müssen eben gelegentlich gemacht und bei passender Gelegenheit verwertet werden. Nun kann man entweder mit der Verarbeitung warten, bis alle Beobachtungen vorliegen, oder man macht nach einer Reihe von Beobachtungen eine Zusammenstellung, und behandelt dann eine Periode des Naturkörpers (oder eines Gebiets) als eine methodische Einheit. (Vergleiche die „Rosskastanie" von Junge in No. 19 und 24 der „Deutschen Blätser" Jahrg. 1883!)

2. Sind die auf den Ausflügen aufgesuchten Standorte geeignet, die Grundlage zur Behandlung einer natürlichen Gruppe von Naturkörpern abzugeben, so behält man sie auch für die spätern Schuljahre im Auge, da im dritten bloss Vorbedingungen zu einem Einblick in das zusammenwirken der verschiedenen Glieder („Lebensgemeinschaft") geschaffen werden können. Jetzt sind zunächst die Eigentümlichkeiten von Einzelwesen zu zeigen.

3. Bei den Ausflügen stellt man zuerst fest: Lage, Grenzen, Umfang, Grösse, Gestalt u. s. w. des Gebiets; dann folgen die Mineralien (Bodenbeschaffenheit), Pflanzen und Tiere. Auf den Ausflügen berücksichtigt man auch die eben wahrzunehmenden Naturerscheinungen aus dem Gebiet der Physik, Technologie Astronomie u. s. w.

4. Manche Naturkörper zeigen sich als besonders charakteristisch für das Gebiet oder sonst sehr beachtenswert; sie werden hauptsächlich und ausführlicher berücksichtigt, andere (vielleicht nur jetzt) bloss notizenhaft. Die charakteristischen müssen dem Verständnis dieser Stufe zugänglich sein, wenn sie eingehender behandelt werden sollen.

5. Die weitere unterrichtliche Bearbeitung geschieht in folgender Weise: Die Naturkörper werden zuerst einer vergleichenden Behandlung zum Zweck der Unterscheidung und Ordnung unterworfen, wobei nur auf die hierzu nötigen Merkmale Rücksicht zu nehmen ist. Dann folgen Einzelbetrachtungen. Die Lebenserscheinungen sind immer in den Vordergrund zu stellen, damit die Organe nach ihrer Bedeutung erkannt werden. Ausführliche Formenbeschreibungen sind hier meistens unnötig; man geht nur soweit auf dieselben ein, als zur Erreichung nächster Zwecke nötig ist. (Form und Funktion, Unterscheidung von ähnlichen Formen, Zeichnung einer Form, Wiedererkennung in einer spätern Periode, Weiterentwicklung der Form, Wichtigkeit für eine erst später zu beobachtende

biologische Erscheinung. Dem Lehrer schwebe immer vor die „Erhaltungsmässigkeit und Zweckmässigkeit".

6. Der Lehrer muss sich vor Aufstellung seines Lehrplans einen Überblick über das ganze Gebiet (Territorium) verschafft haben, damit er weiss, welche Naturkörper für jeden Bezirk charakteristisch sind, welche in jedem oder mehrern Bezirken wiederkehren und wie lange dieselben beobachtet werden können. Nur dann kann er im voraus eine zweckmässige Verteilung des Stoffes vornehmen. (Das nötige Wissen und Können aus der Fachwissenschaft wird selbstverständlich vorausgesetzt.)

7. Um bei den Beobachtungen für spätere Zwecke nicht planlos herumzutappen, ist es nötig, dass in jeder Schulklasse dem Lehrer der ganze naturkundliche Lehrplan bekannt, und dass der benötigte Beobachtungsstoff verteilt ist (Klassenpensum). Ohne solche Kenntnis und Verteilung liegt die Gefahr nahe, dass zu manchem Zeitpunkt der Stoff sich zu sehr anhäuft; auch kann der nachfolgende Lehrer dann nicht wissen, was den Schülern bereits bekannt ist. (Die einklassige Volksschule ist hier am günstigsten gestellt.)

8. Es ist äusserst empfehlenswert, für jede Klasse ein Buch anzulegen, in dem der ganze naturkundliche Lehrplan euthalten ist. (Der leichtern Übersicht halber können die methodischen Einheiten nach fachwissenschaftlichen Gesichtspunkten geordnet sein.) Für jede Einheit ist eine halbe oder ganze Seite bestimmt, auf welche die zugehörigen, wirklich stattgefundenen Beobachtungen zu notiren sind. Auch können Bemerkungen eingetragen werden, wenn der betreffende Gegenstand in einem andern Unterrichtsfach (Gesinnungsunterricht, Geographie, Deutsch) aufgetreten ist. Dieses Buch wandert vom ersten Schuljahr ab mit den Schülern durch alle Klassen; aus ihm ersieht jeder Lehrer bei jeder Einheit, was er voraussetzen kann, und was noch zu ergänzen ist.

9. Bei den Beobachtungsaufgaben, die der Schüler selbständig, d. h. ohne Beisein des Lehrers, ausführen soll, sei man sehr vorsichtig, damit man den Schüler nicht zu Unwahrheit und Gewissenlosigkeit verleite. (Also nicht zu schwere und nicht zu viele Aufgaben. Strenge Prüfung, aber auch Nachsicht.)

10. Man vergesse nicht, den naturkundlichen Stoff des ersten und zweiten Schuljahres bei passenden Gelegenheiten zu wiederholen bezw. mit dem des dritten zu verknüpfen.

III Das Rechnen

Litteratur s. Erstes und Zweites Schuljahr. Ferner: Adam, R., Dr. Rechenlehrer. Berlin, Hoffmann, 1883. Diesterweg und Heuser, Methodisches Handbuch für den Gesamtunterricht im Rechnen. Neu bearbeitet von E. Langenberg. Elberfeld, 1870. Hentschel, E., Lehrbuch des Rechenunterrichts. Neu bearbeitet von Költzsch. Leipzig, Merseburger, 1877. Kaselitz, F., Wie muss sich die Methode des Rechenunterrichts gestalten, damit einerseits den Forderungen des praktischen Lebens in genügender Weise Rechnung getragen wird und andererseits der Rechenunterricht erziehliche Einflüsse übt und sittliche Bildung wirkt. Berlin, 1867. Hartmann und Ruhsam, Rechenbuch. Hildburghausen, 1885. Hartmann, Der Rechenunterricht in der Volksschule. Hildburghausen, 1888. Heiland und Muthesius, Rechenbuch für Volksschulen. Weimar. 1895.

1. Die Auswahl des Stoffes

Das Rechnen im dritten Schuljahr ist die unmittelbare Fortsetzung der im zweiten Schuljahr begonnenen Übungen. Aus Gründen, die im „Zweiten Schuljahr" (4. Aufl. S. 91 u. 92) dargelegt wurden, ist „mit der Multiplikation und Division nur erst ein Anfang gemacht worden, die Fortführung und der Abschluss dieser Übungen wird dem dritten Schuljahr zugewiesen." Dieser Anfang besteht in der Bildung der Zehner- und Einer- bis Sechserreihe vom kleinen Einmaleins und in Lösungen von Multiplikations- und Divisionsaufgaben mit Hilfe dieser Reihen. Das dritte Schuljahr hat also zunächst die Bildung der übrigen Reihen vom kleinen Einmaleins und Lösungen von leichtern und schwierigern Aufgaben mittelst dieser Reihen zu besorgen.

Für ein ganzes Schuljahr reicht dieser Stoff nicht aus. Es fragt sich, was soll dann für die übrige Zeit (etwa $1/2$ Jahr) eingestellt werden? Die meisten Rechenbücher stellten früher dem dritten Schuljahr als Aufgabe die Behandlung der vier Grundrechnungsarten im Zahlraum bis 1000. Dieser Zahlraum gilt als der wichtigste, weil sich das Kopfrechnen fast nur in ihm bewegt. Das ist aber kein Grund, um bereits das sog. schriftliche (mechanische) Rechnen einzuführen und Kopf- und schriftliches Rechnen bereits im dritten Schuljahr zu trennen. Das schriftliche Rechnen im nächsten Schuljahr würde dann dem Schüler nichts neues bieten; denn es bleibt sich doch wohl ziemlich gleich, ob man drei- oder vier-, fünf- u. s. w. stellige Zahlen schriftlich addiert, subtrahiert u. s. w. Manche Rechenbuchverfasser (z. B. Böhme) lassen deshalb den Zahlenraum 1—1000 nur für das Kopfrechnen als besondern Zahlraum gelten und behandeln im schriftlichen Rechnen gleichzeitig den unbegrenzten Zahlraum.

Zwingende Gründe für den Eintritt in den unbegrenzten Zahlraum und die Einführung in das schriftliche Rechnen liegen im dritten Schuljahr durchaus nicht vor.*) Wir benutzen deshalb die zweite Hälfte des dritten Schuljahres zu Übungen, die für das spätere Rechnen von grosser Wichtigkeit sind, nämlich zur Bildung der sog. grossen Reihen. Darin könnte man vielleicht eine bedenkliche Überlastung des Schülers erblicken. Hat man doch schon genug zu thun mit der sichern Einprägung und Verwendung der kleinen Reihen! Bei richtigem Masshalten wird aber der Schüler durch Übung der grossen Reihen nicht überlastet, und seine spätere Arbeit im Rechnen wird ihm wesentlich erleichtert. Denn die Vorteile, die das grosse Einmaleins bei der Multiplikation und Division (der schriftlichen sowohl als der mündlichen) bietet, leuchten sofort ein. Wie kümmerlich wird z. B. eine Division durch 152 ausfallen, wenn der Schüler nicht wenigstens $15 \times 1 = 15$ bis $15 \times 9 = 135$ auswendig weiss? Wir haben öfter gesehen, dass einzelne Schüler bei der leidigen Division dieses Hilfsmittels sich ohne Anweisung, vielleicht gegen den Willen des Lehrers bedienten, indem sie des Divisor 1 bis 9 mal ausrechneten und aufschrieben, bevor sie die Division begannen. Der verstorbene Weim. Oberschulrat Leidenfrost, als Mathematiker und Schulmann allgemein anerkannt, schrieb uns über diese Frage: „Die Einführung des grossen Einmaleinses in die Volksschule halte ich für einen grossen Fortschritt, welcher nur intensiv, nicht extensiv Vermehrung bringt. Es kann und muss erstrebt werden, dass dann die schrifliche Multiplikation und Division mit den Zahlen 12 bis 19 gerade ebenso ausgeführt wird, wie die mit den Zahlen von 2 bis 9." Viele Rechenlehrer der ältern und neuern Zeit haben sich auch gar nicht vor der Aufnahme der grossen Reihen gefürchtet. Brennert und Kaselitz z. B. lassen die Reihen mit 12, 15, 24, 25 üben; Göpfert geht ebenfalls über das kleine Einmaleins hinaus; Brauetigam schreibt: „Es ist wünschenswert, dass jede Reihe bis zum 10 fachen durch entsprechende Verarbeitung Eigentum des Gedächtnisses wird, damit die übrigen Zusammensetzungen und Zerlegungen leicht und schnell ausgeführt werden

---

*) Unser Plan für die Verteilung des Unterrichtsstoffes im Rechnen ist folgender:
1. Schuljahr: Zahlraum 1—10.
2. " " 1—100.
 (Von Multiplikation und Division nur die leichtesten Formen.)
3. " Die schwerern Reihen in Multiplikations- und Divisionsformen. Die grössern Reihen. (Etwa bis 19×10.)
4. " Unbegrenzter Zahlraum.
 Die vier Spezies mit abstrakten und einfach konkreten Zahlen.
5. " Die vier Spezies mit gemischten konkreten u. decimalen Zahlen.
6. " Die Bruchrechnung (gem. Brüche und Decimalbrüche.)
7.⎫
8.⎭ " Die sogenannten bürgerlichen Rechnungsmethoden und -arten.

können." Auch die weitverbreitete „Neue Rechenschule" von Berthelt, Jäkel, Petermann und Thomas enthält im zweiten Heft zahlreiche Aufgaben, die das grosse Einmaleins voraussetzen, z. B. 348 : 16; 702 : 18 u. s. w. Ebenso Hartmann u. a.)

In welchem Umfang die grossen Reihen geübt und Eigentum des Gedächtnisses werden sollen, wird sich nach den Schulverhältnissen und der Begabung der Schüler richten. Über die Reihen von 11 bis 19 und 25 wird man nicht hinausgehen und den höchsten Multiplikator wie beim kleinen Einmaleins 10 sein lassen. Die Übungsaufgaben können sich darüber hinaus erstrecken.

Bei Aufnahme der grossen Reihen soll das dritte Schuljahr nicht etwa ohne Additions- und Subtraktionsübungen sein. Diese beiden Grundrechnungsarten sind vielmehr gründlich weiter zu üben, wozu sich auch mehr als genügend Gelegenheit bietet. Schon bei den zusammengesetzten Aufgaben innerhalb des Kreises vom kleinen Einmaleins treten sie regelmässig auf (z. B. $^1/_8$ von $40+35$); und bei der Bildung des grossen Einmaleinses gilt ja 12 als $10+2$, 13 als $10+3$, 18 als $20-2$, 19 als $20-1$. Ferner sind sie nötig beim Aufbau des Zahlraums und Bildung der Zahlreihe bis 1000, und bei Einübung und Anwendung der grossen Reihen.*)

Für das dritte Schuljahr stellen wir folgenden Lehrstoff auf:

1. Bildung (und dabei Einübung) der Siebener-, Achter- und Neuner-Reihe vom kleinen Einmaleins.

2. Leichtere und schwerere Formen von Multiplikationen und Divisionen mittelt dieser Reihen. Zusammengesetzte Aufgaben.

3. Der Aufbau des Zahlraums bis 1000. Additions- und Subtraktionsübungen (Ergänzungen und Zurückgehen auf Hunderter) innerhalb dieses Zahlraums.

4. Die grossen Reihen: 11×1 bis 11×10; 12×1 bis 12×10 ...... 19×1 bis 19×10; 25×1 bis 25×10.

5. Multiplikationen und Divisionen mittelst dieser Reihen. Angemessene zusammengesetzte Aufgaben.

---

*) So lassen z. B. Heiland und Muthesius in ihrem Rechenbuch, das in den Volksschulen des Grossherzogtums S.-Weimar-Eisenach amtlich eingeführt ist, in den zusammengesetzten Aufgaben das Gebiet der Addition und Subtraktion im Zahlraum 1—1000 planmässig] wiederholen, und zwar wird angeschlossen:
    an die Elferreihe die Addition und Subtraktion von Zehnern;|
    an die Zwölferreihe die Addition und Subtraktion von Einern;
    an die Dreizehnerreihe die Addition und Subtraktion von Hunderten;
    an die Vierzehnerreihe die Addition von Hunderten und Einern;
    an die Fünfzehnerreihe die Addition und Subtraktion von Hunderten und Zehnern;
    an die Neunzehnerreihe die Addition und Subtraktion von Zehnern und Einern ohne Uebergang;
    an die Achtzehnerreihe die Addition und Subtraktion von Zehnern und Einern mit Uebergang;
    an die Siebzehnerreihe die Addition und Subtraktion von Hunderten, Zehnern und Einern;
    an die Sechzehnerreihe die Addition und Subtraktion von Hunderten, Zehnern und Einern.

II. Die Gliederung des Stoffes

A. Die kleinen Reihen.

Jede Reihe in Multiplikations- und Divisionsform:
1. Die Siebenerreihe.*)
2. Die Achterreihe, soweit sie nicht im 2. Schuljahr bereits behandelt worden ist.
3. Die Neunerreihe.
4. Divisionen mit Rest.

B. Aufbau des Zahlraums und Bildung der Zahlreihe bis 1000.

a. Reine Hunderter.

5. Die reinen Hunderterzahlen.
6. Addition und Subtraktion reiner Zahlen (bis 1000).
7. Multiplikation und Division reiner Zahlen.

b. Hunderter + Zehner.

8. Die gemischten Hunderterzahlen. Hunderter + Zehner. (Aufbau, Lesen und Schreiben.)
9. Addition und Subtraktion gemischter Hunderterzahlen (mit Zehnern.)

Beispiele: 300 + 50; 350 — 50 und 350 — 300
110 + 20; 130 — 20 und 130 — 110
220 + 100; 320 — 100 und 320 — 220
300 + 250; 550 — 250 und 550 — 300
250 + 130; 380 — 130 und 380 — 250

C. Die reinen Zehnerreihen.

10. Multiplikation und Division.

D. Die gemischten Hunderterzahlen: Hunderter + Zehner + Einer.

11. Aufbau und Bildung der Zahlreihe.
12. Addition und Subtraktion gemischter Hunderterzahlen (Hunderter + Zehner + Einer.

Beispiele: 100 + 8 und 8 + 100; 108 — 8 und 108 — 100
500 + 15 und 15 + 500; 515 — 15 und 515 — 500
100 + 115 und 115 + 100; 215 — 100 und 215 — 100
108 + 8
118 + 8
108 + 20

u. s. w. (Man variiere bei Aufstellung der Rechenziele nur zweckmässig die Aufgabe $(a+b+c)+(a'+b'+c')$.

E. Die gemischten Zehnerreihen. (Das grosse Einmaleins.)

13. Die Elferreihe. $(11 = 10 + 1)$
14. Die Zwölferreihe. $(12 = 10 + 2)$

---

*) Mit den obigen Angaben ist nur das fachwissenschaftliche Ziel angegeben (vergl. II. Schuljahr 4. Aufl. S. 90). Das im Unterricht aufzustellende soll, wenn es ohne Künstelei geschehen kann, aus einem Sachgebiet entnommen werden.

15. Die Dreizehnerreihe. $(13 = 10 + 3$ und $12 + 1)$
16. Die Fünfzehnerreihe. $(15 = \frac{30}{2}$ und $10 + 5)$
17. Die Vierzehnerreihe. $(14 = 10 + 4$ und $15 - 1)$
18. Die Sechzehnerreihe. $(16 = 10 + 6$ und $15 + 1)$
19. Die Neunzehnerreihe. $(19 = 20 - 1)$
20. Die Achtzehnerreihe. $(18 = 20 - 2$ und $10 + 8)$
21. Die Siebzehnerreihe. $(17 = 18 - 1$ und $10 + 7)$

III Die Bearbeitung des Stoffes

Im „Zweiten Schuljahr" sind bereits die Grundsätze für den Rechenunterricht auf den untern Stufen dargelegt. Wir können uns deshalb im „Dritten Schuljahr" auf wenige Bemerkungen beschränken.

1. Als Anschauungsmittel bei der Entwicklung der Reihen dient weiter der Tillichsche Rechenkasten. Besitzt man ihn nicht, so kann man den Kugelapparat (die sog. russische Rechenmaschine) gebrauchen, an dem sich mancherlei, z. B. die Vertauschung der Faktoren, wie $9 \times 2 = 2 \times 9$ anschaulich darstellen lässt.

::::::::: und ::

Auch die eine Art der Division das Teilen, geschieht mit demselben rasch, während er für die andere Art, gewöhnlich das Enthaltensein genannt, wenig geeignet ist. Statt „Enthaltensein" setzt man zweckmässig „Messen". Denn einmal ist die mit dem Worte „Enthaltensein" zu verknüpfende Vorstellung viel schwerer als die des Messens, das mit den Rechenstäben immer sofort anschaulich ausgeführt werden kann, während man sich beim Enthaltensein die Dinge gewissermassen erst hohl zu denken hat (was bei benannten Zahlen oft zu Absonderlichkeiten führt), und zweitens bringt das Wort „Enthaltensein" Verwirrung in die Division, indem es eine doppelte Stellung des Divisionszeichens : nötig macht.*)

2. Für das Rechnen im Zahlraum über 100 sind Anschauungsmittel nicht mehr nötig. Nur bei dem Aufbau und der Bildung der

---

*) Das Divisionszeichen : wird jetzt wohl in allen Rechenheften nach dem Dividenden gestellt. Man muss aber auch das Multiplikationszeichen $\times$ nach dem Multiplikanten setzen. Vergleiche hierzu: Weimar. Kirchen- und Schulblatt (Weimar, Böhlau) 1879, Heft 15: „Es erscheint zunächst naturgemäss, dass diejenige Zahl vorangesetzt wird, an welcher die Operation vorgenommen wird, diejenige aber an zweite Stelle tritt, mit welcher an der erstern die vorgeschriebene Operation vorgenommen werden soll.

Dem entsprechend wird $8 + 5$ so gedeutet: Zu 8 soll 5 addiert werden oder 8 soll um 5 vermehrt werden. Ohne Zweifel versteht man unter $8 - 5$ auch stets, dass 8 um 5 vermindert werden soll. Beharrt man aber bei der

Rechnen.

153

Zahlenreihe bis 1000 erscheint uns die Anschauung noch wünschenswert. Zunächst sollen die Schüler dadurch gewahr werden, dass 1000 schon eine grosse Zahl ist. Deshalb lassen wir 1000 Dinge, z. B. ein Packet Nägel einmal zählen. Dann sollen sie einsehen, dass ein Hunderter eine „Einheit" ist wie ein Einer oder ein Zehner, dass man deshalb mit einem Hunderter ebenso rechnen kann wie mit einem Einer. Man meint häufig, diese Einsicht käme den Schülern von selbst oder sei nicht schwer herzustellen; deshalb wirft man beim Rechnen das Rechnen mit höhern Einheiten und Einern durcheinander, lässt z. B. sagen $5 + 4$ (Einer) $= 9$; also $500 + 400 = 900$, während man meint: $5\ H + 4\ H = 9\ H = 900$. Als geeignetes Anschauungsmittel benutzen wir den im „Fünften Schuljahr" beschriebenen zerlegbaren Würfel, mit dem sich sehr gut der Aufbau des Zahlsystems und der Unterschied des Rechnens mit $1\ H$ und $100\ (E)$ zeigen lässt. Auch die sog. Tausendertabelle, die man sich in grossem Massstabe anfertigt, leistet gute Dienste.

Die Tausendertabelle.

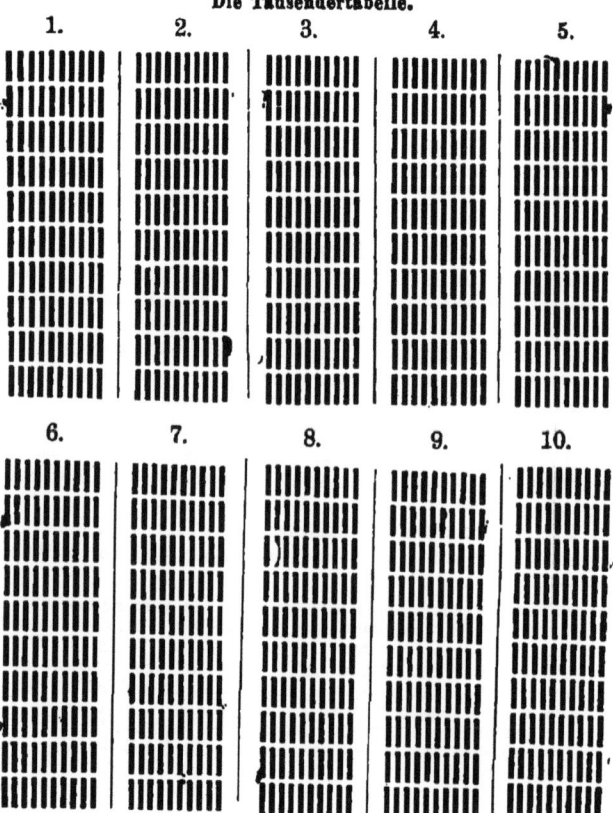

3. Bei der Ausrechnung von Aufgaben wird zunächst ein Normalverfahren eingehalten und bis zur Fertigkeit geübt. Die Zahlen 11 bis 19 werden z. B. als Zig und Einer aufgefasst und zwar als $1\,Z + 1\,E$, dann aber auch als $10 + 1$*), $12 = 10 + 2$, $13 = 10 + 3$, $14 = 10 + 4$, $16 = 10 + 6$, $17 = 10 + 7$, $18 = 20 - 2$, $19 = 20 - 1$. Für 15 empfiehlt sich $30 : 2$. Dann werden aber die Schüler veranlasst, auch auf andere Weise zu rechnen, z. B.:

$$16 \times 4 = 10 \times 4 + 6 \times 4;$$
$$= 15 \times 4 + 1 \times 4;$$
$$= (8 \times 2) \times 4 = 8 \times (2 \times 4) = 8 \times 8;$$
$$= 20 \times 4 - 4 \times 4.\text{**})$$

Desgleichen wenden wir zuerst immer nur eine bestimmte Ausdrucksweise an (z. B. in der Multiplikation „mal"), dann lernt der Schüler aber auch andere kennen (z. B. 9 mal 5! Das 5fache von 9! Welche Zahl ist 5 mal so gross als 9? Vervielfache 9 mit 5 u. s. w.

4. Das Rechnen ist durchgängig noch Kopfrechnen; das sogenannte schriftliche besteht nur im Aufschreiben der beim Kopfrechnen angewandten Lösungsweise.

5. Die unterrichtliche Behandlung der Reihen geschieht mit Rücksicht auf die verwandtschaftlichen Beziehungen, damit sich die Reihen gegenseitig unterstützen können.

Also: Zweierreihe, Viererreihe, Achterreihe. — Dreierreihe, Sechserreihe, Neunerreihe.

Die grossen Reihen haben zwar diese Beziehungen zu einander nicht, aber solche zu den kleinen. So sind die Zwölfer-, Vierzehner-, Sechzehner- und Achtzehnerreihe bis zur Hälfte aus dem kleinen Einmaleins leicht zu erlangen; z. B. $14 \times 4 = (7 \times 2) \times 4 = 7 \times (2 \times 4) = 7 \times 8 = 56$; $18 \times 5 = 9 \times 10 = 90$ u. s. w.). Ferner kann eine voranstehenden Regel, so müsste man in der Multiplikation den Multiplikand vor- und den Multiplikator nachsetzen und gleicherweise in der Division den Dividend voranstellen und den Divisor folgen lassen.

Man lese also nun:

$8 + 5$ .... acht und fünf;
$8 - 5$ .... acht weniger fünf;
8×4 .... acht vier mal oder acht mal vier (nicht aber achtmal vier!) und
$8 : 4$ .... acht geteilt durch (oder geteilt unter) vier, bezüglich acht gemessen durch (mit) vier, oder kurz acht durch vier.

---

*) Auch hier anschaulich, so lange es nötig ist; z. B. $11 \times 3 =$
$\vdots \cdots \cdots \cdots \cdot$
$\vdots \cdots \cdots \cdot = 10 \times 3 + 1 \times 3 = 30 + 3 = 33$.

Bei Anwendung des Rechenkastens empfiehlt es sich, die zur Darstellung der Zahl nötigen Säulen zusammenzubinden, damit sie als eine Zahl erscheinen.

**) Zahlreiche Beispiele hierzu finden sich in Erfurth, Ch. B., Rechenschule für Elementar-, Volks- und Bürgerschulen. Leipzig, Körner, 1863. Der Rechenlehrer kann aus diesem alten Buche überhaupt mancherlei lernen.

leichtere Reihe zwei benachbarte schwere berechnen und behalten helfen, z. B. die Fünfzehnerreihe die Vierzehner- und Sechzehnerreihe.

Selbstverständlich wird eine neue Reihe nicht früher begonnen als bis die vorhergehende tüchtig eingeübt ist. Die ältern Reihen sind fleissig zu wiederholen (zu Beginn einer jeden Rechenstunde ein Satz), damit sie unverlierbares und zweifelloses Eigentum des Schülers werden.*) Geschieht dies nicht im dritten Schuljahr, so bleibt der Schüler oft gewöhnlich sein Leben lang unsicher. Auf die angeschlossenen Übungen ist besonderes Gewicht zu legen, denn das Rechnen soll eine „Fertigkeit" werden. Zur vollkommenen Beherrschung eines Zahlgebiets gehört aber, „dass der Schüler jede zusammengesetzte Aufgabe geläufig rechnen und das Resultat begründen kann, und dass er auch imstande ist, seinen Mitschülern selbst Aufgaben zu stellen" (Braeutigam).

Die Ausnutzung der Reihen muss möglichst ausgiebig sein, damit der Schüler die Vorteile der eingeprägten Reihen praktisch verwerten lernt. Den Satz $18 \times 6 = 108$ kann er z. B. benutzen, um auszurechnen

$$54 \times 2 = 108;$$
$$36 \times 3 = 108.$$

Ferner:

$$18 \times 12 = 18 \times 6 \times 2 = 216$$
$$54 \times 4 = 108 \times 2 = 216 \text{ u. s. w.}$$

Diese Übungen setzen Stücke aus der Faktorenlehre voraus, die man im dritten Schuljahr praktisch anwendet, aber nicht als besondern Abschnitt behandelt.

6. In den angewandten (eingekleideten) Aufgaben sollen die sachlichen Beziehungen den Kindern hinreichend bekannt sein und keine neuen Schwierigkeiten bieten. In erster Linie werden wir Stoffe aus dem übrigen Unterricht verwenden und so einen Zusammenhang mit den

---

*) Gute Dienste leisten bei den Wiederholungen die Dürresche Tafel und Eigemanns Rechenuhr, an die sich viele Uebungen anschliessen lassen. Die Dürresche Tafel enthält folgende Reihen:

$$\begin{array}{ccccccc}
2 & 3 & 4 & 5 & 6 & 7 & 8 & 9 \\
2 & 4 & 6 & 8 & 3 & 5 & 7 & 9 \\
4 & 6 & 8 & 2 & 5 & 7 & 9 & 3 \\
6 & 8 & 2 & 4 & 7 & 9 & 3 & 5 \\
3 & 2 & 4 & 6 & 9 & 3 & 5 & 7 \\
3 & 5 & 7 & 9 & 2 & 4 & 6 & 8 \\
5 & 7 & 9 & 3 & 4 & 6 & 2 & 2 \\
7 & 9 & 3 & 5 & 6 & 8 & 2 & 4 \\
9 & 2 & 5 & 7 & 8 & 2 & 4 & 9 \\
\end{array}$$

Diese 9 Reihen sind auf 9 einzelne Holzleisten geschrieben, die auf einer Holztafel zwischen Fugen beliebig nach rechts und links ausgeschoben werden können, um so die senkrechten Reihen in mannigfaltiger Weise zu verändern. Es genügt auch, wenn die Ziffernreihen auf eine Papptafel gross, deutlich und gleichmässig aufgeschrieben werden. Den Gebrauch dieser Tafel wird der Lehrer bald selbst entdecken und schätzen. „Es ist dabei seitens des Lehrers fast kein Wort nötig, und die Arbeit geht doch wie im Fluge fort". Vergl. „Ein bewährtes Hülfsmittel beim Rechenunterricht" im Evangel. Schulblatt von F. W. Dörpfeld. 20. Band, S. 340.

andern Unterrichtsgebieten aufrecht erhalten; aber ausschliesslich darauf wird man sich kaum beschränken dürfen, wenn der Unterricht nicht an Stoffmangel im Rechnen mit konkreten Zahlen leiden soll. Vermeiden wollen wir aber immer, dass der Schüler in kürzester Zeit mit den verschiedenartigsten Vorstellungen zu thun hat, dass z. B. die erste Aufgabe — wir schlagen die sonst sehr guten Aufgaben zum Kopfrechnen von Hentschel an beliebiger Stelle auf — von einem Schreiber, die zweite von einer Obstpflanzung, die dritte von einer wohlthätigen Frau, die vierte von einem Schiffer, die fünfte von einem Turnplatze handelt. Man kann die Schüler ebenso im Rechnen üben, wenn während einer Rechenstunde nur wenige Benennungen auftreten. Es handelt sich hier ja nicht mehr um Gewinnung des Zahlbegriffs, sondern um verschiedene Zahlverhältnisse, wie sie in Sachgebieten auftreten oder auftreten können.*) Auf Eingebungen des Augenblicks soll man im Unterricht sich niemals verlassen, auch nicht bei Stellung von Rechenaufgaben. Der Lehrer wird sich deshalb eine Aufgabensammlung mit Berücksichtigung der Sachgebiete anzulegen haben und dieselbe von Zeit zu Zeit ergänzen und verbessern. Diese sagt ihm, um welche Sachgebiete und Zahlverhältnisse es sich jetzt handelt. Die Form der Aufgabe kann erselbständig schaffen, die Berechnungsweisen finden zunächst die Schüler.

Für die Einübung (5. Stufe) und „stille Beschäftigung" müssen die Aufgaben aus dem Aufgabenheft des Schülers genügend vorbereitet werden, sowohl nach der sachlichen als rechnerischen Seite hin.

IV Zwei Unterrichtsbeispiele

Zahlgebiet: Neunerreihe.
Multiplikationen und Divisionen im Bereich der Reihe unter Fortführung der Erweiterungsreihen.

Sachgebiet: Wird von dem Inhalt der andern Unterrichtsfächer abhängen. Ferner könnten grundlegende Aufgaben abgeben:
1. Das Kegelspiel. (Divisionsaufgabe: 1 Kinderkegelspiel mit 2 Kugeln kostet 50 Pfennig. Die beiden Kugeln sind 5 Pfennig gerechnet, wie teuer ist jeder Kegel?)

---

*) Vergleiche hierzu „Erstes Schuljahr", 6. Aufl., Seite 357—359 und „Zweites Schuljahr", 4. Aufl., Seite 90 und 91. Ferner Dörpfeld, F. W., Grundlinien einer Theorie des Lehrplans. Krusche, G., Mängel im angewandten Rechnen. Deutsche Blätter für erziehenden Unterricht. Langensalza, 1882. No. 50): „ Im Rechnen handelt es sich, wie Ziller in der Grundlegung hervorhebt, vor allem darum, dass der Zögling die Zeit- und Raumverhältnisse des Lebens, der Geschichte und Natur, die Beziehungen der Einzelnen zum Verkehr, zur Gesellschaft, zum Staat, die auf quantitative Bestimmungen führen, auffassen lernt. — Auch das Rechnen muss — soweit als thunlich im engen Zusammenhang mit den Sachgebieten treten, in welchen der Schüler unterrichtet wird. Denn die Fertigkeit im Gebrauch der Zahlen und in der Lösung der Rechenaufgaben ist nicht in der Weise zu erzielen, dass der Stoff als eine zufällige oder willkürliche Einkleidung erscheint." — In einigen neuern Rechenheften, z. B. von Knabe (Gütersloh, Bertelsmann) von Hartmann und Ruhsam, Heiland und Muthesius ist diesen Anschauungen bereits Rechnung getragen.

2. Eine Aufgabe aus der Naturkunde. (Z. B.: Das Blatt der Rosskastanie oder des Walnussbaumes besteht gewöhnlich aus 7 Blättchen; bei beiden, besonders beim Walnussbaum kommen aber auch häufig 9 Blättchen vor. Es soll die Anzahl der Blättchen an einem Zweig berechnet werden, wenn ein Blatt aus 7 und wenn es aus 9 Blättchen zusammengesetzt ist.)
3. Die meisten Kinder des dritten Schuljahres werden täglich 9 Stunden schlafen. (Es soll ausgerechnet werden, wieviel Stunden Schlaf sie für die Woche brauchen.)

Die gestellten Aufgaben können zwar ohne Kenntnis der Neunerreihe gelöst werden, lassen dieselbe aber doch als recht wünschenswert erscheinen. (Vergleiche die Lösungen der Aufgabe unter No. 2.) Wenn auf diese Weise das Interesse für die Reihe genügend erregt ist, kann sie mit abstrakten Zahlen begonnen werden. (Was auf den einzelnen (formalen) Stufen des Unterrichts zu geschehen hat, wolle man im „Zweiten Schuljahr" Seite 95 nachlesen.)

1. Stufe.

9 ist wievielmal 1?
9 ist wievielmal 3?
18 ist wievielmal 3?
27 ist wievielmal 3?

$$9 = 1 \times 9$$
$$18 = 2 \times 9$$
$$27 = 3 \times 9$$
$$36 = 4 \times 9$$
$$45 = 5 \times 9$$
$$54 = 6 \times 9$$
$$72 = 8 \times 9$$
$$90 = 10 \times 9$$

(Da die Umtauschung der Faktoren bereits eine bekannte Sache ist, so ist nur noch zu lernen $63 = 9 \times 7$ und $81 = 9 \times 9$.)

Zählt in Neunern von Neun an! 9, 18, 27, 36, 45 u. s. w.)

A. Multiplikation.
2. Stufe.

Nun wollen wir die Neun 1 mal bis 10 mal nehmen,

a) Mit Anschauung:

aa)		bb)	
	$9 = 9 \times 1$		$90 = 9 \times 10$
$9 + 9 = 18 = 9 \times 2$		$90 - 9 = 81 = 9 \times 9$	
$18 + 9 = 27 = 9 \times 3$		$81 - 9 = 72 = 9 \times 8$	
$27 + 9 = 36 = 9 \times 4$		$72 - 9 = 63 = 9 \times 7$	
$36 + 9 = 45 = 9 \times 5$		$63 - 9 = 54 = 9 \times 6$	
u. s. f.		u. s. f.	

(Fragen: Wie viel Neunen gehören zur 18? Wie viel mal 9 ist 18 + 9?)

cc) $9 \times 1 = 9$ dd) $9 \times 10 = 90$
$9 \times 2 = 18$ $9 \times 9 = 81$
$9 \times 3 = 27$ $9 \times 8 = 72$

ee) Umtauschung der Faktoren.

$9 = 9 \times 1$ oder 1×9
$18 = 9 \times 2$ oder 2×9
$27 = 9 \times 3$ oder 3×9
u. s. f.

b) Einübung. (Mit Anschauung, bis der betreffende Satz ohne Anschauung sicher geht.)

aa) Wievielmal 9 ist $9 + 9$?
Wieviel Neuner gehören zu 18?
Wievielmal 9 ist 18?
Wievielmal kann man 9 von 18 wegnehmen?
Wieviel ist 9×2?

bb) Wievielmal 9 ist $18 + 9$?
Wieviel Neuner gehören zu 27? (Drei; denn zu 18 gehören 2, zu 9 einer.)
Wievielmal 9 ist 27?
Wievielmal kann man die 9 von 27 wegnehmen?
Welche Zahl ist 3 mal so gross als die 9?
Wieviel ist 9×3?

cc) $27 + 9$ u. s. f.

3. Stufe.

a) Welche zwei Zahlen geben („mal" genommen) 9, 18, 36, 45 etc.? ($9 = 9 \times 1$; $18 = 9 \times 2$ oder 6×3; $36 = 9 \times 4$ oder 6×6).

Oder: In welchen Reihen kamen vor 9, 18, 36, 45 etc.?

$9 = 9 \times 1$ und 1×9
$18 = 9 \times 2$ und 2×9
$27 = 9 \times 3$ und 3×9
u. s. f.

4. Stufe.

a) Sagt her die Reihe 9×1 bis 9×10!
Desgleichen 1×9 bis 10×9!
Auch rückwärts.

b) Schreibt die Reihen neben einander!

Rechnen.   159

$$9 \times 1 = 9; \qquad 1 \times 9 = 9$$
$$9 \times 2 = 18; \qquad 2 \times 9 = 18$$
$$9 \times 3 = 27; \qquad 3 \times 9 = 27$$
u. s. f.

B. Division.
2. Stufe.

a) (Mit Anschauung.)

aa) Messen. (Der Multiplikator wird gesucht.)

$9 + 9 = 18$ 9 gemessen durch $9 = 1$ Oder umständlicher: Wenn ich
$18 + 9 = 27$ „   „ $9 = 2$ die 9 durch die 9 messe, so
$27 + 9 = 36$ „   „ $9 = 3$ brauche ich das Mass 1 mal;
   u. s. f.   „   „ $9 = 4$ wenn ich die 18 durch die 9
Auch rückwärts.   messe, so brauche ich das Mass
2 mal; oder 18 ist 2 mal so
gross als 9. Kurz: $18 : 9 = 2$;
denn 9×2 (oder 9 zweimal)
$= 18$.)

bb) Teilen. (Der Multiplikand wird gesucht.)

$9 + 9 = 18$ 9 geteilt durch $9 = 1$ Oder umständlicher: Wenn ich
$18 + 9 = 27$ „   „ $9 = 2$ 9 durch 9 teile, so erhalte ich 1;
$27 + 9 = 36$ „   „ $9 = 3$ denn $1 \times 9 = 9$. Wenn ich
   u. s. f.   „   „ $9 = 4$ 18 durch 9 teile, so erhalte ich
Auch rückwärts.   2; denn $2 \times 9 = 18$. An dem
Kugelapparat macht man das anschaulich, in dem man aus der 9, bez. 18 neun gleiche Teile macht. Aus .... wird ./././././././.; aus :::::::::: wird :/:/:/:/:/:/:/:/:. Schwächern Schülern muss man noch umständlicher helfen; z. B. 27 geteilt durch $9 = 3$. $27 = 9 \times 3$. Von der ersten 9 erhält jeder (der 9) Teiler 1; von der zweiten 9 erhält jeder Teiler wieder 1; von der dritten 9 erhält jeder Teiler wieder 1; von drei Neunen oder 27 erhält jeder Teiler $1 + 1 + 1 = 3$; die 3 neun mal genommen (neun Teiler sind es) $= 27$.

b) Einübung. (Mit Anschauung, bis Sicherheit erreicht ist.)

aa) Wieviel ist 9 gemessen durch 9? (Immer mit Begründung, bis vollständige Sicherheit im 1×1 erreicht ist.)
Wievielmal ist die 9 in der 9 enthalten?
Wieviel ist 9 geteilt durch 9?
Wie heisst der 9. Teil von 9?
Wieviel ist der 9. Teil ($^1/_9$) von 9?
Welche Zahl ist in 9 einmal enthalten?

bb) Wieviel ist $9 + 9$ gemessen durch 9?
Wievielmal ist 9 in 18 enthalten?
Wieviel ist 18 geteilt durch 9?
Wieviel ist $^1/_9$ von 18? (Auch $^2/_9$, $^3/_9$ etc.)

Welche Zahl ist in 18 zweimal enthalten?
Wie gross ist ein Teil, wenn die 18 in 9 gleiche Teile zerlegt wird?
Wie gross ist ein Teil, wenn die 18 9 solcher Teile hat?
Der wievielte Teil von 18 ist die 9?
Von welcher Zahl ist 9 die Hälfte?
Zwei Zahlen geben „mal" genommen 18; die eine ist 9, wie heisst die andere?
$18 + 9$ u. s f.

3. Stufe.

a) $9 : 9 = 1;\quad 9 : 1 = 9$
(gemessen)
$\ 18 : 9 = 2;\quad 18 : 2 = 9$
$\ 27 : 9 = 3;\quad 27 : 3 = 9$

b) $9 : 9 = 1;\quad 9 : 1 = 9$ oder $^1/_9$ von $9 = 1;\ ^1/_1$ von $9 = 9$
(geteilt)
$\ 18 : 9 = 2;\ 18 : 2 = 9$ oder $^1/_9$ von $18 = 2;\ ^1/_2$ von $18 = 9$
$\ 27 : 9 = 3;\ 27 : 3 = 9$ oder $^1/_9$ von $27 = 3;\ ^1/_3$ von $27 = 9$

c) $9 : 9 = 1;\quad 9 : 3 = 3;\quad 9 : (3 \times 3) = 1$
$\ 18 : 9 = 2;\ 18 : 3 = 6;\ 18 : 6 = 3;\ 18 : (3 \times 3) = 2$
$\ 36 : 9 = 4;\ 36 : 4 = 9;\ 36 : 6 = 6;\ 36 : (3 \times 3) = 4$
u. s. f.

d) $9 : 9 = 1;\ 9 \times 1 = 9$
$\ 18 : 9 = 2;\ 9 \times 2 = 18$
$\ 27 : 9 = 3;\ 9 \times 3 = 27$
u. s. f.

4. Stufe.

a) Rechnet (sagt her) die Reihen

$9 : 9 = 1;\quad 9 : 1 = 9$
$18 : 9 = 2;\quad 18 : 2 = 9$
$27 : 9 = 3;\quad 27 : 3 = 9$
u. s. f.\quad u. s. f.
Auch rückwärts!

b) Schreibt die Reihen neben einander!

5. Stufe.

a) Hersagen der Reihe in Multiplikations- und Divisionsform, vorwärts, rückwärts, ausser der Zahlfolge (nach der Dürreschen Tafel) Auch die Schüler stellen Aufgaben. A. z. B. nennt eine Zahl, B. sagt wieviel mal 9 oder dividiert durch 9 es ist.

b) Verschiedene Formen; ausser der Reihe. Dabei auch Multiplikation und Division durcheinander, z. B. 27 = wievielmal 9? Wievielmal 3? $1/_9$ von 27? Wieviel Neuner gehören zu 27? Wieviel Dreier? Der 9. Teil einer Zahl ist 3, wie heisst die Zahl? Zwei Zahlen mit einander multipliziert (vervielfacht, mal genommen) = 27; welche Zahlen sind das? Welche Zahl ist 3 mal grösser als 9? Welche 9 mal grösser als 3? u. s. w. Auch Reihen:

$$9 = 9 : ?; \quad 1 = 9 : ?$$
$$9 = 18 : ?; \quad 2 = 18 : ?$$
$$9 = 27 : ?; \quad 3 = 27 : ?$$

c) Lösung von Additions- und Subtraktionsaufgaben mittelst des 1×1; z. B. $18 + 27 = ?$ $18 = 9 \times 2$, $27 = 9 \times 3$, $18 + 27 = 9 \times (2 + 3) = 9 \times 5 = 45$; $36 + 45 = 9 \times (4 + 5)$, $9 \times 9 = 81$.

d) Verbindungen mit andern Rechnungsarten und zusammengesetzte Aufgaben.

aa) $9 \times 1 + 6 = 15$*)   bb) $9 \times 10 - 8 = 82$
    $9 \times 2 + 6 = 24$ $9 \times 9 - 8 = 73$
    u. s. f.   u. s. f.

cc) $9 \times 1 + 3 \times 1$ dd) $9 \times 10 - 5 \times 10$
    $9 \times 2 + 3 \times 2$ $9 \times 9 - 5 \times 9$
    u. s. f.   u. s. f.

ee) $9 : 9 + 9 : 1 = 1 + 9 = 10$ ff. $9 : 9 \times 60 : 6 = 1 \times 10 = 10$
   $18 : 9 + 18 : 2 = 2 + 9 = 11$ $18 : 9 \times 54 : 6 = 2 \times 9 = 18$
   $27 : 9 + 27 : 3 = 3 + 9 = 12$ $27 : 9 \times 48 : 6 = 3 \times 8 = 24$
      u. s. f.   u. s. f.

gg) Das Einmaleins mit 9 und dazu addiert die erste senkrechte Reihe der Dürreschen Tafel. — Desgleichen Subtraktion. — Die 9 mit der ersten Reihe multipliziert, dazu die zweite addiert u. s. w.

hh) $22 + (36 : 9) + 1/_9$ v. $27 = 29$
    $36 - (9 \times 2) - (81 : 9) + 27 = 36$
    $(4/_9$ v. $45 + 16) : 1/_9$ v. $54 - 6 = 0$.

Die Lösung von dergleichen Aufgaben kann man aber nicht immer von allen Schülern verlangen, wenigstens werden die schwächern längere Zeit gebrauchen und mannigfacher Unterstützung bedürfen. Man übergiebt diese Aufgaben auch nicht dem Gedächtnis, sondern schreibt sie entweder an die Wandtafel, oder lässt die Resultate nach jeder einfachen Aufgabe gleich angeben und knüpft die neue unmittelbar daran; z. B. $(4/_9$ v. $45 + 16) : 1/_9$ v. $54 - 6$ wird gerechnet $4/_9$ v. $45 = 20$; $20 + 16 = 36$; $36 : 1/_9$ v. $54 = 6$; $6 - 6 = 0$.

---

*) Solche Reihen sind besonders willkommen in Klassen mit mehreren Abteilungen oder ungeteilten Schulen. Die Stellung der Aufgabe nimmt nur sehr kurze Zeit in Anspruch. Wieviel der Lehrer seinen Schülern von den unter d) aufgeführten Aufgaben zumuten darf, muss er selbst beurteilen.

Fühlen sich die Schüler diesen Aufgaben gewachsen, so entsteht immer ein lebhafter Wettkampf bei Lösung derselben.)

e) Angewandte (eingekleidete) Aufgaben.

aa) Dieselben knüpfen an die im Ziel genannten Gegenstände an.
bb) Dieselben sind andern Gebieten (z. B. den praktischen Lebensverhältnissen) entnommen. Beispiel:

1. Jemand hat nach $^3/_4$ Jahren 90 Mark zu zahlen: er will die Summe monatlich abtragen. Wieviel kommt auf jeden Monat?
2. Wieviel hat er noch zu bezahlen nach 3, 5, 7, 8, 6, 4, 2 Monaten?
3. Er bezahlt die ersten 5 Monate richtig; dann hat er zwei Monate kein Geld, wieviel muss er in jedem folgenden Monat bezahlen?
4. In den 6 ersten Monaten hat er zusammen 63 Mark bezahlt. Wieviel kommt noch auf jeden der 3 letzten Monate?
5. Er bezahlt gleich im ersten Monat 26 Mark; in jedem der folgenden Monate will er gleichviel bezahlen. Wieviel kommt auf jeden Monat?
6. Wieviel hat er noch nach 4 Monaten zu bezahlen?
7. Den nächsten Monat kann er nicht bezahlen. Wieviel kommt nun auf jeden der folgenden Monate?
8. Er will die Schuld vierteljährlich abzahlen. Wieviel trägt's auf jedes Vierteljahr?

Die Vierzehnerreihe.*)

1. Ziel. Die Herbstferien haben 14 Tage gedauert. Bei uns besuchen die Kinder 8 Jahre lang die Schule. **Wir wollen ausrechnen, wieviel Tage sie in den 8 Schuljahren Herbstferien haben.**

1. Stufe.

Wie fangen wir das an?
(In jedem Jahr sind 14 Tage Herbstferien, in acht Jahren achtmal so viel; wir müssen also die 14 Tage 8 mal setzen und dann zusammenzählen.)
Thut das!
$(14 + 14 = 28; 28 + 14 = 42; + 14 = 56; + 14 = 70; + 14 = 84; + 14 = 98; + 14 = 112.)$ 112 Tage Herbstferien bekommen wir in 8 Jahren.
Zur Ausrechnung war ein langes Exempel nötig. Wir wären mit dem Exempel sofort fertig gewesen, wenn wir etwas gewusst hätten!
Im Notfall die Hilfsfrage: Weihnachtsferien sind nur 10 Tage; wie viel Tage also in den 8 Schuljahren?

---

*) Die nachstehend aufgeführten Uebungen sollen nicht sämtlich durchgenommen werden. Wir wollen damit nur zeigen, wie reichhaltig der Rechenstoff ist, den man an eine Reihe anschliessen kann.

2. Ziel. Das „Können" der Vierzehnerreihen wird uns das Rechnen öfters erleichtern; wir wollen sie deshalb ebenso lernen, wie die Fünfzehnerreihe. In welche Zahlen hatten wir die Fünfzehn zerlegt? (In $10 + 5$ und $30 : 2$.)
In welche Zahlen werden wir die Vierzehn zerlegen?
Die Reihen mit beiden Zahlen kennt ihr schon. Sagt sie her!

a) $10 \times 1 = 10$ und $100 : 10 = 10$
$10 \times 2 = 20 \qquad 90 : 10 = 9$
$10 \times 3 = 30 \qquad 80 : 10 = 8$
u. s. w. \qquad u. s. w.
bis $10 \times 10 = 100 \quad$ bis $10 : 10 = 1$

b) $4 \times 1 = 4$ und $40 : 4 = 10$
$4 \times 2 = 8 \qquad 36 : 4 = 9$
$4 \times 3 = 12 \qquad 32 : 4 = 8$
u. s. w. \qquad u. s. w.
bis $4 \times 10 = 40 \quad$ bis $4 : 4 = 1$

Wir können die Vierzehnerreihe aber auch aus andern Reihen berechnen. Nennt solche!

c) $14 = 15 - 1$

Hersagen der Fünfzehnerreihe.

d) $14 = 12 + 2$
e) $14 = 13 + 1$
f) $14 = 7 \times 2$

Setzt bei der Siebenerreihe statt des Multiplikators (zweiten Faktors) die Faktoren desselben!

$7 \times 1 = 7 \times 1 = 7$
$7 \times 2 = 7 \times 2 = 14$
$7 \times 3 = 7 \times 3 = 21$
$7 \times 4 = 7 \times (2 \times 2) = 28$
$7 \times 5 = 7 \times 5 = 35$
$7 \times 6 = 7 \times (2 \times 3) = 42$
$7 \times 7 = 7 \times 7 = 49$
$7 \times 8 = 7 \times (2 \times 4) = 56$
$7 \times 9 = 7 \times (3 \times 3) = 63$
$7 \times 10 = 7 \times (2 \times 5) = 70$
$7 \times 11 = 7 \times 11 = 77$
$7 \times 12 = 7 \times (2 \times 6) = 84$

Welche Faktoren konnten zerlegt werden?
Nennt die Sätze, bei welchen der Faktor Zwei vorkam!

$7 \times 2 = 7 \times (2 \times 1) = 14$
$7 \times 4 = 7 \times (2 \times 2) = 28$
$7 \times 6 = 7 \times (2 \times 3) = 42$
u. s. w.

Rechnen.

Welche Reihe bilden die andern Faktoren!
Was erhalten wir, wenn wir den Faktor 2 zur 7 nehmen?

$$(7 \times 2) \times 1 = 14 \times 1 = 14$$
$$(7 \times 2) \times 2 = 14 \times 2 = 28$$
$$(7 \times 2) \times 3 = 14 \times 3 = 42$$
$$(7 \times 2) \times 4 = 14 \times 4 = 56$$
$$(7 \times 2) \times 5 = 14 \times 5 = 70$$
$$(7 \times 2) \times 6 = 14 \times 6 = 84$$

Wie weit können wir also die Vierzehnerreihe gleich aus der Siebenerreihe bekommen?
Bei welcher andern Reihe haben wir es ebenso (ähnlich) gemacht?
Nun sagt noch einmal an, wie weit ihr die Vierzehnerreihe schon kennt!

A. Multiplikation.

2. Stufe.

Nun wollen wir die Vierzehnerreihe auf verschiedene Weise ganz (bis 14×10 berechnen und tüchtig einüben.

a) Durch Addition von 14.

$$14 = 14 \times 1 \quad \text{und} \quad 14 \times 1 = 14 + 0 = 14$$
$$14 + 14 = 28 = 14 \times 2 \quad\quad 14 \times 2 = 14 + 14 = 28$$
$$28 + 14 = 42 = 14 \times 3 \quad\quad 14 \times 3 = 28 + 14 = 42$$
$$42 + 14 = 56 = 14 \times 4 \quad\quad 14 \times 4 = 42 + 14 = 56$$
$$56 + 14 = 70 = 14 \times 5 \quad\quad 14 \times 5 = 56 + 14 = 70$$
$$70 + 14 = 84 = 14 \times 6 \quad\quad 14 \times 6 = 70 + 14 = 84$$
$$84 + 14 = 98 = 14 \times 7 \quad\quad 14 \times 7 = 84 + 14 = 98$$
$$98 + 14 = 112 = 14 \times 8 \quad\quad 14 \times 8 = 98 + 14 = 112$$
$$112 + 14 = 126 = 14 \times 9 \quad\quad 14 \times 9 = 112 + 14 = 126$$
$$126 + 14 = 140 = 14 \times 10 \quad\quad 14 \times 10 = 126 + 14 = 140$$

b) Durch Addition der Zehner und Viererreihe. $14 = 10 + 4$.

$$14 \times 1 = 10 \times 1 + 4 \times 1 = 10 + 4 = 14$$
$$14 \times 2 = 10 \times 2 + 4 \times 2 = 20 + 8 = 28$$
$$14 \times 3 = 10 \times 3 + 4 \times 3 = 30 + 12 = 42$$
$$14 \times 4 = 10 \times 4 + 4 \times 4 = 40 + 16 = 56$$
$$14 \times 5 = 10 \times 5 + 3 \times 5 = 50 + 20 = 70$$

u. s. w.

c) $14 = 15 - 1$.

$$14 \times 1 = 15 \times 1 - 1 \times 1 = 15 - 1 = 14$$
$$14 \times 2 = 15 \times 2 - 1 \times 2 = 30 - 2 = 28$$
$$14 \times 3 = 15 \times 3 - 1 \times 3 = 45 - 3 = 42$$
$$14 \times 4 = 15 \times 4 - 1 \times 4 = 60 - 4 = 56$$
$$14 \times 4 = 15 \times 5 - 1 \times 5 = 75 - 5 = 70$$

u. s. w.

d) $14 = 12 + 2$.

$$14 \times 1 = 12 \times 1 + 2 \times 1 = 12 + 2 = 14$$
$$14 \times 2 = 12 \times 2 + 2 \times 2 = 24 + 4 = 28$$
$$14 \times 3 = 12 \times 3 + 2 \times 3 = 36 + 6 = 42$$
$$14 \times 4 = 12 \times 4 + 2 \times 4 = 48 + 8 = 56$$
$$14 \times 5 = 12 \times 5 + 2 \times 5 = 60 + 10 = 70$$

u. s. w.

e) $14 = 13 + 1$.

$$14 \times 1 = 13 \times 1 + 1 \times 1 = 13 + 1 = 14$$
$$14 \times 2 = 13 \times 2 + 1 \times 2 = 26 + 2 = 28$$
$$14 \times 3 = 13 \times 3 + 1 \times 3 = 39 + 3 = 42$$
$$14 \times 4 = 13 \times 4 + 1 \times 4 = 52 + 4 = 56$$
$$14 \times 5 = 13 \times 5 + 1 \times 4 = 65 + 5 = 70$$

u. s. w.

3. Stufe.

1. Stellt zusammen, auf welche Weise wir jeden Satz gewonnen haben!

a) $14 \times 1 = 14 + 0 = 14$
$14 \times 1 = (7 \times 2) \times 1 = 14$
$14 \times 1 = (10 + 4) \times 1{*}) = 14$
$14 \times 1 = (15 - 1) \times 1 = 14$
$14 \times 1 = (12 + 2) \times 1 = 14$
$14 \times 1 = (13 + 1) \times 1 = 14$

b) $14 \times 2 \quad 14 + 14 = 28$
$14 \times 2 \quad (7 \times 2) \times 2 = 28$
$14 \times 2 \; (10 + 4) \times 2 = 28$
$14 \times 2 \; (15 - 1) \times 2 = 28$
$14 \times 2 \; (12 + 2) \times 2 = 28$
$14 \times 2 \; (13 + 1) \times 2 = 28$

u. s. w.

2. Stellt nebeneinander die Vierzehner und Fünfzehnerreihe und vergleicht die Produkte.

a) $14 \times 1 = 14$ und $15 \times 1 = 15$.

Das Produkt aus 14×1 ist um 1 (bez. 1×1) kleiner als das Produkt aus 15×1. Oder: Das Produkt aus 15×1 ist um 1 grösser als das Produkt aus 14×1.

b) $14 \times 2 = 28$ und $15 \times 2 = 30$.

Das Produkt aus 14×2 ist um $1 \times 2 = 2$ kleiner als das Produkt aus 15×2 u. s. w.

Wenn noch Einübung nötig, auch Vergleichungen mit andern Reihen.

---

*) Diese Schreibweise wenden wir der Kürze halber statt der oben gebrauchten an.

4. Stufe.

a) Sagt die Vierzehnerreihe an!

$$14 \times 1 = 14$$
$$14 \times 2 = 28$$
$$14 \times 3 = 42$$
u. s. w.

b) Sagt die Reihe mit verwechselten Faktoren!

$$1 \times 14 = 14$$
$$2 \times 14 = 28$$
$$3 \times 14 = 42$$
u. s. w.

c) Nennt blos die Produkte der Reihe nach!

14, 28, 42 u. s. w.

d) Nennt zuerst die Produkte und dann die Faktoren!

$$14 = 14 \times 1$$
$$28 = 14 \times 2$$
$$42 = 14 \times 3$$
u. s. w.

Die Reihen vorwärts und rückwärts; mündlich und schriftlich.

5. Stufe.

a) Aufgaben ausser der Reihe.
b) Fortführung (Ausrechnung der Reihe bis 14×20).
c) Multiplikation der 14 mit den reinen Zehnerzahlen.
d) Multiplikation der 14 mit gemischten Zehnerzahlen. Z. B.:

$$14 \times 28 = 14 \times (20 + 8) = 14 \times 20 + 14 \times 8;$$

oder

$$14 \times 28 = 14 \times (30 - 2) = 14 \times 30 - 14 \times 2.$$

Vielleicht auch schon

$$14 \times 28 = 14 \times 7 \times 4 = 98 \times 4.$$

e) Multiplikationen, deren Produkte aus der Vierzehnerreihe durch verschiedene Anordnung oder Gruppierung der Faktoren gefunden werden.

aa) Zerlegung der 14 in 7×2.

$$14 \times 1 = (7 \times 2) \times 1 = 7 \times (2 \times 1) = 7 \times 2 = 14$$
$$14 \times 2 = (7 \times 2) \times 2 = 7 \times (2 \times 2) = 7 \times 4 = 28$$
$$14 \times 3 = (7 \times 2) \times 3 = 7 \times (2 \times 3) = 7 \times 6 = 42$$
$$14 \times 4 = (7 \times 2) \times 4 = 7 \times (2 \times 4) = 7 \times 8 = 56$$
$$14 \times 5 = (7 \times 2) \times 5 = 7 \times (2 \times 5) = 7 \times 10 = 70$$
$$14 \times 6 = (7 \times 2) \times 6 = 7 \times (2 \times 6) = 7 \times 12 = 84$$
$$14 \times 7 = (7 \times 2) \times 7 = 7 \times (2 \times 7) = 7 \times 14 = 98$$
$$14 \times 8 = (7 \times 2) \times 8 = 7 \times (2 \times 8) = 7 \times 16 = 112$$
$$14 \times 9 = (7 \times 2) \times 9 = 7 \times (2 \times 9) = 7 \times 18 = 126$$
$$14 \times 10 = (7 \times 2) \times 10 = 7 \times (2 \times 10) = 7 \times 20 = 140$$

Rechnen 167

bb) Zerlegung der 14 in 7×2.

$14 \times 1 = (7 \times 2) \times 1 = (7 \times 1) \times 2 = 7 \times 2 = 14$
$14 \times 2 = (7 \times 2) \times 2 = (7 \times 2) \times 2 = 14 \times 2 = 28$
$14 \times 3 = (7 \times 2) \times 3 = (7 \times 3) \times 2 = 21 \times 2 = 42$
$14 \times 4 = (7 \times 2) \times 4 = (7 \times 4) \times 2 = 28 \times 2 = 56$
$14 \times 4 = (7 \times 2) \times 5 = (7 \times 5) \times 2 = 35 \times 2 = 70$
$14 \times 6 = (7 \times 2) \times 6 = (7 \times 6) \times 2 = 42 \times 2 = 84$
$14 \times 7 = (7 \times 2) \times 7 = (7 \times 7) \times 2 = 49 \times 2 = 98$
$14 \times 8 = (7 \times (2 \times 8) = (7 \times 8) \times 2 = 56 \times 2 = 112$
$14 \times 9 = (7 \times (2 \times 9) = (7 \times 9) \times 2 = 63 \times 2 = 126$
$14 \times 10 = (7 \times (2 \times 10) = (7 \times 10) \times 2 = 70 \times 2 = 140$

cc) Zerlegung beider Faktoren:

$14 \times 4 = (7 \times 2) \times (2 \times 2)$
$\quad = 7 \times (2 \times 2 \times 2) \quad = 7 \times 8 = 56$
$\quad = (7 \times 2) \times (2 \times 2) = 14 \times 4 = 56$
$\quad = (7 \times 2 \times 2) \times 2 \quad = 28 \times 2 = 56$

$14 \times 6 = (7 \times 2) \times (2 \times 3)$
$\quad = 7 \times (2 \times 2 \times 3) \quad = 7 \times 12 = 84$
$\quad = (7 \times 2) \times (2 \times 3) = 14 \times 6 = 84$
$\quad = (7 \times 2 \times 2) \times 3 \quad = 28 \times 3 = 84$
$\quad = (7 \times 3 \times 2) \times 2 \quad = 21 \times 4 = 84$
$\quad = (7 \times 2 \times 2 \times 2) \quad = 56 \times 2 = 84$

$14 \times 8 = (7 \times 2) \times (2 \times 2 \times 2)$
$\quad = 7 \times (2 \times 2 \times 2 \times 2) \quad = 7 \times 16 = 112$
$\quad = (7 \times 2) \times (2 \times 2 \times 2) = 14 \times 8 = 112$
$\quad = (7 \times 2 \times 2) \times (2 \times 2) = 28 \times 4 = 112$
$\quad = (7 \times 2 \times 2 \times 2) \times 2 \quad = 56 \times 3 = 112$

$14 \times 9 = (7 \times 2) \times (3 \times 3)$
$\quad = 7 \times (2 \times 3 \times 3) \quad = 7 \times 18 = 126$
$\quad = (7 \times 2) \times (3 \times 3) = 14 \times 9 = 126$
$\quad = (7 \times 2 \times 3) \times 3 \quad = 42 \times 3 = 126$
$\quad = (7 \times 3) \times (2 \times 3) = 21 \times 6 = 126$
$\quad = (7 \times 3 \times 3) \times 2) \quad = 63 \times 2 = 126$

$14 \times 10 = (7 \times 2) \times (2 \times 5)$
$\quad = 7 \times (2 \times 2 \times 5) \quad = 7 \times 20 = 140$
$\quad = (7 \times 2) \times (2 \times 5) = 14 \times 10 = 140$
$\quad = (7 \times 2 \times 2) \times 5 \quad = 28 \times 5 = 140$
$\quad = (7 \times 5) \times (2 \times 2) = 35 \times 4 = 140$

f) Lösung von Additions- und Subtraktionsaufgaben mittelst der Vierzehnerreihe. Z. B.:

$$56 + 84 = 14 \times (4 + 6) = 14 \times 16 = 140$$
$$126 - 84 = 14 \times (9 - 6) = 14 \times 3 = 42$$

g) Angewandte Aufgaben.

B. Division.

(In beiden Formen. Siehe vorhergehende Lehrprobe.)

Als Ziel kann wieder eine Aufgabe gestellt werden, die mit der Vierzehnerreihe sofort zu lösen ist.

2. Stufe.

a) $14 : 14 = 1$; denn $14 \times 1 = 14$
$28 : 14 = 2$; denn $14 \times 2 = 28$
$42 : 14 = 3$; denn $14 \times 3 = 42$
u. s. w.

b) $14 : 14 = 1$; denn $1 \times 14 = 14$
$28 : 14 = 2$; denn $2 \times 14 = 28$
$42 : 14 = 3$; denn $3 \times 14 = 42$
u. s. w.

c) aa) $1/_{14}$ von $14 = 1$
$2/_{14}$ von $14 = 1 \times 2 = 2$
$3/_{14}$ von $14 = 1 \times 3 = 3$
u. s. w.

bb) $1/_{14}$ von $28 = 2$
$2/_{14}$ von $28 = 2 \times 2 = 4$
$3/_{14}$ von $28 = 2 \times 3 = 6$
u. s. w.

3. Stufe.

a) $14 : 14 = 1$ und $14 : 1 = 14$
$28 : 14 = 2$ und $28 : 2 = 14$
$42 : 14 = 3$ und $42 : 3 = 14$
u. s. w.

b) $14 : 14 = 1$ und $14 = 14 \times 1$
$28 : 14 = 2$ und $28 = 14 \times 2$
$42 : 14 = 3$ und $42 = 14 \times 3$
u. s. w.

c) $14 : 14 = 1$ und $1 = 1/_{14}$ von 14
$28 : 14 = 2$ und $2 = 1/_{14}$ von 28
$42 : 14 = 3$ und $3 = 1/_{14}$ von 42
u. s. w.

d) $14 : 14 = 1$ und $14 : 7 = 2$
$28 : 14 = 2$ und $28 : 7 = 4$
$42 : 14 = 3$ und $42 : 7 = 6$
u. s. w.

e) $14 : 14 = 1 = 14 : (7 \times 2) = \dfrac{14 : 7}{2} = \dfrac{2}{2} = 1$

$28 : 14 = 2 = 28 : (7 \times 2) = \dfrac{28 : 7}{2} = \dfrac{4}{2} = 2$

$42 : 14 = 3 = 42 : (7 \times 2) = \dfrac{42 : 7}{2} = \dfrac{6}{2} = 3$

u. s. w.

4. Stufe.

Aufsagen (bez. Aufschreiben) der Reihen:

a) $14 : 14$
$28 : 14$
$42 : 14$
u. s. w.

b) $1/_{14}$ von 14
$1/_{14}$ von 28
$1/_{14}$ von 42
u. s. w.

c) $1/_{14}$ von 98
$1/_{14}$ von 98
bis
$14/_{14}$ von 98

d) $14 : 1$
$28 : 2$
$42 : 3$
u. s. w.

e) $1/_2$ von 28
$1/_3$ von 42
u. s. w.

f) $14 : 14 = 14 : (7 \times 2)$ oder $= \dfrac{14 : 7}{2}$

$28 : 14 = 28 : (7 \times 2)$ oder $= \dfrac{28 . 7}{2}$

$42 : 14 = 42 : (7 \times 2)$ oder $= \dfrac{42 : 7}{2}$

u. s. w.

5. Stufe.

a) Aufgaben ausser der Reihe.
b) Divisionen, bei welchen der Dividend in Summanden zerlegt wird.

Beispiele: $154 : 14 = \dfrac{140 + 14}{14} = 10 + 1 = 11.$

$$184 : 14 = \frac{140 + 42 + 2}{14} = 10 + 3, \text{ Rest } 2.$$

$$136 : 9 = \frac{126 + 9 + 1}{9} = 14 + 1, \text{ Rest } 1.$$

c) Divisionen, bei welchen der Dividend in Faktoren zerlegt wird.

Beispiel: $420 : 14 = \dfrac{42 \times 10}{14} = 3 \times 10 = 30.$

d Divisionen, bei welchen der Divisor ein Faktor von 14 ist.

Beispiel: $126 : 7 = \dfrac{126}{14} \times 2 = 9 \times 2 = 18.$

e) Verbindung der Vierzehnerreihe mit anderen Reihen.
f) Angewandte Aufgaben.

IV. Der deutsche Unterricht

Litteratur: Ziller, Vorlesungen über allgem. Pädagogik. Leipzig, 1876. Derselbe, Jahrbuch für wissenschaftliche Pädagogik VI, VIII, IX, XI, XIII. XIV. Derselbe, Erläuterungen zum Jahrbuch, Jahrgang 1877, 1879, 1880, Ziller-Bergner, Materialien zur speziellen Pädagogik. 1886. Stoy, Der deutsche Unterricht in den sechs ersten Schuljahren, 1864. Dörpfeld, Theorie des Lehrplans, 1873. Derselbe, Der didaktische Materialismus, 1879. Wackernagel, Der Unterricht in der Muttersprache. 4. Teil des Lesebuchs. 3. Aufl. 1863. Otto, Das Lesebuch als Grundlage des Unterrichts in der Muttersprache. 1844. Derselbe, Thesen über Behandlung des deutschen Sprachunterrichts. 1875. — Hildebrand, Vom deutschen Sprachunterricht. Leipzig, 3. Aufl., 1887. — Eberhardt, Die Poesie in der Volksschule. Erste, zweite, dritte Reihe. Langensalza 1886. — Vogt, Der Encyklopädismus und die Lesebücher. Wien 1878. — Rade, Die psychologischen Grundzüge des Unterrichts in der Muttersprache. Zschopau, 1880. — Dörpfeld, Die Hauptfehler des bisherigen Sprachunterrichte (Evangel. Schulblatt 1872, S. 145 ff.) — Ziller, Beitrag zur Kritik des pädagog. Empirismus, im Jahrbuch 1883.

J. Stoff und Gliederung des muttersprachlichen Unterrichts

1. Notwendigkeit und Aufgabe

Bedeutung der Sprachbildung

Die Sprache bietet uns nicht bloss das wichtigste Darstellungsmittel für alle unsere Gedankenkreise, sie ist auch für die Entfaltung jedes höheren Geisteslebens selbst das erste und notwendigste Erfordernis. Ohne Sprache bilden die im Innern vorhandenen Vorstellungen ein Chaos, eine trübe Masse ohne scharfe Scheidung und Sonderung des Einzelnen voneinander, wobei der Geist die Vorstellungsgebilde weder zu überschauen, noch zweckmässig zu gebrauchen vermag. Begriffe können sich gar nicht bilden, da ihnen mit den Worten auch die unentbehrlichen Träger und Stützen fehlen; und ohne Sprache kann sich ein Mensch auch weder zu Verstand und Vernunft, noch zu einem vernünftigen Wollen und Handeln erheben.[*]

Dazu kommt, dass die gesamte Kulturarbeit der Menschheit und des eigenen Volkes niedergelegt ist in der Litteratur, aus welcher der Einzelne schöpfen muss, wenn seine eigene Entwickelung auf dem naturgemässesten Wege gefördert werden soll, aus der zu schöpfen ihm aber nur möglich ist, wenn er die Sprache verstehen kann.

---

[*] Vergl. Ziller, Vorlesungen S. 176.

Steht sonach die innige Wechselwirkung zwischen Sprach- und Geistesbildung ausser Zweifel, so gehört der Sprachunterricht zu den wesentlichen Teilen des Erziehungsunterrichtes auf allen Stufen der jugendlichen Geistesentwickelung. Darüber besteht unter Kundigen eine Meinungsverschiedenheit nicht.

Aufgabe des Muttersprachunterrichts

Die Aufgabe des muttersprachlichen Unterrichts in der Volksschule ist: Entwickelung des Sprachvermögens für alle Teile des Gedankenkreises bis zum klaren Verständnis der Sprache und bis zu ihrer sichern angemessenen Anwendung im eigenen sprachlichen Gedankenausdruck. Sie gliedert sich in vier Forderungen:

Durch den deutschen Unterricht soll der Schüler so gefördert werden,
1) dass er das Hochdeutsche verstehen und sprechen kann;
2) dass er ein hochdeutsch geschriebenes Buch, welches seinem Bildungsgrade entspricht, zu lesen und aufzufassen imstande ist;
3) dass er seine eigenen Gedanken einfach, klar und richtig in dieser Sprache auch schriftlich auszudrücken vermag; und
4) dass er mit einer Anzahl der besten Spracherzeugnisse der in der hochdeutschen Sprache niedergelegten Litteratur bekannt und vertraut ist.

In diesen vier Punkten sind die Ziele für den Unterricht in der Muttersprache ausgesprochen, denen nichts zuzusetzen ist, von denen aber auch nichts nachgelassen werden kann. Ein Mehr führt auf schädliche Abwege, ein Minder genügt gerechten Anforderungen nicht mehr.

Die unterrichtlichen Veranstaltungen zur Erreichung dieser Ziele lassen sich in die zwei Worte:
a) allgemeine Sprachpflege und
b) besonderer Sprachunterricht zusammenfassen.

Allgemeine Sprachpflege

Die allgemeine Sprachpflege muss in allen Unterrichtsstunden sowohl, wie in dem Umgange ausserhalb der Schule mit den Kindern geübt werden. Sie bezieht sich auf Gedankengang, Stil, Ausdrucksweise und Lautform. Die ganze geistige Entwickelung der Schüler muss der Lehrer durch seinen Unterricht in naturgemässer Weise ördern, in seinen Erzählungen und Gesprächen mit den Kindern muss er in einer klaren und bestimmten, reinen und edlen Ausdrucksweise ihnen ein Vorbild sein und sie zur Nacheiferung ermuntern; die sprachlichen Verstösse hat er bei den Kindern, wenn sie erzählen, berichten, wiedererzählen oder frei sich aussprechen, beharrlich, aber ohne Pedanterie zu verbessern, besonders vom zweiten Schuljahre an, seine Korrektur muss sich erstrecken auf Angemessenheit des Ausdruckes, grammatische Richtigkeit bei der Verbindung, rechte Betonung und Lautbildung. Diese absichtlich—unabsichtliche Sprachflege ist die ganze Schulzeit hindurch ununterbrochen fortzusetzen.*)

---

*) Vergl. Wackernagel, Der Unterricht in der Muttersprache. S. 57. Ziller, Vorles. S. 177. Ziller-Bergner, Materialien. S. 181 f.

Hat doch das sechsjährige Kind alles, was es sprachlich kann, durch allgemeine Sprachpflege erworben: durch die sprachlichen Äusserungen der Erwachsenen gegenüber den Kindern, durch die Anstrengungen der Kinder, ihre Wahrnehmungen und Bedürfnisse sprachlich auszudrücken, durch die Korrektur der vorkommenden sprachlichen Unvollkommenheiten und Verstösse seitens der Grossen. Wie diese Mittel zu diesen Resultaten führen können, wird erklärlich, wenn man bedenkt, dass die Sprache als etwas Organisches überhaupt nicht von aussen eingebildet werden, sondern dass sich dieselbe nur von innen entfalten kann und dass es bei dem starken Drange der Kinder nach sprachlicher Äusserung nur der äusseren günstigen Bedingungen bedarf, um das Sprachvermögen zur Entfaltung zu bringen.

Die Schule hat sich diesem natürlichen Entwickelungsgange anzuschliessen, und in diesem Anschlusse ein wesentliches, vielleicht das wesentlichste Moment ihrer sprachlichen Wirksamkeit zu erkennen. Wie im Hause die Sprache seiner Umgebung, den Dialekt, so lernt das Kind in der Schule durch die Stetigkeit dieses Einflusses von Hören und Reden ebenso leicht und sicher die Sprache seines Volkes, die National sprache, das Hochdeutsch.

Besonderer sprachlicher Unterricht

Wenn aber der Schüler durch den Umgang, durch die allgemeine Sprachpflege in der Schule das Hochdeutsche sicher erlernen kann, warum dann in dem Lehrplane noch einen besonderen Unterricht in der deutschen Sprache? Die Frage wäre vollständig berechtigt, wenn es sich lediglich um das Verständnis und den richtigen Gebrauch der hochdeutschen Umgangssprache handelte. Wir haben aber neben der Umgangssprache auch eine Schriftsprache mit einer in derselben niedergelegten reichen Litteratur. Und erst in dieser, in dem Schriftsatze der Nation, kommt die ganze Gedankenwelt unseres Volkes, der volle Formenreichtum und die volle Formenschönheit unserer Muttersprache zur Erscheinung; und vor allem aus der Schriftsprache heraus können wir mit Sicherheit die sprachlichen Darstellungsmittel für den eigenen Gedankenausdruck, für die Äusserung unseres eigenen Innenlebens in den schriftdeutschen Formen gewinnen. Dies ändert das Verhältnis, in welches der Einzelne zu seiner Muttersprache tritt, und macht einen besonderen Unterricht nötig, der zum Verständnis der hochdeutschen Schriftsprache und zum richtigen und sichern Gebrauche derselben bei dem mündlichen und schriftlichen Gedankenausdruck anzuleiten hat.*) Zum vollen Verständnisse aber kann ein Einblick in die Technik des Sprachgebrauches, durch die Sprachlehre gegeben, nicht ganz entbehrt werden.

Den Gedankeninhalt führt dem Schüler der gesamte Unterricht, wie der eigene Umgang und die eigene Erfahrung zu; die sprachliche und künstlerische Ausdrucksform muss er aus den Mustern gewinnen, welche ihm die Litteratur darbietet. Drei Zweige des Sprachlebens kommen für die Schule vornehmlich in Betracht: Lektüre, Stil und Grammatik. Nach

---

*) Otto, Thesen. No. 30—32. Herbart, Umriss § 272.

drei Seiten hin muss die Schule also thätig sein durch Leseunterricht, Aufsatzübung und Sprachlehre. Freilich sollen diese Einzelfächer des muttersprachlichen Unterrichts nicht aus ihrem organischen Verbande gelöst auftreten und in ihrer Gesamtheit ein wirkungsloses Konglomerat zusammenhangsloser Elemente darstellen. Das geschieht, wenn sich das Lesen richtet nach der Anordnung der Lehrstoffe im Lesebuche; die Orthographie fortschreitet nach den Paragraphen des orthographischen Übungsbuches, die Grammatik sich hintastet an dem eingeführten Leitfaden, die Aufsatzübung ihren Weg nimmt nach der dem Unterricht zu Grunde liegenden Aufgabensammlung. Dann geht jedes Spezialfach seinen eigenen Weg, keins tritt in Verbindung zu dem andern, wie sie auch allesamt keine Notiz davon nehmen, was im übrigen Unterrichte die Gedanken der Schüler bewegt.

Konzentration des Muttersprachunterrichts

Ein solcher Unterricht läuft den Forderungen der Konzentration schnurstracks zuwider. Statt seiner muss ein Unterricht verlangt werden, der zur Erzielung einer grossen Gesamtwirkung nicht nur seine eigenen Glieder eng und streng zusammenhält, sondern sich auch zu dem gesamten Sachunterrichte und insbesondere zu dem Gesinnungsunterrichte in die innigste Beziehung setzt, und zwar nicht mit dem Anspruch zu herrschen, sondern zu dienen. Der Sachunterricht, Religion, Geschichte, Geographie, Naturkunde, mit seinem reichen geistigen und sinnlichen Inhalte, der Vorstellungskreis ferner, den der Zögling schon vor und ausserhalb der Schule besitzt, bildet die Grundlage alles Sprachlichen in der Schule. Dazu kommt, was die Lektüre selbst als sachliche Bezeichnung des Unterrichts hinzufügt. Doch darf auch das nicht isoliert stehen, wenn es rechte Kraft erlangen soll. Nur Einigkeit macht stark, auch im Gebiete des Geistigen. Darum muss dieser Sachinhalt der Lektüre an den übrigen wohlgeordneten Gang des Sachunterrichtes angeschlossen werden und ebenso ist alles Sprachliche, soweit es Ausdrucksform ist, mit den sachlichen Fächern zu konzentrieren.

Im Nachfolgenden machen wir den Versuch, den deutschen Unterricht vom Standpunkte der Konzentration aus im Anschluss an den Sachunterricht darzustellen.

2. Die Lektüre
Inhalt des Volksschullesebuches

a) Den Lesestoff für den deutschen Unterricht wie für den Sachunterricht bietet uns (abgesehen von dem religiösen Teil des Gesinnungsunterrichts) das deutsche Lesebuch. Ein geeignetes Buch dieser Art ist unabweisbares Bedürfnis eines erfolgreichen Unterrichtes, weil nur mit Hilfe eines solchen der deutsche Unterricht seine eigenen Glieder organisch zu verbinden und den Zusammenhang mit dem Sachunterichte herzustellen und aufrecht zu erhalten vermag.

Dem Konzentrationsgedanken gemäss hat das Lesebuch ausser den wichtigsten Teilen des Konzentrationsstoffes selbst eine Summe wertvoller

Stoffe zu enthalten, welche ihrem Inhalte nach in die Interessensphäre des Sachunterrichts hineinfallen; also:

1) Stoffe, welche einzelne Teile dieses Unterrichts vorbereiten,
2) Stoffe, welche an verschiedenen Stellen das dort angeregte Interesse fortleiten;
3) Stoffe, welche bestimmte Teile des Sachunterrichts zum Abschluss bringen, und
4) Stoffe, welche die Verbindung einzelner Reihen des Sachunterrichts herstellen.

Nur ein auf dieser Grundlage entworfenes Lesebuch kann im Erziehungsunterrichte die Bedeutung erlangen, welche ihm infolge seiner bevorzugten Stellung zukommt. Viele unserer gangbaren Lesebücher tragen encyklopädschen Charakter, bieten nur ein Sammelsurium von Stoffen, die weder unter sich, noch mit dem übrigen Unterrichte in Zusammenhang stehen. Es darf aber den isoliert nebeneinander herlaufenden Gedankenreihen der einzelnen Lehrfächer nicht noch ein neuer isolirter und unter seinen einzelnen Teilen unverbundener Lehrstoff zugesetzt werden, denn in seiner Vereinzelung und Zersplitterung zieht er an dem kindlichen Geiste vorüber, ohne tiefere Spuren zu hinterlassen.*) Das Lesebuch soll zu einem Volksbuche werden, zu welchem die Besitzer in ihren Mussestunden auch nach ihrer Schulzeit gern zurückgreifen. Das ist bei Vereinzelung seiner Bildungsstoffe nicht zu erwarten, das ist nur möglich, wenn es an grosse Gedankenmassen im Bewusstsein des Lesers anschliesst.

b) Aufnahme in das Schullesebuch für den erziehenden Unterricht darf zudem nur finden, was den Charakter der Klassizität an sich trägt und in einer Form vorliegt, welche der Altersstufe der Kinder angemessen ist. Grundsätzlich ausgeschlossen bleiben alle Stücke von rein lehrhafter Tendenz, da das Lesebuch den Unterricht nicht ersetzen, sondern nur vorbereiten, vertiefen und ergänzen soll. Da auf allen Stufen der kindlichen Geistesentwickelung die poetischen Gestaltungen auf das kindliche Gemüt einen besonders tiefen Eindruck ausüben, so hat das Lesebuch in allen seinen Hauptteilen auch eine gute Anzahl wertvoller Poesieen aufzuweisen. Doch ist vielfach der Inhalt mancher Prosastoffe, z. B. mancher Sagen, an und für sich schon so ganz Poesie, dass dieselben des äussern Gewandes der poetischen Darstellung auch entbehren können.

c) Für den religiösen Teil des Gesinnungsunterrichts hat das Lesebuch in minderm Masse Sorge zu tragen, da für diesen in dem

---

*) Vergl. Vogt, Der Encyklopädismus und die Lesebücher. S. 9 ff. — Just, im Jahrbuch 1878. S. 15. — Koths, Programm für das deutsche Lesebuch. — W. Herbst, Zur Frage über den Geschichtsunterr. Mainz 1869. S. 18: „In den herrschenden Lesebüchern ist im allgemeinen jenes Vielerlei zu tadeln, der zu rasche Wechsel von Stücken und Stückchen, durch welche schon in den jungen Geistern die Ausdauer und die Spannkraft geschwächt, der Keim zu der naschenden Genusssucht, zu dem viel berufenen und wenig bekämpften Encyklopädismus gelegt wird, an dem unsere Zeit so schwer krank liegt."

kirchlichen Gesangbuche, dem biblischen Lesebuche, sowie dem Neuen Testamente, der Schulbibel und dem Katechismus schon eine reiche Lektüre zu Gebote steht. Um so reichlicher muss der **profangeschichtliche** Teil des Gesinnungsunterrichts bedacht sein. Litterarische Produkte aus einer Zeit und über diese Zeit, durch welche Blicke in die Kulturverhältnisse entlegener Tage eröffnet werden, nämlich geschichtliche Sagen in volkstümlicher Prosa, historische Gedichte, einfache Geschichtserzählungen aus den Quellen und nach den Quellen bilden den Grundstock für diesen Teil des Lesebuchs.*) Stoffe dieser Art lassen durch die von ihnen ausgehenden, zum Teil magisch wirkenden Streiflichter das historische Ereignis in eigentümlicher, dem Interesse besonders günstiger Beleuchtung erscheinen und sind infolgedessen als Vorläufer und Begleiter des historischen Unterrichts von unschätzbarer Bedeutung. Als Vorläufer vermögen sie das Interesse auf den Gegenstand zu lenken, spekulative Fragen anzuregen, Erwartungen wachzurufen; als Begleiter aber neue Standpunkte der Betrachtung zu eröffnen, die Stimmung zu erhalten, den Unterrichtseindruck zu vertiefen.

An sie reihen sich mustergültige, prosaische Einzeldarstellungen (geschichtliche Bilder) an, bestimmt, die Unterrichtsergebnisse zusammenzuhalten und dem Schüler als Muster guter Darstellung zu dienen. Hiernach wird z. B. das Lesebuch für die Geschichte Karls des Grossen nicht nur die Rolandslieder und Karlssagen, sondern auch einzelne geeignete Abschnitte aus Einhards „Leben Karls des Grossen", für die Geschichte des heiligen Bonifatius nicht nur die Sagen von Othlo und Rothe über seinen Aufenthalt in Thüringen nebst den poetischen Bearbeitungen derselben von A. Bube und Bechstein, sondern auch ein zusammenhängendes Lebensbild des Apostels der Deutschen zu bieten haben.

Zum **naturkundlichen** und **geographischen** Unterricht hat das Lesebuch vorzugsweise abgerundete, formenschöne, prosaische Einzeldarstellungen zu bringen, ohne dass auf geeignete poetische Produkte, soweit die Litteratur solche bietet, gänzlich verzichtet werden darf.

Noch müssen wir mit einem Worte einer Klasse von Lesestücken gedenken, die in keinem Lesebuche fehlen darf, der Klasse derjenigen, welche sich auf das eigene Erleben, auf den wirklichen Umgang und die wirkliche Erfahrung des Schülers beziehen. Aus der unmittelbaren sinnlichen Wahrnehmung erzeugen sich ja gerade die thätigsten, lebendigsten Teile des Gedankenkreises, und alles, was in diesen Kreis von Vorstellungen hineingestellt wird, ist der Konzentration des Geistes günstig, selbst wenn ein unmittelbarer Zusammenhang mit den Konzentrationsstoffen nicht vorhanden wäre.**) Die Höhepunkte des Schullebens (Feste, Reisen, Spaziergänge), des kirchlichen und

---

*) Ziller, Grundlegung, 2. Aufl. S. 312: „Auf dem Gebiete der Geschichte und Litteratur ist dem aus grauer Vorzeit überlieferten, altbewährten und abgeklärten Erbgute, den mit unvergänglichem Leben erfüllten Werken in klassischen Darstellungen immer die erste Stelle im Unterrichte einzuräumen."

**) Jahrb. 1881 S. 121.

nationalen Lebens (die kirchlichen Festzeiten, der 2. September, Kaisers Geburtstag), des heimatlichen Naturlebens (das Erwachen der Natur im Frühling u. s. w.), von denen zum Teil auf Wochen hinaus die Grundstimmung des kindlichen Gemüts bedingt wird, kommen vorzugsweise in Betracht. Sie im Lichte poetischer Verklärung oder mindestens an der Hand sinniger Betrachtung auf das Kinderherz wirken zu lassen, darf zu keiner Zeit verabsäumt werden. Das Lesebuch hat die erforderlichen Stoffe zu bieten. Kommt beim geschichtlichen Teile des Unterrichts namentlich die epische Dichtung zur Geltung, so findet hier vorzugsweise die lyrische Poesie (das religiöse Lied, das Vaterlandslied, das Naturlied) ihre Stelle.

Im ganzen muss aus dem Gebiete der Dichtung das Epische gegenüber dem Lyrischen vorherrschen, „weil das Lyrische mit wechselnden Stimmungen, Gemütszuständen zusammenhängt, während das Epische für das Volk eine gewisse typische Bedeutung hat, zu dem es oft und gern wieder zurückkehrt".*)

Ein Lesebuch im Sinne der Konzentration für die deutsche Volksschule ist, abgesehen von einigen ersten Versuchen, die von Thrändorf und den Verfassern der Schuljahre gemacht worden sind**), noch nicht vorhanden***). Mit der Neubearbeitung eines Lesebuchs für das 2. und 3. Schuljahr ist in die Arbeit eingetreten worden, den Versuch zu wagen, ein Lesebuch für jedes der 8 Schuljahre thüringischer Volksschulen nach einem pädagogisch wohlerwogenen Lehrplan im Sinne der Konzentrationsidee zu schaffen.†)

Schätzenswerte Vorarbeiten für die Lösung der Lesebuchfrage haben gemacht Thrändorf in seinem „Lesebuch für das dritte Schuljahr", und Just in seiner Abhandlung über „Claudius' Stellung in der Erziehungsschule".††) Es ist diesen Arbeiten weitere Nachfolge zu wünschen. Wenn auch wir in unsern Schuljahren den Versuch machen, für die einzelnen Jahreskurse des Volksschulunterrichts den Lesestoff zu sammeln und zu ordnen, so geschieht dies, um einesteils ebenfalls ein Scherflein zur Lösung der Frage nach dem geeignetsten Stoffe der Schullektüre beizutragen, andernteils aber, um durch diese Stoffübersicht den Charakter und die Bedeutung des im Dienste der Konzentrationsidee stehenden Schullesebuchs in möglichst klares Licht zu stellen. Nur wolle man unsere Auswahl von Lesestoffen nicht als endgültige Festsetzung, sondern lediglich als eine Vorlage ansehen, die den Charakter des Unfertigen noch in erheblichem Masse an sich tragen wird, und an welcher noch

---

*) Ziller, Grundlegung, 2. Aufl.. S. 312.
**) Siehe Thrändorf, Lesebuch für das dritte Schuljahr. — Rein, Lesebuch für das zweite Schuljahr, 4. Aufl.; — Historisches Lesebuch für das dritte und vierte Schuljahr 2. Aufl; — Ausgewählte Gedichte für den Geschichtsunterricht
***) Für Schweizer Schulen haben Th. Wiget, Seminardirektor in Chur, und B. Florin, Seminarlehrer daselbst, ein solches unter dem Titel „Vaterländisches Lesebuch, Davos, Hugo Richter, 1887" erscheinen lassen, das auch für Deutschland Beachtung verdient. (Neue Bearbeitung von Direktor Conrad in Chur.)
†) Leipzig bei Bredt.
††) Jahrbuch 1879, S. 197 ff.

viel Kritik geübt werden muss. Denn wo nur gemeinsame Thätigkeit vieler zum gewünschten Ziele führen kann, muss jederzeit die Arbeit einzelner lückenhaft und unvollkommen bleiben. Mit Dank würden wir es begrüssen, wenn uns zur Ergänzung und Berichtigung unserer Auswahl von Lesestoffen von recht vielen Seiten recht viele anderweite geeignete Stoffe nebst ihren Fundstellen namhaft gemacht würden.*)

3. Der Aufsatz

Wahl des Stoffes

Sachunterricht, Lektüre und Schulleben sind die unerschöpflichen Fundgruben des wertvollsten Übungsmaterials im schriftlichen Ausdruck, dem die besonders dafür zurechtgemachten stilistischen Übungsstoffe unserer stilistischen Übungsbücher mit ihrem meist gleichgültigen Inhalte nicht entfernt an die Seite gesetzt werden können. Es fehlt diesen Stoffen an jedem tieferen Hintergrund im Gedankenkreise; sie finden keinen Wiederhall im Geiste des Schülers; es kann auf kein lebendiges Interesse für sie gerechnet werden. Und doch lässt sich das Gelingen einer schriftlichen Darstellung nur erhoffen, wenn zweierlei bei derselben mitwirkt:

die volle Herrschaft über den Stoff und
das volle Interesse an dem Stoff.

Die Schüler müssen sich innerlich gedrungen fühlen, sprachlich sich über das zu äussern, was sie klar und bestimmt wissen, und wofür sie erwärmt sind. Das ist aber nur bei Gedankeninhalten möglich, denen sie in andauernder Beschäftigung eine längere Zeit ihre volle Hingabe zugewendet haben.

In allem, was man richtig und sicher weiss, und wofür man ein Interesse hat, setzt sich auch Sprachkraft ab, womit die Thatsache zusammenhängt, dass, nach Jean Pauls Ausdruck, jeder in seinen eigenen Angelegenheiten auch die grösste Beredsamkeit besitzt. Ist nun der Unterricht rechter Art, so lässt er in dem Schüler einen Reichtum klarer, zusammenhängender Gedanken entstehen, an denen das volle sachliche Interesse haftet, von welchen aus der Schüler sich frei nach allen Seiten hin in seinem Gedankenkreise ergehen kann, was ihm das Gefühl der vollen Herrschaft über den Stoff giebt, und die daher für die schriftiche Darstellung wie eigens gemacht sind. Warum nun erst mühsam herbeiholen, was man in viel besserer Weise bereits hat? Warum nicht

---

*) Mit der Forderung des engen Anschlusses der Lektüre an alle Gegenstände des Sprach- und Realunterrichts stehen wir keineswegs allein. In seiner Abhandlung, betitelt: „Zwei dringliche Reformen im Realunterricht und im Sprachunterricht" im Evangel. Schulblatt 1882 No. 11, erhebt auch Dörpfeld den gleichen Anspruch. Nur geht er noch einen Schritt weiter als wir. Er verlangt geradezu die Auflösung des seitherigen Gesamtlesebuchs in eine Kollektion von Speziallesebüchern für die einzelnen Real-Lehrgegenstände, also neben dem belletristischen Lesebuche für den deutschen Unterricht auch je ein solches für den Unterricht in der Geschichte, der Geographie und der Naturkunde, weil er der Überzeugung ist, dass nur hierdurch dem unseligen Leitfadenwesen, der vornehmsten Quelle des didaktischen Materialismus, mit Erfolg begegnet und dem Sach- und Sprachunterrichte zu seinem vollen Rechte verholfen werden könne.

das lebendige Interesse, welches an diesen Stoffen schon haftet, sich dienstbar machen? Und warum nicht den wesentlichsten Unterrichtsfächern die wirksame Vertiefung des Unterrichtseindrucks zu gute kommen lassen, die mit der schriftlichen Durcharbeitung der gedachten Schulstoffe immer verbunden ist?*)

Aller stilistische Unterricht hat daher den Stoffen des Sachunterrichts und der Lektüre, mit Einschluss des im Unterrichte verwerteten Selbsterlebten und der Ergebnisse von Exkursionen, nachzugehen und in dieser Anlehnung die wirksamste Stütze für sein Gedeihen zu suchen.**)

Als Fingerzeig gilt: Der Aufsatz ist jederzeit aus denjenigen durch die Schularbeit entwickelten Teilen des kindlichen Gedankenkreises zu entnehmen, in denen augenblicklich das regste Interesse vorhanden ist, „innerhalb deren die Gefühle der Leichtigkeit und Lust, der Kraft und der Zuversicht zum Können" zu sprachlicher Gestaltung förmlich drängen. Da im voraus unmöglich ganz genau bestimmt werden kann, an welchen Stellen es dem Unterrichte in besonderm Masse gelingen werde, diesen Zustand geistiger Aufgelegtheit herbeizuführen, so lassen sich im Grunde genommen die Aufsatzthemen für den Jahreskursus nicht mit voller Sicherheit voraus bestimmen. Wenn wir gleichwohl in unsern Schuljahren eine Reihe von Aufsatzstoffen für die einzelnen Jahreskurse folgen lassen, so geschieht das zumeist,

1. um durch sie die Art der Aufsätze, wie wir sie für die betreffende Altersstufe für geeignet halten, zu kennzeichnen, und
2. um die Anwendung unseres Lehrverfahrens in einigen konkreten Beispielen darlegen zu können.

Immerhin werden aber unsere Zusammenstellungen auch für die Aushebung des stilistischen Übungsmaterials einige Anhaltepunkte zu bieten imstande sein, da wir durch dieselben zugleich auf diejenigen Stellen im Jahreskursus hinweisen, an denen das kindliche Interesse in lebhafter Weise vorhanden zu sein pflegt.

Natur des Stoffes

Da erhebt sich sofort die Forderung, dass das Kind Gedanken habe, die es darstellen kann, dass es seine eigenen Gedanken seien, und dass diese Gedanken zu ihrer Darstellung drängen.

Diese drei Forderungen müssen erfüllt werden durch eine gute Auswahl des Stoffes für die schriftlichen Darstellungen, die Aufsätze.

---

*) Vergl. Dörpfeld, Theorie des Lehrplans, S. 48 u. 53.
**) Vergl. Ziller, Jahrbuch VI S. 210. — Derselbe, Grundlegung, 2. Aufl. S. 459. — Lange, über Apperzeption, 6. Aufl. — „Im Leben geht jedem die Aufgabe, die er zu lösen hat, aus dem Leben hervor, eine Aufgabe abgerissen für sich und ohne Zusammenhang mit dem, was in der Reihe der lebendigen Gedanken vorgeht, kann nicht zum Ziele führen. Nur Aufgaben, die im Zusammenhang stehen mit dem, was in der Schule getrieben wird oder in dem gemeinsamen Leben so vorkommt, dass es die Jugend beschäftigt und auch in dem Kreise liegt, dass sie ein Recht hat, darüber zu sprechen, dürfen gegeben werden. Schleiermacher, Erziehungslehre, Seite 520.

Der Aufsatz muss Gedankenkreisen entnommen werden, die das Kind hat und beherrscht, die sich aus seiner Erfahrung im Schul- und Familienleben, in seinen Beobachtungen in der heimatlichen Natur, in seinem Unterrichte oder seiner Lektüre in ihm ausgebildet haben.

Der Aufsatzstoff muss der Entwicklungsstufe der kindlichen Seele entsprechend sein, damit es Gedanken, eigene Gedanken darüber sich machen könne und nicht fremde von aussen her aufnehmen müsse.

In dem Gedankenkreise muss endlich Interesse lebendig sein, damit das Kind mit Freude an die Darstellung der Gedanken geht, damit es aus seinem Innern heraus dazu getrieben werde.

Fassung der Themen

Die Kunst richtiger, abgerundeter und geordneter Darstellung seiner Gedanken soll der Schüler lernen.

Eine rechte Fassung des Themas kann ihm diese Arbeit wesentlich erleichtern. Das Thema soll einen Fluss der Gedanken in ihm hervorrufen, und es soll zugleich diesen Fluss eindämmen und in seinen richtigen Weg leiten.

Damit der Gedankenverlauf gefördert werde, muss vor allem das Thema einen plastischen Hintergrund haben und einer konkreten Behandlung fähig sein. Es muss gedankenweckende Kraft haben, anschauliche Bilder wachrufen, die zur Ausmalung durch die Phantasie reizen.

Aber die aus den verschiedenen Teilen des Gedankenkreises herzuströmenden Gedanken sollen nicht zerstreut auseinanderfallen, sie sollen sich zusammengruppieren wie um einen Krystallisationspunkt. Sie sollen zusammenhalten und Anderes, Nichtherzugehöriges soll abgestossen werden. Ja, es soll in der Themastellung ein Antrieb liegen zu abgerundeter Gestaltung. Nicht alles, was der Schüler über die Sache weiss, soll er hererzählen, sondern er soll unterscheiden lernen, was Bausteine und was Bauschutt ist für seinen Zweck. Deshalb muss der Zweck der Darstellung klar sein, die Aufgabe bestimmt und abgegrenzt. Und doch soll nicht ein Stück mechanisch aus dem Gedankenkreis herausgeschnitten, sondern er soll von einer Seite her neu in helles Licht gesetzt werden, so dass anderes ins Dunkel zurücksinkt.

Fortschritt im Aufsatzunterrichte

Das Ziel, dass der Schüler eigene Gedanken selbständig richtig, abgerundet und geordnet zur schriftlichen Darstellung bringen kann, ist nur in allmählichen Fortschritt zu erreichen.

Dieser Fortschritt muss vorher sorgfältig überlegt sein, weil sonst entweder der Schüler weit vom Ziele zurückbleibt, oder durch Sprünge im Unterrichtsgange Lücken im Wissen und Können des Schülers entstehen.

Der Fortschritt soll sich in dreifacher Hinsicht vollziehen. Einmal wird die Form des Aufsatzes schwieriger, denn der Schüler soll auch die schwierigeren Formen beherrschen lernen. Sodann wird die Hilfe des Lehrers dabei geringer, denn der Schüler soll ja immer selbständiger und unabhängiger von der Hilfe anderer werden. Und endlich tritt die reproduktive Thätigkeit immer mehr zurück, die eigene Schaffenskraft wächst, das Individuum lernt es, sich individuell zu geben, seinen ganzen, inneren Menschen zum Ausdruck zu bringen. Immer mehr soll der werdende Mensch nicht bloss nach Seite der Form, auch in Hinsicht auf die Sache lernen, selber zu finden und selber zu gestalten. Der Stil ist der Mensch.

Es ist natürlich ein schwieriges, didaktisches Problem, diesen Fortschritt recht sorgfältig zu gestalten und den Schüler von der Unfreiheit und Unselbständigkeit durch sichere, immer mehr zurücktretende Führung zur Freiheit und Selbständigkeit zu bringen. Besonders schwierig wird es durch unsere, im wahren Sinne des Wortes schreckliche deutsche Rechtschreibung. Der deutsche Wortschatz bildet geradezu ein Museum der Unregelmässigkeit. Wer dem deutschen Volke dazu verhilft, dass es diese buntscheckige Zwangsjacke abwirft, der wird in mehr als einer Hinsicht ein Wohlthäter zu nennen sein. Viel unnütz verschwendete Kraft, viel Zeit, viel Lust wird frei werden für wertvollere und nützlichere Geistesarbeit. Wie mancher, der heute zu den Ungebildeten zählt und der sich kaum traut, die Feder zur Hand zu nehmen, weil er schon weiss, wie seine Gedanken in den Fehlern ersticken, würde frei und ungehindert durch die Last der orthographischen Formen sich ganz anders entwickeln können. Heute wird, wie gesagt, das Problem, diese Entwicklung nach der Seite der Kunst schrittlicher Darstellung durch die unnötige Last der deutschen Schlechtschreibung sehr viel schwieriger.

Die leichteste Form der Darstellung ist die einfache Nacherzählung. Bei ihr kommt es vor allem darauf an, dass die Reihe der Ereignisse zu einem Organismus verkettet werde, der durch die Einheit innerer Notwendigkeit zusammengehalten wird. Diese Einheit herzustellen ist Aufgabe des Erzählers. Die Gestaltungskraft des Kindes kann hierbei auch insofern noch thätig sein, als der Standpunkt, von dem aus erzählt wird, gewechselt werden kann. Jede der in der Geschichte vorkommenden Personen kann die Handlung erzählen als eigenes Erlebnis. Die Handlung kann auch von einem Beobachter erzählt werden.

Schwieriger ist die Erzählung von Selbsterlebtem, da das Kind aus den vielen Sinneseindrücken die charakteristischen herausheben muss und die Vermeidung der Eintönigkeit (wir gingen, wir sahen, wir kamen etc.) schon eine ziemliche Übung erfordert. Schwieriger als die einfache Erzählung ist die Vergleichung, bei welcher das geistige Auge die Vergleichspunkte scharf erfassen und die gestaltende Kraft der Seele sie deutlich darstellen muss, welche fordert, das Nacheinander nebeneinander zu stellen und mit einem Blicke zu umfassen. Noch viel schwerer ist die Beschreibung, die Darstellung der ruhenden Wirklichkeit, bei welcher neben dem Herausheben des Charakteristischen noch die geschickte Anordnung und Gruppierung (successive Gliederung) gelernt sein will, sowie die Auflösung in Handlung, die Darstellung des Gewordenen als ein Werdendes, die Erfüllung des Thatsächlichen mit dem Inhalte des Grundes und Zweckes, die Darstellung des Nebeneinander als ein Nacheinander u. a.

Die Beschreibung kann aus diesem Grunde erst auftreten, wenn die Schüler die leichtere Form der Erzählung einigermassen beherrschen. Noch später können die Schüler sich heranwagen an diejenige beschreibende Darstellungsform, welche bestimmt ist, Gefühle zu erwecken und darum einen höheren poetischeren Zug annimmt, an die Schilderung.. Auf gleicher Stufe steht die Charakteristik, die Schilderung des Charakters einer Person. Höhere Stilformen, wie die Abhandlung, bei welcher es sich um die Entwicklung, Darstellung und Begründung von Behauptungen handelt, können nur seltener in der Volksschule Platz finden. Sie gehören auf eine höhere Stufe.

Es darf übrigens nicht vergessen werden, dass die „Forderungen jeder niederen Stufe des Stils sich auf der höheren wiederholen nur in untergeordneter Weise". Nur treten jedesmal neue Forderungen und neue Schwierigkeiten hinzu. Die früher geübten Stilformen müssen auf den späteren immer wieder mit geübt werden*).

Allmählich soll der Schüler immer mehr der Mithilfe des Lehrers entbehren können. Diese Hilfe giebt er ihm bei der Besprechung des Aufsatzes.

Erst ist die Besprechung ausführlich, die Gedächtnisstützen sind von zwingender Reproduktionskraft, die Stücke sind klein, welche auf einmal zusammengefasst werden müssen. Allmählich wird das anders. Der Besprechung wird weniger Zeit gewidmet, zuletzt genügen Hinweise und Andeutungen.

Dient als Stütze fürs Gedächtnis im Anfange eine Frage, so genügt später ein Satz, dann ein Stichwort.

Im Anfange wird der Lehrer Satz für Satz durchnehmen. Für einen jeden oder für wenige kleine Sätze ist eine Frage aufgestellt und der Schüler hat sie nur zu beantworten. Später soll ihn der Satz als Überschrift an einen kleinen Abschnitt erinnern. Endlich dient das Stichwort als Reproduktionshilfe für einen grösseren Absatz.

Schon dadurch erlangt der Schüler grössere Selbständigkeit. Aber diese Selbständigkeit bezieht sich nur auf Reproduktion.

Erst ist der Schüler nur in geringem Masse selbstschaffend thätig. Der Standpunkt ändert sich beim Erzählen, einzelne Ausdrücke werden anders gewählt, durch sinnverwandte ersetzt, es wird der Satz mit einem anderen Worte begonnen.

Dann wird der Schüler freier. Er ändert die Sätze in freierer Weise. Er erzählt und beschreibt in Nebensätzen, wo im Unterricht Satzglieder auftraten; Vordersätze wandeln sich in seiner Arbeit in Nebensätze, Sätze verkürzen oder erweitern, verbinden und trennen sich. Aber das alles so wie von selbst, aus dem Gedanken geschaffen, nicht etwa aus grammatischen Überlegungen, und immer mit dem Ziele, so treffend und gut wie möglich nach seinem Geschmack zu schreiben.

---

*) Die Frage, ob es methodisch geboten ist, die Aufsatzarbeiten nach dem Stufengange der verschiedenen Stilarten fortschreiten zu lassen, ist eine umstrittene. Vergl. dafür: Raschke, Neue Bahnen 1899 (Märzheft), dagegen Wohlrabe, Die Stellung des Aufsatzes im Gesamt-Unterrichte (Halle 1892) S. 22 ff.

Endlich versucht sich der Schüler auch in der individuellen Anordnung der Gedanken, ja in der eigenartigen Erfassung des Themas. Er erzählt die Handlung von ihrem Höhepunkte her, er löst die Beschreibung in ein Thun auf, er versucht die Gefühle festzuhalten und wiederzugeben und damit in anderen wieder zu erwecken, die ihm selber beim Einzuge des Frühlings, beim Gewitter, beim Sonnenuntergange überkommen sind. Hier kann das Thema in verschiedener Fassung den Schülern vorgelegt werden zur Auswahl, auch verschiedene Themen können zu freier Wahl gestellt werden.

Das ist die höchste Stufe, die in der Volksschule erklommen werden kann, darüber hinaus kommen nur einzelne, besonders Begabte.

(Nicht unerwähnt soll bleiben, dass in der Volksschule auch die üblichen Formen des schriftlichen Verkehrs geübt werden müssen: Geschäftsaufsätze, vor allem Briefe, ferner Anzeigen, Telegramme, Anmeldungen, Berichte, Protokolle).

Das Bedürfnis entsteht, diese, mehrfach ineinanderverkettete Stufenfolge übersichtlich auf die Schulzeit zu verteilen.

Die ersten drei Schuljahre gelten als Vorkursus, auch für den Aufsatz-Unterricht.

Im 4. Schuljahre beginnt die eigentliche Arbeit der Stilbildung; richtige, abgerundete, geordnete Darstellung der Gedanken.

Die Arbeit der drei ersten Schuljahre ist wertvolle Vorarbeit. Auf die übrige Schulzeit*) lassen sich die mannichfaltigen Arbeiten, die zu leisten sind, so verteilen:

Fortschritt im Aufsatz-Unterrichte

Schuljahr	Stilform	Veränderung	Stütze
4	Erzählung	Ausdrücke	Fragen für Satz
5	Auch Erlebnisdarstellung	Auch Sätze	Sätze für kleinere Abschnitte
6	Auch Vergleichung	Auch Gliederung	Sätze für grössere Abschnitte
7	Auch Beschreibung	Auch Standpunkt	Stichworte für kleinere Abschnitte
8	Auch Schilderung	Auch Themastellung	Stichworte für grössere Abschnitte

4. Die Grammatik
Geschichtlicher Rückblick

Von jeher und bis heute hat sich an die Frage nach der Bedeutung und Stellung der Grammatik im deutschen Unterrichte lebhafter Aus-

---

*) Vergl. dazu die Verteilung bei Raschke, Neue Bahnen 1899. III. Heft.

tausch der Meinungen von verschiedenen Standpunkten aus geknüpft. Vor einem Menschenalter hatte sich die strittige Angelegenheit förmlich zu der Frage, „Grammatik oder nicht" zugespitzt; heute streitet man sich über Umfang und Methode.

a) K. F. Becker verlangte seiner Zeit:

„Der Schüler soll zunächst die Sprache verstehen lernen; er soll angeführt werden, in der Sprache die innere Welt seiner Urteile und Begriffe in ihren organischen Verhältnissen anzuschauen; dabei kann und soll der Lehrer ihn leiten; aber die innere Anschaung und das Verständnis der Sprache kann dem Schüler doch nur dadurch werden, dass er in einer innern Anschauung die Verhältnisse seiner Gedanken und Begriffe betrachtet und selbstkräftig bearbeitet. Der Schüler lernt hier, nicht was ihm der Lehrer giebt, sondern was er selbst entdeckt. Und weil der Sprachunterricht seiner Natur nach theoretisch ist, soll die Grammatik, und vorzugsweise die Grammatik der Muttersprache, die eigentliche Turnschule sein, in welcher sich vorzüglich die intellektuellen Kräfte entwickeln und üben."*)

Und R. Wurst, welcher die Ansichten Beckers für die Volksschule popularisierte, ergänzte in dessen Sinn, dass auch in der Volksschule ein Unterricht erteilt werden müsse,

„der dem Schüler den ganzen Vorgang seines eigenen Denkens und Urteilens und die Gesetze dieses Vorganges gewissermassen vor Augen legt und für ihn eine fortgesetzte Übung wird in der Auffindung und Betrachtung der Verhältnisse, nach welchen der Geist die Begriffe unterscheidet, und der Gesetze, nach welchen er sie im Denken und Urteilen mit einander verbindet."**)

Die Sprache sollte hiernach dem Schüler als Beobachtungsobjekt im ganzen vorgelegt werden; er sollte in der Sprache über die Sprache denken, er sollte über das Denken denken. Der Sprachunterricht wurde zu einer logisch-grammatischen Disziplin, was R. Wurst durch den Titel seiner weitberühmten, von hervorragendem methodischen Talente zeugenden „Sprachdenklehre" richtig bezeichnete. „Man suchte den Schüler nicht an dem Stoffe, sondern an dem Gesetze zu bilden und verfiel auf Abstraktionen und bewusste Analyse, wo doch die Anschauung des Stoffs und ein herzliches Hineinleben in denselben Anfang, Mittel und Ende sein sollte." (Schrader, S. 442.)

b) Den schroffsten Gegensatz zu Becker und Wurst bildet der Altmeister deutscher Sprachwissenschaft, Jakob Grimm. Er setzt den übertriebenen Becker-Wurstschen Forderungen die andere entgegen, dass aller und jeder grammatische Unterricht aus der Schule zu verbannen sei.***) Er sagt:

„Den geheimen Schaden, den dieser Unterricht wie alles Überflüssige nach sich zieht, wird eine genaue Prüfung bald gewahr. Ich behaupte nichts anderes, als dass dadurch gerade die freie Entfaltung des Sprachvermögens in den Kindern gestört und eine herrliche Anstalt der Natur, welche uns die Rede mit der Muttermilch eingiebt und sie in dem Befang des elterlichen

---

*) Becker, Schulgrammatik, Ausgabe, S. X.
**) Wurst, Handbuch zu elementarischen Denk- und Stilübungen, 2. Aufl. Seite 14.
***) Allerdings sind die nachfolgenden Worte J. Grimms nicht an die Adresse Beckers gerichtet, sondern gegen die grammatisierende Richtung seiner Zeit überhaupt. Da jedoch diese in Becker ihren Höhepunkt erreichte, so können sie immerhin auch als diesem geltend angesehen werden.

Hauses zu Macht kommen lassen will, verkannt werde. Die Sprache gleich allem Natürlichen und Sittlichen ist ein unvermerktes, unbewusstes Geheimnis, welches sich in der Jugend einpflanzt und unsere Sprachwerkzeuge für die eigentümlichen vaterländischen Töne, Biegungen, Wendungen, Härten oder Weichen bestimmt. Wer könnte nun glauben, dass ein so tief angelegter, nach dem natürlichen Gesetze weiser Sparsamkeit aufstrebender Wachstum durch die abgezogenen, matten und missgegriffenen Regeln der Sprachmeister gelernt und gefördert würde."*)

Wir sagen mit dem allen nur Bekanntes; es ist aber zu Zeiten gut, sich vergangener Gegensätze und Kämpfe wieder zu erinnern.

An Jakob Grimm schlossen sich an Wackernagel, v. Raumer, Mager, Völter u. a., die alle von der Ansicht ausgingen, dass durch den grammatischen Unterricht

„der unreife kindliche Geist zu Reflexionen und Betrachtungen gezogen werde, denen das kindliche Alter nicht gewachsen"; und dass „der durch Haus und Familie bereits angeregte und in Fluss gebrachte Sprachprozess durch solche logisch-grammatische Künste nur gestört werde."**)

Aber der Einfluss Beckers auf die Schule war ein zu gewaltiger, als dass die Stimmen dieser Männer gehört worden wären. Die Becker-Wurstsche Richtung blieb in Geltung und hat die dreissiger und vierziger Jahre hindurch den Sprachunterricht fast ausschliesslich beherrscht. Die Grammatik war auf den Thron erhoben; Sprachunterricht und grammatischer Unterricht waren identische Begriffe geworden. Es bedurfte erst der Erfahrung aus nahezu zwei Jahrzehnten, ehe die Geister sich ernüchterten.

c) Endlich kam die Ernüchterung und mit ihr die Einsicht in die ganze Öde und Unfruchtbarkeit dieses grammatischen Thuns. Durch Otto und Kellner wurde der Sprachunterricht auf seine eigenste lebendige Nährquelle, auf die Sprache selbst, zurückgewiesen.***) Ein neuer Faktor, die Litteratur, soweit sie durch das Schullesebuch vertreten wird, kam zur Geltung, und damit in den Unterricht ein neuer frischer Zug. Es entwickelte sich der angelehnte Sprachunterricht, der in der Durcharbeitung wertvoller Lesestoffe seinen Schwerpunkt hat und im Anschlusse an diese auch die sprachlichen Belehrungen und stilistischen Übungen erfolgen lässt.

Es mag manches gefehlt worden sein. Die Schwächen in der praktischen Ausführung des Verfahrens sind von den Gegnern nicht selten mit ebensoviel Behagen als Übertreibung ans Licht gezogen worden. Sie sollen nicht geleugnet werden. Der Grundgedanke aber, auf den wir weiter unten zurückkommen, die Sprache durch die lebendige Sprache selbst zu lehren, ist ein vollberechtigter.

---

*) Jakob Grimm, Grammatik I¹ S. IX—X (siehe Raumer, Gesch. der Päd. III¹ S. 96—97).

**) „Die Beckersche Manier ist ein gefährlicher Überreiz der Jugend, die sich dabei auf einem ihr durchaus fremden Gebiete bewegt, auf dem der Abstraktion und Reflexion." Heiland in Schmids Encykl. S. 911.

***) Otto, Das Lesebuch als Grundlage und Mittelpunkt des Sprachunterrichts. 1844. — Kellner, Praktischer Lehrgang für den deutschen Unterricht. 1837—1840.

Ist Grammatik in der Volksschule nötig?

Und heute drängt man trotz alledem zu dem wissenschaftlich und praktisch überwundenen Standpunkte, der grammatisierenden Richtung im Sprachunterrichte, wieder zurück, was sich in der lauten Forderung eines selbständigen systematisch-grammatischen Unterrichts einerseits, und in der Anlage und Stofffülle unserer gangbarsten neueren grammatischen Leitfäden und Übungsbücher andererseits zu erkennen giebt. Freilich sehen die kleinen Schriftchen sehr bescheiden und anspruchslos aus; aber man achte nur darauf, „zu welchem Umfange ihr ausgetrockneter Stoff aufquillt, wenn er anschaulich vorgeführt werden soll".*) Veranlasst durch jene Forderung und diese Bücher, wendet man sich neuerdings einem Unterrichte zu, den man den heuristischen zu nennen beliebt**), der sich aber von dem hinter uns liegenden Becker-Wurstschen Grammatikalismus nur dadurch unterscheidet, dass er die vielgeschmähten sogenannten „Gassensätze" zu verdrängen sucht und dennoch nicht von ihnen loskommt; und dass er statt der Satzlehre die Wortlehre mehr in den Vordergrund schiebt, wodurch das logische Moment der früheren gramatischen Periode eine gewisse Abschwächung erfährt. Der Neu-Grammatikalismus ist sogar noch im Nachteil gegen den der Vergangenheit, da die ihm dienenden neueren grammatischen Lehr- und Übungsbücher rücksichtlich der methodischen Verarbeitung des Stoffes vielfach hinter denen von J. R. Wurst zurückstehen, der in methodischer Hinsicht entschieden eine Respektsperson ersten Ranges ist.***)

Mag immerhin das J. Grimmsche Urteil in seinem ganzen Umfange nicht aufrecht zu erhalten sein†); mag selbst J. Grimm dasselbe späterhin in seinem ganzen Umfange nicht haben aufrecht erhalten mögen††): mehr als ein Korn Wahrheit liegt in demselben. Die Entfaltung der Sprache ist nun einmal von ganz anderen Faktoren abhängig als der Grammatik, in erster Linie von der Belebung, Kräftigung und Reinigung des Sprachgefühls durch Einführung in die lebendige Sprache selbst, in die besten Produkte der Litteratur, gegen welche wunderbar wirkenden Einflüsse die zwanzig oder hundert dürftigen grammatischen Sätze, mit denen man die Sprachbildung zu fördern sucht, kaum in Betracht kommen. In den grammatikalischen Neigungen der Zeit droht daher der Schule eine Gefahr, die, wenn ihr nicht noch rechtzeitig begegnet wir, die

---

*) Dörpfeld, Der didaktische Materialismus, S. 13.
**) Vergl. Vogel, Methodik des deutschen Unterrichts, S. 122.
***) Vergl. Dörpfeld, Theorie des Lehrplans, S. 57.
†) Vergl. Rudolf v. Raumer, in Gesch. d. Päd., 4 Aufl. Vorrede.
††) J. Grimm hat die viel citierte Stelle, aus der wir oben die Hauptsätze mitgeteilt, in der zweiten Auflage seiner Grammatik nicht wieder mit abdrucken lassen. Wenn Kehr darauf hin behauptet, Grimm sei späterhin anderer Ansicht geworden und habe durch Tilgung jener Stelle seinen Irrtum berichtigt, so ist das jedenfalls eine unbewiesene Behauptung. Man sollte doch meinen: Ein Mann wie J. Grimm, dem die Wahrheit und wissenschaftliche Gewissenhaftigkeit über alles geht, begnügt sich nicht damit, einen erkannten Irrtum in der Folge mit Stillschweigen zu übergehen; er würde, wäre er wirklich anderer Meinung geworden, mit Freimut den Irrtum eingestanden haben und hätte die gewonnene bessere Überzeugung an seine Stelle gesetzt.

Sprachbildung unserer Jugend sehr nachteilig beeinflussen kann; denn ausser Zweifel steht, dass die grammatisierende Richtung des Sprachunterrichts in einer zweiten Erscheinungsform nicht minder saure Früchte zeitigen werde, als in ihrer ersten.

Soll deshalb nun etwa auf alle Grammatik im deutschen Unterrichte verzichtet werden? Keineswegs. Denn soweit man auch in seinen sprachtheoretischen Ansprüchen zurückgeht, immer bleibt einiges übrig, auf das nicht verzichtet werden kann, und was doch nur der weiss und kann, der es gelernt hat.*)

1) Ob „in" oder „ihn", „sie" oder „sich", „end" oder „ent", „ig" oder „ich", „Feder" oder „Väter", „das" oder „dass" zu schreiben ist; ob ein Wort einen grossen Anfangsbuchstaben zu erhalten hat oder nicht; ob ein Punkt, ein Strichpunkt, ein Komma, ob ein Apostroph, ob ein Gänsefüsschen gesetzt werden muss — das sind alles Fragen, in denen uns das Sprachgefühl im Stiche lässt. Hier wie in hundert ähnlichen Fällen, ist sprachliche Belehrung unerlässlich.

2) Das Bedürfnis nach einer solchen Belehrung wächst, wenn durch den ungünstigen Einfluss des Dialektes das Sprachgefühl für den hochdeutschen Ausdruck sich nicht ungestört entwickeln kann. Infolge solcher nachteiligen Einflüsse werden z. B. die Eisenacher Kinder der niederen Berufsstände immer im Zweifel sein, ob sie sagen müssen, ich gehe von Eisenach auf der oder auf die Wartburg, ob sie zu sprechen haben, gieb mir oder gieb mich u. s. w. wie die Jenaer schwer davon abkommen: „Wir wollen auf den Fuchsturm gehe". Du gehst doch mit? Gelle?" (statt: gelt?) Die Reinigung des Sprachgefühls durch das Vernehmenlassen der sprachrichtigen Redeweise reicht hier allein nicht aus, weil der Sprache der Schule in der Sprache des Hauses ein zu grosses Gegengewicht gegenübersteht. Das Sprachgefühl bedarf der Unterstützung durch die Grammatik, die in diesen Fällen wenigstens für den schriftlichen Ausdruck, als Regulator dienen kann.

3) Schliesslich ist auch noch manches aus dem einfachen praktischen Grunde aus der Sprachlehre heranzuziehen, um sich kurzerhand über vorliegende Spracherscheinungen, sowie über vorkommende sprachliche Fehler und Verstösse mit den Schülern verständigen zu können.

Was nach diesen drei Rücksichten (fürs Sprachgefühl Zweifelhaftes entscheiden, Ersetzung des Mundartlichen durch Hochdeutsches, Verständigung bei Fehlerverbesserung) für das Verständnis und die richtige Handhabung der Sprache erforderlich ist, bildet in seiner Zusammenfassung die Grammatik der Volksschule, welche hiernacheinzig und allein auf das praktische Bedürfnis gerichtet ist und folgeweise nach Raumerschem Ausdruck „überall nur da einzugreifen hat, wo die Sache nicht auf einfachere Weise sich von selbst macht". Was über dieses praktische Bedürfnis hinausliegt, gehört nicht in die Volksschule.

Die Grammatik kann hiernach auch in der einfachsten Volksschule nicht entbehrt werden. Nur muss sie, und zwar

---

*) Vergl. v. Raumer, Gesch. d. Päd. III 2, S. 105.

nicht bloss nach dem Aushängeschilde, sondern in der That und Wahrheit, im Sprachunterrichte die dienende Stellung einnehmen. Es ist aus ihr nur heranzuziehen, was zum Verständnis und zum richtigen mündlichen und schriftlichen Gebrauch der Sprache nicht zu entbehren ist.*)

Der Grammatik in diesem Sinne gesteht auch v. Raumer die Berechtigung zu**); einer solchen würde selbst auch J. Grimm nicht entgegen gewesen sein.

Wie ist Grammatik in der Volksschule zu lehren?

Aber in welcher Form und in welcher Folge soll die Grammatik auftreten?

„Die Zeichen (Sprachformen) sind für den Unterricht eine offenbare Last, welche, wenn sie nicht durch die Kraft des Interesses für das Bezeichnete gehoben wird, Lehrer und Lehrling aus dem Geleise der fortschreitenden Bildung herauswälzt." ***) „Die Zeichen interessieren offenbar nur als Mittel der Darstellung dessen, was sie ausdrücken. Lehre man darum von ihnen (den Formen) immer nur so viel, als höchst notwendig ist für den nächsten interessanten Gebrauch; alsdann wird bald das Gefühl des Bedürfnisses einer genaueren Kenntnis erwachen; und wenn dies erst mitarbeitet, geht alles leichter." †).

Diese Worte Herbarts kennzeichnen den Herbart-Zillerschen Standpunkt in der grammatischen Frage.

Sie sagen uns erstens, die Sprachformen interessieren nicht an sich, sie können nur ein mittelbares Interesse von dem Inhalte her erhalten, den sie ausdrücken. Wer jüngeren Schülern ein unmittelbares Interesse für die sprachlichen Formen zutraut, kennt die Kindesnatur nicht. Man sehe sich in den unteren Klassen der höheren Schulen um, in welchen die Beschäftigung mit den Sprachformen notgedrungen einen grossen Teil der Zeit in Anspruch nimmt. Unter dem Einflusse der Neuheit hält die Hingabe an die Sache eine Zeit lang vor; dann nimmt der Eifer ab, bis schliesslich in den Mittelklassen ein grosser Prozentsatz unter der „Last der Zeichen" erliegt und die Sache aufgiebt.††)

Die obigen Worte sagen uns zweitens, nur an einem wertvollen, das Interesse voll in Anspruch nehmenden Inhalte dürfen die Sprach-

---

*) Ziller, Grundlegung, 2. Aufl., S. 157; S. 341 Anm. — Die höheren Schulen haben selbstverständlich die Grammatik weiter zu führen, und dem Lehrer kann eine gründliche Einsicht in dieselbe natürlich unter keinen Umständen erspart bleiben. Verfrühung schadet aber überall. Erst wenn im Lauf der Jahre auf den höheren Altersstufen aus einem Reichtum konkreter Anschauungen heraus ein eigener sprachlicher Gedankenkreis sich gebildet hat und in demselben ein unmittelbares Interesse für die sprachliche Form erwacht ist, ist der Zeitpunkt für den mehr wissenschaftlichen Betrieb der Grammatik eingetreten.
**) K. v. Raumer, Geschichte der Päd. III. 2. S. 105. Vergleiche übrigens zu dem ganzen Abschnitt auch Otto, Thesen, No. 38—46.
***) Herbart, Allgem. Pädagogik 1806, S. 183.
†) Herbart, Allgem. Pädagogik, S. 184 und 186.
††) Ziller, Jahrbuch 1881, S. 247 f.

formen zur Anschauung gebracht, und nur für das unmittelbare Bedürfnis, den nächsten interessanten Gebrauch, dürfen sie ausgehoben und gelehrt werden. Es folgt aus ihnen drittens, dass jeder gesonderte, an zusammenhangslose Sätze angeschlossene, systematische Unterricht in der Grammatik verwerflich ist, da die ausgewählten Mustersätze auch in ihrer Gesamtheit nur in der armseligsten Weise den Formenreichtum der Sprache repräsentieren, mögen dieselben nun dem gemeinen Leben oder der klassischen Dichtung entnommen sein; da sie in ihrer Zusammenhangslosigkeit nicht eine Spur von sachlichem Interesse zu erzeugen vermögen; da ein solcher Unterricht nicht von dem Bedürfnisse der Zöglinge, sondern von dem grammatischen System sich leiten lässt, und da ein unabhängiger systematisch-grammatischer Unterricht, wie aus einer ganzen Reihe grammatischer Leitfäden zu ersehen, meist mitten in den dicksten didaktischen Materialismus, in einen abstrakten grammatischen Formelkram hineinführt.*)

Wohin soll auch ein solches Isolieren in Zusammenhang gehöriger Vorstellungskreise führen? Wer der Grammatik eine selbständige Stellung einräumt, der wird sie konsequenterweise auch der Lektüre, der Orthographie, den Stilübungen nicht versagen; der wird diese Teilungsmethode auch auf die übrigen Unterrichtsfächer übertragen und z. B. auch biblische Geschichte, Bibellesen, Katechismusunterricht, Perikopenerklärung aus ihrem organischen Verbande lösen und jeden dieser Zweige des Religionsunterrichtes seinen besonderen Gang gehen lassen. Und aus diesem Nebeneinander, welches nur da und dort, wie der Zufall es mit sich bringt, durch einen Faden leise verknüpft wird, soll Einheit des Charakters hervorgehen! Höchstens kann im Geiste des Schülers ein Mosaikgebilde des Gedankenkreises entstehen, in dem das Einzelne scheinbar ganz hübsch nebeneinander liegt, fehlt leider nur das geistige Band."

Sonach fordert das höchste Ziel der Erziehung nicht minder, als die naturgemässe sprachliche Entwickelung des Schülers den geschlossenen sprachlichen Unterricht.

Damit verteidigen wir ein Prinzip, nicht aber die ganze Reihe von Massnahmen, die in seiner Anwendung auf den Unterricht zu Tage gefördert worden sind. Es gilt, das richtige Prinzip auch richtig anzuwenden. Dann wird der Vorwurf, der angelehnte grammatische Unterricht richte Verwirrung in den Köpfen an, von selbst gegenstandslos. Denn werden bei demselben die begrifflichen Ergebnisse nur in einem reinen, sauberen Abstraktionsprozess gewonnen, so wird jede Verwirrung so gut vermieden, als bei dem selbständigen Unterrichte, und der Schüler hat am Schlusse seiner Schulzeit ein nicht minder wohlgeordnetes grammatisches System zur Verfügung als dort, nur dass dasselbe in der Anwendung viel wirksamer ist, da es in einem Reichtum konkreter Anschauungen seine Wurzeln hat und von dem lebendigen Inhalte her von einem allseitigen Interesse durchzogen ist. Dann wird auch der zweite Vor-

---

*) Vergl. Ziller-Bergner, Materialien, S. 180. Dörpfeld, Lehrplan, S. 52 f. Otto, Thesen, S. 47 f.

wurf, nach welchem in dem geschlossenen Sprachunterrichte die Lesestücke zerpflückt und zerhackt werden sollen, hinfällig.

Nach dem Vorstehenden ist von Sprachlich-Formalem in den deutschen Unterricht nur hineinzuziehen, was einem ausgesprochenen, auch für den Schüler deutlich fühlbaren Bedürfnis bei der selbständigen Anwendung und dem Gebrauch der Muttersprache entgegen kommt.

Was gehört in den grammatischen Untericht der Volksschule?

a) Wenn hiernach von selbst das grammatische Begriffsmaterial auf einen Bruchteil dessen zusammenschrumpft, was in den gangbaren Leitfäden der Volksschule für diesen Unterricht geboten zu werden pflegt, so bleibt immerhin von dieser grammatischen Zuthat noch genug übrig, um jede Klage über Mangel an Stoff hinfällig erscheinen zu lassen.

Es werden aber fortwährend von drei Seiten Ansprüche an sprachliche Belehrungen erhoben: von Seiten der Orthographie, der Interpunktion und der durch die Mundart bedingten örtlichen Sprachfehler, kurz also von Seiten der Sprachübung. Seltner ist für das Sprachverständnis eine sprachliche Erörterung Bedürfnis.*)

In den mittleren Schuljahren (vom 2.—4. oder 5.) macht sich vorzugsweise der orthographische Gesichtspunkt geltend, weshalb man mit einem gewissen Rechte in sprachlicher Hinsicht diese Jahrgänge zusammen auch die orthographische Sprachklasse genannt hat. Die Orthographie ist hier zu einem gewissen Abschluss zu bringen, damit in der Oberklasse das Stilistische in den Vordergrund treten kann. Die Hauptarbeit wird ins dritte Schuljahr zu verlegen sein, damit zunächst eine tüchtige Grundlage gewonnen wird, ehe die freieren Stilübungen beginnen.

b) Auf dem gegenwärtigen Standpunkt der Entwickelung richtet sich die Schreibung eines Wortes, dessen Lautzeichen mit seinen Laut-Elementen nicht in völliger Übereinstimmung sind,

entweder nach rein orthographischen Regeln oder nach der Verwandtschaft, d. h. der Abstammung (schliessen, Schloss, Schlosser)

oder nach dem Gegensatze der Wortbedeutung (Seide, Seite)

oder nach einem auf scheinbarer oder thatsächlicher Willkür beruhenden Schreibgebrauche, dem sich der Einzelne zu fügen hat.

„Die grössten Schwierigkeiten liegen da, wo die Orthographie ungrammatisch ist, weil die Jugend das an sich Unrichtige, das, was keine Regel haben kann, das Willkürliche und Inkonsequente schwer erlernt." **) In all den genannten Fällen ist sprachliche Belehrung unabweislich. Der Schüler ist nach und nach mit diesen Regeln, Ableitungsvorgängen, Gegensätzen, sowie mit den Reihen und Ausnahmereihen, in welchen das Wortmaterial aufgesammelt wird, was keiner Regel folgt, und die für den Schüler die Regel ersetzen müssen, bekannt zu machen und zur Sicherheit in der Anwendung zu bringen.

---

*) Vergl. Rade, Grundzüge. S. 22.
**) Wackernagel, Lesebuch IV. S. 61.

c) Aus der Grammatik ist nichts zu lehren, was schon das Sprachgefühl sicher an die Hand giebt*), nichts, was weder eine gegenwärtige Schwierigkeit beseitigen hilft, noch für künftige Fälle zu einer Richtschnur werden kann. Es können hiernach ganz umfängliche Partien aus der Wortformen-, sowie aus der Satzlehre in Wegfall kommen. Im wesentlichen wird sich die Grammatik in der Volksschule, in welcher nicht eine fremde Sprache zu weitergehenden Erörterungen drängt, zu beschränken haben auf

die Wortarten,
die Deklination der Dingwörter und Fürwörter,
die Kasusrektion der Verhältnis- (Vor-) wörter,
die drei Hauptzeiten der Zeitwörter mit Hinzunahme der 1., 2. und 3. Vergangenheit;
Satzgegenstand und Satzaussage,
den einfachen, zusammengezogenen, zusammengesetzten Satz,
Haupt- und Nebensatz (erkennbar an den Bindewörtern),
auf den Relativsatz,
den abgekürzten Nebensatz (ohne Unterscheidung von Arten des zusammengesetzten Satzes, von Arten und Graden der Nebensätze) nebst Interpunktion.**)

Die Fixierung des orthographisch-grammatischen Pensums für die einzelnen Schuljahre hat um deswillen ihre Schwierigkeiten, weil sich nicht mit aller Sicherheit im voraus feststellen lässt, was sich im Laufe eines Jahres in all' den einzelnen Fällen an sprachtheoretischem Wissen nötig machen werde. Bedenkt man indessen

1. den geistigen Standpunkt, auf welchem die Schüler angelangt sind;
2. den Umfang des sprachbegrifflichen Wissens, über welches dieselben bereits verfügen;
3. das konkrete Unterrichtsmaterial, welches ihnen zur sprachlichen Bearbeitung vorgelegt werden soll; und
4. die am häufigsten vorkommenden Dialektfehler, so liegt jedenfalls auch die Bestimmung eines fachwissenschaftlichen Jahreszieles nicht ausser dem Bereiche der Möglichkeit. Dass sich im wirklichen Unterrichte diese fachwissenschaftlichen Jahresziele im einzelnen hier und dort etwas verschieben werden, macht die Aufstellung derselben keineswegs unnötig.

2. Das Lehrverfahren
I. Die Behandlung der Lesestücke

Dem gesamten deutschen Unterricht liegt das Lesebuch zu Grunde. Denn die Litteratur, so weit sie durch das Lesebuch vertreten wird, ist der eigentliche Gegenstand dieses Unterrichts, und Sprachverständnis und Sprachfertigkeit sind die beiden Hauptteile desselben. Den einen dieser Teile könnten wir füglich mit Lektüre, den anderen mit Stil bezeichnen.

Trennungslinien und Verbindungsfäden

In der Lektüre gilt es, die Zöglinge an der Hand des Lesebuchs in einen Reichtum klassischer Litteraturerzeugnisse einzuführen, im Stil-

---
*) Vergl. Ziller-Bergner, Materialien S. 187 ff. (§ 215).
**) Ziller, Jahrbuch 1882, S. 51 ff.

unterricht die durch die Beschäftigung mit diesen Litteraturprodukten eroberten Gedankeninhalte, sowie den gesamten durch den Unterricht, wie durch Erfahrung und Umgang gewonnenen Gedankenkreis in selbständiger Weise durch angemessenen Ausdruck wieder zur sprachlichen und insbesondere auch schriftlichen Darstellung zu bringen.*) Doch halten wir uns lieber an die gebräuchlichen Benennungen und bezeichnen den ersten Teil einfach mit „Lesen", den andern mit „Deutsch im engeren Sinne".

An der Doppelaufgabe des deutschen Unterrichts, der Unterscheidung und Auseinanderhaltung von Lesen und Deutsch, ist streng festzuhalten. Es sind eben verschiedene Dinge.

Dort haben wir es mit dem Inhalte, der Sache, zu thun: der Lese-Unterricht ist Sachunterricht, bei welchem das Sprachliche nur insoweit in Betracht kommt, als das Verständnis des Gelesenen es fordert.

Hier kommt die orthographische, grammatische und stilististische Richtigkeit des Gedankenausdrucks, die sprachliche Form in Betracht: der Deutsch-Unterricht ist Sprachunterricht im eigentlichen Sinne.**)

Die saubere Auseinanderhaltung beider im Unterrichte liegt im Interesse beider. Eine Vermischung derselben lässt weder das eine noch das andere zur rechten Geltung kommen.***)

Es ist daher ratsam, die ganze Schulzeit hindurch einige wöchentliche Stunden ausschliesslich der Lektüre, d. h. dem Lesen und der Einführung in den Inhalt des Gelesenen, zuzuteilen, die übrigen sprachlichen Stunden aber dem eigentlichen deutschen Unterrichte mit Stil, Orthographie und Grammatik zu widmen.

In den Stunden für Geschichte, Naturkunde, Geographie soll das Lesebuch an geeigneten Stellen als Inhaltsquelle zur Darbietung benutzt werden, schon aus dem Grunde, dass frischer Wechsel in den Darbietungsformen herrscht und die Kinder nach und nach die Vorteile aller dieser Formen geniessen. Dann aber auch aus dem Grunde, dass die Kinder dabei angeleitet werden können, wie man die mühsam erworbene Kunst des Lesens benutzt zur schnellen, gründlichen und angemessenen Erwerbung von neuen Vorstellungen in jedem Wissensgebiete.

Was an Lesestoffen geeignet ist, dem Sachunterrichte als Vorbereitung, als Ausgangspunkt, als Ergänzung zu dienen, wird, so weit Zeit und Umstände es irgend zulassen, in dem Sachunterrichte selbst an den betreffenden Stellen gelesen und inhaltlich besprochen, und dann erst.

---

*) Dr. Kohts, Begleitschreiben S. 5: „Das deutsche Lesebuch hat eigentlich nur zwei Aufgaben, eine formale und eine materiale. Die formale ist: Sprech- und Schreibgewandtheit im Schüler zu entwickeln, die materiale Aufgabe ist: die Schüler in das Gebiet der vaterländischen Litteratur und in das Geistesleben unseres Volkes einzuführen."
**) Vergl. Ziller, Vorl., S. 177 und 178. — Dörpfeld, Evangel. Schulblatt, Jahrg. 1872, S. 171 ff.
***) Vergl. Wangemann, Lese- und Sprachbuch, II. Teil, S. IV. — Strobel, Der deutsche Unterricht, Berlin 1880, S. 28.

zur sprachlichen Behandlung (zum ausdrucksvollen Lesen, zum Deklamieren, für den Aufsatz) an den deutschen Unterricht abgegeben; wie umgekehrt die zunächst im Deutschen gelesenen Stücke ihrem Inhalte nach an den Sachunterricht übergehen und nur nach ihrer sprachlich-formalen Seite im Deutschen weiter behandelt werden. Eine ähnliche Beziehung findet zwischen Sach- und Gesangunterricht statt. Was an Liederstoffen im Sachunterrichte inhaltlich verwertet worden ist, wird von hier aus dem Gesangunterrichte zugewiesen. Sonach bildet das Lesebuch zwischen dem Sach- und Sprachunterrichte einerseits, und dem Sach- und Gesangunterrichte anderseits die unentbehrliche Vermittelung.

Die Einführung der Jugend in die Litteratur der Nation ist von höchster Bedeutung wie für die Geistesbildung überhaupt, so für die Sprachbildung im besondern. Die Litteratur versetzt den Zögling mitten in die lebendige Sprache selbst hinein; in ihr wird derselbe von dem Sprachgeiste seines Volkes angeweht; von ihr aus erfolgen die geheimnisvollen Wirkungen auf den jugendlichen Geist, welche dem Sprachvermögen desselben zu weiterer Entfaltung verhelfen. Ein gutgeleiteter Leseunterricht ist die naturgemässe Fortsetzung der oben besprochenen allgemeinen Sprachpflege, auf den daher auch im Interesse der Sprachbildung nicht Wert genug gelegt werden kann.*)

Stufenfolge der Unterrichtsthätigkeiten

Die unterrichtliche Behandlung der Lesestücke für die Gewinnung ihres Gedankeninhaltes vollzieht sich in der nachfolgenden Stufenfolge von Unterrichtsthätigkeiten, wobei rücksichtlich der Begründung des einzelnen auf die in unserm „ersten Schuljahre" aufgestellten methodischen Grundsätze einerseits**) und auf die nachfolgenden Bemerkungen andrerseits verwiesen wird.

Zielangabe

Ehe das neue Stück***) gelesen werden kann, müssen die Vorstellungen ins Bewusstsein gerufen werden, welche den neuen Inhalt, der in die Seele kommt, aufzunehmen, anschaulich zu machen und festzuhalten geeignet sind. Das geschieht durch das (sachliche) Ziel, welches konkret, bestimmt und für die Kinder fasslich sein muss und auf den konkreten Hauptinhalt des Lesestückes sich bezieht†).

Vorbesprechung

In der Vorbesprechung des Lesestücks werden nun die bekannten Vorstellungen wach gerufen††) und den neuen die Aufnahme dadurch

---

*) Vergl. Schrader, Erziehungslehre I S. 449. Otto, Thesen S. 77.
**) Erstes Schuljahr, 6. Aufl.
***) Als Beispiel möge die Krummachersche Fabel dienen: Das Rotkohlchen (das im Winter an des Landmanns Fenster kommt, aufgenommen wird, und aus dessen Äuglein der Dank leuchtet.)
†) Wir wollen eine Geschichte lesen: Von einem Vöglein, das von selbst in die Stube kam.
††) Wo habt ihr Vögel beobachtet? (Auf dem Baume, auf der Strasse, im Hofe, im Vogelbauer). Sie sind aber immer scheu (kommen nicht von selbst,

erleichtert, dass Erwartungsfragen sich aus dem bekannten Stoffe erheben. Am Schlusse der Vorbesprechung wird das Besprochene zusammengefasst. (S. I. Schulj. 6. Aufl.

Darbietung

Hierauf wendet sich der Unterricht zu der 2. Stufe, der Darbietung des Neuen. Sie vollzieht sich in zwei aufeinanderfolgenden Schritten. Zuerst handelt es sich um das Stoffliche des Lesestücks, das dargestellte Geschehen in seinem thatsächlichen und zeitlichen Verlaufe. Dieses soll aufgefasst und angeeignet werden. Darauf handelt es sich um die in dem Stofflichen zugleich enthaltenen theoretischen, ethischen und religiösen Gedanken, in welche der Zögling sich vertiefen soll. Diese Vertiefung lässt sich am leichtesten erreichen, wenn vorher das äusserlich Thatsächliche völlig sicher gestellt ist, weshalb die reinliche Auseinanderhaltung der beiden Schritte im Unterrichte als Regel fest gehalten werden muss.*)

1) Das Lesestück wird daher den Schülern, dem Charakter gemäss, zunächst abschnittweise vorgelegt (falls es nicht ein kleines unteilbares Ganzes ist.)

a) Ein Abschnitt nach dem andern wird von den Kindern gelesen und wiedererzählt. Während den Schülern bei der Vorbesprechung der weiteste Spielraum für den individuellen Ausdruck zu gestatten ist**) soll man die Gedanken- und Ausdrucksform des Schriftstellers auch zu ihrem Rechte kommen, ohne absoluten Zwang auszuüben.

b) Nach einem zweitmaligen Lesen folgt, in der Form der Unterhaltung, eine Besprechung, in welcher von den Mitschülern Fehlerhaftes berichtigt, Unvollständiges ergänzt, vom Lehrer aber Unklares aufgehellt und klar gestellt wird.

c) Nach dem dritten Lesen ist für den Abschnitt eine Überschrift auszubilden und es soll eine nochmalige berichtigte Zusammenfassung stattfinden. So wird jeder Abschnitt erst für sich bearbeitet und sodann an den vorhergehenden angeschlossen.

Nachdem alle Abschnitte gelesen, wiedergegeben, mit einer Überschrift versehen sind, folgt eine Totalauffassung des Ganzen an der Hand der Überschriften, und zwar zuerst von den bessern, und hernach auch von den schwächern Schülern. Damit ist der erste Hauptteil der zweiten Stufe, die Auffassung des äusserlich Thatsächlichen, vollendet.

2) Mit derselben ist, wie oben bereits gesagt, die synthetische Darbietung nicht erschöpft. In einem zweiten Schritte hat der Unterricht nun die Auffassung und Aneignung des in dem Stoffe enthaltenen geistigen

---

fliehen, zwitschern ängstlich). Habt ihr auch gesehen, wann sie sich in die Nähe der Menschen wagen? (Im Winter kamen Haubenlerchen einmal auf unser Fensterbret, Sperlinge auch oft. Die froren und hatten Hunger.).
Das Vöglein, von dem die Geschichte erzählt, ging noch weiter (Bis in die Stube). Wir fragen: 1. Wie wurde das Tierchen aufgenommen?
2. Behielten die Leute das Vöglein bei sich?
*) Vergl. Ziller, Erläuterungen, Jahrg. 1879, S. 82. Ziller, Vorl., Seite 235.
**) Vergl. Ziller, Vorl., S. 179.

Inhalts zu bewirken, zu welchem Zwecke das konkrete Material nun auch nach seinen höhern Beziehungen durchdacht werden muss. Für dieses Durchdenken des Stoffes hat der Lehrer in der Form von Fragen, Urteilen, Aufgaben die Gesichtspunkte aufzustellen, die man in der Zillerschen Sprache mit dem Ausdruck Konzentrationsfragen bezeichnet, ohne dass sie immer die Form der Frage zu haben brauchen. Durch diese Konzentrationsfragen, die am günstigsten wirken, wenn sich aus ihnen eine förmliche ungezwungene lebendige Unterhaltung entwickelt, wird der Schüler auf die wertvollen Hauptgedanken und auch auf die sittlich-religiösen und psychologischen Gesichtspunkte hingewiesen und zur Herausarbeitung derselben angeregt.*)

Diese auf den geistigen Inhalt des Stückes gerichteten Reproduktion ist der wichtigste und der schwierigste Teil der Unterrichtsarbeit, der bei der Präparation des Lehrers die sorgsamste Überlegung erheischt.**)

Auf dieses Durchdenken des Lesestücks nach seinen höheren Gesichtspunkten findet eine nochmalige Gesamtwiedergabe (Totalauffassung) des Thatsächlichen statt, in welcher der Schüler nunmehr auch die gewonnenen Konzentrationsgedanken, je nach seinem individuellen Erfassen derselben, mit aufnimmt.

Auch diese „geläuterte" Wiedergabe wird wiederholt. Nur muss den Kindern Freiheit in der Form ihrer Darstellung gelassen werden. Sie dürfen ausführlicher und kürzer erzählen. Wenn nichts wesentliches ausgelassen ist, muss sich der Lehrer zufrieden geben. Der Schüler soll ja gerade seine individuelle Auffassung darlegen, nicht zu einer auf das Wort sich klemmenden Wiedergabe genötigt werden.

Nachdem so das Lesestück völlig verstanden worden ist, soll der Schüler zum ausdrucksvollen Lesen geschickt gemacht werden. Dies geschieht so:

A. Der Lehrer liest das Stück mustergiltig vor.
B. Der Schüler ahmt dieses Vorlesen nach, wird korrigiert und erhält Anweisung, wie betont werden soll und warum so.
C. Die rechte Betonung wird im Wechsel zwischen Chor- und Einzellesen eingeübt.

Dem mustergiltigen Vorlesen folgt sodann zuweilen das Auswendiglernen und Vortragen (Hersagen) des Stückes. Wenn das Stück dazu geeignet

---

*) Über die vertiefende Besprechung des dargebotenen thatsächlichen Gedankeninhaltes, die sogenannte Konzentration desselben, siehe Ziller, Erläuterungen zu Jahrbuch 1879, Seite 32; Ziller-Bergner, Materialien, S. 111. S. 154.

**) a) Hat sich nicht anfangs das Rotkehlchen in recht grosser Not befunden? Erzähl von der Not das Vögleins!
b) Aber es fand auch freundliche Helfer. Woraus sieht man, dass es die Leute im Hause recht gut mit ihm meinten?
c) Ob's dem Rotkehlchen in der Wohnung des Landmanns gefallen hat? Woran merkt man das?
d) Warum hat aber später das Vöglein wieder hinaus gemocht?
e) Freundliches Zutrauen erweckt Zutrauen, und Liebe erzeugt Gegenliebe. War das hier so?

ist, schliesst die Stufe der Darbietung. Damit schliesst die sachliche Behandlung des Lesestückes überhaupt.

Fragen, Einwände und Erläuterungen

Der vorstehenden Skizze der Behandlung der Lektüre fügen wir noch folgende Bemerkungen bei:

1. Es kann gefragt werden: „Soll die analytische Vorbesprechung bis auf jedes unverständliche Wort, auf jede unklare Wendung und Ausdrucksweise ausgedehnt werden, um jedes nachträgliche Erklären überflüssig zu machen? Wir antworten auf diese Frage mit „Nein". Denn fürs erste könnte dabei der Zusammenhang der Vorbereitung nur durch eine Unzahl subjektiver Wendungen aufrecht erhalten werden, die dem Unterrichte keineswegs besonders günstig sind. Fürs zweite würde eine peinlich genaue Vorbereitung dieser Art immer wieder zu Vorwegnahmen des Inhalts der Lektüre drängen, die jederzeit auf den Fortgang des Unterrichts einen nachteiligen Einfluss ausüben.

Es genügt, wenn durch die Vorbereitung die richtige Auffassung des Stückes im ganzen verbürgt ist, was der Fall sein wird, sobald die Masse des völlig Klaren mit einem bedeutenden Übergewicht über die noch bestehenden Unklarheiten im einzelnen auftritt. Die hiernach sich öfter nachträglich noch nötigmachenden Erklärungen einzelner Stellen finden nach der ersten zusammenhängenden Wiedergabe des Inhalts ihren Platz.

Alles Sachliche aber, was weitere Behandlung wert erscheint, geht nunmehr an den Sachunterricht über.

Nach ihm erst kann der Lehrer mit Sicherheit wissen, was dem Schüler erklärt werden muss.

2. Es kann gefragt werden: Soll man nicht lieber, entgegen der oben ausgesprochenen Ansicht, bei der Darbietung mit dem Vorlesen oder Vortragen des Lehrers, statt mit dem abschnittweisen Lesen der Schüler beginnen? Ältere, neuere und neueste Anweisungen zur sachlichen Behandlung des Lesebuchs verlangen das. Wir können uns dieser Ansicht aus folgenden Gründen nicht anschliessen:[*]

a) Was die Kinder selbst thun können, soll ihnen vom Lehrer nicht vorgethan werden. Freie Selbstthätigkeit ist auf jede Weise zu unterstützen. Beim Vorlesen und Vorerzählen sitzen die Schüler passiv da; beim eignen Lesen sind sie in viel höherem Masse denkend beschäftigt.[**]

b) Man sagt: Die Kinder haben noch nicht das Geschick, selbständig zu denken und durch eigenes Lesen den Inhalt sich anzueignen. Gut,

---

[*] Auch Hartung und Lindner scheinen mit uns übereinzustimmen; vergl. Erläuterungen, Jahrg. 1881, S. 22.

[**] „Der Unterricht hat sich auf allen Stufen in einer Form zu bewegen, nach welcher der Lehrer sich mit der bloss leitenden Stelle begnügt und die eigentliche Arbeit von den Schüler geleistet wird." Zillig im Jahrbuch 1882, S. 238. — Vergleiche ferner Wiget in Bühlmann, Die Praxis der Schweizerischen Volks- und Mittelschule. 1. Heft. S. 9.

so müssen sie es unter Beihülfe des Lehrers eben lernen. Sie lernen es in kurzem, wenn ihnen kein anderer Ausweg bleibt; sie lernen es nie, wenn ihnen dasselbe nicht durchgängig als selbstverständliche Forderung zugemutet wird. Das regelmässige Vorlesen und Vortragen führt den Schüler zuletzt in eine solche Abhängigkeit vom Lehrer und benimmt ihm das Vertrauen auf die eigene Kraft in dem Masse, dass es ihm geradezu als ungereimt, sinnlos erscheint, wenn ihm ausnahmsweise doch einmal die Aneignung eines Gedankeninhaltes durch eignes Lesen zugemutet wird. Und woher soll der Zögling nach der Schulzeit den Mut zu solchen selbständigen Lesen nehmen, wenn er nicht während seiner Schulzeit Anleitung dazu und Übung darin erhalten hat? „Man soll nicht versäumen, den Zögling in der Kunst zu üben, dass er aus den Quellen schöpfen lerne."*)

c) Man sagt: Das Vorlesen bezüglich Vortragen einer Erzählung, eines Gedichtes bringe einen tieferen Eindruck hervor, als das unvollkommenere eigene Lesen der Schüler. Wer wollte das bestreiten? Ob es aber wohlgethan ist, den tiefsten Eindruck gleich am Anfang einer längeren Gedankenbewegung zu erzeugen? Was hat man dann im Fortgange derselben zu bieten? Die Kinder kennen nun das ganze, die Erwartung fällt fort, das Interesse gerät in Rückgang. Nach psychologischen Gesetzen ist es für die Aneignung eines Gedankeninhaltes stets am günstigsten, wenn die Vorstellungen nicht jählings, sondern in ganz allmählichem Fortschritt zu ihrer völligen Klarheit gelangen. Die apperzipierende Aufmerksamkeit findet darin ihren wichtigsten Stützpunkt. Der tiefste Eindruck darf daher nicht gleich anfangs erzeugt werden; der tiefste Eindruck soll das Resultat der ganzen Gedankenarbeit sein.**)

d) Lesen heisst Auffassen von Gedanken aus Schriftzeichen. Wenn der Schüler immer wieder erst durchs Ohr aufnimmt, ehe. er an die Schriftzeichen geht, wie soll er Neues aus Schriftzeichen gewinnen lernen?

3. Es kann gefragt werden: Soll man, der herrschenden Gewohnheit gemäss, nach dem Lesen und dem Vorlesen sogleich zur Besprechung übergehen? Nein, vor allem soll man eine zusammenhängende Wiedergabe des Inhalts verlangen und dann erst die erläuternde Besprechung folgen lassen. Denn erst aus der zusammenhängenden Wiedergabe wird ersichtlich, wie der Schüler die Sache aufgefasst hat; hier erst treten die dunkeln Stellen zu Tage, auf welche die Einzelbesprechung sich einlassen muss.

---

*) Ziller, Jahrbuch 1874, S. 173. — Zillig im Jahrbuch 1882, S. 185.

**) „Für die Bildung durch den Unterricht ist ein zu rasches Aufsteigen der Vorstellung zu ihrer vollen Klarheit nicht günstig; es setzt sich dann zu leicht eine eigenseitige Art des Vorstellens fest, und für andere Arten des Vorstellens oder auch nur für eine weitere Bearbeitung derselben Art des Vorstellens ist man nicht mehr empfänglich." — Ziller, Vorl. S. 275. Man vergleiche übrigens die ganze bedeutsame Stelle über den Gegenstand auf S. 275 und 276 der Vorl. — Schneider im Jahrb. 1881. S. 85: „Man darf die Schüler nur ganz allmählich auf den Höhepunkt des Interesses führen." . . . „Den Höhepunkt des Interesses muss sich der Zögling selbst erarbeiten." — Erläuter. 1877, S. 59. — Zillig, im Jahrb. 1882, S. 185.

Wer vor der Totalauffassung in die Besprechung eintritt, handelt auf Geratewohl, thut vielfach Überflüssiges und erspart sich nachträgliche Erklärungen doch nicht.*)

Mit solchen Totalauffassungen wird dem Schüler nicht zuviel zugemutet? Es bedarf einiger Übung, und die Kinder geben sich mit Freuden diesem zusammenhängenden Darstellen hin, das der kindlichen Geistesthätigkeit ohnehin genehm ist, die ja „immer ein ganzes zu umfassen und zu gestalten sucht." Freilich gelingt es jeden in seiner Weise, den schwächeren wenig vollkommen. Aber es muss das Streben der Erziehung sein, statt lockeren Sandes zusammenhängende Fasern zu bilden.**)

Die erste Totalauffassung wird im Tone der Unterhaltung von den Mitschülern, wie von dem Lehrer ergänzt und berichtigt.***) Jeder bringt selbständig herbei, was er als notwendig ansieht zum Aufbau oder zur Widerlegung. Hier ist auch die richtige Stelle, an welcher die Erklärungen von Einzelheiten des Textes aufzutreten haben.

4. Es kann gefragt werden: Soll man es bei der Bearbeitung poetischer Stoffe an der naiven Auffassung des Inhalts, dem unmittelbaren Eindrucke genug sein lassen, oder soll man die Schüler auch in das poetische Verständnis der Stücke einführen? Sollen die Kinder nicht blos empfinden, dass eine poetische Darstellung schön ist, sondern sich auch der Gründe bewusst werden, warum sie als schön empfunden wird? Soll mit einem Worte das Absehen auch auf die Erarbeitung einer Art von „praktischer Poetik" gerichtet sein oder nicht?†)

Wir meinen, dass in diesem Betrachte äusserste Vorsicht und grosse Zurückhaltung geboten sei, weil Verfrühungen in dieser Richtung ihre Gefahren haben. Beim gebildeten Erwachsenen kann die Einführung in das Kunstverständnis den Kunstgenuss erhöhen; bei 10- bis 14jährigen Schülern tritt von der beabsichtigten Wirkung leicht das Gegenteil ein, wenn die Behandlung nicht mit grossem Takte und Geschick geschieht. Kinder und Leute aus dem Volke geben sich dem unmittelbaren Eindrucke hin, ohne nach den Kunstregeln zu fragen, denen im Gedichte etwa Genüge geschehen. Und dabei kann man es meist bewenden lassen. Jedenfalls muss das Kind erst den Zauber der poetischen Schönheit

---

*) „Der Inhalt eines jeden Abschnitts baut sich im Kopfe eines jeden Schülers, er mag gut oder schlecht auffassen, in eigentümlicher Weise auf, und das kann ihm gar nicht abgenommen werden, der Aufbau kann nicht etwa durch die Fragen des Lehrers zu stande kommen. Greift der Lehrer durch Einzelfragen vorher ein, so stört er nur die sich von selbst vollziehende Gedankenarbeit des Schülers." Ziller, Erläuterungen zum Jahrbuch 1877, S. 59. — Über das Sprechen der Kinder im Zusammenhang siehe auch Thrändorf, in den Päd. Studien, Jahrgang 1881, Heft 1, S. 6 ff. — Ziller, Vorl. S. 281.
**) Ziller, Vorl., S. 148. — G. Wiget, in der „Praxis der Schweizerischen Volks- und Mittelschule". Heft 1, S. 11.
***) Vergl. Ziller, Vorl. S. 144.
†) Vergl. Rade, Grundzüge, Seite 39. — Eberhard, Poesie in der Volksschule, Seite 8.

empfinden, ehe es über dieselbe reflektiert, weil sonst die Reflexion die Empfindung stört.*) Ein vorzeitiger Blick in die Werkstatt des Dichters wirkt wie ein Blick hinter die Coulissen: er hebt die Illusion auf. Und noch mehr als das. Das Wichtigste und Erste bei einem Gedichte ist (denken wir z. B. an Gustav Schwabs poetische Perle „Das Gewitter"), dass der Schüler lerne, sich innig in die Situation zu vertiefen.

Das Zweite muss sein, dass der Schüler den tieferen Sinn, die Idee des Gedichtes erfasse (hier also die Lebensauffassung der verschiedenen Lebensalter). Beides muss von den lebhaftesten Gefühlen begleitet sein.

Danach kann erst das Dritte kommen: Der Versuch, die Kunstmittel zu verstehen, mit denen der Dichter so wunderbare Wirkung in unserer Seele hervorbringt**). Aber dies darf nicht das in der Seele Mächtigste sein. Sollte ein Schüler bei späterem Lesen oder Hören des Gedichtes, ohne beim Herannahen der Katastrophe ein leises Beben zu empfinden, infolge des vorangegangenen ästhetisierenden Unterrichts vor allem und fast nur auf die künstlerischen Darstellungsmittel, die Steigerung, den Kontrast, den Refrain, die Jamben und Anapäste im Rhythmus achten, so fragt sich, ob ihm nicht gerade das Beste, was ihm das Gedicht zu bieten hatte, verloren gegangen ist? Der Unterricht hat sich unserer Meinung nach in diesem Betrachte auf die einfachsten Hinweisungen zu beschränken. Ein Zuwenig ist hier von minderem Nachteil als ein Zuviel. Jedenfalls darf die poetische Form erst in dritter Linie erscheinen.

5. Ein besonders hoher Wert ist, ausser auf die Vorbesprechung und die Einführung in den Inhalt der Lesestücke, auf möglichst voll-

---

*) Vergl. Waitz, Allgem. Päd. 2. Aufl., Seite 176: „Nur durch das bestimmte Verständnis und die reine Aufnahme des Kunstwerkes selbst, nicht durch abstraktes Räsonnement über dasselbe, bildet sich der Geschmack. Kritik kann nur dienen, das Urteil dessen zu läutern, der über das empirische Material schon eine gewisse Herrschaft besitzt." — Schrader, S. 451: Noch schlimmer ist es mit der ästhetischen Kritik des vorliegenden Kunstwerks, welche häufig zur Erwägungen führt, an welche der Dichter gar nicht gedacht haben kann. Dem Schüler wird von den Schöpfungen des deutschen Dichtergeistes das beste vorgeführt, welches er in bewundernder Anschauung nachempfinden und in sich aufnehmen soll; müsste es ihm, wenn er gesunden Herzens ist, nicht widerstehen, dieses Kunstwerk mit kritischer Hand betastet und seiner Empfindung Mass und Begriff vorgeschrieben zu sehen, bevor er noch Zeit und Fähigkeit gehabt hat, diese Empfindungen in sich auszuleben und zu einem höhern Gefühle zu verklären? Sollen aus der Betrachtung (der Litteraturerzeugnisse) noch Gesetze abgeleitet werden, so verflüchtigt und sublimiert sich der Inhalt der Litteraturwerke bis zur vollständigen Abstraktion; Sublimate hat aber noch Niemand als Nahrungsmittel ausgegeben." — Verfasserin von Winifred Bertram (übersetzt von Charotte Philippi) I. Bd. S. 33: „Ich sehe nicht gern, wenn Kinder über sich selbst und über ihre Gefühle nachdenken. Es ist schrecklich, wenn ein Kind so früh schon den unbewussten Genuss des Lebens verlernt und seine Empfindungen und Gefühle analysiert, wie ein kleiner deutscher Philosoph." — Götze, im Jahrbuch 1872, S. 188: „Wir wollen keine ästhetischen, sondern psychologische Wirkungen erreichen."

**) Siehe Foltz, Anleitung zur Behandlung deutscher Gedichte (Dresden, Bleyl & Kämmerer).

endete Leseleistungen zu legen. Aus denselben zieht die allgemeine Geistes- wie die Sprachbildung des Schülers sehr hohen Gewinn. Aber das schöne, ausdrucksvolle, reine, wohllautende, herzerhebende Lesen ist eine Kunstübung, die nur durch die grösste Sorgfalt und Ausdauer der Lehrenden und Lernenden erlangt werden kann, der aber mit allem Ernste und mit allen verfügbaren Mitteln nachgestrebt werden muss.*)

Auseinander gehen die Ansichten noch über die Stelle in der methodischen Einheit, an welcher das ästhetische (deklamatorische) Lesen auftreten soll. „Man muss gleich zu Anfang der Einheit dasselbe in Angriff nehmen, weil ein sinngemässes, ausdrucksvolles Lesen die beste Vorbereitung für das Verständnis der Lektüre ist," sagen die einen.**) „Man kann mit angemessenem Ausdruck nur lesen, was vorher zum klaren Verständnis gekommen ist, und das ausdrucksvolle Lesen kann daher erst nach der Einführung in den Inhalt verlangt werden",†) meinen die andern. Wenn wir uns vorerst für den Eintritt des ausdrucksvollen Lesens am Ende der zweiten sachlichen Stufe entscheiden, also nach der Einführung in den Inhalt, so geschieht das aus folgenden Gründen:

1) weil bei dieser Anordnung das Sachliche vom Sprachlichen sauber und rein geschieden bleibt, während bei einem vorausgehenden schönen Lesen die Unterrichtsarbeit (wenn auch in getrennten Stunden) mit Sprachlichem beginnt, zu Sachlichem fortschreitet, zum Sprachlichen zurückkehrt;

2) weil bei dieser Anordnung das Sachliche zum Abschluss gebracht ist, ehe das Sprachliche auftritt, was immer der Fall sein sollte; während beim vorausgehenden ästhetischen Lesen gleich anfangs die Aufmerksamkeit auf die sprachliche Form gelenkt wird;

3) weil durch das nachfolgende Schön-Lesen der Eindruck des Inhalts nicht geschädigt werden kann, während ein Vorauslesen die Erwartungsvorstellungen abschneidet und das Interesse beeinträchtigt.

6. Besteht über den Wert guter Leseleistungen eine Meinungsverschiedenheit nicht, so gehen die Ansichten über die Bedeutung des Memorierens und Rezitierens von Lese- und Litteraturstoffen um so

---

*) Vergl. Eberhard, Die Poesie in der Volkssch. Seite 7 und 8.
**) An dieser Stelle sei mit Nachdruck auf die Hartungschen „Richtlinien für den Leseunterricht" im Zillerschen Jahrbuche von 1880 aufmerksam gemacht, welche Arbeit in der Versammlung des Vereins für wissenschaftliche Pädagogik im Jahre 1881 von Ziller selbst eine wertvolle Beleuchtung erfahren hat. (Hartung, Methodische Richtlinien für den Lesevortrag (in dem Jahrbuch f. w. P., Jahrg. 1880) und Nachtrag dazu (im Jahrbuch 1883). Ziller, Erläut., Jahrbuch 1880, S. 16. Schneider, Proben zu Hartungs methodischen Richtlinien (im Jahrb. 1881.) Der Lehrer soll die dort entwickelten psychologisch-logisch-ästhetischen Gesetze verstehen und darnach lesen; dem Volksschüler wird nur die Nachahmung des mustergiltigen Vorbildes zugemutet. „Wenn man sich in die Gedanken von Hartung ganz einarbeitet so kommt dadurch ein ganz neues Leben in das Lesen, und in den Schulen soll doch so viel gelesen werden." (Ziller.)

***) Vergl. hierzu Ziller-Bergner, Materialien, S. 208.
†) Vergl. Hartung, Richtlinien (Jahrb. 1880, S. 12 f.).

erheblicher auseinander. Herder rühmt in seiner bekannten Weimarischen Gymnasialrede aus dem Jahre 1796*) das Auswendiglernen und Hersagen. Er sagt: „Das laute Lesen, auswendige Vortragen bildet nicht nur die Schreibart, sondern es prägt Formen der Gedanken ein und weckt eigene Gedanken; es giebt dem Gemüt Freude, der Phantasie Nahrung, dem Herzen einen Vorgeschmack grosser Gefühle und erweckt, wenn dies bei uns möglich ist, einen Nationalcharakter. Kein klassischer Dichter und Prosaist sollte sein, an dessen besten Stellen sich nicht das Ohr, die Zunge, das Gedächtnis, die Einbildungskraft, der Verstand und Witz lehrbegieriger Schüler geübt hätte."

Schrader erblickt in dem Memorieren Sprachübungen von zweifelhaftem Werte, obgleich er selbst einzelne Gedichte auswendig lernen zu lassen empfiehlt. Er spricht: „Zu einer regelmässigen, wohl gar wöchentlichen Wiederkehr eignen sich diese Übungen (das Deklamieren) nicht, sie kosten viel Zeit und haben auch das doppelte Bedenken gegen sich, dass sie die einen Schüler der Gefahr der Eitelkeit, die anderen einer oft peinlichen und ungünstig nachwirkenden Verlegenheit aussetzen."**)

Und Wackernagel hält das Auswendiglernen geradezu für schädlich und verwerflich, weil es so oft missbräuchlich an die Stelle des Inwendiglernens gesetzt werde. Er sagt zudem: „Das Schöne behält man als Eigentum, als unmittelbar Begriffenes; der Versuch, es auswendig zu lernen, entfremdet es. Ich halte es für möglich, dass man einem Knaben durch vieles Auswendiglernen von Gedichten allen Sinn für Poesie benehme. Warum begnügt man sich nicht mit dem Vortragen aus dem Buche, dem Lesen?"***)

Es ist wahr, die schlimmen Wirkungen eines unbesonnenen Auswendiglernens und Hersagens lassen sich nicht in Abrede stellen. Sie liegen thatsächlich in vielen Fällen vor. Zahlreiche bedauernswerte Opfer dieses „Memoriermaterialismus" sind für ihr ganzes Leben um die Freude und den Genuss an jeder poetischen Gestaltung gebracht worden. Soll man deswegen lieber auf alles und jedes Auswendiglernen und Hersagen verzichten? Keineswegs. Da die Aufnahme eines erhebenden Gedankens in vollendeter Form ins Gedächtnis an sich unmöglich schädlich sein kann, so gilt es eben nur, dem möglichen Missbrauche die Wege zu verlegen, um die Nachteile fern zu halten und doch der Vorteile teilhaftig zu werden.†) Folgende Forderungen sind dabei nicht aus dem Auge zu verlieren:

a) Das Kind soll nichts auswendig lernen, was es nicht verstanden hat.

b) Es soll nichts lernen, was ihm nicht durch vorangegangene eingehende Beschäftigung mit der Sache, durch gründliche Vertiefung in dieselbe wert geworden ist.

---

*) Herders Werke zur Philosophie und Geschichte. X. Teil.
**) Schrader, Erziehungs- und Unterrichtslehre, S. 457.
***) Wackernagel, Deutsches Lesebuch, IV. Teil, 3. Aufl., S. 104.
†) Über die Bedeutung und den Betrieb der Memorierübungen vergleiche Dörpfeld, Ev. Schulblatt, Jahrg. 1872, S. 153 ff., insbesondere S. 156.

c) Es soll nichts zu Hause lernen, was nicht durch die vorausgegangene Schularbeit auch den Worten nach zum grössten Teil bereits in seinen Besitz übergegangen ist, so dass zu Hause nur noch die letzte Hand anzulegen ist*)

d) Es soll nicht alles und jedes, was im Unterrichte zur Besprechung kommt, und nicht jede Woche ein Stück, sondern nach längeren Zwischenräumen die eine und andere köstliche Perle unserer Poesie sich aneignen.

e) Es soll nach der ersten genauen Einprägung, die mehr Werktagsarbeit ist, von dieser Arbeit nun auch einen Genuss haben, indem das Gelernte in der Folge zum öfteren an passenden Stellen herangezogen und zur Erfrischung im Chor und von Einzelnen gesprochen wird.

f) Das Gelernte soll schliesslich durch fortgesetzte Benutzung desselben, durch „vielfache Verknüpfungen und Beziehungen auf Verwandtes zu einem ergiebigen Ausgangspunkte für die gesamte Entfaltung des inneren Lebens der Kinder gemacht werden."**)

Unter Beachtung der vorstehenden Punkte empfindet es der Schüler nicht als Druck, sondern als wohlthätige Belebung, den klassischen Stoff, der in seinem Gemüte Wurzel gefasst, auch seinem klassischen Ausdrucke nach sich anzueignen und denselben in der klassischen Sprache des Dichters wieder über die Lippen fliessen zu lassen. Nur muss dabei auf einen angemessenen Vortrag in gleicher Weise wie beim Lesen gehalten werden.

II. Der deutsche Unterricht im engeren Sinne ***)

Die Behandlung des Aufsatzes, der Orthographie und Grammatik

a) Allgemeine Gesichtspunkte

Mit dem guten Lesen, dem Auswendiglernen und Hersagen findet die sachliche Behandlung der Lektüre ihren Abschluss, und es beginnt nun in Betreff derjenigen Stücke, welche dem deutschen Unterricht im engeren Sinne zugewiesen werden, die weitere fachgemässe, also sprachliche Behandlung, die darin gipfelt, dass der Schüler die erworbenen Gedankeninhalte nun auch selbständig und richtig zur sprachlichen und insbesondere auch schriftlichen Darstellung bringen lerne. Dass hierbei auch eine grammatische Zuthat nicht entbehrt werden kann, ist oben schon dargelegt. In keinem Falle darf jedoch die Grammatik als selbständiger Unterricht neben dem übrigen deutschen Unterrichte herlaufen; sie muss sich vielmehr als dienendes Glied dem Sprachverständnis und der Sprachübung unterordnen; die Sprachlehre darf nur in der Form des angelehnten Sprachunterrichts auftreten.

Grammatik im Mittelpunkte ein Irrweg

Sprachlehre und Sprachübung im Unterrichte in das richtige Verhältnis zu einander zu setzen, ist aber auch heute noch eine der schwierig-

---

*) Vergl. Schneider, im Jahrbuch f. d. w. P. 1881, S. 98.
**) Bock, Wegweiser, 5. Aufl., S. 167.
***) Lüttge, Theorie u. Praxis des Sprachunterrichtes. Der stilistische Anschauungsunterricht, (Leipzig, bei Wunderlich.)

sten methodischen Aufgaben. Es ist schon auf die Gefahr hingewiesen worden, welche der Schule in den grammatistischen Neigungen der Zeit droht.*)

Dass man mit dem grammatisierenden Unterrichte nicht auf dem rechten Wege ist, wird allgemein gefühlt und in der Forderung ausgesprochen, dass die Grammatik nur die dienende Stellung im deutschen Unterrichte einnehmen dürfe. Das Eigentümliche ist nur, dass in der Theorie alle Welt die grammatistische Methode verurteilt und in der Praxis fast alle Welt ihr huldigt. Unterlässt es doch kaum ein Autor auf diesem Gebiete, ausdrücklich zu erklären und womöglich durch gesperrte Lettern hervorzuheben, dass die Grammatik nicht Zweck an sich, sondern nur Mittel zum Zweck im Dienste des Sprachverständnisses und des Sprachgebrauches sei. Im Handumdrehen aber ist gleichwohl die Grammatik wieder oben auf, giebt den Ton an, beherrscht den Unterricht. Nachdem man sich durch die gedachte Erklärung mit den Forderungen der Pädagogik abgefunden zu haben glaubt, giebt man sich unbedenklich seinen grammatischen Neigungen hin. Wie lässt sich dieser Widerspruch zwischen besserer Einsicht und verkehrtem Thun erklären?

Zumeist aus der Überschätzung des Bildungswertes der Grammatik, von der man sich um so schwerer losmachen kann, als dieselbe nicht auf verstandesmässigen Gründen, sondern auf einem dunkelen Meinen, dem Erbe aus unserer grammatischen Vergangenheit, beruht. Wenn nun auch keineswegs die formalbildende Kraft der Grammatik in ihrem eigenen Gebiete geleugnet werden soll, so muss doch eine über alle Gedankenkreise sich verbreitende Bildungskraft derselben in Abrede gestellt werden. Es ist nichts als ein bedauerlicher Irrtum, zu glauben, dass ein grammatisch Geschulter eben wegen dieser grammatischen Schulung nun auch auf anderen als dem grammatischen Gebiete auffassungsfähiger, gewandter im Denken, sicherer im Urteil sei. Nur so weit die Grammatik in die übrigen Gedankenkreise hineinragt, kann das in derselben erworbene Bildungsvermögen auch auf diese übertragen werden.

So bekannt dies alles ist, so wenig ist von solcher Einsicht im Unterrichte noch zu verspüren. Das macht, weil das Trugbild der allgemeinen formalen Bildungskraft der Grammatik nicht verdrängt ist, sondern sich nur ein wenig unter die Schwelle des Bewusstseins zurückgezogen hat, um von diesem gedeckten Punkte aus das pädagogische Denken und Thun unausgesetzt zu beeinflussen.

Häufig ist man bemüht, dem grammatisierenden Unterrichte dadurch eine bessere Unterlage zu geben, dass man die sprachlichen Regeln an sogenannten Mustersätzen aus der klassischen Lektüre gewinnen lässt, ohne zu bedenken, dass man dadurch nicht um Haaresbreite von der grammatistischen Methode abgekommen ist. Denn ob ich den grammatischen Unterricht an Sätzen mit alltäglichem Inhalt oder an isolierten Sätzen aus der klassischen Lektüre hinleite, hat auf den Charakter des

---

*) Vergl. Dörpfeld, Evangelisches Schulblatt, Gütersloh, Bertelsmann, 24. Band, S. 888 ff.

Unterrichts nicht den geringsten Einfluss. Da wie dort schreitet die Grammatik, im Widerspruch mit der ihr zukommenden Stellung in selbständiger, den übrigen Unterricht überwuchernder Weise einher; da wie dort Anschluss der sprachlichen Formen an zusammenhangslose, den verschiedensten Inhalt darbietende Sätze ohne sachliches Interesse; da wie dort die grammatistische Methode in ausgeprägtester Form.*) Wohl, auch wir legen auf Mustersätze einen Wert, aber uns gelten sie nicht als Ausgangspunkte des deutschen Unterrichts, sondern als konkrete Ausdrucksformen für die gewonnenen sprachlichen Begriffe. „Wir benutzen sie nicht, um daran Grammatik zu lehren, sondern um die entwickelten Regeln in leicht behaltbaren Belegstellen zum unverlierbaren Eigentum zu machen."**) „Die Beispiele haben hier bloss die Bedeutung, dass sie eine Stütze für das Begriffliche sein sollen."***)

Der Mustersatz erscheint daher in unserm Gange nicht am Anfang, sondern am Ende der Entwickelung; nicht bei der Darbietung, sondern bei der Zusammenfassung des Begrifflichen. Bei Kehr ist der Gang des Unterrichts folgender:
    a) Mustersätze;
    b) Entwickelung des Sprachgesetzes aus denselben;
    c) Aufsuchen des Erkannten in zusammenhängenden Lesestücken.
Wir dagegen schlagen den folgenden Weg ein:
    a) Zusammenhängender Text mit wertvollem Inhalte;
    b) Hinweisung auf die hervortretenden Spracherscheinungen in demselben;
    c) Fassung des Sprachgesetzes in der konkreten Form des Mustersatzes.

So lange man den selbständigen Unterrichtsgang beibehält und von einzelnen, den verschiedensten Gedankenkreisen angehörenden Mustersätzen ausgeht, wird die grammatische Methode in Geltung bleiben. Ein Einlenken in bessere Wege steht nur zu erwarten, wenn grundsätzlich und gründlich mit der irrigen Meinung gebrochen wird, als ob im deutschen Unterrichte die Grammatik erlernt werden sollte. Darauf darf es auf keiner Stufe des Volksschulunterrichts abgesehen sein. Die Schüler sollen nicht die Grammatik erlernen, nein, sie sollen befähigt werden, einen regelrechten Aufsatz zu schreiben. Und nur was im gegebenen Falle aus der Sprachlehre hierzu erforderlich ist, muss ihnen im Unterrichte geboten werden, nicht mehr, nicht weniger, und jede Belehrung gerade da, wo die Schüler dieselbe nötig haben. So nur tritt die Grammatik in ihre natürliche Stellung im Unterrichte ein; sie giebt ihren selbständigen Unterrichtsgang auf und schliesst sich der Lektüre und den Stilübungen als begleitender Faktor an.†)

---

*) „Am wenigsten dürfen ganz zusammenhangslose Sätze und Sätzchen, die nicht wenigstens auf der breiten Basis eines sachlichen Zusammenhangs ruhen, den Zögling beschäftigen. Was so kurz und abgebrochen ist, ist in pädagogischer Hinsicht niemals zu billigen, weil daraus keine Wärme, kein selbständiges Streben für den Gegenstand hervorgehen kann." Grundl., 2. Aufl., S. 166.
**) Dritter Bericht des Schullehrerseminars zu Weimar 1879, S. 8. Vergl. auch: Ziller, Jahrb. 1870, S. 50.
***) Ziller, Vorl., S. 250; ferner daselbst S. 258.
†) Über die naturhistorische Methode im Gegensatz zu der grammatischen spricht sich Ziller ausführlich aus im Jahrbuch 1870, S. 80 ff. Vergl. auch Grundlegung. 2. Aufl., S. 459.

Die Anlehnung des Grammatischen an den Aufsatz

Allerdings lässt sich nicht in Abrede stellen, auch der angelehnte Sprachunterricht, wie er hier und da in Übung ist, hat seine Bedenken. Er irrt darin, dass er sich unmittelbar an die Lektüre selbst anschliesst. Ein solcher unmittelbarer Anschluss verstösst nicht nur gegen die Würde des klassischen Stoffes, es fällt auch der Umstand schwer in die Wagschale, dass bei manchen Lesestücken ein Bedürfnis nach sprachlicher Belehrung gar nicht empfunden wird, und dass man daher oft ratlos vor der Frage steht, was bei den einzelnen Stücken an Sprachlich-Formalem auszuheben sei, da in jedem ja fast die ganze Grammatik enthalten ist.

Es bedurfte eben noch eines weitern Schrittes nach vorwärts; und Professor Ziller in Leipzig, dem für die pädagogische Wissenschaft zu früh Heimgegangenen, gebührt das Verdienst, diesen Schritt gethan und das erlösende Wort gesprochen zu haben. Er stellte die Forderung auf, die orthographisch-grammatischen Belehrungen nicht unmittelbar an die Lektüre selbst, sondern an die aus der Lektüre hervorgegangene Niederschrift, an den Aufsatz, anzuschliessen: ein Gedanke, der in den früheren Schriften Zillers schon wiederholt auftrat, und der zuerst in der Zillerschen Seminar-Schule greifbare Gestalt angenommen hat.*)

Die Vorteile eines solchen Unterrichtsverfahrens liegen auf der Hand:
a) das sprachliche Bedürfnis liegt jederzeit klar vor;
b) der heranzuziehende grammatische Stoff ist in jedem einzelnen Falle völlig bestimmt;
c) die Grammatik tritt in ihr naturgemässes Verhältnis zur Sprachübung ein.

Täuschen wir uns nicht sehr, so ist durch den Zillerschen Gedanken der Muttersprachunterricht nach langem Irrgange zu seiner naturgemässen Einheit und schlichten Einfachheit zurückgeleitet worden.**)

Nach dem Gesagten ergeben sich vier Hauptgrundsätze:

1. Die Grammatik muss sich in den Dienst der mündlichen und schriftlichen Sprachübung stellen. Sie darf nicht als selbständiger Unterrichtsgegenstand auftreten.

2. Die Grammatik darf hiernach in der Volksschule nur insoweit in Betracht kommen, als sie bei dem Sprachverständnis und der Sprachübung einem wirklichen Bedürfnisse entgegenkommt.

3. Die Sprachgesetze müssen aus zusammenhängenden wertvollen Sprachganzen und dürfen nicht aus einzelnen abgerissenen Spracherscheinungen abgeleitet werden.

---

*) Ziller-Bergner, Materialien, S. 180; Erläuterungen zu Jahrbuch 1880, S. 19 u. 20.

**) Anfangs auch von dem Vorschlage überrascht, haben wir uns doch je länger, je mehr von der Richtigkeit und Angemessenheit des Zillerschen Gedankens überzeugt und uns denselben zuletzt in seinem ganzen Umfange angeeignet. In unsern „Schuljahren" machen wir den Versuch seiner praktischen Ausführung. Unser Versuch kann misslingen: der Zillersche Gedanke verliert dadurch an seinem Werte nichts.

4. Die sprachlichen Belehrungen sind nicht an die klassische Lektüre selbst, sondern an den daraus hervorgehenden Aufsatz anzuschliessen.

b) Unterrichtsgang innerhalb einer methodischen Einheit.

Auf dem Grunde der vorstehenden Sätze entwickelt sich ein Unterrichtsverfahren, das wir in seinen Grundzügen hier darzustellen versuchen.

a) Zunächst wird im Anschluss an die Lektüre, oder auch an einen Gegenstand des Sachunterrichts, durch gemeinsame Thätigkeit von Schülern und Lehrer mündlich ein kleiner Aufsatz entwickelt. Derselbe bildet für den Unterricht die konkrete Unterlage, an welche sich alle weitern sprachlichen Belehrungen und Übungen anschliessen.

b) An diesen festen Gedankengang schliessen sich Abänderungsübungen an, damit der Schüler die nötige Freiheit in der Beherrschung sprachlicher Formen gelange.

c) Ist so vorzugsweise den stilistischen und grammatischen Forderungen zu ihrem Rechte verholfen, so hat der Unterricht die Schüler zu befähigen, die mündliche Rede nun auch orthographisch richtig und mit angemessener Interpunktion schriftlich darzustellen. Vor der Niederschrift müssen die Schüler sicher wissen, wie die einzelnen Wörter geschrieben werden, wie die vorkommenden Satzformen sich gliedern und hiernach zu interpunktieren sind. Der Lehrer hat daher bei seiner häuslichen Vorbereitung auf den Unterricht die im Aufsatze mit seinen Abänderungen vorkommenden Spracherscheinungen genau zu mustern.

d) Immer werden sich bei dieser Durchsicht drei Gruppen von Spracherscheinungen ergeben:

1) solche, die bereits als völlig bekannt und sicher angeeignet angesehen werden können;

2) solche, die zwar ebenfalls im Unterrichte schon dagewesen sind, die aber noch der Wiederholung und weiteren Befestigung bedürfen;

3) solche, welche an dieser Stelle neu auftreten, oder doch eine eingehende unterrichtliche Bearbeitung bis dahin noch nicht erfahren haben.

4) solche, die noch unbekannt sind, für welche aber an dieser Stelle wegen der Auffassungskraft der Schüler oder wegen der Mangels genügender anschaulicher Unterlage zu einer ausführlichen, eingehenden und abschliessenden Behandlung die Zeit noch nicht gekommen ist.

Die Spracherscheinungen der ersten Gruppe bleiben fürderhin und so lange im Unterrichte unberücksichtigt, als nicht die schriftlichen Übungen an irgend einem Punkte auch nach dieser Seite hin wieder einen Mangel aufweisen.*) Die Spracherscheinungen der zweiten und dritten Gruppe bilden für die neue sprachliche Einheit das konkrete Unterrichtsmaterial, dessen unterrichtliche Verarbeitung sich in folgenden Schritten vollzieht:

---

*) Ziller, Jahrbuch 1870, S. 49 f.

a) Die Wörter in Satzformen der zweiten Gruppe werden vor der Aufsatzniederschrift durch ein vorbereitendes Diktat wiederholt und vorgeübt. Der Schüler erhält dadurch Gelegenheit, das früher Gelernte vor der Anwendung im Aufsatze sich erst noch einmal zu vergegenwärtigen; dem Lehrer aber wird Gelegenheit geboten, sich zu überzeugen, wie weit die fraglichen Spracherscheinungen ins geistige Eigentum der Schüler übergegangen sind. Das Diktat beugt Fehlern gegen die Orthographie und Interpunktion vor.

b) Die Spracherscheinungen, Wörter und Satzformen, der dritten Gruppe enthalten das Sprachlich-Neue der methodischen Einheit, welches, ganz dem synthetischen Unterrichte gemäss, einer eingehenden gründlichen Erörterung unterzogen werden muss.

c) Nach dieser doppelten Vorbereitung folgt die Niederschrift des Aufsatzes, welche nun bei der Mehrzahl der Schüler ohne erhebliche Verstösse gegen die Rechtschreibung und Satzzeichnung von statten gehen soll; wenigstens dürfen Fehler nur noch Ausnahmefälle bilden.

d) Nach der Niederschrift und Korrektur des Aufsatzes sind, zur Gewinnung neuer orthographischer Regeln und grammatischer Gesetze, in weiteren schriftlichen Übungen die neuen sprachlichen Einzelerscheinungen nach verschiedenen Gesichtspunkten vielfach unter sich und mit bekanntem älterem Material in Diktaten, orthographischen Reihen u. s. w. zusammenzustellen, worauf sodann

e) die begrifflichen Ergebnisse hieraus zu entnehmen und in der Form von Beispielen und Mustersätzen in das Sprachheft einzutragen sind.

f) Zuletzt ist das Neu-Gewonnene in der Form des Fehlerextemporales, der grammatischen und orthographischen Übungsaufgaben zu befestigen und in den sicheren Gebrauch überzuführen, womit das einzelne Unterrichtspensum seinen Abschluss erreicht.

Werden diese Unterrichtsthätigkeiten auf die formalen Stufen verteilt, so ergiebt sich innerhalb einer methodischen Einheit folgender Gang:

A. Stilistisches.

1. Vorbesprechung: Stoffsammlung zum Aufsatze.
2. Anschauung:
    a) Gliederung;
    b) mündliche Feststellung des Aufsatztextes. Sodann
    c) Wechsel mit den Ausdrucksformen.

B. Grammatisches.

1. (Vorbesprechung.) Vorbereitendes Diktat.
2. (Darbietung.) Erörterung der Rechtschreibung und Satzzeichnung in Betreff der im Aufsatz neu auftretenden Wörter und Satzformen. Niederschrift und Korrektur des Aufsatzes.
3. (Verknüpfung.) Zusammenstellung der gleichartigen orthographischen und grammatischen Spracherscheinungen in Diktaten und freieren Niederschriften.

4. (Begriffliche Zusammenstellung.) Ableitung neuer orthographischer Regeln und grammatischer Gesetze, und Fixierung derselben im Sprachhefte in der Form von Stichworten, orthographischen Reihen und Mustersätzen.

5. (Anwendung.) Ueberführung des Gelernten in den Gebrauch durch mannigfache sprachliche Uebungen, als Diktate, freiere sprachliche Niederschriften, orthographische und grammatische Übungsaufgaben aus dem Bereiche des seitherigen Unterrichts.

Die Spracherscheinungen der vierten Gruppe können so eingehend noch nicht behandelt werden. Es ist bei ihnen hauptsächlich im Auge zu behalten, was augenblickliches Bedürfnis ist.

Nach dieser Übersicht des Unterrichtsganges innerhalb einer methodischen Einheit treten wir im nächsten Abschnitte in die Sonderbesprechung der Massnahmen auf den einzelnen Stufen ein.

c) Methodisch-technische Einzelbesprechung des Unterrichtsverfahrens.

a) Der Aufsatz*

Die mündliche Entwickelung des Aufsatzes erfolgt von Konzentrationsfragen aus**), durch welche das Gedankenmaterial zugleich gegliedert und der Aufsatz in seine Teile zerlegt wird. Angeregt durch diese Fragen, hat der Schüler nun

a) zuvörderst den Inhalt des Stückes noch einmal ganz in der ihm zusagenden individuellen Ausdrucksweise darzustellen und darauf

b) denselben zum Zwecke der späteren Niederschrift abschnittweise in präzisen, einfachen, schriftdeutschen Sätzen zusammenzufassen.

c) Dieser erste Versuch, die mündliche Rede in die Form der Schriftsprache umzubilden, wird der Beurteilung, Ergänzung, Berichtigung, der Vervollkommnung des sprachlichen Ausdrucks durch die Mitschüler unterbreitet, worauf

d) eine wiederholte verbesserte Darstellung des Abschnitts seitens des ersten Schülers erfolgt, die unter Umständen einer nochmaligen Besprechung unterzogen wird, nach welcher auch andere Schüler zur Darstellung desselben Abschnitts herangezogen werden.

e) Ist so ein fester Gedankengang geschaffen (der in Unterklassen und zuweilen in Mittelklassen an die Tafel geschrieben wird), so wird für die nötige Freiheit im Ausdrucke Sorge getragen. Die Schüler bilden jeden Satz um, drücken also die Gedanken in verschiedenen angemessenen Formen aus. (Im Anfange, im 3. und 4. Schuljahre) werden die neuen Formen zwischen die Zeilen des letzten Textes geschrieben).

f) Nach Erarbeitung aller Teile des Aufsatzes in dieser Weise muss das Ganze in einem Zuge von den Kindern gesagt und durch öftere

---

*) **Rasche**, Neue Bahnen 1899 Heft 1—3. (Uebersicht über die neueren Erscheinungen.) — **Schliessl**, Die stil. Entwicklungstheorie in der Volksschule. München 1896 2 — **Seyfert**, Der Aufsatz im Lichte der Lehrplanidee, Leipzig bei Wunderlich 1900.

**) Vergl. Ziller, Jahrbuch 1869, S. 115 ff. — Ziller-Bergner Materialien, S. 192 ff.

Wiederholung befestigt werden.*) Dabei wird reicher Wechsel eintreten, da jeder die bisher von der Klasse gewählten Formen in seiner Weise verbinden darf.

Am Schlusse der gemeinsamen Arbeit hat sich jeder Schüler genau Rechenschaft zu geben, aus wie vielen und aus welchen Teilen der Aufsatz besteht, was er zu jedem Teile schreiben will, wie die Sätze in ihm aufeinanderfolgen sollen. Auf die Verbindung der Sätze, den rechten Gebrauch der Bindewörter ist besonders zu achten, denn „wer die Conjunctionen einer Sprache beherrscht, der beherrscht die Sprache." Der Aufsatz muss im Kopfe des Schülers vollständig fertig sein, ehe zur Niederschrift übergegangen werden kann. Festzuhalten ist daran, dass in keinem Falle ein Aufsammeln des Aufsatztextes satzweise erfolgen darf, sondern dass der Text stets abschnittsweise zusammengefasst werden muss, da nur von der Darstellung ganzer Gedankenreihen eine heilsame Einwirkung auf die Sprachentwickelung der Schüler zu erwarten steht.

So wird also im Aufsatzschreiben und bei den ersten Anfängen im 3. Schuljahre erst ein Klassenaufsatz mit gemeinschaftlich erarbeitetem Texte**) gewonnen, dieser aber gleich danach mannigfach umgebildet. Aufsatzübung ist Übung der stilistischen Gestaltungskraft. Mit der Zunahme der Kraft und des sprachlichen Geschickes der Schüler, und nachdem die Hauptregeln der Rechtschreibung und Satzzeichnung befestigt sind, wird den Zöglingen ein immer grösseres Mass von individueller Freiheit in der Darstellung ihrer Gedanken gelassen; der Aufsatz nimmt das individuelle Gepräge an.

Durch gemeinsame Arbeit wird fester Text und Umbildung gewonnen, sodass ein orthographisch-grammatischer Klassenunterricht darauf fortgebaut werden kann.

Ungerechtfertigt ist es auf allen Klassenstufen, dem Schüler sprachliche Ausdrucksformen aufzunötigen, die dem Stande seiner geistigen Entwickelung nicht gemäss sind.***) „Der Schüler soll im wesentlichen so schreiben, wie er spricht (soweit es nicht geradezu falsch ist), nicht so, wie es im Buche steht. Jeder Satz, den der Schüler schreibt, soll noch das Gepräge der kindlichen Ausdrucksweise an sich tragen. Fühlen die Kinder das Unschöne einer sprachlichen Ausdrucksweise noch nicht, so lasse man ihnen Zeit, bis sich ihr Sprachgefühl noch weiter vervollkommnet hat" (Schneider). Natürlich wird man nicht unthätig warten, sondern an der stilistischen Geschmacksbildung unablässig arbeiten. Um-

---

*) „Jedes Lehrpensum, welches nach seiner Behandlung von den Schülern aufgeschrieben werden soll, muss jedem derselben einmal über die Lippen laufen und auch während des Aufschreibens satzweise leise von ihm wiederholt werden.', Otto, Thesen. S. 119.

**) Was den freien schriftlichen Arbeiten vorauszugehen habe (im 1. und 2. Schuljahr), siehe bei Ziller-Bergner, Materialien, S. 192, § 217.

***) Korrektheit und Reinheit des Stils lassen sich aufrecht erhalten, auch, ohne dass man den Zögling zu einem die Individualität untergrabenden Nachahmen nötigt. Ueberall ist individuelles Gepräge ein unvergleichlicher, unersetzlicher Reiz des Geisteslebens, der Niemand fehlen darf." Ziller, Vorl. S. 72 f. — Siehe auch Grundlegung, S. 293 f.

gang und Lektüre, in Verbindung mit der fortschreitenden Geistesbildung, befördern auf naturgemässem Wege auch die allmähliche Veredelung der Sprache. Der Aufsatz eines Kindes in dem korrekten feinen Stile des Erwachsenen hat stets etwas Bedenkliches. Einem solchen gegenüber ist der ungelenken, aber naturgemässen Ausdrucksweise stets der Vorzug zu geben. Der Lehrer hat sich daher bei seiner Mitarbeit einer grossen Zurückhaltung zu befleissigen. Er darf nur leise leitend in die sprachliche Gedankenproduktion der Schüler eingreifen, damit denselben das Gefühl erhalten bleibe, dass sie es gewesen sind, die die zu schreibenden Sätze festgesetzt haben, mag diesen Sätzen im übrigen auch noch mancher Mangel anhaften.

Ist der Unterricht, wie er sein soll, so wird bei dieser Art der Arbeit die ganze Klasse in die lebhafte Thätigkeit, die Stimmung frohen Schaffens versetzt, aus der heraus man einen Erfolg wohl erhoffen darf.

Warum geben wir aber den Schülern bei ihren Aufsätzen in den Mittelklassen nicht völlig freien Spielraum? Der Prozess der Versinnlichung der Gedanken durch die Schrift vollzieht sich nicht eben leicht und macht sich keineswegs von selbst.*) Steht doch mancher ältere Schüler, mancher Erwachsene, der recht gute Gedanken hat und mündlich dieselben auch mitzuteilen weiss, ratlos vor der Notwendigkeit, diese Gedanken auch zu Papier zu bringen. Es ist eben noch ein Unterschied zwischen der Umgangs- und der Schriftsprache. Man kann nicht gerade so schreiben, wie man zu sprechen gewohnt ist. Der schriftliche Gedankenausdruck bedarf einer grösseren Schärfe und Bestimmtheit, wenn er lesbar und verständlich sein soll. Die Geschicklichkeit hierin lässt sich nur sehr allmählich und in einem vom Leichteren zum Schwereren fortschreitenden Stufengange erreichen. Die gebundene Aufsatzform ist die notwendige Vorstufe der völlig freien Aufsätze, die weder übersprungen, noch vorzeitig abgebrochen werden darf, wenn nicht der ganze Erfolg des stilistischen Unterrichts in Frage gestellt werden soll. Den Übergang zu freieren Arbeiten bilden die Umbildungen. Gemeinsam müssen die Aufsätze erarbeitet werden, verbindlich muss zunächst die erarbeitete Anordnung und Gedankenfolge für die ganze Klasse sein,

1. weil jüngere Schüler nur mittels dieser Anordnung eine längere Gedankenreihe zu überschauen vermögen;

2. weil nur dadurch das Gefühl in ihnen entsteht, dass eine bestimmte Gedankenfolge eingehalten werden muss;

3. weil sich nur auf diesem Wege die Kinder gewöhnen, ihr Denken in diejenige heilsame Zucht zu nehmen, die für die höheren stilistischen Anforderungen der folgenden Jahre (Oberklasse) unerlässlich ist. Dazu kommt

4. die Rücksicht auf die Orthographie, die ihrerseits ebenfalls Einspruch gegen die völlig freien Arbeiten erhebt**), auf so lange, als nicht

---

*) Vergl. Rade, Grundzüge, S. 84. Sachse, „Der deutsche Aufsatz" in dem Pädagogium von Dittes, Jahrgang 1880. 11. Heft. S. 678.
*) Zillig, im Jahrbuch 1883. S. 194.

wenigstens der Hauptsache nach die Rechtschreibung zur Sicherheit in der Anwendung gebracht ist, woran vor Ablauf des vierten Schuljahres nicht zu denken sein wird, auch wenn im 3. Schuljahre der Unterricht in der Rechtschreibung besonders betont wird. Nur durch einen festen Aufsatztext mit gemeinschaftlich gewonnenen Abänderungen gewinnen wir die Möglichkeit gemeinsamer orthographischer Vorbesprechungen und Korrekturen, ohne welche die orthographischen Fehler wie Pilze aus der Erde emporschiessen, unausrottbar auch die Aufsätze der Oberklasse verunstalten und von hier aus ins Leben mit hinübergenommen werden.

Schon bei dem Gestalten und Abändern des Textes hat der Schüler eine gewisse Freiheit der Wahl. Der individuelle sprachliche Ausdruck kommt zu seiner vollen Geltung bei allem Erzählen, bei allen mündlichen Zusammenfassungen, welche die Schüler zu geben haben. Und er kann hier gewährt und verlangt werden, weil sich die mündliche Rede bei den Kindern bis zu einem gewissen Grade schon ausgebildet hat: die Kinder haben die Sprache bereits. Anders bei dem schriftlichen Gedankenausdruck. Diesen sollen die Schüler erst lernen. Wie in jeder andern Richtung der geistigen Entwickelung, so gelangen auch hier die Werdenden nur von der anfänglichen Gebundenheit zur Freiheit. In den mittleren Klassen der Volksschule sind daher die völlig freien Aufsätze als eine Verfrühung anzusehen, durch welche sich die Schule um den ganzen Erfolg ihrer Arbeit bringen kann.

Mit dem Fortschritt der geistigen Entwickelung in den folgenden Jahren, mit der Erweiterung der Sachkenntnis, der Zunahme der Phantasiethätigkeit, der Geltendmachung individueller Gefühle wird der Schüler unter dem Einflusse des Vorbildes des Lehrers und der klassischen Lektüre nach und nach von selbst reicher und reiner in seinem Ausdruck, tiefer in der Auffassung, strenger in der Anordnung, eigenartiger in seiner Mitteilung.*) Dann ist auch die Zeit gekommen für den freien, individuell gestalteten Aufsatz, der nun erstrebt werden muss dadurch, dass man ausdrücklich hierzu anregt, dass man lobend anerkennt, wenn ein Schüler von der ihm eingeräumten Freiheit einen umfänglicheren Gebrauch macht, und dass man von Zeit zu Zeit einen völlig freien Aufsatz über einen in einem anderen Fache durchgearbeiteten Stoff schreiben lässt. Man darf um so mehr eines Erfolges sicher sein, als auch für Kinder schon in der eigenartig-persönlichen Gestaltung von Gedankenstoffen, über die sie frei verfügen, ein Reiz liegt, der sie bei richtiger Leitung zu solchen Entäusserungen ihres Innern stets aufgelegt und geneigt macht.

β) Das Grammatische
1. Stufe
Das vorbereitende Diktat

Dasselbe soll die Wörter und Satzformen des Aufsatzes, rücksichtlich deren die volle Sicherheit noch nicht vorausgesetzt werden kann,

---

**) Vergl. Zillig, im Jahrbuch 1883. S. 194.

vorüben und zugleich die auf der nachfolgenden 2. Stufe neu auftretenden Spracherscheinungen in der Form einer Rückerinnerung an die bezüglichen orthographischen Regeln, Reihen, Ableitungsvorgänge etc. durch Aufnahme einiger bekannter Beispiele ins Diktat zweckmässig vorbereiten.

Es wird daher zusammengestellt teils aus Wörtern und Wortreihen, teils aus kleinen Sätzen, in denen die Sprachverhältnisse vorkommen, auf die es abgesehen ist. Die Sätze müssen kurz sein, bekannten Inhalt haben und sich in einem völlig geläufigen Sprachmaterial bewegen, damit diese Vorbereitung rasch von statten gehe. Inhaltlicher Zusammenhang ist wünschenswert.

Um dem Aufsatze nicht vorzugreifen, soll der Inhalt der Sätze sich nicht bloss innerhalb der Grenzen des vom Aufsatze beherrschten Gedankengebietes genommen werden.

Kommt bei der Rechtschreibung eines Wortes, welches in das Diktat mit aufgenommen worden, die Ableitung in Betracht, so kann statt eines Satzes (Die Flüsse, sie fliessen. Auf dem Floss steht der Flösser) die Ableitungsreihe der Wörter (fliessen; der Fluss, die Flüsse das Floss, der Flösser) diktiert werden, wobei man den Dingwörtern den Artikel, den Zeitwörtern das persönliche Fürwort vorangehen lässt. Zur Auffrischung orthographischer Regeln wird es meist genügen, einige Wortbeispiele zu denselben ins Diktat aufzunehmen. In den Fällen, in welchen es sich um die Schreibung eines einzelnen Wortes handelt, dessen Bedeutung nur aus dem Satze heraus völlig klar wird, kann zuweilen das betreffende Wort beim mündlichen Vorsprechen in einem Satze angewendet, durch die Betonung scharf hervorgehoben und sodann von den Kindern aus dem Satze heraus allein, ohne die übrigen Worte, geschrieben werden. Handelt es sich um eine Satzform und ihre Interpunktion, so muss ein bekanntes Satzbeispiel dieser Art ins Diktat mit aufgenommen werden.

In den obern Klassen, in denen bei den einzelnen Aufsätzen nur noch wenige neue Wörter auftreten, kann zur Beschleunigung des Unterrichts das vorbereitende Diktat auch bis nach der orthographischen Besprechung des neuen Wortmaterials auf der Darbietungs-Stufe aufgeschoben, und können dann diese neuen Wörter zugleich ins Diktat mit aufgenommen werden.

Das Diktat wird vom Lehrer durchgesehen, dergestalt, dass er die vorgekommenen Fehler unterstreicht und am Rande zugleich die Art der Fehler bezeichnet: einen Rechtschreibfehler durch ein R, einen Satzfehler durch ein S., einen Satzzeichenfehler durch ein Z, einen Ordnungsfehler durch O u. s. w.*)

In der nächsten Stunde sind die Fehler nach den einzelnen Kategorieen zu besprechen und sodann zu verbessern. Die Besprechung erfolgt in der Weise, dass z. B. das Kind sagt: „hatte" muss mit tt geschrieben werden, weil das a kurz ausgesprochen wird; „Väter" muss mit einem ä geschrieben werden, weil es von Vater herkommt,

---

*) Ziller, Vorl., S. 236.

die „Feder" wird mit einem e geschrieben u. s. w.*) Auf keinen Fall darf geduldet werden, dass der Schüler das Falsche noch einmal hervorhebt (Ich habe Wand mit t geschrieben), weil sich ja da das Falsche einprägt.

Bei jeder dieser Übungen muss der Schüler Gelegenheit bekommen, an Stelle des Fehlers, den er begangen, in einem zweiten Falle bald hernach das erkannte Richtige zu setzen. Der Lehrer hat daher mit Rücksicht auf die bemerkten Fehler eine zweite Abteilung des Diktats zu entwerfen, das hinzu diktiert wird, nachdem die Besprechung der ersten Abteilung beendigt ist.**) Wiederholt vorkommende Fehler sind dadurch zu beseitigen, dass die Schüler die falsch geschriebenen Wörter und Sätze einigemal richtig in ihr Tagebuch zu schreiben haben. Ist in einzelnen Fällen die Unklarheit in betreff der Schreibung eines Wortes durch die angegebenen Mittel kurzerhand nicht zu beseitigen, so empfiehlt es sich, das Wort zu nochmaliger gründlicher Besprechung wieder mit auf die Darbietungs-Stufe zu verweisen.***)

Über die hauptsächlichsten Fehler hat der Lehrer förmlich Buch zu führen, um in der Folge immer wieder und so lange auf sie zurückkommen zu können, bis völlige Sicherheit in der richtigen Schreibung erreicht ist.†)

2. Stufe.
Darbietung: Die orthographischen und grammatischen Erörterungen.

1. Nach dem analytischen Diktat findet auf der zweiten Stufe jeder Einheit das im Aufsatz vorkommende Sprachlich-Neue seine Erörterung, die sich vorzugsweise auf die Richtigschreibung der Wörter (Orthographie) und die richtige Zeichensetzung im Satze (Interpunktion) zu erstrecken hat, bei welchen beiden Punkten vielfach auch die Grammatik in Betracht zu ziehen ist. Es wird dabei folgender Gang eingehalten:

a) Die neu auftretenden, von den Kindern noch nicht geschriebenen, oder doch im Unterrichte noch nicht besprochenen Wörter werden aus dem Aufsatze ausgehoben und einer eingehenden Besprechung unterzogen. Folgt die Schreibweise einer bereits bekannten Regel, so ist das Wort auf diese zurückzuführen; richtet sich die Schreibung nach der Ableitung, so muss diese klargelegt werden; steht die Schreibung eines Wortes zu einem gleich- oder ähnlichlautenden Worte in einem bestimmten Gegensatz, aus dem sie leicht erkannt werden kann, so ist das Wort jenem anderen gegenüber zu stellen; gehört ein Wort seiner Schreibung nach einer bestimmten orthographischen Reihe an, so ist es ausdrücklich mit den Wörtern dieser Reihe zu vergleichen, z. B. Held, am Ende mit ld, wie Feld, Geld, im Gegensatz zu Welt, alt, Zeit.

---

*) Ziller, Vorl., S. 236.
**) Ziller-Bergner, Materialien, S. 199; Ziller, Vorl., S. 137.
***) Dörpfeld, Evangel. Schulblatt, Jahrg. 1872, S. 150.
†) Ziller-Bergner, Materialien S. 265, § 312.

Mit besonderer Sorgfalt sind diejenigen Wörter ins Auge zu fassen, die als Ausgangspunkte zur Entwickelung neuer Regeln und Reihen anzusehen sind.

Am Schlusse der orthographischen Erörterung müssen die Kinder sich im Zusammenhange über das Gelernte aussprechen, die Wörter auch einmal entweder nach Diktat, oder nach Wandtafelvorschrift mit und ohne Unterstreichen ihrer wesentlichen Merkmale, oder als Hausaufgabe schreiben. In den oberen Klassen werden die neuen sprachlichen Erwerbungen zugleich mit in dem vorbereitenden Diktate geübt.

Vielfach machen sich bei der orthographischen Besprechung auch grammatische Auseinandersetzungen nötig. Die Silben ig und lich, ent und end weisen auf Haupt- und Nebensilben, Vor- und Nachsilben hin; die fehlerhafte Grossschreibung von Eigenschafts- und Zeitwörtern im Diktat erweckt das Verlangen nach einer genaueren Kenntnis auch dieser Wortarten, um den Verwechselungen mit dem Dingwort vorzubeugen. Die falsche Interpunktion eines Satzes seitens der Kinder macht die Satzgliederung nötig. An der passenden Stelle hat der Unterricht auf diese und dergleichen grammatische Verhältnisse einzugehen.

b) Hier ist zugleich der Ort, an welchem auch auf die aus der Mundart herrührenden grammatischen Fehler, die bei der Entwickelung des Aufsatzes oder sonst vorgekommen und vom Lehrer ausdrücklich an eine nachfolgende Besprechung überwiesen worden sind, zurückzugreifen ist. Vorzugsweise hartnäckig sind für viele Teile Deutschlands die Fehler in betreff des Dativs und Accusativs. Die ausführliche Besprechung bei ihrem Vorkommen im Aufsatz würde den ruhigen Gedankenfortschritt beeinträchtigen, eine geordnete Reihenbildung erschweren, die Hauptarbeit stören und unterbrechen. Man begnügt sich daher an jener Stelle mit der einfachen kurzen Berichtigung, indem man die ausführliche Erörterung dem nachfolgenden Unterricht überweist und jetzt nun die Aufmerksamkeit auf diese Fehler zurücklenkt.

c) Nach dieser gründlichen orthographisch-grammatischen Vorbereitung wird der Aufsatz mündlich noch einmal mit gleichzeitiger Angabe der Interpunktion wiederholt und darauf gleich ins Reinheft niedergeschrieben. Es darf jetzt erwartet werden, dass die Niederschrift von der Mehrzahl der Schüler fehlerfrei geleistet werde. Die Korrektur findet ganz in derselben Weise wie bei dem vorbereitenden Diktate statt. Die Aufsätze werden nicht in der Schule selbst, sondern ausser der Schule und mit farbiger Tinte korrigiert. Zu Beginn der nächsten Stunde erhalten die Schüler die Hefte zurück, sehen ihre Niederschriften durch und sprechen sich über die etwa noch vorgekommenen Fehler in der bekannten Weise aus. An die Fehlerverbesserung schliesst sich sogleich ein kleines Extemporale an, in welchem die Schüler Gelegenheit erhalten, an Stelle des Fehlers das erkannte Richtige zu setzen.

So nimmt mit jedem neuen Aufsatze die Beherrschung des orthographischen Materials durch den Schüler zu; die unbekannten Wörter mindern sich, und in der Zeit, wo der Aufsatz nach und nach das rein persönliche Gepräge annimmt, hat sich die Rechtschreibung beim Schüler soweit befestigt, dass nun ohne Gefährdung der orthographischen Richtigkeit der freie Aufsatz an die Stelle des Klassenaufsatzes treten kann.*)

2. Hinsichtlich der Orthographie ist im Unterrichte noch folgendes im Auge zu behalten. Ist ein ersichtlicher Grund für die Schreibung eines Wortes vorhanden, so sind die Kinder auch jederzeit auf denselben hinzuweisen; denn sie sollen stets mit klarer Einsicht in die Gründe schreiben, wo immer solche vorhanden und ihrem Verständnisse zugänglich sind. „Gewohnheiten dürfen sich erst auf dem Grunde klarer Einsicht entwickeln. Damit ist jedoch keineswegs ein vorläufiges Schreiben nach dem Lesebuche (Abschreiben) ausgeschlossen, bei welchem die Schüler in betreff des Orthographischen sprachliche Erfahrungen sammeln, die dem Unterrichte in der Folge zu gute kommen. Die Zurückführung auf die Regel bleibt immer vorbehalten."**)

Meist wird es zur Feststellung der Schreibweise eines Wortes genügen, wenn die Schüler einfach die orthographischen Eigentümlichkeiten desselben, statt des vollständigen Buchstabierens des Wortes, hervorheben, weil die Mitangabe auch des Nichtzweifelhaften das Eigentümliche der Schreibweise verdunkelt und nicht zu voller Geltung kommen lässt.***) In allen schwierigeren Fällen kann aber auf das vollständige Buchstabieren doch nicht verzichtet werden, da in denselben nur dieses zum Ziele führt. Für das Buchstabieren spricht auch noch ein anderer Grund. Wird es grundsätzlich unterlassen, so geschieht es leicht, dass die Schüler diese elementare Zerlegung der Wörter in ihre Silben und Laute, auf welcher doch der Hauptsache nach alle Umwandlung der mündlichen Rede in die schriftliche beruht, gänzlich wieder verlernen und damit den sicheren Boden unter den Füssen verlieren. Das vollständige Buchstabieren hat stets silbenweise zu erfolgen.

3. Bei allen grammatischen Erörterungen kommt es darauf an,

a) die sprachlichen Einzelerscheinungen durch grammatische Analyse klar und bestimmt aufzuweisen;

b) dieselben womöglich durch ein charakteristisches Merkmal kenntlich zu machen, und

c) sie mit einer Etikette zu versehen, d. h. durch einen Namen zu bezeichnen.

So kommen die Spracherscheinungen zu voller Deutlichkeit, gelangen die Kinder in den Besitz einer reichen sprachlichen Erfahrung, wird der Begriffsbildungsprozess in naturgemässer Weise eingeleitet, der im Fortgange des Unterrichts auf den folgenden Stufen zu klaren psychischen Begriffen führt, mit welchen wir uns hier wie anderwärts immer zu begnügen haben. Nirgends darf u. damit streifen wir freilich schon auf die folgenden Stufen hinüber, der Unterricht auf ein System logischer Begriffe und abstrakter Definitionen hinarbeiten.†) Dass man dies gethan, hat dem deutschen Unterrichte all die Trockenheit und

---

*) Vergl. Zillig, im Jahrbuch 1883, S. 196.
**) Ziller-Bergner, Materialien, S. 185 f.
***) Ebendaselbst S. 186.
†) Waitz, Allgem. Päd., S. 261.

Unfruchtbarkeit gegeben, an denen derselbe bis heute krankt. Nach vielfach noch herrschender Meinung kann man nicht früh genug zu dem logischen Begriffe des Satzes (ein Satz ist ein in Worten ausgedrückter Gedanke), der einzelnen Satzteile und Satzarten (das Subjekt ist derjenige Teil des Satzes etc.), der Wortarten (ein Eigenschaftswort ist ein Wort, welches etc.) kommen, unbekümmert darum, ob die begrifflichen Schemen ein lebendiges Wissen gewähren oder nicht.

Die grammatische Analyse, insbesondere die Satzanalyse, erfolgt durch angemessene zergliedernde Fragen und hat sich jederzeit auf das zu beschränken, was für den nächsten Gebrauch im Aufsatze notwendig ist.*) Mit Entschiedenheit muss alles abgewiesen werden, was nur der Vollständigkeit zuliebe ohne praktische Verwertung sich geltend machen möchte, da man weder etwas Überflüssiges thun, noch den Schüler ohne Not mit grammatischen Formalien überlaufen soll, die immer einen gewissen Druck auf die Kinder ausüben.

Wie man nicht ohne Not zur Satzgliederung schreiten soll, so soll man dieselbe auch nicht mit einem überflüssigen Aufwand von Zergliederungsfragen bewirken. Wo eine zergliedernde Frage ausreicht, ist nicht noch eine zweite heranzuziehen. Der einfache Satz: „Der Star war durstig" ist völlig genügend durch die Frage: „Wer war durstig?" in seine beiden Bestandteile zerlegt. Warum also statt dieser, wie es gewöhnlich geschieht, die zwei Fragen stellen: 1. „Von wem ist in dem Satze die Rede?" 2. „Was wird von dem Star ausgesagt?"**)

Es sei aus irgend einem sprachlichen Grunde der Satz: „Der Knappe erschlug seinen edlen Herrn" zu analysieren. Soll man in solchem Falle, wie dies in einem Aufsatze des Weimarischen Kirchen- und Schulblattes allen Ernstes verlangt wurde***), hierbei den Schüler auf die Frage: „Von wem wird in diesem Satze etwas ausgesagt?" in recht gründlicher Weise antworten lassen: In diesem Satze wird von „Der Knappe" etwas ausgesagt? — Wir stimmen mit der Redaktion des Kirchen- und Schulblattes in der Zurückweisung eines solchen Verfahrens überein. Es giebt kein gründlicheres Mittel, das Sprachgefühl im Keime zu ersticken, als ein solches Thun. Wer daran noch zweifeln sollte, lese die Auslassung über diese und dergleichen Pedantereien in Hildebrands Buche „Über den deutschen Unterricht."

„Sind die Wort- und Satzarten bekannt, so werden sie am besten auf indirektem Wege befestigt durch den Gebrauch der dafür ausgebildeten Kategorieen. Statt daher direkt zu fragen, was das für ein Satz oder eine Wortart sei, oder statt einen Satz vollständig zergliedern zu lassen, setzt man die hierzu erforderliche Kenntnis voraus und verlangt z. B., dass aus dem Hauptsatz etwas herausgehoben oder im Nebensatz das Eigenschaftswort weggelassen oder in einen Relativsatz verwandelt werde. Wendet sich dabei der Schüler an einen falschen Satz, an ein falsches

---
*) Ziller, Jahrbuch 1870, S. 67. — Jahrbuch 1882, S. 55 f. — Ziller-Bergner, Materialien, Seite 190.
**) Vergl. Ziller, Jahrb. 1880, S. 67 bis 69. — Jahrb. 1882, S. 56.
***) Kirchen- und Schulblatt, Weimar 1880, Heft 18, S. 290.

Wort, so ist es angezeigt, auf eine nähere Erklärung einzugehen, weil die sprachlichen Kategorieen offenbar noch nicht vollständig angeeignet sind. Für die Einübung der Interpunktion empfiehlt es sich, den Schüler fleissig Sätze aus dem Kopfe mit der Interpunktion vortragen zu lassen.*) Wird diese falsch angegeben, so müssen die Gründe für die richtige Interpunktion hinzugefügt werden. So befriedigt der Unterricht ein vorhandenes Bedürfnis." (Ziller.)

Eine wesentliche Hilfe erfährt die Auffassung der Satzgliederung dadurch, dass man dieselbe auch graphisch, d. h. in Form einer Zeichnung zur Anschauung bringt.

Es schadet nichts, wenn die Erkennungsmerkmale der einzelnen Spracherscheinungen vorerst auch mehr äusserlicher Natur sind. Die Hauptsache ist, dass sie den Schüler sicher leiten. Mit der grösseren Bestimmtheit der Begriffe treten sie, nachdem sie ihre Schuldigkeit gethan, von selbst zurück. Ein Nachteil ist es aber auch nicht, wenn sie sich in einzelnen Fällen noch weiter im Bewusstsein behaupten. So kann man unbedenklich das Dingwort an dem Geschlechtswort (Haus, das Haus), das Zeitwort an dem persönlichen Fürwort (schreiben, wir schreiben), das Eigenschaftswort an der Frage „Wie ist" (der Turm)? und „Was für ein?" erkennen lassen.**) Ebenso ist vor der Hand auch auf die Bedeutung der Namen für die Sprachverhältnisse nicht einzugehen. Der Name hat anfangs und so lange, als die Schüler nicht selbst auf seine Bedeutung kommen, „nur die Bedeutung eines Titels für die Sache". Nach und nach erschliesst sich die Bedeutung den Kindern von selbst.

3. und 4. Stufe.
Entwickelung und Zusammenfassung des Begrifflichen (Bildung des grammatischen Systems).

Aus dem auf der zweiten Stufe gewonnenen konkreten Vorstellungsmaterial sondert der Unterricht nun immer auch einige sprachliche Einzelerscheinungen von hervorragender Bedeutung scharf und bestimmt aus, um sie, in der Fortleitung des Abstraktionsprozesses durch die folgenden beiden formalen Stufen, in begriffliche Einsicht überzuführen. Zu dem Ende stellt er die ausgehobenen Spracherscheinungen auf der dritten Stufe vielfach unter sich und mit anderen schon bekannten Sprachformen zusammen und leitet sodann auf der vierten Stufe die Zöglinge an,

a) die sprachlichen Regeln und Gesetze aus dem konkreten Sprachstoffe sauber und rein auszuheben,

b) den sprachlichen Ausdruck für sie zu formulieren,

c) die neuen sprachlichen Erwerbungen durch mündliche Zusammenfassung und Eintragung ins Sprachheft in das grammatische System einzuordnen.

---

*) Doch sind die Satzzeichen nicht in Worten auszudrücken (Werd ich noch die Stadt erreichen — Fragezeichen —), sondern durch stumme Handewegungen.
**) Ziller, Vorl., S. 255. — Jahrb. 1882, S. 53.

Auf diese Weise arbeitet sich der Schüler nach und nach selbstthätig sein grammatisches System, geeignet, in jedem gegebenen Augenblick in Wollen und Thun überzugehen, da es aus einem Sprachmaterial voller Leben hervorgegangen ist und im Untergrunde des Bewusstseins mit demselben stets in Verbindung stehen bleibt.

Bei der Einreihung der neuen grammatischen Erwerbungen in die schon vorhandenen systematischen Reihen wird jederzeit mündlich und schriftlich ein grösserer und kleinerer Teil des Systems zugleich wiederholt, wodurch dasselbe fortwährend lebendig erhalten wird und vor einem Versinken einzelner seiner Teile in Vergessenheit bewahrt bleibt.

Zur Ausbildung des grammatischen Systems werden Wort- und Satzbeispiele stets zuerst aus den Aufsätzen der Kinder genommen, nicht aus der klassischen Lektüre selbst.*) Diese Spracherscheinungen, von welchen die ausgehobenen Sätze, um sie für den beabsichtigten Zweck geschickter zu machen, meist etwas umzuformen sein werden, sind in einem Diktate zusammenzustellen und hierauf einer vergleichenden Betrachtung zu unterziehen, um das Gemeinschaftliche, den Begriff, die Regel aus ihnen hervorgehen zu lassen.

Für die Wahl des Systems entscheidet das Bedürfnis der Kinder. „Doch muss dieses Bedürfnis nicht gerade erst in der Einheit hervortreten, in der es Befriedigung finden soll, es kann auch schon durch den bisherigen Gang des Unterrichts sich fühlbar gemacht haben. Nur muss es, wenn es sich in derselben Einheit nicht von selbst neu erzeugt, wenigstens künstlich wieder geweckt werden."**) Um dasselbe sicher zu erkennen, hat der Lehrer mit Fleiss auf die vorkommenden Fehler zu achten; er hat Buch über dieselben zu führen, um daraus zu entnehmen, wo sprachliche Belehrung von nöten ist.

Die schriftliche Fixierung der begrifflichen Ergebnisse geschieht nicht in der Form einer Niederschrift der Begriffe und Gesetze selbst, sondern in der Form von Stichworten, Wortbeispielen, orthographischen Reihen und Mustersätzen. Es wird die Erarbeitung eines grammatischen Systems ohne Regeln, einer Grammatik im Sinne Stoys in Stichworten und Beispielen beabsichtigt.***) Die orthographischen und grammatischen Musterbeispiele vertreten die sprachlichen Regeln, sie sind der konkreteste Ausdruck derselben. „Sie werden vom Schüler in der Form eines Diktats geschrieben und in der Form von Sätzen gelesen." †)

Diese selbsterarbeitete Grammatik in Beispielen hat vor der gedruckten Regelgrammatik sehr erhebliche Vorzüge:

a) Sie baut sich durchgehends aus der eigenen Spracherfahrung des Schülers auf und wirkt infolgedessen kräftiger, als dies sonst geschehen würde, auf die Sprache wieder zurück.

---

*) Ziller geht in seiner Forderung noch weiter. Nach ihm ist selbst ein Abschreiben eines klassischen Stoffes und ein Aufschreiben desselben aus dem Gedächtnis für sprachliche Zwecke absolut unzulässig.
**) Ziller, Jahrbuch 1882, S. 51.
***) Ziller, Jahrbuch 1880, S. 84.
†) Ziller, Vorl., S. 258. — Ziller-Bergner, Materialien, S. 267 § 314.

b) Sie bietet dem Schüler auf jeder Stufe gerade das, was er bedarf und nur jedesmal so viel, als er zu verarbeiten vermag.*)

c) Sie thut hinsichtlich des sprachlichen Ausdruck dem Zögling keinen Zwang an, sondern überlässt die „Formulierung und fortschreitend feinere Bildung der sprachlichen Begriffe und Gesetze der jeweiligen Gestaltungskraft des Schülers und bietet folglich eine Gewähr dafür, dass über psychische Begriffe im Elementarunterrichte nicht hinaus gegangen wird, und dass diese Begriffe im Fortgange des Unterrichts sich doch allmählich vervollkommnen."**)

d) Sie versetzt den Zögling durch den allmählichen Aufbau des grammatischen Systems aus eigenen Mitteln immer wieder in die Notwendigkeit, die schon entworfenen systematischen Gliederungen zu durchlaufen, um sie fortzuführen, zu ergänzen, wodurch zuletzt eine völlig klare Einsicht auch in den systematischen Zusammenhang erworben wird.

Die orthographischen Reihen setzen sich aus denjenigen Wörtern zusammen, deren Schreibweise weder einer bestimmten orthographischen Regel folgt, noch einfach dem Lautverhältnisse des Wortes entspricht, sondern sich nach einem Schreibgebrauche richtet, welcher sich im Laufe der Zeit ausgebildet hat. Doch gehören auch diejenigen Wörter dahin, die zwar nach einer Regel geschrieben werden, welche letztere aber noch über das kindliche Verständnis hinausliegt.

Die Wörter dieser grossen Gruppe werden im Unterrichte nach ihren übereinstimmenden charakteristischen Bestandteilen auf der vierten Stufe in Reihenform zu Wortklassen zusammengestellt (z. B. die Wörter mit ld, im Gegensatze zu denen mit lt; die Wörter mit aa, ee u. s. w.; die Wörter, welche als Ausnahme von einer Regel anzusehen sind etc.) und in das systematische Sprachheft eingetragen. In diesen Wortreihen sind nach und nach sämtliche Wörter der betreffenden Wortklassen aufzusammeln, um sie in dieser Reihenform behaltbar und reproduzierbar zu machen. Die orthographische Reihe vertritt für die in ihr enthaltener Wörter die fehlende orthographische Regel. Der Schüler sagt sich vorkommendenfalls: Dieses Wort gehört der und der Reihe an und wird so und so geschrieben.

Kommt es bei den orthographischen Reihen auf möglichst vollständige Ansammlung des im Sprachbereiche des Schülers vorhandenen Wortmaterials an, so genügen dagegen zur schriftlichen Fixierung der orthographischen und grammatischen Regeln einzelne Wortbeispiele und Mustersätze, in denen der Begriff, das Gesetz einen scharf bestimmten Ausdruck gefunden hat. Ein unter die Regel fallendes neues Wort wird unter die Regelbeispiele nur dann aufgenommen, wenn dasselbe wiederholt falsch geschrieben worden ist, um dem Wortbilde durch diese Aufnahme unter die Beispiele im Bewusstsein eine grössere Stärke zu verleihen.

Unverbrüchlich ist bei Ansammlung der Reihen und Beispiele daran festzuhalten, dass nur Sprachmaterial aus dem eigenen Umgang mit der

---

*) Waitz, Allg. Päd., 2. Aufl., herausgegeben von Willmann, Braunschweig 1875, S. 893.
**) Ziller, Jahrbuch 1870, Seite 84.

Sprache zusammengeordnet wird, dass die Reihen immer nur soweit fortgeführt werden, als das eigene Sprachmaterial reicht. Denn nur den eigenen Schatz selbsterworbenen Sprachstoffes in Ordnung zu bringen und dadurch lebensfähig zu machen, liegt ein Bedürfnis für den Schüler vor. Aus demselben Grundgedanken ergiebt sich weiter, dass die orthographischen Regeln und grammatischen Gesetze bei ihrem ersten Auftreten oft nicht gleich in der Allgemeinheit, deren sie fähig sind, sondern vorderhand als Spezialregeln auftreten dürfen, die erst später, bei reicherer sprachlicher Erfahrung, einer Umbildung zu einer alle Fälle umfassenden Formulierung unterzogen werden.

5. Stufe

Anwendung

Die fünfte Stufe muss dem Zögling in einer letzten Reihe von Aufgaben vielfach Gelegenheit bieten, das erlangte begriffliche Wissen in Gebrauch zu nehmen. „Sie soll die Einsicht umsetzen in Können, die Erkenntnis verwandeln in bewusstes Schaffen."*)

Obgleich sich die Aufgaben der fünften Stufe äusserlich vielfach mit denen der dritten Stufe berühren, so sind beide doch ihrem Wesen nach so bestimmt gegen einander abgegrenzt, dass ein willkürliches Hinüber- und Herübernehmen in keinem Falle zulässig ist. Das Unterscheidungszeichen besteht darin, dass die Aufgaben der dritten Stufe lediglich das konkrete Material der zweiten Stufe nebst dem konkreten und begrifflichen Material der früheren Einheiten zur Voraussetzung haben, während die Aufgaben der fünften Stufe ausserdem auch das neue Begriffliche der vorliegenden Einheit voraussetzen. Die Aufgaben der fünften Stufe werden stets vom System aus entworfen: das giebt ihnen ihr eigenartiges Gepräge.

Sie sind nach Form und Inhalt sehr mannigfaltig, doch kann man sie bequem den folgenden drei Gesichtspunkten unterordnen. Bei ihrer Aufstellung kann der Blick gelenkt werden

1. auf das System selbst und auf seine bis dahin erlangte Gliederung;
2. er kann vom System aus rückwärts, und
3. er kann vom System aus vorwärts gerichtet werden.

Die Aufgaben der ersten Art veranlassen den Schüler, das System nach den verschiedensten Seiten hin zu durchlaufen, um den Begriffen dadurch möglichste Sicherheit und möglichste Beweglichkeit zu geben.

Die Aufgaben der zweiten Art lenken den Blick rückwärts auf schon durchgearbeitete Pensen und veranlassen eine fortgesetzte immanente Wiederholung derselben, aber von neuen Gesichtspunkten aus und mit Anschliessung auch des neuerworbenen systematischen Stoffes, der sich nunmehr auch dort, „indem er das ältere Material vorteilhaft in ein neues Licht stellt, zur Erzeugung eines noch reiferen Verständnisses

---

*) Just, im Jahrbuch 1879, S. 190. Ziller, Jahrbuch 1870, S. 90: „Der pädagogische Unterricht darf nie ein Wissen ausbilden, das nicht sofort praktisch werde oder die Praxis erleichtern und unterstützen kann."

verwerten lässt."*) Mit Erfolg können hier unter andern die Aufgaben in der Form der schriftlichen Beantwortung mündlich vorgelegter Fragen auftreten.

Die Aufgaben der dritten Art veranlassen den Schüler, von dem geistigen Standpunkte aus, auf den ihn der Unterricht gehoben, den bereits erlangten systematischen Stoff nach gewissen Richtungen hin prüfend und schliessend zu durchlaufen und von ihm aus ohne weitere unterrichtliche Hilfen aus eigenem Vermögen kleine Schritte vorwärts zu thun. Denn „zuweilen braucht man dem Zögling in gewissen Dingen nur den ersten Ruck zu geben und fortdauernd für Veranlassung und Stoff zu sorgen, so geht es von selbst." **) Man darf sich darunter nicht schwere, komplizierte, weitführende logische Entwickelungen denken, sondern die einfachsten, elementarsten Schritte dieser Art, durch welche künftige höhere Anforderungen zweckmässig vorbereitet werden. Hat um nur ein hierhergehöriges Beispiel zu erwähnen, der kleine Schüler die beiden Wörter leiden und leiten im Unterrichte schreiben gelernt und ihre Schreibung im System durch den Gegensatz fixiert, so wird er jetzt auch, wenn eine Aufgabe ihn hierzu veranlasst, von selbst die Wörter, „das Leiden, das Leid; — ableiten, zuleiten, anleiten, der Leiter (Führer), die Leiter, die Leitung, die Anleitung" richtig schreiben. Nicht selten geht aus diesen Übungen wieder eine neue begriffliche Einsicht hervor, die dann, gleich der auf den vorhergehenden Stufen erlangten, nachträglich ebenfalls in die bereits ausgebildeten systematischen Reihen mit aufgenommen wird. Es tritt hier der Fall ein, von dem Herbart in der allgemeinen Pädagogik (1806, S. 127) redet, dass auf der Stufe der Anwendung vielfach zugleich neue Glieder des Begriffssystems produziert werden.

Eine hervorragende Bedeutung gewinnt auf dieser Stufe das Extemporale, besonders das Fehlerextemporale, welches meist in der Form des Diktats aufzutreten pflegt. Durch dasselbe soll erprobt werden, ob die Fehler, mit denen der Zögling seither zu ringen gehabt hat, nunmehr wirklich überwunden sind.***)

Das Extemporale wird mit Rücksicht auf die vorgekommenen Fehler aus dem Material der eben vorliegenden Einheit, sowie aus dem früherer Einheiten gebildet. Auf die vorgekommenen Fehler muss so lange zurückgegangen werden, bis sie als beseitigt angesehen und im Fehlerverzeichnis gelöscht werden können.†)

Der inhaltliche Zusammenhang des Extemporales ist nach Möglichkeit aufrecht zu erhalten; der Inhalt selbst kann der Natur der Sache nach nicht lange vorausbestimmt werden. Die Extemporalienstoffe, welche wir in der praktischen Abteilung bieten, sind daher nur als Beispiele anzusehen.

---

*) Ziller, Vorl., S. 264 und 265. Derselbe, Jahrbuch 1870, S. 86. — Herbart, Allgem. Päd., S. 195.
**) Herbart, Allgem. Päd., S. 180.
***) Ziller, Jahrbuch 1870, S. 87.
†) Über die Bedeutung des Extemporales siehe Ziller Jahrbuch, 1870, S. 87.

„Da durch das Extemporale erprobt werden soll, ob der Schüler das erlangte Wissen sich auch wirklich angeeignet hat, so darf weder vor dem Schreiben, noch während des Schreibens an die Regeln, gegen welche früher verstossen worden ist, oder an die Ableitung und Ähnliches, was beim Schreiben leiten muss, erinnert werden."*) Völlig selbständig muss der Schüler die Niederschrift besorgen.

Wie bei dem Diktat auf der ersten Stufe, so empfiehlt sich auch hier, dasselbe in zwei aufeinanderfolgenden Abteilungen auftreten zu lassen, dergestalt, dass die Wörter und Sätze, welche in der ersten Abteilung noch falsch geschrieben worden sind, nach der Fehlerbesprechung in die zweite Abteilung wieder mit aufgenommen werden.

Das Diktat erfolgt so, dass jedesmal vom Lehrer langsam und deutlich ein ganzer Satz auf einmal vorgesprochen, von einem Kinde und dann von der Klasse wiederholt und sodann von der ganzen Klasse geschrieben wird. Ein Diktieren des Satzes stückweise regt die geistige Thätigkeit des Schreibenden nicht genug an und verleitet leicht zu Unaufmerksamkeit und gedankenlosem Thun.

Zum Schluss noch einige mehr das Äusserliche des Unterrichts betreffende Bemerkungen.

1. Die Schüler haben für den deutschen Unterricht vier Hefte zu führen: ein Hausheft, ein Aufsatzheft, ein Diktatheft und ein Sprachheft. In das Hausheft (Tagebuch) werden die schriftlichen Arbeiten der 1. Stufe, insbesondere auch die laufenden häuslichen Aufgaben geschrieben. In das Aufsatzheft kommen die stilistischen Arbeiten der 2. Stufe; in das Diktatheft kommen die Diktate der 3. und 5. Stufe; in das Sprachheft die systematischen Eintragungen der 4. Stufe. Das letztere zerfällt in eine orthographische und eine grammatische Abteilung, von denen jede auch einem besonderen Hefte zugewiesen werden kann. Jedenfalls hat der Lehrer ein systematisches Musterheft zu führen und die Eintragung in dasselbe immer zuerst zu bewirken, um den Schülern genau die Stelle bezeichnen zu können, wohin die Eintragung erfolgen soll, damit die gehörige Ordnung, Übersichtlickkeit und Übereinstimmung in den Schülerheften entstehe.

2. Es ist daran festzuhalten, dass die Kinder jeden Tag eine Kleinigkeit zu schreiben haben, und dass der Lehrer des muttersprachlichen Unterrichts jederzeit aus dem Unterrichte auch eine kleine schriftliche Hausaufgabe ableitet. Wenig auf einmal, aber stetig. „Jeden Tag eine Linie."**)

3. Jede schriftliche Hausaufgabe muss sich entweder mit den Gedankenstoffen der vorliegenden Einheit berühren, oder doch sonst einem Vorstellungskreise angehören, der eben infolge des Unterrichts oder des

---

*) Ziller-Bergner, Materialien, S. 199.
**) Sehr gut haben sich die Wechselhefte bewährt, von denen jeden Tag eins der Lehrer zu Hause zur Korrektur, das andere der Schüler zu neuer Arbeit hat. Siehe: Aus dem päd. Universitäts-Seminar IX. 1901 S. 161. (Beyer & Söhne Langensalza.)

Schullebens die Kinder lebhaft beschäftigt. Isoliert stehende Aufgaben, die keinen Rückhalt im Gedankenkreise haben, sind zu vermeiden.

4. Jede Aufgabe muss genau präzisiert, vom Schüler wiederholt und orthographisch so weit vorbereitet werden, dass fehlerfreie Niederschriften erwartet werden können. Es ist nach Möglichkeit dafür zu sorgen, dass sich Fehler in den Gedankenkreis nicht einschleichen. Die häuslichen schriftlichen Leistungen sind zu Beginn der nächsten Stunde vorzulegen und vom Lehrer einer Durchsicht zu unterziehen, besser aber noch, wenn die Schülerzahl es zulässt, regelmässig zu korrigieren. Bei überfüllten Klassen hat sich das Verfahren bewährt, dass der Lehrer jeden Tag ein Heft (jedesmal ein anderes) mit zu genauer Durchsicht und Korrektur mit nach Hause nimmt, die übrigen aber in der Stunde durchsieht.

3. Der deutsche Unterricht im dritten Schuljahre*)

Für den Unterricht des dritten Schuljahres sind nun noch die Ziele zu bestimmen, die Lehrstoffe zu bezeichnen, einige wenige spezielle methodische Erörterungen nachzutragen und durch einige Lehrproben das Unterrichtsverfahren zu veranschaulichen.

a) Das Lesen
Der Lesestoff

Das Lesebuch für das dritte Schuljahr**) enthält die im Gesinnungsunterrichte dieser Altersstufe auftretenden thüringischen Sagen nebst den zu ihnen in Beziehung stehenden geographischen, kulturhistorischen und anderweiten Stoffen, sowie eine Auswahl für diese Altersstufe angemessener poetischer und prosaischer Stücke, die sich in dem Individualitätskreise der Schüler bewegen, mit dem eigenen Erleben, der eigenen Erfahrung der Zöglinge sich berühren.

Die unterrichtliche Behandlung

Da im 3. Schuljahre die Lesefertigkeit der Schüler noch nicht weit genug gediehen ist, dass sie sich lesend einen Gedankeninhalt ohne grosse Schwierigkeit und Mühe anzueignen imstande sind, so werden hier im Gesinnungsunterrichte die historischen Sagenstoffe, gerade so wie die biblischen Geschichten, vom Lehrer erzählt oder konkret entwickelt (durch entwickelnd darstellenden Unterricht im Bewusstsein des Schülers aufgebaut) und erst nachdem die Schüler den Inhalt in ihrer Weise an der Hand von Konzentrationsfragen durchdacht haben, und zusammenhängend erzählen können, im Deutschen der Abschnitt gelesen, wobei auf fliessendes, sinngemässes Lesen ebenso wie auf das Verständnis des Gelesenen zu achten ist.

Die Behandlung eines solchen Lesestückes erfolgt so:
1) Mündliche Reproduktion der Hauptpunkte des im Sachunterrichte Gewonnenen.

---

*) Lüttge, Der stilistische Anschauungsunterricht. Leipzig bei Wunderlich. Schiller, Der Aufsatzunterricht. I. Die Anfänge im III. Schuljahre. Berlin bei Reuther.
**) Verlag von Bredt-Leipzig 1901. (III. Auflage.)

2) Lesen.

3) Gedrängte Besprechung des Gelesenen und mündliche Zusammenfassung des Inhalts.

Da die Lesestücke einen Inhalt haben, der den Kindern bekannt und lieb geworden ist, so fällt die Schwierigkeit der Auffassung fort, die Schüler geben sich gern dieser Lektüre hin, die Lesefertigkeit macht Fortschritte und die Sprachbildung der Schüler erfährt durch die abgerundete, formenschöne Darstellung der Stoffe, für welche die Kinder bald Sinn und Verständnis bekommen, eine wesentliche Förderung.

Erhebt zu Zeiten der Sachunterricht Ansprüche an das Lesen nicht, oder giebt die Jahreszeit, ein kirchliches oder vaterländisches Fest, eine bevorstehende Exkursion oder sonst ein Vorkommnis hierzu Veranlassung, so werden Stücke aus dem litterarischen Teile des Lesebuches gelesen und sachlich in der aus dem vorhergehenden Kapitel bekannten Weise durchgearbeitet, nach der sachlichen Durcharbeitung und dem schönen Lesen wohl auch memoriert und sodann zur sprachlichen Behandlung an den Aufsatz überwiesen. Zur Erzielung der mechanischen Fertigkeit haben die Kinder zu Anfang jedes Stück bis zu völliger Geläufigkeit nur selbst zu lesen; zur Herbeiführung eines tonrichtigen, ausdrucksvollen Lesen aber, welches sodann zu erstreben ist, muss der Lehrer das Stück im Unterrichte mustergiltig vorlesen.

Der Schulung im Lesevortrag ist eine ganz besondere Sorgfalt zuzuwenden. Reine und deutliche Aussprache der Grundlaute, scharfe Aussprache der Mitlaute, insbesondere des d und t, des b und p; angemessene deutliche Aussprache der Endsilben; Einhalten der kleinen Pause beim Komma*), der grösseren beim Punkt**), Fragezeichen***) und Ausrufezeichen†); Sprechen der Tonsilbe in mehrsilbigen Wörtern mit grösserer Stärke; Lesen in gemässigtem Tempo; Lesen in der (den Schülern anzugebenden) mittlern Tonhöhe — das sind einige von den Leseaufgaben für das 3. Schuljahr, welche erst einzeln geübt und sodann mit den bereits erledigten gemeinsam berücksichtigt werden müssen. Über die Verteilung dieser Leseregeln auf die einzelnen Jahreskurse siehe Hartung, im Jahrbuch 1883 S. 252 ff.

So sehr auch noch auf die Erhöhung der Lesefertigkeit Rücksicht genommen werden muss, so darf doch zu keiner Zeit ein rein mechanisches Lesen geduldet werden. Immer müssen die Kinder auch verstehen und daran denken, was sie lesen.

Bei den Überlegungen, die sich auf die mündlichen Sprachübungen beziehen, entsteht die Frage, ob und wie weit im dritten Schuljahre dem Dialekte noch ein Einfluss auf die sprachlichen Darstellungen zu gestatten sei? Auf das Lesen und Memorieren unzweifelhaft nicht. Der Lehrer hat es geradezu als eine seiner vornehmsten Aufgaben anzusehen, durch sorgfältige Lese- und Memorierübungen die Sprache förmlich in

---

*) Das Komma sagt: „Wart' ein bischen!
**) Der Punkt sagt: „Überleg' dirs.
***) Das Fragezeichen fragt: Weisst du die Antwort?
†) Das Ausrufezeichen spricht: Hast du es gehört?

Zucht zu nehmen und Auge und Ohr an den hochdeutschen Ausdruck zu gewöhnen und diesem dadurch zu Macht zu verhelfen.*) Es ist natürlich auch bei den freien Wiedergaben von den Schülern hochdeutsche Redeweise zu verlangen, doch soll des Lehrers Stellung nicht Feindschaft gegen die Mundart sein, die viel Charakter und Kraft noch bewahrt, wo das Hochdeutsche beides schon abgeschliffen hat. Hauptsache ist hier, dass sich das Kind fliessend und im Zusammenhange über seinen Gegenstand ausspricht, was ihm nur gelingen kann, wenn es sich
1. in dem fraglichen Vorstellungsbereiche völlig frei ergehen, und
2. sich ganz in seiner Weise ausdrücken darf.

Jede Unterbrechung und jedes Hindrängen zu ihm nicht gemässen Ausdrucksformen hemmt die freie Thätigkeit und hat im günstigsten Falle eine stotternde, holprige Korrektheit zur Folge, der einem fliessenden Gedankenlauf, wenn auch mit Inkorrektheiten im Ausdruck bei weitem vorzuziehen ist. Es ergiebt sich daraus, dass auf dieser Altersstufe auch die in den Zusammenfassungen vorkommenden mundartlichen Ausdrücke und Redewendungen keinen Grund abgeben dürfen, den Schüler in seiner Darstellung zu unterbrechen. Höchstens ist demselben in der nachfolgenden Besprechung der angemessene hochdeutsche Ausdruck (den jeder auch wissen und gebrauchen lernen muss) anzufügen.**)

Freilich soll sich der Schüler an die hochdeutsche Redeweise gewöhnen, und zuletzt muss sich dieselbe rein und scharf, und ohne dass eine Vermengung eintritt, vom Dialekte abheben. Aber dieser Absonderungsprozess vollzieht sich nicht mit einem Schlage und darf in seinem naturgemässen Verlaufe nicht durch ein ungeduldiges Dreinfahren gestört werden. „Wo das Sprachgesetz immer scharf hinter dem Schüler her ist und auf jedes Wort und jeden Satz lauert, da wagt dieser endlich gar nicht mehr, den Mund aufzuthun" (Dörpfeld). Bei gutem Unterrichte reinigt sich die Sprache nach und nach ganz von selbst von den mundartlichen Beimengungen ***)

b) Der Aufsatz, mit Rechtschreibung und Sprachlehre

Aufsatzthemen

1. Im dritten Schuljahre machen die Schüler die ersten Versuche im Anfertigen und Niederschreiben kleiner Aufsätzchen aus dem Kopfe. Das dritte Schuljahr ist die Vorstufe für den eigentlichen Aufsatzunter-

---

*) Über den Einfluss beider auf die Sprachbildung vergleiche auch Dörpfeld, Theorie des Lehrpl., S. 68 u. 69.
**) Vergl. Ziller, Jahrb. VI, S. 210.
***) Die Mundart darf überhaupt nicht als der Prügeljunge angesehen werden, auf den man losschlägt, wo er sich blicken lässt; auch um des Hochdeutschen willen nicht, welches in der Mundart wurzelt und noch heute aus derselben seine besten Nährkräfte entnimmt. Mag daher immerhin der Schüler in seinem Kreise in der Mundart reden, wenn er nur daneben auch sein Hochdeutsch rein und richtig zu sprechen, zu lesen und zu schreiben versteht. Vergl. auch Rudolph. Anleitung zur Erteilung des Unterrichts in der Muttersprache. S. 20—43; Willmann, Vorträge, S. 73 u. 74. Hildebrand, Vom deutsch. Sprachunterricht. 3. Aufl. S. 93 u. a. a. St.

richt. Vor allem handelt es sich hier darum, dass die Schüler lernen einen Ausdruck auf seine Angemessenheit hin anzusehen. Ein fester Aufsatztext wird aus einem bekannten Gedankeninhalt festgestellt. Die Angemessenheit des Ausdruckes wird dadurch geprüft, dass ähnliche Ausdrücke gesucht und ihre Unangemessenheit nachgewiesen wird. Dann wird nach erfolgter orthographischer Vorbereitung der Aufsatz niedergeschrieben. Die Gedankenstoffe für diese ersten Stilversuche, die wir in den beiden vorangegangenen Schuljahren durch Arbeiten nach Mustern (Abschreiben, Diktatschreiben) vorbereitet haben, entnehmen wir teils der Lektüre, teils dem Sachunterrichte, teils dem Schulleben. Jederzeit muss es ein Stoff sein, den die Kinder infolge der vorangegangenen sachlichen Bearbeitung völlig beherrschen, und der ein Interesse für sie hat. Es wird sich immer empfehlen, im voraus eine Aufstellung von passenden Stoffen für den Jahreskursus vorzunehmen, um jede Wahl eines Aufsatzthemas aus dem Stegreif fern zu halten, wenn auch im Laufe des wirklichen Unterrichts vielfach noch eine Vertauschung eines in Aussicht genommenen Gegenstandes mit einem andern, noch besser geeigneten stattfinden wird. Eine Aufstellung der Stilstoffe für das 3. Schuljahr könnte etwa folgende Themen enthalten:

1. Schneeglöckchen erwacht. (Aus der Naturkunde.)
2. Sommergewinn. (Lesebuch.)
3. Unser Maigang. (Schulleben.)
4. Landgraf Ludwigs Sprung. (Aus der Geschichte.)
5. Das unzufriedene Bäumlein. (Lesebuch.)
6. Gang durch die Wartburg. (Geschichte.)
7. Der Elisabethbrunnen und was er erzählt. (Aus der Geschichte.)
8. Die Saale als Wanderer. (Heimatkunde.)
9. Die sieben Wohlthaten der Elisabeth. (Geschichte.)
10. Das eigensinnige Büblein. (Lesebuch.)
11. Der Schneemann droht. (Lesebuch.)
12. Was das Rothkehlchen erlebte. (Lesebuch.)
13. Jena im Winter. (Heimatkunde.)
14. Was der Rabe seinen Freunden erzählt. (Lesebuch.)

Grammatischer Stoff.

2. Das orthographische und grammatische Begriffsmaterial, für welches sich auf dieser Stufe bei den schriftlichen Übungen ein Bedürfnis einstellen wird, dürfte sich auf folgende Sätze erstrecken:

1. Am Ende einer Zeile werden die Wörter nach Silben getrennt. Es giebt einsilbige, zweisilbige und mehrsilbige Wörter.
2. Die Wörter können lautiert und buchstabiert werden. Das Buchstabieren geschieht immer silbenweise.
3. Es giebt Grundlaute und Mitlaute. Die Grundlaute zerfallen in einfache Grundlaute, Umlaute und Doppellaute.
4. Man sagt die Buchstaben gewöhnlich in folgender Reihe: a, b, c, d bis z. Diese Reihe wird das A B C oder das Alphabet genannt.
5. a) Es giebt grosse und kleine Buchstaben.

Nachdem ein Lesestück nach seiner sachlichen Seite behandelt worden ist, wird es auch stilistisch betrachtet. Das Wie und Warum der Darstellung soll hier zum Verständniss kommen. Wie Lüttge*) dargelegt hat, kommt ein Vierfaches dabei in Betracht:

              der einzelne Ausdruck,
              das Satzganze,
              die Gedankenfolge,
              die Verbindung der Sätze.

b) Nach der Überschrift und wenn ein Satz zu Ende ist, wird ein Punkt gesetzt.

c) Nach einem Punkte kommt ein grosser Anfangsbuchstabe.

d) Wenn ein Satz angeht, wird ein grosser Anfangsbuchstabe geschrieben.

6. Komma, Strichpunkt, Punkt, Doppelpunkt, Fragezeichen, Ausrufezeichen sind Satzzeichen. Die Satzzeichen sagen uns, wo wir beim Lesen ein wenig innehalten, und wo wir die Stimme heben oder sinken lassen müssen.

7. Beim Komma dürfen wir nur einen Augenblick innehalten, beim Strichpunkt etwas länger, beim Punkt noch etwas länger.

8. Beim Punkt muss die Stimme sinken, bei dem Fragezeichen muss sie sich heben, beim Komma muss sie bleiben.

9. Wann ein Buchstabe (oftmals ein e) ausgelassen worden ist, so kommt an die Stelle ein Häkchen (Auslassungszeichen.)

10. Nach einem Doppelpunkt wird die wörtliche Rede in Anführungszeichen (Gänsefüsschen) eingeschlossen.

11. Die Dingwörter werden mit einem grossen Anfangsbuchstaben (kurz: gross) geschrieben.

12. Vor das Dingwort kann man eins der Geschlechts-Wörtchen der, die, das setzen.

13. Die Dingwörter können in der Einzahl und Mehrzahl stehen.

14. In der Mehrzahl bekommen alle Dingwörter (auf die Frage: Wer oder was?) das Geschlechtswort d i e.

15. Wenn man ein Dingwort aus der Einzahl in die Mehrzahl setzt, so wird oft aus dem a ein ä, und aus dem o ein ö, aus dem u ein ü.

16. Es giebt einfache und zusammengesetzte Dingwörter.

17. Wenn zwei Dingwörter zusammengesetzt werden, so tritt manchmal ein Buchstabe hinzu (Donnerstag,s), manchmal fällt einer weg (Montag,d), manchmal tritt nichts hinzu und fällt nichts weg (Wasserglas).

18. Nach kurzgesprochenen Grundlauten stehen oft doppelte Mitlaute: mm, nn, rr, ll, pp, tt.

19. Nach einem langen Grundlaut schreiben wir meist hl, hm, hn, hr.

20. Die Verkleinerungssilbe chen wird immer mit ch geschrieben.

21. Die Wörter mit ag werden gedehnt, die Wörter mit ach geschärft ausgesprochen (Wagen, Wachen).

22. Nach einem kurzen Grundlaut wird ein ck, ein tz geschrieben.

23. Aus dem s wird oft ein ſ; aus dem ſs ein ſſ und umgekehrt.

24. Es wird begonnen mit der Bildung der orthographischen Reihen und Ausnahmereihen, soweit die Aufsätze hierzu Veranlassung geben (z. B. mit der Reihe für aa, ee, oo; ld, lt; lg, lch; gr, kr; gl, kl; gn, kn; v, ph, pf, qu etc.).

25. Ebenso werden die Gegensätze zusammengestellt (z. B. Seite — Seide; Ton — Thon), ebenfalls stets nur so weit, als das Wortmaterial der Aufsätze hierzu nötigt.

3. Unterrichtliche Behandlung

Die Aufsätzchen entstehen auf folgende Weise. Um auch die äusseren Bedingungen der schriftlichen Mitteilungen, die Vertrautheit mit der schriftlichen Form zu vermitteln, wird nun so verfahren.

---

*) Stilistischer Anschauungsunterricht, Leipzig bei Wunderlich (I. S. 14 ff.)

a) Zunächst hat der Schüler den ihm bekannten Stoff noch einmal ganz in seiner individuellen Ausdrucksweise zusammenhängend zu wiederholen.

b) Darauf lässt man auf vorgelegte (Konzentrations-) Fragen eine Anzahl kleiner Sätze ausheben, die in ihrer Zusammenstellung den kleinen Aufsatz bilden. Durch die Fragen wird der Stoff zugleich gegliedert.

c) Es wird auf die Angemessenheit des Ausdruckes hingearbeitet und hingewiesen.

d) Dann werden die Sätzchen teils auf die Fragen, teils ohne dieselben solange wiederholt, bis sie Gemeingut der Klasse geworden sind*). In der zweiten Hälfte des Schuljahres beginnen hier nun die Abwechselungsübungen **).

e) Durch ein Diktat der bereits bekannten Wörter, sowie durch die eingehende Besprechung der Schreibweise der neu auftretenden Wörter wird die Niederschrift orthographisch vorbereitet.

f) Dann wird der Aufsatz vom Schüler niedergeschrieben.

g) Nach Beendigung der Arbeit wird das Niedergeschriebene von den Schülern vorgelesen und vom Lehrer korrigiert.

h) Von den Kindern wird die Arbeit nach der Fehlerbesprechung verbessert und zum Schluss nochmals gelesen.

Wie sodann die Gewinnung der orthographischen Regeln und grammatischen Sätze im Anschluss an den Aufsatz zu geschehen hat, ist oben ausführlich dargelegt worden und soll hier nicht wiederholt werden. Wir verweisen in dieser Beziehung auf den vorhergehenden Abschnitt und auf die folgenden Lehrproben.

Zwei Lehrbeispiele

1. Der Rabe

A. Sachliche Behandlung.

Ziel. Wir wollen ein kleines Gedicht von einem Bettelmanne in der Winterzeit lesen.

1. Stufe. Vorbesprechung

a) Wer will von einem Bettelmanne etwas erzählen? Wo und wann habt ihr einen gesehen? Der Bettelmann ist ein armer Mann. Er hat nur schlechte Kleider anzuziehen. Er hat kein Geld und kein Brot. Recht schlimm geht es ihm im Winter. Er muss hungern und frieren. Er geht von Haus zu Haus und bittet um eine Gabe. Was geben ihm die Leute? Ein Stückchen Brot, ein paar Pfennige, einen Teller voll Suppe. Wie dankt er den Leuten für die Gaben?

b) Er hat Genossen unter den Tieren. Welche? Einige Vögel im Winter. Warum? Alles ist mit Schnee bedeckt; sie finden kein

---

*) Vergl. Zillig im Jahrb. 1883, S. 194,
**) Schiller, Aufsatzunterricht in der Volksschule. I. Die Anfänge im III. Schuljahre. (Berlin bei Reuther.)

Körnchen mehr; sie müssen frieren. Machen's da nicht manche ebenso wie der Bettelmann? Wie denn? Sie gehen vor die Häuser, fliegen ans Fenster und bitten um eine Gabe. Und gute Menschen geben diesen armen Bettelleuten auch etwas. Was? Brotkrümchen, Körnchen. Vorigen Winter, als es so kalt war und so hoher Schnee lag, haben wir auch draussen auf dem Schulplatze auf einem Brette den armen Vögeln Futter gestreut.

Wer will alles zusammen noch einmal erzählen?

Von was für einem Bettelmann mag uns nun wohl unser Gedicht erzählen? Und was mag es uns von ihm erzählen?

2. Stufe: Darbietung

1. a) **Lesen des Gedichtes in zwei Abschnitten**, zusammenfallend mit den beiden Strophen.

b) Nach dem Lesen eines Abschnittes Angabe des Inhaltes im Zusammenhange durch einen Schüler.

c) Ergänzung und Berichtigung des Dargestellten durch die übrigen Schüler; sodann

d) nochmalige berichtigte Darstellung des Inhaltes.

2. **Einführung in den Gedankeninhalt** (Konzentrationsfragen).

a) Kennt ihr diesen Bettelmann? Wer mag es sein? Der Rabe. Woran merkt ihr, dass der Rabe gemeint ist? Er hat ein kohlschwarz Röcklein an; — er ruft: Rab, rab! — er läuft im Winter vor den Häusern herum.

b) Die Not macht den Raben im Winter zum betrübten Bettelmann. Wieso?

c) Aber die Not dauert nicht immer. Der Winter geht vorüber; der Frühling kommt. Unser schwarzer Freund findet Futter in Feld und Wald im Überfluss. Seine Not ist zu Ende. Munter und vergnügt fliegt er hoch über die Häuser dahin. Es ist ihm zu gönnen, er hat im Winter genug aushalten müssen.

d) Gefällt euch aber nicht eins recht sehr von unserm Bettelmann? Ja, er ist auch dankbar; es geht ihm wohl, aber er vergisst doch der Leute nicht, die ihm im Winter Gutes gethan haben. Hoch aus der Luft herunter ruft er ihnen zu: Habt Dank! Habt Dank!

3. Nun erzählt noch einmal von dem Bettelmann in dem schwarzen Röcklein alles, was ihr wisst!

4. Ausdrucksvolles Lesen des Gedichtes, Lernen und Hersagen desselben.

B. Sprachliche Behandlung
I. Stilistischer Anschauungsunterricht*)

Ziel: Wir wollen uns einmal die Worte genauer ansehen, mit denen der Dichter die Geschichte erzählt hat (Einzelausdruck.)

Er läuft — Warum nicht „geht"? Er hat grossen Hunger. Schnell will er Hilfe. Kann man auch sagen: Jagt, rennt, eilt, trabt?

Röcklein — Gemeint ist? Das Federkleid. Warum nicht Mäntel? Er

---

*) Lüttge, Stil Anschauungsunterricht. Leipzig bei Wunderlich 1897.

hat nur eine Bedeckung. Rock — weil es ein Bettelmann ist. Rettlerrock, Bettlerbette, Bettlerdank.

kohlschwarz — kohlschwarzes — so schwarz wie Kohle, solche ähnliche Ausdrücke! Tinte, Rabe, Nacht, welcher passt am besten?

Vor allen Thüren — Eigentlich Häuser. Warum Thür? Eingang, dort kann er die Leute rufen, dort kommen sie auch heraus.

betrübt — traurig, klagend, jammernd.

wohl gefiels — Warum? Warm. Nahrung genug. Seine Not war vorüber.

breitete seine Flügel aus (nachmachen lassen) Gegensatz: wie er so traurig dasitzt (nachmachen lassen). Also: Froh und lustig.

II. Aufsatz

a) Gewinnung des Aufsatztextes

Ziel. Wir wollen über unsern Bettelmann nun auch einen Aufsatz besprechen und schreiben: Was der Rabe seinen Freunden erzählte.

1. Stufe

1. Seinen Freunden? Andern Vögeln, die im Winter in einem warmen Lande waren.
2. Zweierlei wird er ihnen erzählen.
3. Er erzählt zuerst von der Not im Winter. Er erzählt zweitens von der Lust im Frühlinge.

2. Stufe

1. Was er seinen Freunden von der Not erzählt.
   a) Warum er vor alle Thüren lief, (Es ging mir schlecht, frieren, hungern. Weshalb das? Kalt, keine Nahrung.)
   b) Wie er vor alle Thüren lief. (Kopf gesenkt, demütig bittend.)
   c) Was die Leute darauf thaten (brachten mir zu essen.)
2. Was von der Lust im Frühlinge.
   a) Warum es da besser war. (Not vorüber. Warm. Nahrung.)
   b) Was er that? (Flog lustig. Dankte.)

Im Zusammenhange nach den einzelnen Abschnitten darstellen. Verbesserung durch andere Schüler, Hinweise des Lehrers.

Der Rabe

1. a) Ach, im Winter ging mir es aber schlecht. Da musste ich frieren und hungern, denn es war so kalt und ich konnte auf dem Felde keine Nahrung mehr finden.
   b) Da liess ich traurig den Kopf hängen. Wie ein Bettelmann ging ich von einer Thüre zur andern. Dann rief ich immer: Rab' Rab', hört ihr, wie ich Hunger hab'!
   c) Es waren aber in einem kleinen Häuschen gute Leute, die brachten mir nach dem Mittagessen immer etwas heraus, das ich essen konnte.
2. a) Aber als es Frühling ward, da war meine Not vorüber. Da war es wieder schön warm, und ich fand Nahrung genug.
   b) Lustig flog ich über die Häuser hin. Aus der Luft herunter dankte ich den Leuten, dass sie mir im Winter etwas gegeben hatten.

3. Einprägung. Wie hiess also die Überschrift des Aufsatzes? Wie hiessen die Überschriften der zwei Teile? Wie viel Sätze hat der erste Teil? Der zweite Teil? Gebt die Sätze des ersten Teils an! des

zweiten Teils! des ganzen Aufsatzes nach den Überschriften der Teile; ohne dieselben!

b) **Orthographisch-grammatische Durcharbeitung des Aufsatztextes.**

1. Stufe: Vorbereitung

Vorbereitendes Diktat. Wir müssen zuerst die schwerern Wörter des Aufsatzes, die wir schon gehabt haben, noch einmal schreiben: Es war Winter; es wird Frühling. Wir gehen, er geht, er kann gehen; er muss, sie müssen; sie finden nichts mehr — das Meer; sie fliegen, er fliegt, sie geben, du hast gegeben, gieb ihm etwas; im Winter, im — ihm; die Thüre, von der einen zur andern.

2. Stufe: Darbietung

a) Besprechung der folgenden neu auftretenden Wörter:

Der Rabe, die Raben, Dingwort, nach dem a hört man ein w — schreiben muss man aber ein b, wie in geben, leben, das Leben, sieben, loben, hoben, graben.

Nahrung, Dingwort; man hört ein langes a, man schreibt ah, da nach dem h ein r, hr, wie in mehr, sehr, wahr; aber: war, vor, wir, wer.

schlecht, kurzes e, cht, aber: schlägt, tragen, trägt.

frieren, mit ie, weil gedehnt, wie in hier, vier, Lied, dieser, Wiese.

hungern, der Hunger, hungrig, mit ng, wie in singen, gesungen, bringen, eng, Angst.

kalt, mit lt, wie in alt, halten, Welt, Zelt.

Feld, mit ld, wie in bald, Wald, Geld, Gold.

traurig, mit tr, wie in tragen, betragen, das Betragen, treten, trocken, vertrocknen, trocken, trinkt.

Bettler, bettelt, mit tt, weil ein kurzes e hervorgeht; Bettelleute, zusammgegesetztes Dingwort, mit ll, weil man zwei l hört (weil das eine zu „Bettel", das andere zu „Leute" gehört).

denn — den; wenn — wen; im — ihm; kann — der Kahn; weil von jedem Wortpaar das erste Wort kurz, das andere lang gesprochen wird.

dass — das. In dem Satze: „Sie brachten mir etwas heraus, das ich essen konnte." Wie kann man das vertauschen mit dieses oder welches. (Dieses konnte ich essen — welches ich essen konnte.) Das ist also mit einem s zu schreiben. „Aus der Luft herunter dankte ich den Leuten, dass sie mir etwas gegeben hatten" hier wird „dass" mit ss geschrieben; es lässt sich mit dieses oder welche nicht vertauschen, es ist das Bindewort dass.

Not, Dingwort, mit t, wie in rot, beten, er bat, er that, gut.

vorüber = vor-über; herunter = her-unter; aber: ver-reisen, ver-richten.

lustig = lus-tig; „lust" ist Hauptsilbe, „ig" ist Nachsilbe, wie in mut-ig, art-ig; aber: freund-lich, herr-lich.

b) Besprechung der Interpunktion in betreff der Sätze: „Da musste ich frieren und hungern, denn es war so kalt, und ich konnte keine Nahrung mehr finden." „Aber als es Frühling ward, da war meine Not vorüber." „Da war es wieder warm, und ich fand Nahrung genug." „Aus der Luft herunter dankte ich den Leuten, dass sie mir etwas gegeben hatten." Es findet hier noch keine eingehende Erörterung des Satzbaues statt; es heisst hier einfach: bei „denn", „und", „dann", „dass" geht eine neue Abteilung vom Satze an, ein Stück ist fertig, und es muss ein Komma vor diese Wörter gesetzt werden.

3. Stufe: Verknüpfung

Zusammenstellung des Gleichartigen, Gegenüberstellung des Entgegengesetzten.

a) Nahrung, mehr, lehren, wahr (war), fahren, führen (für), die Fahrt, das Ohr, die Uhr; aber: vor, wir, geboren, verloren, hören, er;
b) kalt, alt, halten, Welt, Zelt.
Feld, bald, Wald, Geld;
betrübt, tragen, betragen, das Betragen, treten, trocken trinken, trinkt.
Not, rot, bat, Gebot, Hut, thut, beten, Gebet.
c) denn—den; wenn—wen; im—ihm; dass—das.
d) lustig = lust-ig; artig = art-ig; freudig = freud-ig; aber: freund-lich, herr-lich, kind-lich, väter-lich.

4. Stufe
Zusammenstellung des Begrifflichen

1. Nach einem langen Grundlaut wird hr geschrieben. Ausnahmen sind: vor, wir, verloren, hören. Ins Regelheft wird eingetragen unter hr: fahren, Nahrung, die Fahrt, mehr, lehren, Ohr, Uhr.
In einer neuen Zeile: wahr—war; führen—wir.
Hierunter: vor, wir, geboren, er, wer;
2. denn—den; wenn—wen; im—ihm.
3. Ergänzung der Wortreihen mit ld, lt, cht, tr, t durch die Wörter: Feld, kalt, recht, schlecht, betrübt, Not.
4. Die Nachsilbe „ig" wird mit g, die Nachsilbe „lich" mit ch geschrieben. Ins Heft unter Nachsilbe ig: lust-ig, art-ig, freud-ig; unter Nachsilbe lich: freund-lich, herr-lich, kind-lich, väter-lich.

5. Stufe

a) Fehlerextemporale in der Form eines Diktats, dem Inhalte nach entnommen aus dieser und aus den vorangegangenen Einheiten.
b) Diktat zur Anwendung und Befestigung des erworbenen Begrifflichen: Er war da. Ist es wahr? Die Raben verzehren die Körner. Wir wollen es ihnen nicht wehren. Wir verzehrten unser Brot u. s. w. — Die Not, nötig, das Heil, heilig, gehören, gehörig, der Schmutz, schmutzig, heftig, fertig, die Zahl, unzählig; das Bild, bildlich, krank, kränklich, die Ehre, ehrlich, der Bruder, brüderlich, rot, rötlich, der Feind, feindlich.
c) Gebt mündlich Sätze an aus unserm letzten Aufsatze oder aus frühern Aufsätzen mit „denn"! mit „den"! — Sätze mit „wenn"! mit „wen"! mit „im" und mit „ihm"! — Warum werden die Wörter Nahrung, mehr, sehr, belehren mit h geschrieben? Warum die Wörter gehen, fliehen, flieht, sehen, sieht, früher, höher, Schuhe? — Nennt die Wörter mit ld, lt; tr, t! Schreibt dieselben in Reihen auf; macht nach jedem Wort ein Komma, am Ende jeder Reihe einen Punkt!
d) Schreibt: Nahrung, nähren, ernähren, nahrhaft, die Ernährung, der Ernährer, das Nahrungsmittel, die Nahrungsmittel; der Hunger, er musste hungern, er hungerte, sie waren hungrig, der hungrige Rabe, der Hungrige; die Lust, lustig, die Lustigkeit, die Lustbarkeit; die Not, nötig, unnötig.

2. Der Elisabethenbrunnen
(Im Anschluss an einen heimatkundlichen Schulausflug)

Ziel. Wir wollen einen Aufsatz über den Elisabethenbrunnen besprechen und schreiben: Der Elisabethenbrunnen und was er zu erzählen weiss.

a) Gewinnung des Aufsatztextes
1. Stufe

Erzählt, was ihr von unserm Spaziergange her von dem Elisabethenbrunnen wisst. Wer hat etwas zu verbessern? Wer will etwas hinzufügen? Nochmalige Zusammenfassung. Wer will's auch sagen?

2. Stufe

a) Wie viel Teile wird unser Aufsatz haben, und welche Überschriften wollen wir denselben geben?
1. Was sieht man am Brunnen?
2. Was ist dort geschehen?
3. Was erzählt die Umgebung.

Wenn die Schüler die Überschriften der Aufsatzteile vielleicht anders ausdrücken, etwa so: „1. Wie der Brunnen aussieht; 2. Woran er erinnert? 3. Was über ihm zu sehen ist?", so ist man auch damit zufrieden. Durch Anschreiben an die Wandtafel und öfteres Wiederholen werden die Überschriften eingeprägt (vielleicht auch als Hausaufgabe geschrieben), selbst wenn sie weniger treffend wären als diejenigen, die der Lehrer sich ausgedacht hatte.

b) Gebt an, welche Sätze ihr zum 1. Teil schreiben wollt! zum 2. Teil! zum 3. Teil! Ein Kind giebt an, welche Sätze es zum 1. Teil zu schreiben gedenkt, indem es dieselben, um die Gliederung schärfer hervortreten zu lassen, zugleich zählt, unter Umständen an den Fingern abzählt. Die Sätze werden der Beurteilung der Klasse übergeben, von den Kindern, soweit sie dazu bereits geschickt sind, berichtigt, ergänzt, sodann ihrem Wortlaute und ihrer Aufeinanderfolge nach festgestellt und sicher eingeübt. So wird ein Aufsatzteil nach dem andern behandelt und mit dem vorhergehenden verbunden, bis zuletzt der ganze Aufsatz fertig gebildet ist, der nun durch öfteres Durchlaufen zuerst noch mit Hilfe der Überschriften, dann ohne dieselben, mit Zählen der Sätze und ohne dasselbe, zum sichern Eigentum aller gemacht wird.

c) Es ergiebt sich für den Aufsatz durch diese gemeinsame Thätigkeit etwa folgender Wortlaut:

Der Elisabethenbrunnen

Da ist er, der Elisabethenbrunnen, mit seinem runden Bogen und mit seinen zwei Säulen, welche den Bogen festhalten. Die Thüre ist von starkem Eichenholz und mit Eisenblech beschlagen. Über der Thüre ist ein Kreuz.

Hier ist Elisabeth so oft vorbeigegangen, wenn sie den Eisenachern Essen brachte. Auf diesen steinernen Bänken hat sie oft gesessen, wenn sie das Brot austeilte. Auf diesen steinernen Tisch hat sie die Kleider gelegt, den Armen die sie gab. Siehst du den steinernen Kessel? Darin hat die heilige Elisabeth die Kleider für die armen Leute gewaschen.

Über dem Brunnen hat früher ein Krankenhaus gestanden, und in demselben hat die heilige Elisabeth die Kranken gepflegt. Jetzt sieht man nur noch einige Steine davon.

b) Orthographisch-grammatische Bearbeitung des Aufsatztextes

1. Stufe

Können wir den Aufsatz nun schon einschreiben? Nein, wir müssen erst die schwerern Wörter und Satzformen, die schon dagewesen sind, noch einmal schreiben und auch die neuen Wörter und Sätze unseres Aufsatzes besprechen. Aussonderung der beiden Gruppen.

Vorbereitendes Diktat: Elise, Elisabeth, der Brunnen; er liegt — das Licht, der Berg, die Burg, die Wartburg. Der Name — er nahm, sie nahmen. Die Thüre, die Seite, die Seiten. Der Tisch ist rund. Die Bank ist von Stein. Das Gold, die goldenen Blätter; das Glas, die gläsernen Blätter (zu steinernen). Wir halten, gehalten, festhalten; schlagen, beschlagen, mit Eisen beschlagen; stehen, standen, gestanden; wir sehen, er sieht; sie waschen, du hast gewaschen. Er ist krank; die kranken Leute, der Kranke, die Kranken.

2. Stufe: Darbietung

Besprechen der neuauftretenden Wörter und Satzformen.«

Elisabethbrunnen. zusammengesetztes Dingwort, zusammengesetzt aus Elisabeth und Brunnen. Bei der Zusammensetzung tritt en hinzu.

Eichenholz, Eichen-holz, n hinzu; Eiche mit ch.

Eisenblech, Eisen-blech, es tritt nichts hinzu, und es fällt auch nichts hinweg.

Krankenhaus, die Kranken, das Haus, nichts hinzu, nichts hinweg.

heilige, heil-ig Hauptsilbe, Nachsilbe; Nachsilbe ig mit g; aber herr-lich, freund-lich.

steinerne, Eigenschaftswort (man fragt: Was für eine Bank?), von dem Dingwort Stein gebildet, wie gläserne von Glas, goldene von Gold.

Säule mit äu, ohne das äu von au herkommt; — aber Haut, Häute; Baum, Bäume; Raum, Räume.

Kreuz mit kr, eu, z, wie heizen; aber Katze, kratzen, Mütze, sitzen.

pflegte, pflegen mit pf, wie pflanzen, die Pflanze, der Knopf, der Apfel.

Kessel, mit ss, weil man zwei f-Laute hört: Kes-sel, wie bei Mes-ser, Was-ser, es-sen.

früher mit h, von früh — weil das ü lang klingt, wie bei sehen (er sieht), gehen, stehen, geschehen, Schuhe.

In dem Satze: „Mit seinen zwei Säulen, welche den Bogen festhalten", muss vor „welche" ein Komma gesesetzt werden.

Einen Satz wie den: „Über dem Brunnen stand früher etc." haben wir schon im vorigen Aufsatz kennen gelernt. Es ist ein zusammengesetzter Satz mit dem Bindewort und. Vor das Bindewort „und" wird hier ein Komma gesetzt.

3. Stufe: Verknüpfung

Zusammenstellung der gleichartigen Spracherscheinungen in der Form von Diktaten.

a) Eichenholz (n), Elisabethenbrunnen (en), Eisenblech (—), Krankenhaus (—).

b) Der Stein, die steinerne Bank; das Gold, die goldenen Blätter; das Glas, die gläsernen Blätter; das Eisen, die eiserne Thüre.

c) Kes-sel, Mes-ser, Was-ser, bes-ser, es-sen, las-sen, Gas-se.

d) Über dem Brunnen hat früher ein Krankenhaus gestanden, und in diesem hat die heilige Elisabeth die Kranken gepflegt.

Anmerkung. Für die Entwickelung der Regel, dass (im Gegensatz zu dem geschärften einfachen Grundlaut) nach dem Doppellaut ein z und nicht ein tz steht, sind noch nicht Beispiele genug bekannt.

4. Stufe

Zusammenstellung des Begrifflichen

1. Aus zwei Dingwörtern wird oft auch ein zusammengesetztes Dingwort.

g ebildet. Bei der Zusammensetzung treten manchmal Buchstaben hinzu, manchmal fallen Buchstaben weg; manchmal tritt nichts hinzu und fällt nichts hinweg.

2. Die Wörter „Kessel, Messer, Wasser, essen, lassen" werden mit ff geschrieben, weil man die zwei f-Laute hört.

3. Man kann aus manchen Dingwörtern auch Eigenschaftswörter bilden, z. B. Stein, steinerne, Glas, gläserne.

4. Man kann auch zwei Sätze zu einem zusammengesetzten Satz miteinander durch das Bindewort „und" verbinden. Dann tritt vor „und" ein Komma.

Diese begrifflichen Ergebnisse werden in der Form von Stichworten in das sprachliche Regelheft eingetragen, und diese Merkworte bei Repetitionen wieder als Sätze gelesen. Die Eintragung geschieht in folgender Form:

fs—ff: der Fluss, die Flüsse; das Schloss, die Schlösser.

Kes-sel, Mes-ser, Was-ser, bes-ser, es-sen.

Zusammengesetzte Dingwörter: Elisabethenbrunnen (en), Eichenholz (n), Eisenblech (—), Krankenhaus (—).

Eigenschaftswörter von Dingwörtern: Stein, steinerne; Glas, gläserne; Eisen, eiserne.

Zusammengesetzte Sätze: Eintragen der beiden Sätze mit „und".

5. Stufe

Anwendung

a) Fehlerextemporale: Die heilige Elisabeth wohnte auf der Wartburg. Sie pflegte die Armen und Kranken. Der Elisabethenbrunnen hat von ihr den Namen. In dem steinernen Kessel hat sie selbst für die Kranken gewaschen. Die Kranken waren in dem Krankenhaus. An dem Brunnen ist ein eisernes Schloss. Der Bogen wird von zwei Säulen getragen. Warum ist die Thüre mit Eisen beschlagen?

b) Das Krankenhaus, das Burgthor, die Thorfahrt, das Brunnenschloss, die Steinsäulen, das Brunnenkreuz, die Rasenbank, der Krankenpfleger, die Krankenpflegerin, die heilige Elisabeth war eine Krankenpflegerin. — Das Holz, die hölzerne Bank; das Silber, die silberne Uhr; der Lein, das leinene Kleid; das Eisen, die eiserne Thüre. —

c) Schreibt zusammengesetzte Dingwörter aus diesem und den vorhergehenden Aufsätzen auf, in denen bei der Zusammensetzung Buchstaben hinzugetreten, hinweg gefallen sind, in denen nichts hinzu getreten und nichts hinweg gefallen ist. —

Schreibt die euch bekannten Eigenschaftswörter auf, welche von Dingwörtern gebildet sind (oder: Bildet aus folgenden Dingwörtern Eigenschaftswörter). — Diktat von zusammengesetzten Sätzen mit „und", wobei die Schüler die Zeichen selbst zu setzen haben.